SN: 000000050295
Code:

轻刮涂层获取密码，激活网站权限

环球汉语
汉语和中国文化

Encuentros
Lengua y Cultura Chinas

学生用书 2

Libro del Estudiante 2

环球汉语
汉语和中国文化

2
学生用书
Libro del Estudiante

Encuentros
Lengua y Cultura Chinas

（美）任友梅 (Cynthia Y. Ning)
（美）孟德儒 (John S. Montanaro) ｜ 编著

（西）Miguel Sala Montoro ｜ 翻译

Yale UNIVERSITY PRESS
New Haven and London

Primera edición 2022

ISBN 978-7-5138-2140-7
Derechos reservados
2022, Sinolingua Co., Ltd y la Universidad de Yale
Publicado por Sinolingua Co., Ltd
24 Baiwanzhuang Road, Beijing, China
100037
Tel: (86) 10-68320585 68997826
Fax: (86) 10-68997826 68326333
http://www.sinolingua.com.cn
Correo electrónico: hyjx@sinolingua.com.cn
Facebook: www.facebook.c01n/sinolingua
Impreso por Tangshan Xicheng Printing Co., Ltd

Impreso en la República Popular China

Palabras y expresiones usuales
日常用语 Rìcháng yòngyǔ

Saludos, presentaciones y despedidas

Hǎojiǔ bú jiàn, hái hǎo ma?	Hace tiempo que no nos vemos. ¿Cómo estás?
Lǐ lǎoshī, zhè shì wǒ de tóngxué, Wáng Lì.	Profesor Li, este es mi compañero, Wang Li.
Nǐ (shuō) Zhōngguóhuà shuō de hěn hǎo.	Hablas chino muy bien.
Nǎli, nǎli. Shuō de bù hǎo.	No, en absoluto. Hablo mal.
Zhè shì yí gè xiǎo lǐwù. Xīwàng nín néng jiēshòu. Búyào kèqi.	Es un pequeño regalo. Por favor, acéptalo.
Nà wǒ zǒu le. Zánmen zài liánxì, hǎo bu hǎo?	Entonces me marcho. Seguimos en contacto, ¿vale?

Invitaciones

Míngtiān shāngdiàn dōu jiǎn jià, wǒmen qù mǎi dōngxi, hǎo bu hǎo?	Mañana hay rebajas en el centro comercial. Vamos a comprar, ¿vale?
Wǒ xiǎng qǐng nín chī yí dùn fàn, míngtiān yǒu kòng ma?	Me gustaría invitarte a comer. ¿Tienes tiempo mañana?
Wǒ dāngrán xiǎng qù. Xīwàng bù máfan nǐmen.	Por supuesto que quiero ir. Espero no molestaros.
Duìbuqǐ, míngtiān yǒu diǎnr shì. Gǎitiān zài shuō, hǎo bu hǎo?	Lo siento, mañana estoy ocupado. ¿Qué tal otro día?

Restaurantes y comidas

Tài là de, tài xián de, wǒ dōu bù néng chī.	No puedo comer cosas muy picantes o saladas.
Cài zhème duō! Tài duō le! Dōu hěn xiāng.	¡Tanta comida! ¡Demasiada! Huele muy bien.
Lái, lái, lái. Duō chī diǎnr zhèi ge.	Venga, venga, venga. Come un poco más de esto.
Chībǎo le. Shízài chī bu xià le.	Estoy lleno, no puedo comer más.
Wǒ zuì xǐhuan qù běifāng fànguǎnr chīfàn.	Los restaurantes del norte son mis favoritos.
Zhèr yǒu méiyǒu mápódòufu/gōngbǎo jīdīng/tiánsuān ròu?	¿Tienen tofu mapo/pollo kungpao/cerdo agridulce aquí?
Wǒ bù hē jiǔ. Lái yì bēi chá ba.	No bebo alcohol. Tomaré una taza de té.
Lái yí gè gōngbǎojīdīng, yí gè chǎobōcài.	Tomaremos pollo kungpao y espinacas salteadas.

Escuela y educación

Wǒ niàn dà-yī, zhuānyè shì jīngjì.	Estoy en primer año de universidad, estudio economía.
Xiàle kè yǐhòu, wǒ xiān zuò zuòyè, ránhòu chūqù pǎobù.	Después de clase, primero hago las tareas y luego voy a correr.
Wǒ shì èr líng líng yī nián dàxué bìyè de, nádào xuéshì xuéwèi le.	Terminé la universidad en 2001 y obtuve un título de grado.
Dàxué bìyè yǐhòu, wǒ yào dào Zhōngguó qù xuéxí Zhōngwén.	Cuando me gradúe iré a China a estudiar chino.
Nèibiānr shì wǒmen de túshūguǎn, liǎng biānr dōu shì xuéshēng sùshè.	Aquella es nuestra biblioteca; los edificios de ambos lados son dos dormitorios de estudiantes.
Wǒ de sùshè fángjiān bú dà yě bù xiǎo, hěn shūfu, wǒ yí gè rén zhù.	La habitación de mi dormitorio no es grande ni pequeña. Es muy confortable, vivo solo.
Nǐ de fángjiān bǐ wǒ de dà de duō, shénme dōngxi dōu yǒu.	Tu habitación es mucho más grande que la mía y tiene de todo.

Viajes y transporte

Wǒ jīntiān xiǎng qù Shànghǎi, piào zěnme mǎi?	Hoy quiero ir a Shanghai. ¿Cómo puedo comprar un billete?
Tiān'ānmén chēzhàn zěnme zǒu?	¿Cómo se llega a la parada de Tian'anmen?
Yìzhí wǎng qián zǒu, zǒu jǐ bù jiù dào le.	Sigue todo recto, anda un poco más y llegarás.

Charla casual

Wǒ tiāntiān qù jiànshēnfáng duànliàn, yǒu shíhou zài wàimiàn pǎobù.	Todos los días voy al gimnasio y a veces salgo a correr.
Měi ge Xīngqītiān, zhǐyào tiānqì hǎo, wǒ jiù gēn tóngxué yìqǐ dào gōngyuán qù wánr.	Todos los domingos, si hace buen tiempo voy con mis compañeros al parque.
Wǒ xiǎo de shíhou zhù zài nóngcūn.	Cuando era pequeño vivía en un pueblo.
Jīntiān tiānqì hěn hǎo, kěshì tiānqì yùbào shuō, míngtiān huì xià dà yǔ.	Hoy hace buen tiempo, pero el pronóstico dice que mañana habrán lluvias fuertes.
Míngtiān tiānqì hǎo de huà, wǒmen dào hǎibiānr qù wánr, zěnmeyàng?	Si mañana hace buen tiempo, ¿qué te parece si vamos a la playa?
Wǒ juéde xué Hànyǔ, Hànzì zuì nán. Zhōngwén de sìshēng yě bù róngyì.	Creo que lo más difícil de estudiar chino son los caracteres. Los cuatro tonos tampoco son fáciles.

Índice

Prefacio	xiv
Comité Académico	xv
Agradecimientos	xvi
Introducción	xvii

Unidad once: "¿Nos habíamos conocido antes?" 1
似曾相识 Sìcéngxiāngshí
Conocer mejor a las personas

1: Saludos y presentaciones: Repaso y ampliación 2
- INFO Relaciones personales en China: Bienvenido al *guānxi* 关系／關係 2
- INFO Una variedad de nombres y rangos 3
- UN POCO DE GRAMÁTICA Pequeña lección sobre 了 *le* 5

2: Entablar una relación compartiendo información personal 6
- INFO Entrar en terreno personal 7
- INFO "Deletrear en chino" 9

3: Hablar brevemente sobre uno mismo 10
- ▸ **Habilidades e intereses** 11
- ▸ **Deportes** 12
  - UN POCO DE GRAMÁTICA Cómo se realiza una acción 12
  - INFO Cada vez se oyen más "guau, guau, miau, miau" en China 14

4: Preguntar y dar información sobre otras personas 16

5: Hacer y rechazar cumplidos 19

6: Despedirse: Repaso y ampliación 23
- ▸ **Rap de la Unidad** 23

7: Lectura y escritura 24
- ▸ **Lectura de oraciones familiares en caracteres chinos** 24
  - UN POCO DE GRAMÁTICA Las múltiples caras de *de* en chino 25
- ▸ **Lectura de textos de la vida real** 29
  - Entrada de Jackie Chan en baidu.com
- ▸ **Aprender a escribir caracteres** 30
  - 客, 气／氣, 答, 问／問, 题／題, 写／寫, 谈／談, 找, 新, 爱／愛, 老, 师／師, 学／學, 朋, 友, 恭, 发／發, 财／財
- ▸ **Rellenar un formulario** 30
  - UN POCO DE CULTURA Características físicas y expectativas sociales 31

RESUMEN 32
- ▸ **Gramática** 32
  - Encajar *le* en tu idioma • *de, de, de,* y más *de*
- ▸ **Vocabulario** 32
- ▸ **Lista de lo aprendido** 34

ÍNDICE

Unidad doce: "La comida es fundamental" ... 35
民以食为天 Mín yǐ shí wéi tiān
Comprar alimentos

1: Quedar para ir a comprar alimentos ... 36
- INFO Comprar alimentos en China ... 37

2: Nombrar diferentes tipos de frutas ... 38
- UN POCO DE GRAMÁTICA Comentar cómo se realiza una acción: Repaso y ampliación ... 39

3: Nombrar alimentos, sabores y otras cualidades de la comida ... 41
- ▶ **Sabores** ... 41
- ▶ **Otras cualidades** ... 41
- ▶ **Categorías de alimentos** ... 42

4: Hablar sobre verduras ... 44
- UN POCO DE GRAMÁTICA 的, pequeño y poderoso modificador: Repaso y ampliación ... 46

5: Preparar una comida ... 49

6: Comprar en un supermercado ... 52
- INFO Cinco alimentos por los que vivir ... 53
- ▶ **Rap de la Unidad** ... 54

7: Lectura y escritura ... 54
- UN POCO DE GRAMÁTICA Más sobre los coverbos ... 54
- ▶ **Lectura de oraciones familiares en caracteres chinos** ... 54
- UN POCO DE GRAMÁTICA Otro coverbo más— 把 bǎ ... 56
- ▶ **Lectura de textos de la vida real** ... 60
  Anuncios de supermercado
- ▶ **Aprender a escribir caracteres** ... 63
  果，菜，香，蕉，瓜，桃，酸，甜，苦，辣，蔬，绿／綠，
  色，肉，牛，猪／豬，鸡／雞，鱼／魚，鲜／鮮，味，超，市
- ▶ **Hacer una lista de la compra** ... 63
- UN POCO DE CULTURA Comprar alimentos ... 63

RESUMEN ... 64
- ▶ **Gramática** ... 64
  Dos tipos de *de* • Más sobre coverbos: Verbos de doble función • El coverbo 把 *bǎ*
- ▶ **Vocabulario** ... 66
- ▶ **Lista de lo aprendido** ... 68

Unidad trece: "Una sencilla comida casera" ... 69
家常便饭 Jiācháng-biànfàn
Comer en casa de un amigo

1: Ofrecer y aceptar invitaciones ... 70
- INFO Pagar una comida ... 71
- UN POCO DE GRAMÁTICA Verbo+ Clasificador+ Objeto ... 72
- UN POCO DE GRAMÁTICA *Gěi* 给／给: Repaso y ampliación ... 75
- INFO Hacer regalos—*sòng lǐwù* 送礼物／送禮物 ... 76

2: Rechazar una invitación ... 77

3: Llegar a casas de alguien y empezar a comer ... 78
- INFO Qué esperar de una comida casera ... 82

4: Animar a los invitados a que coman, hacer brindis y decir que estás lleno 83

　　　　INFO Comidas y cultura china 86
　▶ Rap de la Unidad 86

5: Lectura y escritura 86

　▶ **Lectura de oraciones familiares en caracteres chinos** 86
　　　　UN POCO DE GRAMÁTICA Añadir "sabor" a tus verbos chinos: Repaso y ampliación 90
　▶ **Lectura de textos de la vida real** 91
　　Invitaciones por correo electrónico
　▶ **Aprender a escribir caracteres** 95
　　主，空，希，望，喝，咖，啡，茶，麻，烦／煩，然，
　　带／帶，送，礼／禮，物，简／簡，单／單，真
　▶ **Escribir mensajes de correo electrónico** 95
　　UN POCO DE CULTURA Comer en casa de un amigo 95

RESUMEN

　▶ **Gramática** 96
　　Relaja tus verbos • gěi 给／給 • Aprovechar al máximo los verbos
　▶ **Vocabulario** 97
　▶ **Lista de lo aprendido** 98

Unidad catorce: "Una comida sabrosa y económica" ... 99
味美价廉 Wèiměi-jiàlián
Salir a comer

1: Elegir un lugar para comer 100
　　　　INFO Cocina regional de China 102

2: Sentarse y pedir bebidas 104
　　　　UN POCO DE GRAMÁTICA Aprovechar los adverbios 106
　　　　INFO Para una dieta equilibrada, pide equilibradamente 108

3: Pedir platos 108
　　　　INFO Menú chino para novatos 110

4: Terminar de comer 112
　　　　INFO Comer en un restaurante chino 113
　▶ Rap de la Unidad 114

5: Lectura y escritura 114

　▶ **Lectura de oraciones familiares en caracteres chinos** 114
　▶ **Lectura de textos de la vida real** 119
　　Carta de restaurante
　▶ **Aprender a escribir caracteres** 121
　　餐，馆／館，常，同，川，汁，可，乐／樂，奶，冰，就，
　　需，随／隨，豆，腐，炒，面／麵，米，蛋，广／廣，安
　▶ **Escribir un texto descriptivo** 121
　　Describir gustos y experiencias con la comida china
　　UN POCO DE CULTURA Comer en un restaurante chino 121

RESUMEN 122

　▶ **Gramática** 122
　　Adverbios y sus diferentes formas
　▶ **Vocabulario** 122
　▶ **Lista de lo aprendido** 124

Unidad quince: "Ocio y entretenimiento" 125
休闲娱乐 Xiūxián yúlè
Hablar sobre actividades de ocio

1: Algunas actividades de ocio 126
  UN POCO DE GRAMÁTICA Complementos del verbo 128

2: Mantenerse activo en las horas libres 129
  INFO ¿Baloncesto? ¡Por supuesto! ¿Y peleas de grillos? 131

3: Planear actividades de ocio 132
  UN POCO DE GRAMÁTICA Las distintas caras de zài: 在 vs. 再 134
  INFO ¿Planificar o improvisar? 137
  ▶ **Rap de la Unidad** 138

4: Lectura y escritura 138
  ▶ **Lectura de oraciones familiares en caracteres chinos** 138
  ▶ **Lectura de textos de la vida real** 143
  Páginas de blogs y diarios
  ▶ **Aprender a escribir caracteres** 146
  打，球，旅，游／遊，听／聽，音，书／書，放，工，作，
  跑，步，运／運，动／動，约／約，交，唱，歌，外
  ▶ **Escribir un texto descriptivo** 146
  Describir tus actividades de ocio favoritas
  UN POCO DE CULTURA Más sobre actividades diarias 147

RESUMEN 147
  ▶ **Gramática** 147
  Complementos del verbo • Las distintas caras de zài: 在 vs. 再
  ▶ **Vocabulario** 148
  ▶ **Lista de lo aprendido** 150

Unidad dieciséis: "Estudiar duro y mejorar día a día" ... 151
好好学习，天天向上 Hǎohāo xuéxí, tiāntiān xiàngshàng
Hablar de la escuela y de tus estudios

1: Hablar de niveles de estudio 152
  UN POCO DE GRAMÁTICA Aclaración sobre el verbo 毕业／畢業 bìyè (graduarse) 155

2: Hablar sobre materias y especialidades 156
  INFO Especialidades de bachillerato 159

3: Hablar del horario escolar 162
  UN POCO DE GRAMÁTICA Frecuencia y duración 164

4: Visitar un campus 166
  INFO Dormitorios universitarios 168
  INFO Las dos "comas" del chino 169
  ▶ **Rap de la Unidad** 169

5: Lectura y escritura 170
  ▶ **Lectura de oraciones familiares en caracteres chinos** 170
  INFO Vida de los estudiantes chinos 175
  ▶ **Lectura de textos de la vida real** 176

Currículo general del primer año de bachillerato
  INFO El sistema imperial de exámenes: antes y ahora ... 178
- **Aprender a escribir caracteres** ... 178
  校，教，楼／樓，图／圖，办／辦，公，厅／廳，始，直，初，读／讀，
  完，课／課，只，考，试／試，语／語，理，科，参／參，观／觀，活
- **Escribir un texto descriptivo** ... 178
  Describir horarios y clases
  UN POCO DE CULTURA Escuela y horario escolar ... 179

RESUMEN ... 179
- **Gramática** ... 179
  Una y otra vez: Expresiones de frecuencia • Durante cuánto tiempo: Expresiones de duración • Comentario sobre las "comas" chinas
- **Vocabulario** ... 180
- **Lista de lo aprendido** ... 182

Unidad diecisiete: "Más vale humo de mi casa que fuego de la ajena" ... 183
金窝银窝不如自己的草窝 Jīn wō yín wō bùrú zìjǐ de cǎo wō
Hablar de tu casa

1: Visitar la habitación de otros ... 184
  UN POCO DE GRAMÁTICA "Banquete" de adverbios ... 186

2: Contar recuerdos sobre la casa de tu infancia ... 187
  INFO El idioma "real" es a veces muy desordenado ... 190
  UN POCO DE GRAMÁTICA "Poner el carro delante del caballo": Más sobre 把 bǎ ... 192

3: Describir una casa moderna ... 194
  UN POCO DE GRAMÁTICA Decir "muy" de verdad ... 195
  INFO De las comunas a los bloques de apartamentos ... 197
- **Rap de la Unidad** ... 197

4: Lectura y escritura ... 198
- **Lectura de oraciones familiares en caracteres chinos** ... 198
- **Lectura de textos de la vida real** ... 202
  Anuncio inmobiliario
- **Aprender a escribir caracteres** ... 204
  房，间／間，舒，服，平，卧／臥，室，自，己，卫／衛，
  院，棵，树／樹，花，种／種，记／記，方，较／較
- **Escribir un texto descriptivo** ... 204
  Describir dónde te gustaría vivir
  UN POCO DE CULTURA Hogar dulce hogar ... 205

RESUMEN ... 205
- **Gramática** ... 205
  Repaso de adverbios • "Simplemente hazlo" con 把 bǎ
- **Vocabulario** ... 206
- **Lista de lo aprendido** ... 208

Unidad dieciocho: "Un paso incesante de coches y caballos" 209

车水马龙 Chēshuǐ-mǎlóng
Desplazarse y viajar

1: Viajar con ayuda 210

2: Montar en bicicleta 213

3: Viajar en autobús 216
- INFO Olvida el automóvil; toma el autobús 219
- UN POCO DE GRAMÁTICA Expresar antes y ahora 221

4: Viajar en tren interurbano o metro 222
- INFO Cultura y comportamiento: hacer cola 224
- UN POCO DE GRAMÁTICA Pon a prueba tu habilidad con las oraciones 224
- ▶ Rap de la Unidad 230

5: Lectura y escritura 230
- ▶ Lectura de oraciones familiares en caracteres chinos 230
- ▶ Lectura de textos de la vida real 236
  Reconocer los números de los billetes • Tarjetas de transporte y billetes de autobús • Mapa y señales del metro
- ▶ Aprender a escribir caracteres 240
  聊, 城, 通, 应/應, 该/該, 街, 桥/橋, 全, 选/選, 择/擇, 危, 险/險, 骑/騎, 行, 越, 共, 汽, 非, 卡, 票
- ▶ Escribir un texto descriptivo 240
  Describir cómo te mueves por la ciudad
- UN POCO DE CULTURA Desplazarse de un lugar a otro 241

RESUMEN 241
- ▶ Gramática 241
  Expresar antes y ahora • Otra mirada a los verbos • Vincular tus ideas
- ▶ Vocabulario 243
- ▶ Lista de lo aprendido 244

Unidad diecinueve: "Tan ilimitado como el cielo y el mar" 245

海阔天空 Hǎikuò-tiānkōng
Planear escapadas

1: Hablar sobre las estaciones y el tiempo 246
- INFO El tiempo en China 252

2: Planear una escursión 252
- INFO Incluye *Xiangshan* en tu lista de cosas pendientes 253
- UN POCO DE GRAMÁTICA Cuándo 请/請 *qǐng* y cuándo 叫 *jiào*? 255
- INFO En contacto con la naturaleza 257

3: Ir a la playa 258
- INFO China en movimiento 260

4: Viajar al extranjero 261
- INFO Éxitos populares 263
- UN POCO DE GRAMÁTICA Mostrar tu "actitud" usando verbos mdales 264
- ▶ Rap de la Unidad 268

5: Lectura y escritura 269
- **Lectura de oraciones familiares en caracteres chinos** 269
  - UN POCO DE GRAMÁTICA Dos acciones verbales al mismo tiempo 272
- **Lectura de textos de la vida real** 277
  - Publicidad de viajes
- **Aprender a escribir caracteres** 279
  - 春, 夏, 秋, 冬, 阳／陽, 雨, 雪, 如, 晴, 晒／曬, 伞／傘, 决／決, 定, 风／風, 景, 内
- **Escribir un texto descriptivo** 279
  - Planear una excursión
- UN POCO DE CULTURA Excursión de fin de semana 280

RESUMEN 280
- **Gramática** 280
  - Mostrar tu "actitud" usando verbos modales • Expresar dos acciones al mimo tiempo
- **Vocabulario** 281
- **Lista de lo aprendido** 282

Unidad veinte: "Un siglo vivirás, un siglo aprenderás" 283
活到老, 学到老 Huódào lǎo, xuédào lǎo
Aprender chino: Experiencias pasadas y consejos para el futuro

1: ¿Es difícil aprender chino? 284
2: ¿Es fácil aprender chino? 286
- INFO Aprendizaje de chino en el pasado, el presente y el futuro 291

3: Cómo los chinos aprenden chino 291
- UN POCO DE GRAMÁTICA La voz pasiva en chino; El imperativo en chino 293

4: Consejos para seguir estudiando chino 297
- **Rap de la Unidad** 300

5: Lectura y escritura 300
- **Lectura de oraciones familiares en caracteres chinos** 300
- **Lectura de textos de la vida real** 307
  - Usar el diccionario bilingüe ABC de Chino-Inglés
    - INFO Diccionarios de chino 312
- **Aprender a escribir caracteres** 313
  - 难／難, 所, 汉／漢, 言, 习／習, 惯／慣, 慢, 背, 抄, 把, 错／錯, 罚／罰, 古, 懂, 拼, 长／長, 句, 接
- **Escribir un texto descriptivo** 313
  - Describir tu experiencia y tus planes para estudiar chino
- UN POCO DE CULTURA Aprender chino 313

RESUMEN 314
- **Gramática** 314
  - Más tipos de oraciones del chino
- **Vocabulario** 315
- **Lista de lo aprendido** 317

REFERENCIAS

Vocabulario chino-español R-3
Vocabulario español-chino R-21
Lista de clasificadores R-43
Índice alfabético R-47
Agradecimientos R-49
Nombres de lugares chinos R-50

Prefacio

Bienvenido al Libro 2 de **Encuentros: Lengua y Cultura Chinas**. Como ya has visto en el Libro 1, el programa de **Encuentros** presenta un enfoque comunicativo para aprender chino práctico, basado en tareas, culturalmente rico y ampliamente atractivo.

El Libro 2 se basa en los temas y los conocimientos adquiridos en el Libro 1 para proporcionar una comprensión más profunda del idioma y la cultura chinos. Aunque algunos temas presentados en el Libro 1 se repasan con más profundidad, como "Conocer a alguien", la mayoría de los temas son nuevos e incluyen "encuentros" tan útiles como ir de compras, hacer planes de viaje, cenar en casa de un amigo chino o comer en un restaurante.

Cada unidad del Libro 2 ayuda a los estudiantes a hablar, leer y escribir en chino. Los estudiantes aprenden a hablar más extensamente que antes y aprenden a leer no solo para alfabetizarse, sino también para obtener información de la palabra escrita. Las actividades de escritura continúan teniendo como objetivo fundamental la comunicación. El *Libro de ejercicios de escritura de caracteres 2* complementa las secciones "Lectura y escritura" de cada unidad y proporciona explicaciones sobre el orden de los trazos, la historia y las formas simplificadas y tradicionales de cada caracter nuevo.

El Libro 2 también incluye una serie dramática filmada en la China de hoy. Los episodios, disponibles en *www.EncountersChinese.com.cn*, sirven para ilustrar los temas de cada unidad. La línea de la historia avanza con muchos giros y cambios para mantener el interés de los estudiantes por acercarse y asimilar el idioma y la cultura chinos. Además, *Guiones 2* proporciona transcripciones y traducciones de los diálogos de los episodios y puede servir para representar escenas o practicar la lectura.

Le deseamos lo mejor en la continuación de su viaje de aprendizaje del chino.

—Cynthia Y. Ning, University of Hawaii at Manoa
—John S. Montanaro, Yale University

Comité Académico

GRUPO DE PUBLICACIONES INTERNACIONALES DE CHINA

Cai Mingzhao
蔡名照
中国国际出版集团 前任总裁
Ex presidente, Grupo de Publicaciones Internacionales de China

Zhou Mingwei
周明伟
中国国际出版集团 前任总裁
Ex presidente, Grupo de Publicaciones Internacionales de China

Huang Youyi
黄友义
中国国际出版集团 前任副总裁、总编辑
Ex vicepresidente y editor en jefe, Grupo de Publicaciones Internacionales de China

Wang Gangyi
王刚毅
中国国际出版集团 前任副总编辑
Ex subeditor en jefe, Grupo de Publicaciones Internacionales de China

Wang Junxiao
王君校
高级项目主管
Jefe de Proyectos
华语教学出版社 社长
Presidente, Sinolingua

Han Hui
韩晖
项目主任
Directora de Proyectos
华语教学出版社 总编辑
Editora en jefe, Sinolingua

Guo Hui
郭辉
项目主任助理
Asistenta de Director de Proyectos
华语教学出版社 前任副总编辑
Ex subeditora en jefe, Sinolingua

Zhou Kuijie
周奎杰
文化顾问
Consultor de Cultura
原新世界出版社总编辑
Ex editor en jefe, New World Press

Lu Jianming
陆俭明
北京大学中文系 教授
Profesor, Universidad de Beijing

Ma Jianfei
马箭飞
孔子学院总部 副总干事
Subdirector ejecutivo, Oficinas Centrales de Instituto Confucio/Hanban

Cui Xiliang
崔希亮
北京语言大学 前任校长
Ex rector, Universidad de Lengua y Cultura de Beijing

Li Xiaoqi
李晓琪
北京大学对外汉语教育学院 教授
Profesora, Colegio de Chino como Segunda Lengua, Universidad de Beijing

Wu Zhongwei
吴中伟
复旦大学国际文化交流学院 执行院长
Presidente ejecutivo, Escuela de Intercambios Culturales Internacionales, Universidad de Fudan

Liu Songhao
刘颂浩
北京大学对外汉语教育学院 教授
Profesor, Colegio de Chino como Segunda Lengua, Universidad de Beijing

Wu Yongyi
吴勇毅
华东师范大学对外汉语学院 副院长、教授
Vicepresidente, Profesor, Escuela de Enseñanzas de Chino como Segunda Lengua Extranjera, Universidad Normal del Este de China

Zhou Xiaobing
周小兵
广州中山大学国际交流学院 副院长、教授
Vicepresidente y profesor, Instituto de Intercambios Culturales Internacionales, Universidad de Sun Yat-sen

Sun Dejin
孙德金
北京语言大学 教授
Profesor, Universidad de Lengua y Cultura de Beijing

Geng Zhi
耿直
语言顾问
Consultor lingüístico

Zhao Rongguo
赵荣国
制片
Productor

Liu Jiefeng
刘杰锋
制片
Productor

YALE UNIVERSITY PRESS

Richard C. Levin
理查德·雷文
耶鲁大学 校长
Presidente, Universidad de Yale

Linda K. Lorimer
罗琳达
耶鲁大学 副校长兼校务卿
Secretaria y vicepresidenta, Universidad de Yale

Dorothy Robinson
多乐茜·罗宾逊
耶鲁大学 副校长兼法律总顾问
Vicepresidenta y consejera general, Universidad de Yale

John Donatich
约翰·多纳蒂奇
耶鲁大学出版社 社长
Director, Yale University Press

Mary Jane Peluso
玛丽·珍·珀卢索
项目主任
Directora de Proyectos
耶鲁大学出版社世界语言部 出版人
Editorial de Lenguas del Mundo, Yale University Press

Cynthia Y. Ning
任友梅
语言教学部分撰稿人
Autora
夏威夷大学中国研究中心 副主任
Subdirectora, Centro de Estudios Chinos, Universidad de Hawái
孔子学院 院长
Directora, Instituto Confucio de la Universidad de Hawái, EE. UU.
中文教师学会 执行主任（2000-2009）
Directora ejecutiva, Asociación de Profesores de Lengua China, 2000-2009

John S. Montanaro
孟德儒
语言教学部分撰稿人
Autor
耶鲁大学 资深中文讲师
Profesor sénior de chino, Universidad de Yale

David Murray
大卫·莫瑞
总制片、总导演
Productor ejecutivo y director general

Agradecimientos

Encuentros fue iniciado en el otoño de 2006 por el señor Cai Mingzhao, entonces presidente del Grupo de Publicaciones Internacionales de China, y por el presidente de la Universidad de Yale, Richard C. Levin. Una gran cantidad de personas han participado y continúan participando en este extraordinario programa. Les agradecemos a todos aquellos que de alguna manera han sido parte de ***Encuentros***.

Los editores agradecen a:

Zhang Jianmin 张建民	Joey Wang 王一卓	He Jianchao 何建超	Lynn 柳素英
Kathy Fan 范颖超	Zimu Cookie 子木	Ma Shoudu 马首都	Sun Deyuan 孙德元
Cindy Tang 唐星怡	Crystal Gong 宫淳	Li Shuanglei 李双雷	Zhao Haoting 赵浩廷
Wang Hong 王鸿	Li Baoquan 李宝泉	Zhao Yanjie 赵延杰	Xia Tian 夏添
Ivan Li 李一凡	Zhang Shuo 张硕	Zhao Shaohua 赵韶华	Zhang Yang 张旸
Wang Qihan 王其寒	Chen Lu 陈潞	Su Su 苏甦	Zou Hewei 邹赫威
Zhan Zhili 詹之黎	Zhu Liang 朱亮	Zhang Hui 章珲	Li Yatian 李亚天
Era Ji 纪元	Lee Ah Ting 李亚丁	Xu Ruihan 徐睿涵	Song Weizhi 宋维芝
Nora Wang 王小檬	Su Zhijun 苏志军	Zhang Mengqiong 张梦琼	Chen Longhe 陈隆赫
Yan Ning 闫宁	Zhao Bozuo 赵伯祚	Mark 马克	Leslie Collings 柯陵斯
Wen Bo 温波	Song Baiqi 宋柏琪	Wang Lihong 王立红	Guo Jianxiong 郭建雄
Wang Xin 王鑫	Fan Jing 樊京	Qi Ziying 齐子樱	

Introducción

Panorama general

El programa integral de *Encuentros*:
- Utiliza un abordaje funcional, basado en ejercicios.
- Presenta lenguaje real y cultura mediante interesantes episodios de video.
- Se centra en la comunicación de la lengua hablada.
- Incluye material de lectura en caracteres simplificados y tradicionales.
- Vincula funciones del lenguaje con entrevistas en video sobre temas de cultura.
- Presenta instrucciones gramaticales y prácticas de manera clara y concisa.
- Sigue las directrices definidas por el Consejo Americano sobre la Enseñanza de Idiomas Extranjeros (ACTFL).
- Asiste a los profesores con una edición para el maestro que incluye útiles anotaciones, materiales para estimular el interés del alumno y una amplia selección de herramientas en varios medios.

Componentes del programa

El programa *Encuentros* incluye:
- Una *videoserie* con una excelente producción, filmada por completo en China y con una trama que atrapa e incluye fragmentos completamente dedicados a la cultura e historia chinas.
- Un *libro del estudiante* impreso en color totalmente integrado con la videoserie y el resto de componentes de *Encuentros*.
- Una *edición para el maestro con anotaciones* vinculada al libro de texto, llena de tips de enseñanza, actividades para el salón de clases y sugerencias para usar el programa en clase.
- *Guiones* con las transcripciones de los diálogos de la videoserie.
- Un *libro de ejercicios de escritura de caracteres* que muestra su evolución, etimología y uso. Incluye diagramas de trazos para guiar al estudiante al escribir los caracteres y también ofrece estrategias para recordarlos.
- Un *programa de audio* para ayudar al estudiante en su comprensión lectora, pronunciación, vocabulario y ejemplos de conversaciones.
- Una *página web*, www.EncountersChinese.com.cn, que ofrece contenido en video y audio, así como otros recursos de conversación, lectura y escritura del chino.

Resumen del Libro 1

El Libro del estudiante 1 *Encuentros: Lengua y Cultura Chinas* es el primer volumen de un curso de dos libros de nivel básico para estudiantes extranjeros de chino mandarín. A través de él, los estudiantes aprenden a comunicarse provechosamente con otros y obtienen una visión de la cultura y los caracteres chinos, que son parte integral del aprendizaje del idioma.

Algunas de las principales enseñanzas comunicativas del Libro 1 son presentarse, hablar sobre la familia, hacer amigos, hablar sobre necesidades personales, hacer planes de viaje y de fin de semana, y hablar sobre actividades diarias como hacer compras y regatear precios. Estas unidades son apoyadas con información cultural relevante, actividades de comprensión y expresión oral, vocabulario, lecciones de gramática y tareas de lectura y escritura.

UN POCO DE CULTURA 文化点滴

El lenguaje es la clave para comprender la cultura

Mira el fragmento de video "El lenguaje es la clave para comprender la cultura". El lenguaje es realmente la llave que abre la puerta a otras culturas. Hasta ahora has logrado mucho en tu aprendizaje, pero todavía te esperan muchos desafíos. Estas son algunas cosas que debes recordar al empezar a estudiar el Libro 2:

- Seas paciente y persistente en tu estudio.
- No tengas miedo de cometer errores. Aprender es un proceso de reconocer y corregir errores.
- Pasa todo el tiempo que puedas con hablantes nativos de chino, tanto en tu país como si visitas China.

La videoserie

Debido a que *Encuentros* es un programa plenamente integrado, el material presentado en cada episodio de la videoserie está vinculado con los capítulos y actividades del libro de texto, con actividades de audio y con una serie de materiales online. Esta interesante historia nos transporta por ciudades reales, pueblos, hogares, escuelas, mercados, calles y sitios culturales de China, una vasta nación. En estos lugares, los principales personajes ven cómo sus vidas se entrecruzan de maneras inesperadas. Descubren cosas sobre sí mismos y sobre los demás, conversan con desconocidos y amigos, y en el camino ofrecen a los espectadores una profunda mirada de la lengua y la cultura chinas.

El reparto

APRIL, 24 años, de origen chino. Es una chica callada pero valiente y de carácter fuerte. Nacida en los Estados Unidos en una familia de inmigrantes chinos, creció en San Diego. April acompaña a su esposo Alejandro a China.

ALEJANDRO, 29 años, estadounidense de origen mexicano, casado con April. Es apasionado y con una gran personalidad. Fotógrafo con la tarea de documentar los cambios que suceden en la China contemporánea. Cree fielmente en el valor de su trabajo.

LYNN, 25 años, estadounidense de Los Ángeles. Deja su hogar y tras una serie de giros inesperados, termina viajando a Yangshuo para enseñar inglés. Se esfuerza por adaptarse y ser aceptada por la comunidad, aclarando malentendidos en el camino.

TANG YUAN, 24 años, artista chino de Yangshuo. Ama el arte y goza de cierto éxito en su localidad. Es gentil y de buen corazón, respeta mucho a sus padres, pero también se comporta de manera rebelde en algunas ocasiones.

CHEN FENG, 27 años, empresario chino en Beijing. Idealista, confiado y extremadamente ambicioso. Aunque es un poco adicto al trabajo, también disfruta los riesgos. En los inicios de su carrera, trabaja duro y espera lo mismo de todos los demás (aunque él es el más exigente consigo mismo). Él y Li Wen son pareja.

LI WEN, 27 años, maestra de inglés en Yangshuo. Es de buen carácter y es muy comprensiva. Ella y Chen Feng han estado juntos durante bastante tiempo, pero debido a la distancia las cosas no siempre han sido fáciles. Tras hablarlo seriamente, deciden que Li Wen va a renunciar a su trabajo en Yangshuo para mudarse a Beijing ya que es lo mejor para su relación.

MAO ZHIPENG (también conocido como Xiao Mao), 28 años, chino. Amigo de Chen Feng desde la universidad y socio de la empresa que dirige Chen Feng. Es un gran observador del ámbito de los negocios y su personalidad equilibra la naturaleza con tendencia a asumir riesgos de Chen Feng.

PROF. YANG, 58 años, profesor de chino en la universidad de Chen Feng. Apasionado del *Taijiquan* y del ajedrez chino y con grandes habilidades para la caligrafía china. Es amable y cariñoso, A menudo actúa como figura paternal de Chen Feng, dándole consejos con metáforas de la vida. Es muy buen amigo y un gran maestro.

MICK, ciclista y viajero australiano. Gracioso, aventurero y sociable, no se sabe mucho sobre su edad, su profesión y su contexto.

▶ La trama

En el Libro 1 conociste a Lynn, una profesora estadounidense que llega a Yangshuo, donde encuentra a Li Wen, el profesor al que va a sustituir en la escuela local. Li Wen se va a trasladar a Beijing para estar con su novia, Cheng Feng. Cheng Feng y su mejor amigo, Mao Zhipeng (conocido como Xiao Mao), tiene ambiciosos planes para su negocio de publicidad, que crece rápidamente, pero la empresa está sufriendo las dificultades de los comienzos. Poco después de llegar Li Wen a Beijing, el viejo amigo de Chen Feng, Alejandro —un fotoperiodista estadounidense de origen mexicano, llega a China enviado por trabajo junto a su nueva esposa, April. Estadounidense de origen chino, April visita China por primera vez y espera retomar la relación con su amplia familia.

A medida que continua la historia en el Libro 2, Lynn trata de adaptarse a su nueva vida en Yangshuo. A través de su amistad con el artista local Tang Yuan y la interacción con sus alumnos en la escuela y la gente de la ciudad, Lynn empieza a integrarse en la vida local, si bien a veces con resultados inesperados. En Beijing, la nueva vida de Li Wen también llega con sorpresas. Cheng Feng y Xiao Mao —su relación se tensa por problemas del negocio, ven como surgen desavenencias entre ellos. Este estrés lleva a los tres a decir cosas que no habrían imaginado nunca, de nuevo con resultados inesperados. April y Alejandro entran también conflicto a medida que crece la tensión en sus vidas personales y aumenta el trabajo de Alejandro.

 RESUMEN *Mira el video en el que se resume el desarrollo de la videoserie en el Libro 1.*

Tour de la Unidad

El libro de texto ***Encuentros*** presenta un abordaje cuidadosamente estructurado y acumulativo para el aprendizaje del chino mandarín. Los estudiantes progresan desde actividades orales y de audio a tareas más demandantes de lectura y escritura de caracteres chinos. Se pone el énfasis en las habilidades comunicativas, ya que el principal objetivo del programa ***Encuentros*** es promover las aptitudes en el chino diario.

Cada unidad ofrece una atractiva combinación de actividades en clase, individuales, en parejas y en grupo. Humor, música y una actitud relajada animan a los estudiantes a asumir una actitud más entusiasta y confiada en su aprendizaje de chino. Los apartados "INFO" ofrecen decenas de consejos de estudio y aprendizaje, y las atractivas ilustraciones mantienen los niveles de interés altos. Al intercalar información cultural en todo el texto, en lugar de relegarla a notas al final del capítulo, ***Encuentros*** refuerza la noción de que el lenguaje es inseparable de la cultura.

Una variedad de iconos coloridos ilustran, de un vistazo, la variedad de oportunidades de aprendizaje disponibles en cada capítulo.

ver episodio	ver video	escuchar	rap de la unidad

Los títulos de la unidad se presentan en español, *pinyin* y caracteres chinos.

La página introductoria de cada unidad del libro de texto incluye una fotografía del episodio de video correspondiente. Las habilidades que se aprenden y practican en la unidad están relacionadas con los eventos que los estudiantes ven en el episodio.

Una lista de habilidades que serán cubiertas en la unidad ayuda a clarificar los objetivos de aprendizaje y a los estudiantes a organizarse.

xxii INTRODUCCIÓN

Las distintas actividades de audio y de aprendizaje son complementadas con sus conexiones con el video y con los comentarios sobre cultura.

Cada unidad contiene varios "Encuentros" interesantes y esclarecedores que presentan material vinculado sobre situaciones comunes de la vida real.

A lo largo de todos los materiales se emplean tanto caracteres tradicionales como simplificados. Solo el 20 por ciento de los caracteres tiene dos formas de escritura, y los estudiantes encontrarán ambas en los lugares donde se habla chino. Los estudiantes pueden aprender fácilmente a reconocer los dos tipos, pero deben escribirlos solo de la forma que tenga más sentido o sea más útil para ellos.

A lo largo de cada unidad aparecen consejos para practicar conversación. Estos entretenidos ejercicios orales ayudan a ganar confianza y práctica conversacional a los estudiantes.

Los apartados INFO, incluidos intencionadamente de forma aleatoria en todo el libro, ofrecen información cultural relevante que fascinará a los estudiantes y profundizará su entendimiento del idioma, la cultura y el pueblo chino.

INTRODUCCIÓN xxiii

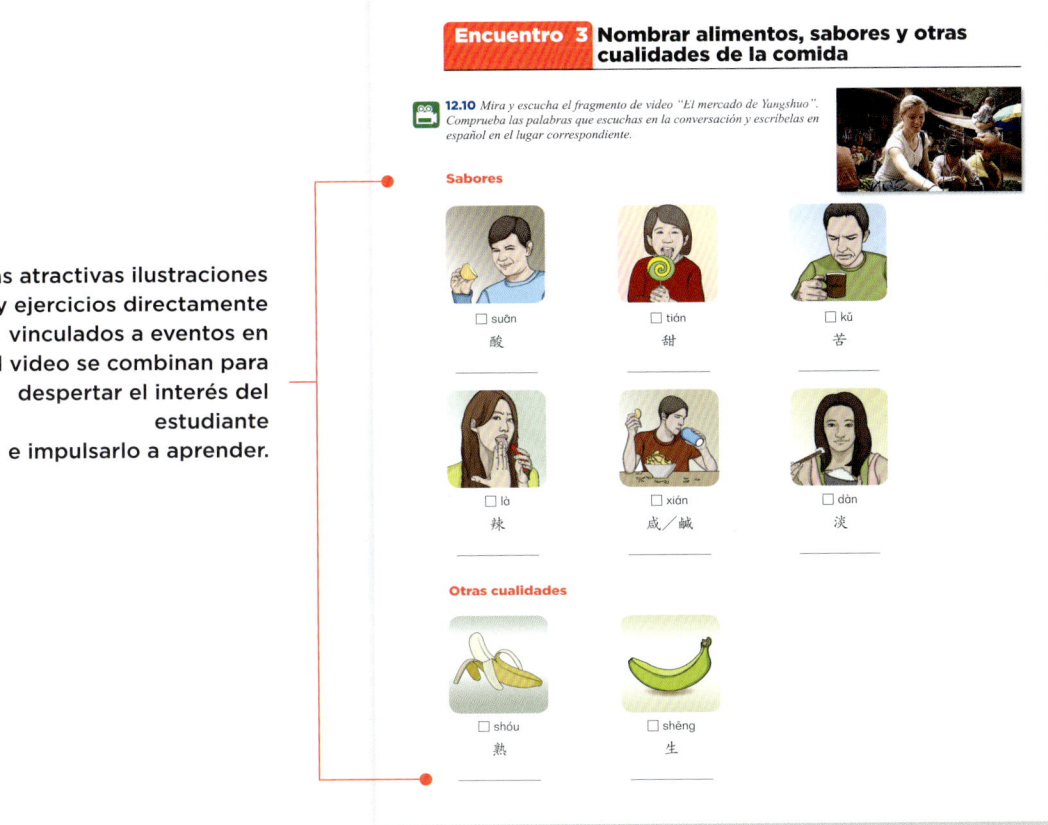

Las atractivas ilustraciones y ejercicios directamente vinculados a eventos en el video se combinan para despertar el interés del estudiante e impulsarlo a aprender.

Un rap escrito específicamente para cada unidad presenta expresiones y vocabulario en un contexto completamente musical. Visita la web de *Encuentros* www.EncountersChinese.com.cn.

Como primer paso para una "lectura intensiva", se presentan textos cortos de contenido familiar en caracteres tradicionales y simplificados. Descifrar esta selección de lecturas ayuda al estudiante a obtener habilidades básicas de lectura en chino.

Los numerosos apartados con comentarios de gramática ayudan a aclarar temas de gramática a medida que van apareciendo. Las lecciones breves, destacadas en apartados separados, le ofrecen al estudiante una cantidad manejable de información y una importante herramienta de repaso.

INTRODUCCIÓN

Al incorporar materiales que se encuentran en la vida real —por ejemplo, publicidad de supermercados, las lecciones ofrecen información práctica a los estudiantes para realizar tareas diarias en chino.

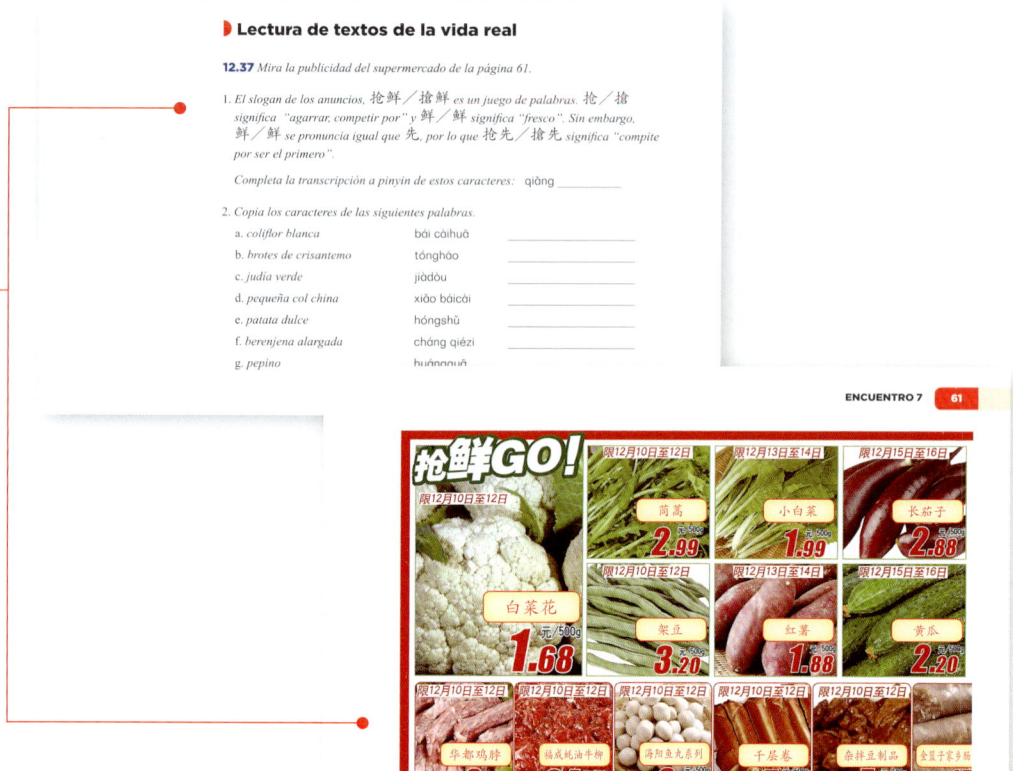

Cada unidad incluye una lista de caracteres chinos para dominar su escritura. Los estudiantes pueden acudir al *Libro de ejercicios de escritura de caracteres* para practicar la escritura, y obtener información de la etimología, uso, radicales y pistas de pronunciación de cada uno de los caracteres.

Los apartados de cultura, que se conectan con los segmentos culturales del video, representan un punto de partida para la exploración de la sociedad china. Preguntas que estimulan la reflexión animan a los estudiantes a investigar las diferencias y similitudes de la cultura china con la propia cultura.

Al final de cada unidad se incluye una sección de resumen. Estas páginas incluyen un resumen de temas de gramática, una lista de vocabulario y una lista de las cosas aprendidas que los estudiantes deben dominar al concluir la unidad. El resumen anima al estudiante a revisar su progreso, identificar faltas en su aprendizaje y comprobar y valorar sus logros.

UNIDAD 11

"¿Nos habíamos conocido antes?"

似曾相识
Sìcéngxiāngshí
Conocer mejor a las personas

En esta unidad aprenderás a:

- Saludar a las personas de diversas formas.
- Hacer y responder a cumplidos cortésmente.
- Preguntar y dar información personal.
- Identificar los caracteres de tu nombre.
- Hacer una presentación personal.
- Hacer preguntas sobre la presentación personal de otros.

- Preguntar información sobre otros y después contar lo que sabes.
- Clarificar las relaciones entre personas.
- Decir adiós y marcharse de distintas formas.
- Descifrar la información clave de webs chinas.
- Escribir datos personales en un formulario en línea.

Visita la web de **Encuentros** www.EncountersChinese.com.cn. para consultar material de apoyo a la presente unidad

Encuentro 1 — Saludos y presentaciones: Repaso y ampliación

 11.1 *Mira el Episodio 11 de la videoserie. No te preocupes si no entiendes completamente lo que se dice. ¡Míralo y disfruta!*

11.2 *Preparación:* Recuerda el Libro 1. ¿Qué se dice en chino cuando conoces a alguien por primera vez? Anótalo en pinyin o caracteres.

_____

_____

_____

 11.3 *Mira y escucha el fragmento de video "Chen Feng saluda al Sr. He". Antes de verlo, lee el siguiente texto sobre* guānxi 关系／關係, *la costumbre que "engrasa" las relaciones de negocios y otras relaciones personales en China.*

INFO 供你参考

Relaciones personales en China: Bienvenido al *guānxi* 关系／關係

Ya has aprendido la frase *méi guānxi* 没关系／沒關係, que significa "no hay problema; no tiene importancia; está bien". Estos significados pueden usarse en diferentes situaciones sociales. Sin embargo, la palabra *guānxi* tiene otro significado que no carece en absoluto de importancia. Se refiere a importantes conexiones sociales y se usa para referirse a la creación de redes de relaciones personales al modo chino. Familia, compañeros de clase, amigos, colegas y socios de negocios, todos proporcionan *guānxi*.

Tener *guānxi* con las personas adecuadas ayuda a hacer cosas, evitar la burocracia y conseguir objetivos rápidamente. Si necesitas conseguir un trabajo, vender productos, encontrar escuela para tu hijo o buscar pareja, la forma más productiva de conseguirlo es a través de las relaciones de *guānxi*. En China, tus conocidos te ponen al tanto y en situación de ventaja. Las *guānxi* son poderosas. A través de las conexiones de tus conocidos, tienes acceso a una extensa red de personas que se sienten obligadas a ayudarte. Es similar a la red de importantes contactos del "old boy" de los Estados Unidos, pero sin connotaciones peyorativas. No debe pensarse en las relaciones de *guānxi* como una red de sobornos o favoritismos descarados. Por el contrario, son el resultado de la larga tradición colectivista, el apoyo mutuo, los lazos interpersonales, las obligaciones familiares y de parentesco, y las relaciones de reciprocidad de la cultura china.

Las *guānxi* son de doble sentido. En otras palabras: cuento contigo para que hagas lo máximo por mí y puedes contar conmigo para hacer lo mismo por ti. Por lo tanto, es beneficioso ayudar a los demás todo lo que puedas porque de esta forma cultivas y amplías tu propia red de *guānxi* para usarla en el futuro. El viejo concepto de *guānxi* sigue floreciendo en la China moderna, incluso cuando esta se orienta a la economía de mercado, la globalización y la competencia. Todo el que desee trabajar con China y con los chinos, debe cultivar una red de *guānxi* con personas de confianza.

11.4 *El Sr. He pregunta: "¿Es usted el Sr. Chen?". Ordena las siguientes oraciones y frases teniendo en cuenta las respuestas de Chen Feng. Después une el chino con el español.*

_____ a. Wǒ shì Chén Fēng.
　　　 我是陈峰。／我是陳峰。

_____ b. Hé tàitai
　　　 何太太

_____ c. Huānyíng, huānyíng.
　　　 欢迎，欢迎。／歡迎，歡迎。

_____ d. Hé xiānsheng
　　　 何先生

_____ e. Shì wǒ, shì wǒ.
　　　 是我，是我。

_____ f. Hé xiǎojiě
　　　 何小姐

_____ g. Zhè shì wǒ tóngshì, Wáng Lì.
　　　 这是我同事，王丽。／
　　　 這是我同事，王麗。

1. *Bienvenido, bienvenido*
2. *Soy yo, soy yo.*
3. *Sra. He*
4. *Soy Chen Feng.*
5. *Sr. He*
6. *Él es mi colega, Wang Li.*
7. *Srta. He*

11.5 *Mira y escucha de nuevo el fragmento de video "Chen Feng saluda al Sr. He". Rellena los espacios en blanco (en pinyin) con las palabras que oyes.*

Mr. He:　　　Wáng nǚshì, _____ _____.

Wang Lin:　　Hěn _____ rènshi _____.

Mr. He:　　　Bù hǎoyìsi, ràng _____ jiǔ děng _____.

Chen Feng:　 Ò, _____ _____, _____ _____.

INFO 供你参考

Una variedad de nombres y rangos

A diferencia de lo que ocurre en nuestra cultura, donde usamos simplemente Sr., Sra. o Srta., los chinos prefieren decir su profesión o rango antes del apellido para referirse a los demás. Por ejemplo, al famoso director de cine Zhang Yimou se le llama normalmente *Zhāng dǎoyǎn* 张导演 (director Zhang) o *Zhāng dǎo* 张导. En el episodio, el ayudante administrativo de Chen Feng se refiere a él como *Chén zǒng* 陈总／陳總 (director general Chen). *Zǒng* 总／總 es la forma corta de *zǒng jīnglǐ* 总经理／總經理 (director general).

Cuando sabes el rango profesional de alguien, utilízalo. Si no lo sabes, intenta averiguarlo. ¿La persona con la que hablas es médico, alcalde, abogado, profesor, maestro o ingeniero? Estos rangos se escuchan habitualmente en las conversaciones y juegan un papel importante en la sociedad china. Si no sabes el apellido de una persona, es correcto referirse a él o ella únicamente por su rango o profesión. Así, para llamar la atención de tu taxista llámalo *sījī* 司机／司機; cuando hablas con la persona que te está arreglando la bicicleta, dile *shīfu* 师傅／師傅 (literalmente "maestro"); llama al empleado *fúwùyuán* 服务员／服務員, y, por supuesto, tu profesor es siempre *lǎoshī* 老师／老師.

Esta práctica tiene profundas raíces culturales en el sentido de pertenecer, adecuarse e identificarse con un grupo social más grande. El uso del rango afirma que alguien no es simplemente Sr. o Sra., sino parte de un grupo, organización, profesión u ocupación de mayor escala.

Esto no significa que en China no se usen los términos más genéricos Sr., Sra. o Srta. Fíjate cómo en el video Chen Feng emplea *xiānsheng* 先生, *tàitai* 太太 y *xiǎojiě* 小姐 para dirigirse a su cliente el Sr. He, su mujer y su hija. Cuando el Sr. he se dirige a Wang Li, la colega de Chen Feng, utiliza la expresión *nǚshì* 女士, el modo formal de 小姐 y equivalente a "Srta.". No te desesperes si esto ahora te parece confuso, con el tiempo lo irás teniendo más claro. Mientras tanto, no dudes en pedir orientación a tu profesor o a personas que sepan bien chino.

11.6 *Preparación: Piensa en algunas formas con las que podrías saludar a personas que conoces. Anótalo en pinyin o caracteres.*

___

___

11.7 *Mira y escucha el fragmento de video "April y Alejandro saludan a Zhao". Marca los saludos que escuchas. A continuación, une el chino con el español.*

☐ a. Zǎo!
早！

1. ¿Estás bien?

☐ b. Hǎo ma?
好吗？／好嗎？

2. ¿Has comido?

☐ c. Zěnmeyàng?
怎么样？／怎麼樣？

3. ¡Buenos días!

☐ d. Nǐ chī le ma?
你吃了吗？／你吃了嗎？

4. ¿Cómo te va?

☐ e. Qù nǎr?
去哪儿？／去哪兒？

5. ¿Adónde vas?

ENCUENTRO 1

11.8 *Zhao ha hecho un cumplido a Alejandro en el fragmento de que acabas de ver. ¿Qué ha dicho? Rellena los espacios en blanco.*

Nǐ shuō de yuè_____ yuè_____ le!

你说得越来越好了！／你說得越來越好了！

Si quieres decir a alguien que su chino hablado es cada vez mejor, debes insertar Zhōngwén 中文 *cerca del principio de la frase para indicar que el tema del que hablas es el chino. Rellena los espacios en blanco.*

Nǐ Zhōngwén _____ _____ yuè lái_____ le!

你中文说得越来越好了！／你中文說得越來越好了！

Un poco de gramática 语法点滴

Pequeña lección sobre 了 *le*

Pese a su corta longitud, 了 *le* es una poderosa partícula que impregna virtualmente el idioma chino. Se han escrito ríos sobre cómo usarla, cuándo usarla y cuándo no usarla, pero los lingüistas siguen discutiendo en torno a ella. En cualquier caso, todos ellos están de acuerdo en lo siguiente: 了 va unida a un verbo (*le* verbal - LV) o aparece al final de una frase (*le* oracional - LO). A medida que progrese tu estudio del chino aprenderás diversos usos de 了, pero aquí tienes algunas orientaciones preliminares para usar esta partícula al hablar y escribir.

- **Para expresar que ha ocurrido un cambio:**

  你还饿吗？不饿了。／你還餓嗎？不餓了。 Nǐ hái è ma? Bú è le. (SL)
  (¿Todavía tienes hambre? Yo ya no tengo hambre.)

  你的中文越来越好了。／你的中文越來越好了。 Nǐ de Zhōngwén yuè lái yuè hǎo le. (SL) *(Tu chino es cada vez mejor.)*

- **Para expresar una situación extrema (usada junto a *tài*):**

  她真是太忙了！ Tā zhēnshi tài máng le! (SL) *(¡Está realmente ocupada!)*

- **Para expresar que ha ocurrido algo o que se ha completado una acción:**

  我今天上网了。／我今天上網了。 Wǒ jīntiān shàngwǎng le. (SL)
  (Esta mañana he navegado en Internet)

- **Para expresar una acción inminente o un cambio futuro:**

  火车快要到了。／火車快要到了。 Huǒchē kuài yào dào le. (SL)
  (El tren está a punto de llegar.)

- **Para expresar cuánto dura una acción:**

  去年我学了三个星期的中文。／去年我學了三個星期的中文。
  Qùnián wǒ xuéle sān gè xīngqī de Zhōngwén. (VL) *(El año pasado estudié chino tres semanas.)*

> Ten en cuenta que no siempre se usa *le* cuando nos referimos a un hecho pasado. Estos son algunos ejemplos de situaciones "pasadas" donde no aparece *le*.
>
> ■ Para expresar una acción que no ocurrió:
> 我昨天没上网。／我昨天沒上網。 Wǒ zuótiān méi shàngwǎng. *(Ayer no navegué en Internet)*
>
> ■ Para expresar verbos de "sentimiento":
> 昨天我觉得不舒服。／昨天我覺得不舒服。 Zuótiān wǒ juéde bù shūfu. *(Ayer no me sentía muy bien.)*
>
> ■ Para expresar acciones habituales:
> 我去年每天都吃中餐。 Wǒ qùnián měi tiān dōu chī zhōngcān.
> *(El año pasado comí comida china todos los días.)*

11.9 Alejandro responde al cumplido según la costumbre china, rechazándolo. ¿Qué es lo que dice? Elige una de las respuestas. A continuación, une el chino con el español.

☐ a. Bù, bù, wǒ shuō de bù hǎo.
不，不，我说得不好。／
不，不，我説得不好。

1. *Me halagas.*

☐ b. Nǐ tài kèqi le.
你太客气了。／你太客氣了。

2. *No, no, no hablo bien.*

☐ c. Nǎli, nǎli.
哪里，哪里。／哪裡，哪裡。

3. *Eres muy amable.*
   (literalmente: Eres muy educado.)

☐ d. Nǐ chī le ma?
你吃了吗？／你吃了嗎？

4. *¿Has comido?*

☐ e. Guòjiǎng, guòjiǎng.
过奖，过奖。／過獎，過獎。

5. *Ciertamente no.*
   (literamente: Dónde, dónde.)

11.10 *Haz conversación:* Saluda a tus compañeros de distintas formas. Elogia los progresos que están haciendo en chino. Cuando recibas cumplidos, seas educado y recházalos.

Encuentro 2 Entablar una relación compartiendo información personal

11.11 *Preparación:* ¿Qué información te gustaría saber de alguien que acabas de conocer y a quien te gustaría conocer mejor? Anota tus ideas.

_____

_____

_____

INFO 供你参考

Entrar en terreno personal

Cuando conoces a una persona china, no te sorprendas si pronto te hacen preguntas personales. En la cultura china es común hacer preguntas que los occidentales consideran de mala educación. Estas pueden ser "¿Cuántos años tienes?", "¿Estás casado?" o incluso "¿Cuánto dinero ganas?". No te ofendas. Estas preguntas son intentos sinceros de establecer una relación, acercarse a un nuevo amigo, encontrar puntos en común y crear cercanía. Mantén tu sentido del humor. ¡Seas honesto, diviértete y sonríe!

11.12 *Mira y escucha el fragmento de video "Lynn conoce a Tang Yuan". Une las preguntas con las respuestas.*

a. Nǐ de diànzǐ yóuxiāng shì …?

b. Nǐ de míngzi zěnme xiě?

c. Nǐ duō dà le?

d. Nǐ de shēngrì shì jǐ yuè jǐ hào?

1. Táng, Tángrénjiē de táng. Yuǎn, yuǎndà de yuǎn.

2. Wǒ de shēngrì shì qīyuè sānshí hào.

3. Wǒ de yóuxiāng shì tángyuǎn bā wǔ @ yāo liù sān diǎn com.

4. Wǒ jīnnián èrshísì suì.

11.13 *Une las columnas correspondientes.*

a. Nǐ de diànzǐ yóuxiāng shì …?

b. Nǐ de míngzi zěnme xiě?

c. Nǐ duō dà le?

d. Nǐ de shēngrì shì jǐ yuè jǐ hào?

1. 你多大了？

2. 你的生日是几月几号？／你的生日是幾月幾號？

3. 你的名字怎么写？／你的名字怎麼寫？

4. 你的电子邮箱是……？／你的電子郵箱是……？

A. ¿Cómo se escribe tu nombre?

B. ¿Cuándo es tu cumpleaños?

C. ¿Cuál es tu correo electrónico?

D. ¿Cuántos años tienes?

UNIDAD 11 ¿NOS HABÍAMOS CONOCIDO ANTES?

11.14 *Para saber tres o cuatro detalles personales sobre alguien, ¿qué preguntas harías? Anótalo en* 拼音 pīnyīn *(pinyin) y/o* 汉字／漢字 Hànzì *(caracteres chinos).*

_____

_____

_____

_____

11.15 *Haz conversación:* Muévete por el aula y conversa con tus compañeros haciendo y respondiendo preguntas. Anota (en español) tres o cuatro detalles de cada una de las personas con las que hablas.

11.16 *Esta es la respuesta de Tang Yuan cuando Lynn le pregunta:* "你的名字怎么写？"／"你的名字怎麼寫？" "Nǐ de míngzi zěnme xiě?"

Táng, Tángrénjiē de táng. Yuǎn, yuǎndà de yuǎn.

唐，唐人街的唐。远，远大的远。／
唐，唐人街的唐。遠，遠大的遠。

Tang como en "Tang-ren-jie" (barrio chino); Yuan como en "yuan-da" (ambicioso).

Sigue este modelo para aprender cómo describir tu nombre. Escribe los caracteres de tu nombre chino en el primer espacio en blanco de la página 9. A continuación, pide ayuda a tu profesor u otra persona que sepa bien chino (o busca en el diccionario) y escribe cómo "describir" cada carácter de los tu nombre en los siguientes espacios en blanco. Recuerda que la mayoría de los nombres chinos están formados por tres caracteres —el primero es normalmente el apellido y el segundo y el tercero, el nombre, pero algunos chinos, como Tang Yuan, tienen un solo carácter para el nombre. Algunos apellidos chinos, muy muy pocos, están formados por dos caracteres.

Nombre: _____

Primer carácter (o primeros dos caracteres para apellidos de dos caracteres):

_____

Segundo carácter : _____

Tercer carácter : _____

INFO 供你参考

"Deletrear" en chino

En español deletrean las palabras indicando en orden cada una de sus letras. Por ejemplo, *gato* se deletrea g-a-t-o. En chino también hay una forma de "deletrear", como demuestra Tang Yuan en el video. Tang Yuan aclara a Lynn los caracteres de su nombre asociándolos con palabras compuestas comunes que los incluyen. El carácter *táng* de su nombre es el mismo carácter que se usa en la palabra "barrio chino", y el carácter *yuǎn* es el mismo que aparece en la palabra "ambicioso". Son dos palabras comunes y Tang Yuan está seguro de que Lynn las conoce y puede establecer la comparación. Para los estudiantes de chino, el desafío es conocer las palabras comunes utilizadas para deletrear otras palabras. Esto requiere tiempo, pero también permite aprender nuevas palabras en el proceso.

11.17 *Trabajo en parejas:* Pregunta a un compañero o compañera cómo se escribe su nombre chino (probablemente deberás pedirle que te ayude a entender su respuesta), y después explícale cómo se escribe el tuyo.

UNIDAD 11 ¿NOS HABÍAMOS CONOCIDO ANTES?

Encuentro 3 Hablar brevemente sobre uno mismo

11.18 *Mira y escucha el fragmento de video "Tang Yuan tiene una cita a ciegas". Después rellena los espacios en blanco con las expresiones adecuadas del recuadro.*

cantar	mío	dinero	dicen	padre
cajero	hablar	te deseo felicidad y prosperidad		
interesante	supermercado	unos cuantos		

a. Wǒ zài chāoshì gōngzuò.
   我在超市工作。
   Trabajo en un _____.

b. Shì shōuyínyuán.
   是收银员。／是收銀員。
   Soy _____.

c. Zhěngtiān gēn qián dǎ jiāodao.
   整天跟钱打交道。／整天跟錢打交道。
   Manejo _____ todos los días.

d. Qíshí wǒ zhīdào, zhè qián dōu bú shì wǒ de.
   其实我知道，这钱都不是我的。／
   其實我知道，這錢都不是我的。
   En realidad, sé que este dinero no es _____.

e. Wǒ bà jīnnián tuìxiū le.
   我爸今年退休了。
   Mi _____ se jubiló este año.

f. Yǎngle hǎo jǐ zhī niǎo.
   养了好几只鸟。／養了好幾隻鳥。
   Tiene _____ pájaros.

g. Qízhōng yì zhī bāgē hái huì shuōhuà ne.
   其中一只八哥还会说话呢。／
   其中一隻八哥還會說話呢。
   Uno de ellos, un estornino, incluso puede _____.

h. "Nǐ hǎo, nǐ hǎo, gōngxǐ fācái."
   "你好，你好，恭喜发财。"／
   "你好，你好，恭喜發財。"
   "Hola, hola, _____."

i. Kě yǒu yìsi le, kě dòu le.
   可有意思了，可逗了。
   Es muy _____, muy divertido.

j. Wǒ xǐhuan chàng gē, nǐ ne?
   我喜欢唱歌，你呢？／
   我喜歡唱歌，你呢？
   Me gusta _____. ¿Y a ti?

k. Tāmen dōu shuō wǒ chàng de hǎotīng.
   他们都说我唱得好听。／
   他們都說我唱得好聽。
   Todos _____ que canto bien.

11.19 *¿Qué dirías si tuvieras que hacer una presentación similar sobre ti mismo? Vamos a empezar viendo algunas palabras que podrías usar. Escribe los tonos sobre las sílabas* 拼音 *de las siguientes palabras según la grabación de audio. A continuación, marca las habilidades, intereses y deportes con los que te identificas.*

Habilidades e intereses

chang ge

唱歌

☐ *cantar*

tiaowu

跳舞

☐ *bailar*

wan yueqi

玩乐器／玩樂器

☐ *tocar instrumentos musicales*

zuo zhenxian

做针线／做針線

☐ *coser*

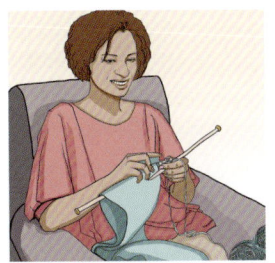

da maoxian

打毛线／打毛線

☐ *hacer punto*

hua huar

画画儿／畫畫兒

☐ *pintar y dibujar*

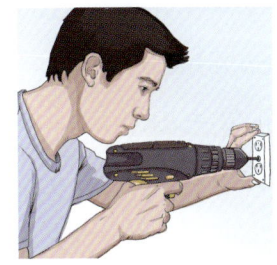

xiuli dongxi

修理东西／修理東西

☐ *arreglar cosas*

da pai

打牌

☐ *jugar a las cartas*

xia qi

下棋

☐ *jugar al ajedrez*

wan zhuomian youxi

玩桌面游戏／玩桌面遊戲

☐ *jugar a juegos de mesa*

wan dianzi youxi

玩电子游戏／玩電子遊戲

☐ *jugar a videojuegos*

UNIDAD 11 ¿NOS HABÍAMOS CONOCIDO ANTES?

Deportes

da bangqiu
打棒球
☐ *jugar al béisbol*

da lanqiu
打篮球／打籃球
☐ *jugar al baloncesto*

ti zuqiu
踢足球
☐ *jugar al fútbol*

wan Meishi zuqiu
玩美式足球
☐ *jugar al fútbol americano*

da wangqiu
打网球／打網球
☐ *jugar al tenis*

da gao'erfuqiu
打高尔夫球／打高爾夫球
☐ *jugar al golf*

youyong
游泳
☐ *nadar*

Un poco de gramática 语法点滴

Cómo se realiza una acción

Vamos a recordar una construcción explicada en la Unidad 8 para expresar cómo se realiza una acción. La estructura es: (verbo)-sujeto + verbo + de + adverbio

Recuerda que la primera aparición del verbo puede omitirse, pero no la segunda. Estas son algunas de las actividades que han aparecido en el Ejercicio 11.19. Júntate con un compañero y descubrid juntos cómo se realizan las acciones.

chàng gē chàng de hěn bù hǎotīng
tiàowǔ tiào de hěn kuài
zhēnxiàn zuò de hěn búcuò
máoxiàn dǎ de bǐ wǒ hǎo
huà huàr huà de gēn yìshùjiā yíyàng hǎokàn
xiūlǐ dōngxi xiūlǐ de hěn hǎo
dǎ pái dǎ de tài duō le
xià qí xià de hěn màn
wán diànzǐ yóuxì wán de hěn gāoxìng
tī zúqiú tī de zhēn hǎo

11.20 *Rellena los espacios en blanco con tu propia información. Si lo que quieres decir no aparece en la lista anterior, pide ayuda a tu profesor u otra persona que sepa bien chino, o consulta el diccionario o Internet.* 请写拼音。／請寫拼音。 Qǐng xiě pīnyīn *(Por favor, escribe en pinyin)*.

Wǒ huì _____.

Wǒ hěn xǐhuan _____.

Wǒ _____ _____ de _____.
    ([VERBO]-SUJETO)   (VERBO)   (ADVERBIO)

11.21 *¿Tienes mascotas? Busca las afirmaciones con las que te identificas.*

☐ Wǒ bù yǎng chǒngwù.
   我不养宠物。／我不養寵物。
   No tengo mascotas. (Literalmente: "No crío mascotas").

☐ Wǒmen jiā yǎng gǒu (māo, niǎo, jīnyú).
   我们家养狗（猫、鸟、金鱼）。／
   我們家養狗（貓、鳥、金魚）。
   Tenemos (un) perro(s) [gato(s), pájaro(s), pez(peces)].

☐ Wǒ xǐhuan liù gǒu.
   我喜欢遛狗。／我喜歡遛狗。
   Me gusta pasear al perro.

☐ Wǒ xǐhuan fǔmō xiǎo māo.
   我喜欢抚摸小猫。／我喜歡撫摸小貓。
   Me gusta acariciar al gato.

☐ Wǒ xǐhuan tīng niǎo chàng gē.
   我喜欢听鸟唱歌。／我喜歡聽鳥唱歌。
   Me gusta oír que los pájaros cantan.

☐ Wǒ xǐhuan kàn jīnyú yóulái-yóuqù.
   我喜欢看金鱼游来游去。／我喜歡看金魚游來游去。
   Me gusta ver que los peces nadan de un lado a otro.

11.22 *Escribe una o dos frases sobre tu mascota. Si no tienes, escribe una frase diciéndolo. Si necesitas usar otras palabras, pide ayuda.*

_____

_____

UNIDAD 11 ¿NOS HABÍAMOS CONOCIDO ANTES?

> **INFO** 供你参考
>
> **Cada vez se oyen más "guau, guau, miau, miau" en China**
>
> Tener y cuidar mascotas es algo relativamente nuevo en China. Sin embargo, se está convirtiendo en algo más común porque cada vez más personas pueden permitírselo gracias al fuerte desarrollo económico de las dos últimas décadas. Además, muchas personas de las grandes ciudades viven solas y tener una mascota en casa es una forma de consuelo y alivio para la soledad. Al mismo tiempo, las mascotas se han convertido rápidamente en una marca de estatus social. ¿Qué clase de mascotas? Perros y gatos son muy populares, por supuesto. De hecho, los gatos parecen ser más populares porque están menos regulados que los perros. Existen más restricciones sobre la posesión de perros debido al ruido y los residuos que crean. La tradición de cuidar pájaros, especialmente los que cantan, es común y es fácil ver a chinos llevando jaulas cubiertas con tela para sacar a "pasear" a sus pájaros. Los peces también han sido mascotas domésticas durante milenios. Los chinos piensan que una pecera con peces trae buena suerte a la familia. Los hámsters son los favoritos de los niños. ¡Algunos incluso cuidan grillos como mascotas!

11.23 *Escribe el borrador de una breve presentación personal incluyendo seis o siete detalles sobre ti mismo y sobre tu vida. ¡Hazlo interesante! Pide a tu profesor u otra persona que sepa bien chino que te lo corrija, reescribe la versión final y anótala en el espacio de abajo. Finalmente, pega una foto tuya en el marco.* 请写汉字或者拼音。／請寫漢字或者拼音。 Qǐng xiě Hànzì huòzhě pīnyīn. *(Escribe en caracteres o en pinyin).*

11.24 Trabajo en parejas: Lee tu presentación personal a un compañero. Después, mientras él o ella lee la suya, toma notas y escribe preguntas que quieres hacerle. Procura reconocer toda la información que presenta. Cuando termines, dale las gracias, despídete y repite el ejercicio con otro compañero.

Notas sobre la presentación del Compañero 1:

_____

_____

_____

Tus preguntas:

_____

_____

Respuestas del Compañero 1:

_____

_____

Notas sobre la presentación del Compañero 2:

_____

_____

_____

Tus preguntas:

_____

_____

Respuestas del Compañero 2:

_____

_____

11.25 Haz cambios en tu presentación personal si lo crees necesario. Practícala en voz alta hasta que puedes decirla de forma fluida y clara. Después grábate a ti mismo mientras la lees.

Encuentro 4 Preguntar y dar información sobre otras personas

 11.26 *Mira y escucha el fragmento de video "A Juan y Tang Yuan".*

¿Sobre quién está preguntando información 阿娟？ 请选一个答案。／請選一個答案。 *Qǐng xuǎn yí gè dá'àn. (Elige una respuesta).*

☐ 她弟弟阿龙／她弟弟阿龍

☐ 唐远的爸爸／唐遠的爸爸

☐ 琳老师／琳老師

Escribe los hechos que 唐远／唐遠 *incluye en su respuesta. Escribe todos los que puedas.* 请写汉字或者拼音。／請寫漢字或者拼音。

___
___
___
___
___

ENCUENTRO 4

 11.27 *Mira y escucha de nuevo el fragmento de video. Escribe el 拼音 de las siguientes expresiones.*

a. 那,你们应该很熟悉了吧?／那,你們應該很熟悉了吧?

_____

Vosotros (dos) debéis conoceros bien, ¿no?

b. 她是什么样的一个人?／她是甚麼樣的一個人?

_____

¿Cómo es ella?

c. 她中文说得非常好。／她中文說得非常好。

_____

Ella habla muy bien chino.

11.28 Haz conversación: *Toma una tarjeta adhesiva para nombres (o una tarjeta para fichas y un poco de cinta adhesiva). Escribe el nombre de uno de los compañeros con los que hablaste en el Ejercicio 11.24 y pégate la tarjeta en la camiseta. Acércate a otro compañero, mira el nombre escrito en su camiseta y empieza a conversar con él o ella siguiendo el siguiente esquema.*

Tú: 你跟____应该很熟悉了吧?／應該很熟悉了吧?
他（她）是什么样的一个人?／他（她）是什麼樣的一個人?

Compañero: 嗯，他（她）…… OR 还好／還好，他（她）……

Cuando tu compañero te pregunte información, resume lo mejor que puedas todo lo que sabes sobre la persona. Usa las notas que tomaste en el Ejercicio 11.24.

11.29 *Mira y escucha el fragmento de video "Las madres de A Juan y Tang Yuan".*

Según lo que 唐远的妈妈／唐遠的媽媽 *dice (o insinúa), ¿cuál es la relación entre las siguientes personas y* 唐远／唐遠*?* 请选答案。／請選答案。 Qǐng xuǎn dá'àn. *(Elige la respuesta marcando las casillas correspondientes)*

	普通的朋友 pǔtōng de péngyou amigos comunes	男／女朋友 nán/nǚ péngyou novio/novi
阿娟	☐	☐
琳老师／琳老師	☐	☐

阿娟的妈妈／阿娟的媽媽 *ha estado preocupada porque la gente del pueblo vio que la relación entre* 琳老师／琳老師 *y* 唐远／唐遠 *parecía "muy estrecha"*—很要好.

Escribe el 拼音 *de* 很要好: _____

11.30 *Ahora rellena tú solo la tabla siguiente. Escribe un nombre (en español o chino) en cada una de las categorías de amigos, o escribe* 没有 *si es el caso. Si tienes un "amigo/a especial", escribe su nombre en la categoría* 男／女朋友.

（普通的）朋友	最要好的朋友	男／女朋友

ENCUENTRO 5   19

11.31 *Haz conversación: Trae a clase la foto de uno o más de tus amigos o dibújalos en tarjetas para fichas. Pégalas en tu pecho y después mézclate con tus compañeros haciendo como si tus amigos estuvieran contigo. Presenta tus amigos a tus compañeros y conoce los amigos de estos. Puedes hacer preguntas como:*

这位是……？／這位是……？
这是你的男（女）朋友吗？／這是你的男（女）朋友嗎？
这是你的什么人？／這是你的甚麼人？

Puedes continuar preguntando sus nombres y detalles personales.

Encuentro 5 Hacer y rechazar cumplidos

11.32 *Mira y escucha el fragmento de video "Lynn elogia a Tang Yuan". Rellena en* 拼音 *los espacios en blanco.*

a. Nǐ _____ _____ tiānfèn.
你很有天分。 *(Tienes mucho talento.)*

b. 唐远／唐遠 *acepta el cumplido diciendo* "_____ _____," *pero luego lo rechaza añadiendo:* "Dàn _____ _____ bú zhème xiǎng." （但我爸不这么想。／但我爸不這麼想。）

11.33 *Ahora mira y escucha el fragmento de video "Tang Yuan elogia a A Juan". Fíjate en las expresiones que* 唐远／唐遠 *usa, y después une el chino con el español. Las oraciones siguientes pueden darte pistas.*

Táng Yuán hé Ā Juān hěn tán de lái.   Albert Einstein hěn cōngming.
Ā Juān hé Julia Roberts dōu hěn piàoliang.   Harry Potter hěn yǒu língqì.
Táng Yuán hé George Clooney dōu hěn shuài.   Bill Gates hěn nénggàn.

☐ a. hé wǒ tán de lái
　　和我谈得来／和我談得來

☐ b. hěn piàoliang
　　很漂亮

☐ c. hěn shuài
　　很帅／很帥

☐ d. hěn cōngming
　　很聪明／很聰明

☐ e. hěn nénggàn
　　很能干／很能幹

☐ f. hěn yǒu língqì
　　很有灵气／很有靈氣

1. muy capaz
2. *muy guapo / muy lindo*
3. se lleva bien conmigo
4. muy bonita
5. agudo y perceptivo
6. muy inteligente

UNIDAD 11 ¿NOS HABÍAMOS CONOCIDO ANTES?

11.34 阿娟 *desvía el cumplido que le hace* 唐远／唐遠. 请填空／請填空。 Qǐng tián kòng. *(Rellena los espacios en blanco)*

Nǐ yòu zài xiàohua _____ _____. Wǒ nǎ yǒu _____ _____ _____ nàme hǎo.
你又在笑话我了。我哪有你说的那么好。／
你又在笑話我了。我哪有你說的那麼好。
Te estás riendo de mí. No soy tan bueno como dices.

11.35 *Estos comentarios de* 阿娟 *reflejan la creciente intimidad de su relación con* 唐远／唐遠 *y en cierto sentido tienen un tono femenino. Las siguientes expresiones son más apropiadas para un uso general.* 请把中文跟西班牙文对上。／請把中文跟西班牙文對上。 Qǐng bǎ Zhōngwén gēn Xībānyáwén duìshàng. *(Une el chino con el español)*

a. 哪里，哪里，我没有你说的那么好。／
  哪裡，哪裡，我沒有你說的那麼好。

1. *No, no, no soy tan bueno como dices.*

b. 过奖，过奖，我哪儿有你说的那么好。／
  過獎，過獎，我哪兒有你說的那麼好。

2. *Me halagas. ¿Cómo voy a ser tan bueno?*

c. 哪里，哪里，我没有那么好。／
  哪裡，哪裡，我沒有那麼好。

3. *Me halagas. ¿Cómo voy a ser tan bueno como dices?*

d. 过奖，过奖，我哪儿有那么好。／
  過獎，過獎，我哪兒有那麼好。

4. *No, no, no soy tan bueno.*

11.36 *¿Cuál es tu forma favorita de rechazar un cumplido?* 请写汉字或者拼音。／請寫漢字或者拼音。

_____

11.37 *Mira y escucha el fragmento de video "Cumplidos mutuos".* 请把拼音跟汉字对上。／請把拼音跟漢字對上。

a. liǎobudé
   extraordinario

1. 人好

b. yǒu chūxi
   prometedor, con buenas perspectivas

2. 了不得

c. rén hǎo
   buena persona

3. 懂艺术／懂藝術

d. dǒngshì
   sensato

4. 漂亮

e. piàoliang
   bonita

5. 手巧

f. shǒu qiǎo
   habilidoso, diestro

6. 懂事

g. dǒng yìshù
   conocer el arte

7. 有出息

ENCUENTRO 5

11.38 *¿Cómo piensas que te elogiarían tus amigos o familiares? Enumera tres expresiones descriptivas.* 请写拼音或者汉字。／請寫拼音或者漢字。

_____   _____   _____

11.39 *Recapitulación de elogios:* ¿Cuáles de las siguientes expresiones han aparecido en los fragmentos de video que has visto hasta ahora? ¿A quién describían? Haz una marca en la columna apropiada para vincular cada expresión con la persona a la que describía. Si alguna expresión no se refería a ninguna de las tres personas, marca la columna 没人 de "ninguno".

	阿娟	唐远／唐遠	琳	没人
了不得 liǎobudé *extraordinario*	☐	☐	☐	☐
帅／帥 shuài *lindo; guapo*	☐	☐	☐	☐
有出息 yǒu chūxi *prometedor*	☐	☐	☐	☐
漂亮 piàoliang *bonita*	☐	☐	☐	☐
英俊 yīngjùn *lindo; guapo*	☐	☐	☐	☐
能干／能幹 nénggàn *capaz*	☐	☐	☐	☐
有灵气／有靈氣 yǒu língqì *agudo y perceptivo*	☐	☐	☐	☐
手巧 shǒu qiǎo *habilidoso, diestro*	☐	☐	☐	☐
懂艺术／懂藝術 dǒng yìshù *conocer el arte*	☐	☐	☐	☐

	阿娟	唐远／唐遠	琳	没人
有天份 yǒu tiānfèn *talentoso*	☐	☐	☐	☐
人好 rén hǎo *buena persona*	☐	☐	☐	☐
中文说得非常好／ 中文說得非常好 Zhōngwén shuō de fēicháng hǎo *habla chino muy bien*	☐	☐	☐	☐
懂事 dǒngshì *sensato*	☐	☐	☐	☐
聪明／聰明 cōngming *inteligente*	☐	☐	☐	☐

11.40 *Anota varios cumplidos que harías a tus compañeros de clase. No tienes por qué limitarte a la lista anterior.* 请写拼音或者汉字。／請寫拼音或者漢字。

_____
_____
_____
_____
_____

Comenta tus cumplidos con un compañero. Corrígelos si es necesario y anota los que te gustan de los que no están en tu lista.

_____
_____

11.41 *Haz conversación: Muévete por el aula haciendo y respondiendo a los cumplidos de tus compañeros. Cuando recibas uno, no lo aceptes simplemente; haz un esfuerzo por rechazarlo, aunque también puedes aceptar uno o dos si te apetece. Para aceptarlo simplemente di:* "谢谢，你太客气了！"／"謝謝，你太客氣了！"

Encuentro 6 Despedirse: Repaso y ampliación

11.42 *Mira y escucha el fragmento del video "Chen Feng dice adiós".*
请填空。／請填空。

a. Wǒ hái yǒu diǎn _____.
   我还有点其他的事儿。／我還有點其他的事兒。
   Aún tengo otras cosas que hacer.

b. Wǒ jiù bù dǎrǎo _____.
   我就不打扰您了。／我就不打擾您了。
   Ya no te molesto más.

c. _____ yǒu jīhuì wǒ zài lái _____ nín.
   下次有机会我再来拜访您。／下次有機會我再來拜訪您。
   Si puedo vendré a verte la próxima vez.

d. Nà hǎo, nǐ xiān _____ ba.
   那好，你先忙去吧。
   Está bien, ve a hacer lo que tengas que hacer.

e. _____ zài liánxì.
   咱们再联系。／咱們再聯繫。
   Estamos en contacto.

f. Hǎo, nà wǒ _____. Zàijiàn.
   好，那我先走了。再见。／好，那我先走了。再見。
   Vale, entonces me voy. Hasta luego.

11.43 *Trabajo en parejas:* Practica un diálogo con un compañero en el que te despides usando las expresiones del Ejercicio 11.42. Haz los cambios que necesites. Por ejemplo, no deberías usar el honorífico 您 con un compañero.

11.44 *Haz conversación:* Muévete por el aula, entabla una corta conversación de dos o tres frases con un compañero, y después despídete o responde a la despedida del otro. Busca a otro compañero y repite el proceso. Hazlo todas las veces posibles en el tiempo establecido por el profesor.

🎵 Rap de la Unidad

Visita la página web de Encuentros www.EncountersChinese.com.cn y escucha la canción para repasar las expresiones estudiadas en la Unidad 11. ¡Escúchala de nuevo y canta al mismo tiempo!

Encuentro 7 Lectura y escritura

▶ Lectura de oraciones familiares en caracteres chinos

11.45 *Trabajo en parejas:* Lee en voz alta junto a un compañero los siguientes textos (escritos en caracteres simplificados) usando el español como guía. Podéis leer las frases de forma alternativa; si uno de los dos no puede leer algún carácter, ayúdaos mutuamente.

1 陈峰和王丽见到姓何的一家人很高兴。何家有何先生、何太太还有何小姐。他们叫陈峰 "陈先生"，叫王丽"王女士"。王丽叫陈峰"陈总"。 *(Chen Feng y Wang Li se alegran de ver a la familia He. La familia He está formada por el Sr. He, la Sra. He y la Srta. He. La familia llama a Chen Feng "Sr. Chen" y a Wang Li "Sra. Wang". Wang Li llama a Chen Feng "director Chen".)*

2 赵先生见到Alejandro跟他说，"你中文说得越来越好了！" Alejandro很客气。他只回答(huídá – responder)说，"哪里，哪里。" *(Cuando el Sr. Zhao se encuentra con Alejandro, le dice: "¡Hablas chino cada vez mejor!". Alejandro responde educadamente: "Ciertamente no".)*

3 琳老师见到唐远，问了他很多问题(wèntí – pregunta)。比如说(bǐrú shuō – por ejemplo)："你的电邮地址是什么？" "你的名字怎么写？" "你多大了？" "你的生日几月几号？" "这是你的作品吗？" 等等(děngděng – etcétera)。唐远很客气地一个一个地回答。 *(Cuando la profesora Lynn se encuentra con Tang Yuan, le hace varias preguntas. Por ejemplo: "¿Cuál es tu correo electrónico?"; ¿Cómo se escribe tu nombre?"; "¿Cuántos años tienes?"; "¿Cuándo es tu cumpleaños?"; "¿Es una obra tuya?", etc. Tang Yuan responde educadamente sus preguntas una a una.)*

4 唐远的父母要他认识一个新的女孩子。这个女孩子太爱说话了。她说了很多很多话，都说得很快。可是唐远什么话也没说。 *(Los padres de Tang Yuan quieren que este conozca a una joven. A la joven le gusta hablar. Dice muchas cosas y habla muy rápido. Pero Tang Yuan no dice ni una palabra.)*

5 跟唐远一起吃饭的那个女孩子的爸爸养了一只鸟。这只鸟会学(xué – imitar)人说话。整天说"你好，你好，恭喜发财。"很有意思。那个女孩子还说她自己很会唱歌。别人说她歌唱得很好听。 *(El padre de la joven que está cenando con Tang Yuan tiene un pájaro como mascota. El pájaro puede imitar la habla humana. Todo el día dice: "Hola, hola. Te deseo felicidad y prosperidad". Es muy interesante. La joven también dice que sabe cantar y que los demás dicen que lo hace muy bien.)*

6 不同的人有不同的爱好(àihào – aficiones)。有些人喜欢养猫养狗，还有一些人不喜欢养宠物。又有些人爱待在家里看书、看电视或者玩桌面游戏。我自己最爱和朋友一起出去玩儿、唱歌、跳舞、认识新朋友。*(Cada persona tiene sus propias aficiones. A algunos les gusta criar perros o gatos, pero a otros no les gustan las mascotas. A algunas personas les gusta quedarse en casa leyendo, viendo la TV o jugando a juegos de mesa. A mí me gusta salir con mis amigos, cantar, bailar y conocer gente nueva.)*

7 琳说唐远很有天分。唐远说阿娟很聪明。唐远跟阿娟很谈得来。唐远跟琳也很谈得来。 *(Lynn dice que Tang Yuan tiene mucho talento. Tang Yuan dice que Ah Juan es muy inteligente. Tang Yuan se lleva bien con Ah Juan. Tang Yuan también se lleva bien con Lynn.)*

8 阿娟跟唐远是男女朋友。阿娟想知道唐远跟琳是什么关系。唐远说他们只是普通的朋友。 *(A Juan y Tang Yuan son novios. A Juan quiere saber qué relación existe entre Tang Yuan y Lynn. Tang Yuan dice que solo son amigos [corrientes].)*

9 唐远的妈妈说阿娟很好——人好、懂事、漂亮。阿娟的妈妈说唐远也很好——很有出息。两个妈妈都很高兴他们的孩子成为(chéngwéi – convertirse en)男女朋友了。 *(La madre de Tang Yuan dice que A Juan es genial —es buena, sensata y bonita. La madre de A Juan dice que Tang Yuan también es genial —tiene mucho futuro. Las dos madres están muy contentas de que sus hijos sean novios.)*

Un poco de gramática 语法点滴

Las múltiples caras de *de* en chino

Ya lo has encontrado más de una vez. Antes de que te enseñemos otro uso, vamos a repasar los que ya has visto. Ten presente que *de* puede aparecer solo, junto a otras palabras e incluso no aparecer, aunque deja sentir su presencia.

的

- *De* posesivo: Wǒ de shū zài nǎr? *(¿Dónde está mi libro?)* PERO Wǒ ài wǒ bàba. *(Quiero a mi padre)* (Recuerda, no es necesario usar *de* cuando nos referimos a relaciones familiares cercanas)
- *De* modificador: Chuān hóng chènshān de nèi ge nǚ háizi shì wǒ péngyou. *(La chica que lleva una camisa roja es mi amiga).*
- *De* nominalizador: Mài bào de xìng Lǐ. *(El vendedor de periódicos se apellida Li).*
- *De* enfatizador: Wǒ (shì) zuótiān qù de. *(Fue ayer cuando fui).*
- Expresando "mientras…": Dúshū de shíhou, bú yào kàn diànshì. *(No veas la TV mientras estudias).*

得

- Expresa cómo se realiza una acción: Tā xué Zhōngwén xué de hěn kuài. *(Aprende chino muy rápido).*

地 (un nuevo *de*)

- Se pronuncia "de", pero con el carácter *dì* 地 (地方, 地址) se pronuncia "di". Este *de* equivale al sufijo adverbial "-mente" del español. Tā hěn gāoxìng de shuō, "Huānyíng, huānyíng!" *(Dijo alegremente: "Bienvenido, bienvenido")* Chén Fēng hěn kèqi de gēn Yáng jiàoshòu shuō, "Yáng lǎoshī, zàijiàn!" *(Chen Feng dijo adiós al profesor Yang educadamente).*

10 陈峰找杨教授聊天儿。谈了一会儿以后，陈峰说他得走了，说他有事，很客气地跟杨教授说再见，就走了。陈峰走了以后，杨教授自己想，"这个孩子真是太忙了！" *(Chen Feng busca al profesor Yang para hablar con él. Después de conversar un momento, Cheng Feng dice que debe irse porque tiene cosas que hacer y se despide educadamente del profesor Yang. Después de marcharse Chen Feng, el profesor Yang piensa: "¡Este joven está realmente ocupado!")*

11.46 *Trabajo en parejas: Leed los textos de nuevo, esta vez sin ayuda de español.*

1 陈峰和王丽见到姓何的一家人很高兴。何家有何先生、何太太还有何小姐。他们叫陈峰 "陈先生"，叫王丽"王女士"。王丽叫陈峰"陈总"。

2 赵先生见到Alejandro跟他说，"你中文说得越来越好了！" Alejandro很客气。他只回答说，"哪里，哪里。"

3 琳老师见到唐远，问了他很多问题。比如说："你的电邮地址是什么？""你的名字怎么写？""你多大了？""你的生日几月几号？" "这是你的作品吗？"等等。 唐远很客气地一个一个地回答。

4 唐远的父母要他认识一个新的女孩子。这个女孩子太爱说话了。她说了很多很多话，都说得很快。可是唐远什么话也没说。

5 跟唐远一起吃饭的那个女孩子的爸爸养了一只鸟。这只鸟会学人说话。整天说"你好，你好，恭喜发财。"很有意思。那个女孩子还说她自己很会唱歌。别人说她歌唱得很好听。

6 不同的人有不同的爱好。有些人喜欢养猫养狗，还有一些人不喜欢养宠物。又有些人爱待在家里看书、看电视或者玩桌面游戏。我自己最爱和朋友一起出去玩儿、唱歌、跳舞、认识新朋友。

7 琳说唐远很有天分。唐远说阿娟很聪明。唐远跟阿娟很谈得来。唐远跟琳也很谈得来。

8 阿娟跟唐远是男女朋友。阿娟想知道唐远跟琳是什么关系。唐远说他们只是普通的朋友。

9 唐远的妈妈说阿娟很好——人好、懂事、漂亮。阿娟的妈妈说唐远也很好——很有出息。两个妈妈都很高兴他们的孩子成为男女朋友了。

10 陈峰找杨教授聊天儿。谈了一会儿以后，陈峰说他得走了，说他有事，很客气地跟杨教授说再见，就走了。陈峰走了以后，杨教授自己想，"这个孩子真是太忙了！"

11.47 *Trabajo en parejas: Leed los textos una vez más, esta vez en chino tradicional.*

1 陳峰和王麗見到姓何的一家人很高興。何家有何先生、何太太還有何小姐。他們叫陳峰"陳先生"，叫王麗"王女士"。王麗叫陳峰"陳總"。

2 趙先生見到Alejandro跟他說，"你中文說得越來越好了！"Alejandro很客氣。他只回答說，"哪裡，哪裡。"

3 琳老師見到唐遠，問了他很多問題。比如說"你的電郵地址是什麼？""你的名字怎麼寫？""你多大了？""你的生日幾月幾號？""這是你的作品嗎？"等等。唐遠很客氣地一個一個地回答。

4 唐遠的父母要他認識一個新的女孩子。這個女孩子太愛說話了。她說了很多很多話，都說得很快。可是唐遠甚麼話也沒說。

5 跟唐遠一起吃飯的那個女孩子的爸爸養了一隻鳥。這隻鳥會學人說話。整天說"你好，你好，恭喜發財。"很有意思。那個女孩子還說她自己很會唱歌，別人說她歌唱得很好聽。

6 不同的人有不同的愛好。有些人喜歡養貓養狗，還有一些人不喜歡養寵物。又有些人愛待在家裡看書、看電視或者玩電子遊戲。我自己最愛和朋友一起出去玩兒、唱歌、跳舞、認識新朋友。

7 琳說唐遠很有天分。唐遠說阿娟很聰明。唐遠跟阿娟很談得來。唐遠跟琳也很談得來。

8 阿娟跟唐遠是男女朋友。阿娟想知道唐遠跟琳是甚麼關係。唐遠說他們只是普通的朋友。

9 唐遠的媽媽說阿娟很好——人好、懂事、漂亮。阿娟的媽媽說唐遠也很好——很有出息。兩個媽媽都很高興他們的孩子成為男女朋友了。

10 陳峰找楊教授聊天兒。談了一會兒以後，陳峰說他得走了，說他有事，很客氣地跟楊教授說再見，就走了。陳峰走了以後，楊教授自己想，"這個孩子真是太忙了！"

11.48 *Las frases siguientes han sigo extraídas de los textos 1-5 del anterior ejercicio de lectura, pero se han modificado ligeramente.* 请把汉字与拼音对上。／請把漢字與拼音對上。

a. 姓何的一家人
b. 会学人说话／會學人說話
c. 什么话也没说／甚麽話也沒說
d. 太爱说话了／太愛說話了
e. 中文越来越好了／中文越來越好了
f. 很客气地回答／很客氣地回答
g. 问题问得很好／問題問得很好
h. 比如说中文／比如說中文
i. 认识新朋友／認識新朋友
j. 跟她说话很有意思／跟她說話很有意思
k. 整天待在家里／整天待在家裡
l. 恭喜发财／恭喜發財

1. shénme huà yě méi shuō
2. bǐrú shuō Zhōngwén
3. hěn kèqi de huídá
4. wèntí wèn de hěn hǎo
5. huì xué rén shuōhuà
6. gōngxǐ fācái
7. xìng Hé de yì jiā rén
8. rènshi xīn péngyou
9. zhěng tiān dāi zài jiā li
10. tài ài shuōhuà le
11. Zhōngwén yuè lái yuè hǎo le
12. gēn tā shuōhuà hěn yǒu yìsi

11.49 *Las frases siguientes, modificadas ligeramente, han sigo extraídas de los textos 6-10 del anterior ejercicio de lectura.* 请把汉字与拼音对上。／請把漢字與拼音對上。

a. 养宠物很有意思／養寵物很有意思
b. 三个人都很有天分／三個人都很有天分
c. 想知道他姓什么／想知道他姓甚麼
d. 没什么大关系／沒甚麼大關係
e. 只是普通朋友
f. 比别人聪明／比別人聰明
g. 唱歌跳舞都会／唱歌跳舞都會
h. 成为男女朋友／成為男女朋友
i. 跟她很谈得来／跟她很談得來

1. chéngwéi nán-nǚ péngyou
2. méi shénme dà guānxi
3. zhǐ shì pǔtōng péngyou
4. yǎng chǒngwù hěn yǒu yìsi
5. xiǎng zhīdào tā xìng shénme
6. gēn tā hěn tán de lái
7. chàng gē tiàowǔ dōu huì
8. bǐ biérén cōngming
9. sān gè rén dōu hěn yǒu tiānfèn

Lectura de textos de la vida real

11.50 www.baidu.com *es una página web china que funciona como una especie de combinación de Google, YouTube y Wikipedia.* 百度 *Bǎidù significa "cientos de veces". La imagen siguiente es una versión adaptada de la página de Baidu dedicada a Jackie Chan.*

Señala y numera las siguientes etiquetas de la parte inferior de la pantalla:

1. Nombre chino
2. Fecha de nacimiento
3. Lugar de nacimiento
4. Nombre extranjero
5. Otros nombres
6. Etnia
7. Nacionalidad
8. Ocupación
9. Obras representativas
10. Principales logros

Ennumera tres hechos sobre Jackie Chan:

_____

_____

_____

11.51 *Los enlaces de la franja superior de la pantalla indican los servicios que ofrece la web de Baidu.* 请把中文跟西班牙文对上。／請把中文跟西班牙文對上。

a. 新闻 xīnwén
b. 网页 wǎngyè
c. 贴吧 tiē bā
d. 知道 zhīdào
e. 图片 túpiàn
f. 视频 shìpín
g. 百科 bǎikē

1. *noticias*
2. *"saber" (información)*
3. *página web*
4. *imágenes*
5. *enciclopedia*
6. *"comentarios" (como en un foro)*
7. *vídeo*

Ahora lee en voz alta las siguientes palabras escritas en chino tradicional. Asegúrate de que entiendes lo que significan.

網頁，圖片，視頻，百科，貼吧，知道，新聞

▶ Aprender a escribir caracteres

11.52 *Consulta el* **Libro de ejercicios de escritura de caracteres** *para saber más sobre el orden de trazos y otra información útil de cada uno de los caracteres de la unidad indicados a continuación. Elige entre carácter simplificado o tradicional y practica hasta que puedas escribirlos por ti mismo.*

客，气／氣，答，问／問，题／題，写／寫，谈／談，找，新，爱／愛，老，师／師，学／學，朋，友，恭，发／發，财／財

▶ Rellenar un formulario

11.53 *Si tuvieras que crear una página de Baidu sobre ti mismo, ¿qué información incluirías? Escribe un borrador y después corrígelo con la ayuda de tu profesor o de una persona que sepa bien chino. Copia la información en el formulario de la página siguiente.*

1. Nombre chino   中文名
2. Fecha de nacimiento   生日
3. Lugar de nacimiento   出生地
4. Lugar de residencia   居住地
5. Mascotas   宠物／寵物
6. Etnia   民族
7. Nacionalidad   国籍／國籍
8. Ocupación   职业／職業
9. Aficiones/intereses/aversiones   嗜好／兴趣 ‖ 嗜好／興趣
10. Aspiraciones   未来计划／未來計劃

ENCUENTRO 7

Un poco de cultura 文化点滴

Características físicas y expectativas sociales

Mira el fragmento de video "Características físicas y expectativas sociales" y comenta las cuestiones siguientes con tus compañeros y el profesor.

- ¿Qué estereotipos físicos se aplican a los chinos del norte? ¿Y a los del sur?
- ¿Qué altura se considera estándar en China para hombres y mujeres? Consulta la siguiente tabla de conversiones para interpretar las medidas.

6´0˝ = 1.83 m	5´8˝ = 1.73 m	5´4˝ = 1.60 m
5´11˝ = 1.80 m	5´7˝ = 1.70 m	5´3˝ = 1.63 m
5´10˝ = 1.78 m	5´6˝ = 1.68 m	5´2˝ = 1.58 m
5´9˝ = 1.75 m	5´5˝ = 1.65 m	5´1˝ = 1.55 m

- ¿Qué características físicas suelen mencionar los chinos cuando describen a otras personas?
- ¿Qué comentarios personales suelen hacer los chinos que resultan sorprendentes a los extranjeros?
- ¿Qué diferencias existen en el contacto físico con amigos y conocidos entre los chinos y los occidentales?
- ¿Qué significan los títulos y apellidos de las personas?
- ¿Qué significa "dar cara" a alguien?
- Comenta cómo debes dirigirte a una persona china usando expresiones de parentesco (por ejemplo "tío" o "hermana").

RESUMEN

Gramática

Encajar *le* en tu idioma

La partícula *le* está vinculada a verbos u oraciones y presenta gran variedad de significados. En las páginas 5 y 6 se incluye una lista parcial de ejemplos. A continuación, presentamos más casos de uso de *le*.

- Acción completada en el pasado:
  Nǐ qù le ma? Qù le. *(¿Fuiste? Sí, fui.)*
  Chīle fàn, jiù zǒu le. *(Después de comer me fui.)*

- Acción completada en el futuro:
  Dàole yǐhòu, xiǎng zuò shénme? *(Cuando llegues allí, ¿qué quieres hacer?)*

- Acción completada en el pasado:
  Wǒ qùle sān tiān, wánr de fēicháng hǎo. *(Fui tres días y lo pasé muy bien.)*

- Cambio respecto al estado anterior:
  Hǎo jiǔ bú jiàn! Nǐ pàng le. *(Hace tiempo que no nos veíamos. Has engordado.)*

de, de, de y más de

De, igual que *le*, se usa frecuentemente en chino. Puede señalar:

- Cómo se realiza una acción (得):
  Wǒ xué Zhōngwén, xué de tài màn. Bà mā hěn bù gāoxìng. *(Aprendo chino lentamente. Mis padres no están contentos.)*

- Cuándo, dónde y por qué se realiza una acción (的) (opcionalmente junto a *shi*):
  Wǒ (shì) zuótiān dāying de. *(Ayer di mi aprobación.)*
  Wǒ (shì) zài fànguǎn li dāying de. *(Di mi aprobación en el restaurante.)*
  Wǒ (shì) wèile tā dāying de. *(Di mi aprobación por él.)*

- Adverbio (地):
  Ā Lóng hěn kèqi de gēn lǎoshī shuō, "Duìbuqǐ." *(Ah Long dijo muy educadamente al profesor: "Lo siento".)*

- Posesión (的):
  Zhè shì wǒ de dōngxi, bú shì nǐ de. *(Estas son mis cosas, no las tuyas.)*

Vocabulario

Verbos y frases verbales

ài 爱／愛 amar; gustar
bàifǎng 拜访／拜訪 visitar; hacer una visita de cortesía
bù hǎoyìsi 不好意思 sentirse avergonzado
chàng gē 唱歌 cantar
chéngwéi 成为／成為 convertirse en
cōngming 聪明／聰明 inteligente; listo; astuto
dǎ bàngqiú 打棒球 jugar al béisbol
dǎ gāo'ěrfūqiú 打高尔夫球／打高爾夫球 jugar al golf
dǎ jiāodao 打交道 relacionarse con
dǎ lánqiú 打篮球／打籃球 jugar al baloncesto
dǎ máoxiàn 打毛线／打毛線 tejer; hacer punto
dǎ pái 打牌 jugar a cartas
dǎrǎo 打扰／打擾 molestar
dǎ wǎngqiú 打网球／打網球 jugar al tenis
dǒngshì 懂事 sensato
dòu 逗 divertido; divertir
hǎotīng 好听／好聽 agradable al oído
huà huàr 画画儿／畫畫兒 pintar; dibujar
huídá 回答 responder; contestar
liánxì 联系／聯繫 estar en contacto; conectar con; contactar
liǎobudé 了不得 excelente; extraordinario; sobresaliente
liù gǒu 遛狗 pasear al perro
máng 忙 ocupado; ocuparse (uno mismo) con
mō 摸 sentir; tocar; acariciar
nénggàn 能干／能幹 hábil; capaz; competente
piàoliang 漂亮 guapo; bonito
pǔtōng 普通 común; ordinario
rén hǎo 人好 buena persona
rènshi 认识／認識 reconocer; conocer (a una persona)
shǒu qiǎo 手巧 habilidoso; diestro
shuài 帅／帥 lindo; guapo
shuōwán 说完／說完 terminar de hablar

RESUMEN 33

shúxī 熟悉 conocer bien
tán de lái 谈得来／談得來 llevarse bien; congeniar
tiàowǔ 跳舞 bailar
wán Měishì zúqiú 玩美式足球 jugar a fútbol americano
tī zúqiú 踢足球 jugar a fútbol
tuìxiū 退休 jubilarse
wán diànzǐ yóuxì 玩电子游戏／玩電子遊戲 jugar a videojuegos
wán yuèqì 玩乐器／玩樂器 tocar instrumentos musicales
wán zhuōmiàn yóuxì 玩桌面游戏／玩桌面遊戲 jugar a juegos de mesa
xiàohua 笑话／笑話 bromear con; ridiculizar; reírse de
xià qí 下棋 jugar al ajedrez
xiūlǐ 修理 arreglar, reparar
xué 学／學 estudiar; aprender
yǎng 养／養 criar; mantener; cuidar una mascota
yàohǎo 要好 ser amigos cercanos
yīngjùn 英俊 lindo
yǒu chūxi 有出息 ser prometedor; tener futuro
yǒu língqì 有灵气／有靈氣 agudo; perceptivo
yǒu tiānfèn 有天分 tener talento
yǒu yìsi 有意思 interesante
yóuyǒng 游泳 nadar; natación
yuǎndà 远大／遠大 ambicioso
zuò zhēnxiàn 做针线／做針線 coser; costura

Frases educadas

Gōngxǐ fācái. 恭喜发财／恭喜發財。 Te deseo felicidad y prosperidad (saludo tradicional de Año Nuevo).
Guòjiǎng, guòjiǎng. 过奖，过奖／過獎，過獎。 (Tú) me halagas.
Huānyíng! Huānyíng! 欢迎！欢迎！／歡迎！歡迎！ Bienvenido! Bienvenido! (a invitados, amigos, etc.)
Nǎli, nǎli. 哪里，哪里／哪裡，哪裡。 Ciertamente no (merezco el cumplido).
Nǐ tài kèqi le. 你太客气了／你太客氣了。 Eres muy educado (por decir o hacer algo).
Ràng nǐmen jiǔ děng le. 让你们久等了／讓你們久等了。 (Lo siento), os he hecho esperar mucho.

Rangos
(Recuerda que van detrás del apellido)

nǚshì 女士 Sra.; señora
tàitai 太太 Sra.; señora; esposa
tóngshì 同事 colega; compañero de trabajo
xiānsheng 先生 Sr.; señor; caballero, profesor
xiǎojiě 小姐 Srta; joven
zǒng 总／總 Director (de una empresa)

Adverbios

bié 别 No (imperativo)
bǐrú (shuō) 比如（说）／比如（說） por ejemplo
fēicháng 非常 muy; extremadamente
kě 可 realmente
qíshí 其实／其實 de hecho; en realidad
xiān 先 primero; en primer lugar
yīnggāi 应该／應該 debe de; deber
yòu 又 de nuevo (pasado)
yuè lái yuè... 越来越……／越來越…… cada vez más...
zài 再 de nuevo (futuro)

Nombres y frases

bāgē(r) 八哥（儿）／八哥(兒) estornino
biérén 别人／別人 otros; los demás; otras personas
cài shì 菜市 mercado de fruta y verdura
chāoshì 超市 supermercado
chǒngwù 宠物／寵物 mascota
diànzǐ yóuxiāng 电子邮箱／電子郵箱 correo electrónico
gǒu 狗 perro
jīhuì 机会／機會 oportunidad; ocasión
jīnyú 金鱼／金魚 pez dorado
māo 猫／貓 gato
nán-nǚ péngyou 男女朋友 novios
niǎo 鸟／鳥 pájaro
shōuyínyuán 收银员／收銀員 cajero
Tángrénjiē 唐人街 Barrio chino
wèntí 问题／問題 problema; pregunta
xiàohua 笑话／笑話 broma
yìshù 艺术／藝術 arte; habilidad
zhěng tiān 整天 el día entero; todo el día
zuòpǐn 作品 obra (de literatura o arte)

Otras palabras y expresiones

dànshì 但是 pero; sin embargo
hǎo jǐ 好几／好幾 bastantes; unos cuantos (seguido de un clasificador)
jīnnián 今年 este año
qítā 其他 otros; el resto de

(cosas, asuntos, personas)
qízhōng 其中 entre (eso, ellos)

(wǒ) zìjǐ （我）自己 yo (mismo); uno mismo

zhī 只/隻 (clasificador para algunos animales, como pájaros)

▶ Lista de lo aprendido

Tras completar esta unidad, deberías ser capaz de:

Escuchar y hablar

☐ Usar nuevas expresiones para saludar y presentar a otras personas.
☐ Preguntar y ofrecer información personal al entablar relaciones.
☐ Hacer y rechazar cumplidos.
☐ Hablar brevemente sobre ti mismo.
☐ Describir la relación que tienes con otras personas.
☐ Usar nuevas expresiones para despedirte.

Lectura y escritura

☐ Leer y escribir oraciones simples sobre hechos personales.
☐ Descifrar información clave de páginas web chinas.
☐ Escribir información personal al rellenar un formulario.
☐ Escribir un breve texto sobre ti mismo.

Entendimiento cultural

☐ Demostrar tu comprensión de las costumbres chinas al hacer preguntas personales a un nuevo amigo.
☐ Demostrar tu comprensión de las *guānxì*, un aspecto clave de las relaciones en China.

UNIDAD 12

"La comida es fundamental"

民以食为天

Mín yǐ shí wéi tiān

Comprar alimentos

En esta unidad aprenderás a:

- Quedar con un amigo para ir a comprar alimentos.
- Aprender los nombres de tus frutas favoritas.
- Identificar las características de diferentes frutas.
- Aprender nombres de carnes y verduras.
- Identificar las características de diferentes carnes y verduras.
- Identificar las características de una comida china.
- Comprar alimentos en un supermercado junto a un amigo.
- Leer detalles clave del anuncio de un supermercado.
- Escribir la lista de la compra en caracteres chinos.

Visita la web de *Encuentros* www.EncountersChinese.com.cn. para consultar material de apoyo a la presente unidad.

UNIDAD 12 LA COMIDA ES FUNDAMENTAL

Encuentro 1 Quedar para ir a comprar alimentos

 12.1 *Mira el Episodio 12 de la videoserie. No te preocupes si no entiendes completamente lo que se dice. ¡Míralo y disfruta!*

 12.2 *Mira y escucha el fragmento de video "La excursión de Lynn". A continuación, responde las preguntas.* 请写西班牙文。／請寫西班牙文。

a. ¿Qué quiere hacer Lynn por 唐远的父母／唐遠的父母?
_____

b. ¿Adónde quiere ir mañana? _____

c. ¿Qué pregunta a 唐远／唐遠? _____

d. ¿Qué responde 唐远／唐遠? _____

12.3 *Ordena las frases siguientes en el orden en que son dichas en el video.*

_____ Wǒ zhènghǎo méishìr.
我正好没事儿。／我正好沒事兒。

_____ Qǐng nǐ fùmǔ cháng yi cháng.
请你父母尝一尝。／請你父母嚐一嚐。

_____ Wǒ míngtiān yào qù càishìchǎng.
我明天要去菜市场。／我明天要去菜市場。

_____ Zánmen míngtiān yìqǐ qù ba.
咱们明天一起去吧。／咱們明天一起去吧。

_____ Wǒ xiǎng zuò yí dùn Měiguó cài.
我想做一顿美国菜。／我想做一頓美國菜。

_____ Méi wèntí ya.
没问题呀。／沒問題呀。

_____ Nǐ míngtiān yǒu kòng kěyǐ péi wǒ qù ma?
你明天有空可以陪我去吗?／你明天有空可以陪我去嗎?

12.4 Trabajo en parejas: *Practica junto a un compañero un diálogo (对话／對話 duìhuà) en el que uno de los dos plantea al otro ir juntos a comprar alimentos, y este, o bien acepta, o bien rechaza educadamente la propuesta. Elabora y personaliza (ofrece detalles) el diálogo todo lo que puedas. Toma notas en el recuadro siguiente.* 请写拼音或者汉字。／請寫拼音或者漢字。 *Presenta este* 对话／對話 *a algunos compañeros o a la clase entera.*

INFO 供你参考

Comprar alimentos en China

Todos los aspectos de la vida cotidiana de los chinos están cambiando rápidamente, pero son muchos los que todavía prefieren comprar alimentos frescos diariamente. Por supuesto, el aumento del número de supermercados en las ciudades más grandes hace que también sea posible comprar alimentos congelados. En las ciudades pequeñas y pueblos, sin embargo, muchos consideran más saludable y barato comprar en los mercados de alimentos al aire libre (菜市场／菜市場 càishìchǎng). Esto no es muy diferente de lo que ocurre en otras partes del mundo con la creciente popularidad de los mercados de agricultores. Además, muchos chinos consideran que los alimentos frescos que no han sido congelados son esenciales para la auténtica forma de cocinar china. En el video de esta unidad, Lynn descubre que hay abundantes vegetales y frutas de temporada. Esto ocurre especialmente en el sur de China (Yangshuo está situada en la provincia sureña de Guangxi), donde existe mayor variedad de ingredientes que en otras partes del país. Si vas a China (ya sea al norte, al sur, al este o al oeste), si es posible, intenta visitar un 菜市场／菜市場 con un amigo chino. Es mejor ir los días de mercado, cuando la variedad de productos es mayor. Probablemente nunca olvidarás la experiencia —¡o de la comida que venga después!

Encuentro 2 Nombrar diferentes tipos de frutas

12.5 Mira y escucha el fragmento de video "Ah Long aprende a nombrar distintas frutas". Rellena los espacios en blanco para completar el 拼音 de cada fruta y después escribe su nombre en español.

____jiāo
香蕉
_____

____guǒ
苹果／蘋果
_____

____
梨
_____

____méng
柠檬／檸檬
_____

____guā
西瓜
_____

táo____
桃子
_____

hāmì____
哈密瓜
_____

____tao
樱桃／櫻桃
_____

shí____
石榴
_____

____luó
菠萝／菠蘿
_____

pú____
葡萄
_____

máng____
芒果
_____

míhóu____
猕猴桃／獼猴桃
_____

Nota: En Taiwan, 菠萝／菠蘿 se llama 凤梨／鳳梨 *fènglí* y 猕猴桃／獼猴桃 se llama 奇异果／奇異果 *qíyìguǒ*.

Un poco de gramática 语法点滴

Comentar cómo se realiza una acción: Repaso y ampliación

En el video que acabas de ver, Lynn elogia a A Long con las siguientes palabras: *Ā Lóng, nǐ shuō de hěn hǎo*. Ya te has encontrado con esta construcción antes en la Unidad 8 del Libro 1 y la Unidad 11 del Libro 2. Ahora vamos a repasar y ampliar este uso. Recuerda, cuando quieras señalar cómo se ha realizado o se realiza una acción, debes usar esta construcción incluyendo los siguientes tres elementos:

(1) el verbo;

(2) el conector 得 *de* (no 的 *de*), directamente detrás del verbo;

(3) el comentario evaluador (bien, mal, rápido, lento, etc.), que expresa el grado, efecto y cualidad de la acción.

A continuación, se incluyen algunos ejemplos. Trabaja con un compañero para averiguar qué significa cada uno.

dijo uno de los alumnos de Lynn:
  Ā Lóng shuō de hǎo, Xiǎo Lǐ shuō de bù hǎo.

dijo el primer estudiante en llegar a la clase de Lynn por la mañana:
  Jīntiān lǎoshī lái de hěn zǎo. Tóngxuémen dōu hái méi dào.

dijo el director de la escuela al día siguiente de la excursión:
  Zuótiān háizimen wánr de hěn gāoxìng.

dijo el director de la escuela sobre un aspirante al puesto de profesor:
  Tā shuōhuà shuō de qīngchu bu qīngchu?

dijo Lynn, en broma, sobre un colega:
  Xiǎo Wáng shuō Yīngwén shuō de bǐ wǒ hǎo.

dijeron A Juan y Tang Yuan sobre una fiesta en el pueblo:
  Ā Juān: Nǐ qùle méiyǒu?
Táng Yuǎn: Qù le, kěshì qù de tài wǎn le. Kèren dōu zǒu le.

....

Ejercicio: Describe a alguien que conoces bien rellenando los espacios en blanco. Identifica a esta persona mediante la relación entre tú y él (ella):

  Tā shì wǒ de _____.

  Tā shuō Zhōngwén shuō de _____.

  Tā shuō Yīngwén shuō de _____.

  Tā chīfàn chī de _____.

  Tā zǒulù zǒu de _____.

Escribe una oración más con esta construcción describiendo la manera en la que haces algo:

12.6 *¿Cuáles son tus frutas favoritas? Si no se han mencionado, pregunta a tu profesor u otra persona que sepa bien chino, o consulta Internet o un diccionario. Escribe el nombre apropiadamente en* 拼音:

_____   _____   _____

Comparte los nombres de esas frutas con tus compañeros y anota el nombre de otras que no estén en tu lista:

_____   _____   _____

12.7 中文 *fruta* 怎么说？请写拼音。／中文 *fruta* 怎麼說？請寫拼音。

fruta = _____ = 水果

12.8 *Cadena de enlace: Muévete por el aula y di en voz alta el nombre de tu fruta favorita. Cuando oigas a alguien decir la misma fruta que tú, dale la mano y, juntos, continuad diciendo el nombre en voz alta hasta que consigáis "enlazaros" con todos los compañeros a quienes les gusta esa fruta. Después escuchad a cada grupo de personas diciendo* 我(们)最喜欢吃____。／我(們)最喜歡吃____。 Wǒ(men) zuì xǐhuan chī ____. *Comprueba qué fruta es la más popular y la menos de la clase. Después vuelve a tu mesa y completa las oraciones siguientes.*

我们班上喜欢吃_____的同学很多。／
我們班上喜歡吃_____的同學很多。

Wǒmen bān shang xǐhuan chī _____ de tóngxué hěn duō.
(*En nuestra clase hay muchos compañeros a quienes les gusta comer _____.*)

我们班上喜欢吃_____的同学很少。／
我們班上喜歡吃_____的同學很少。

Wǒmen bān shang xǐhuan chī _____ de tóngxué hěn shǎo.
(*En nuestra clase hay pocos compañeros a quienes les gusta comer _____.*)

12.9 请用拼音填空。／請用拼音填空。Qǐng yòng pīnyīn tián kòng.
(*Completa las frases siguientes usando pinyin.*)

我最喜欢吃的水果是_____、_____, 还有_____。／

我最喜歡吃的水果是_____、_____, 還有_____。

Comparte tus frases con uno o más compañeros.

Encuentro 3 Nombrar alimentos, sabores y otras cualidades de la comida

 12.10 *Mira y escucha el fragmento de video "El mercado de Yangshuo". Comprueba las palabras que escuchas en la conversación y escríbelas en español en el lugar correspondiente.*

Sabores

☐ suān

酸

_____

☐ tián

甜

_____

☐ kǔ

苦

_____

☐ là

辣

_____

☐ xián

咸／鹹

_____

☐ dàn

淡

_____

Otras cualidades

☐ shóu

熟

_____

☐ shēng

生

_____

Categorías de alimentos

☐ shuǐguǒ
水果

☐ shūcài
蔬菜

☐ ròu
肉

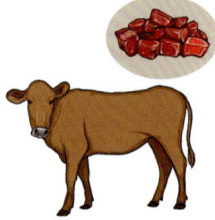
☐ niú(ròu)
牛（肉）

☐ yáng(ròu)
羊（肉）

☐ jī(ròu)
鸡／雞（肉）

☐ yā(ròu)
鸭／鴨（肉）

☐ yú
鱼／魚

☐ xiā
虾／蝦

☐ hǎixiān
海鲜／海鮮

Nota: 肉 en general se refiere a "carne de cerdo", aunque en realidad carne de cerdo es 猪肉／豬肉 zhūròu. Esto es debido al amplio uso del cerdo —en tiras, dados o picada, en la cocina china.

12.11 这些芒果是生的还是熟的？请填空。请写拼音或者汉字。／這些芒果是生的還是熟的？請填空。請寫拼音或者漢字。

_____   _____

12.12 *Según la ilustración de la izquierda,* 请写拼音或者汉字／請寫拼音或者漢字 *para rellenar los espacios en blanco. Como el sabor* 辣 là, *es percibido por los nervios del dolor (más que por las papilas gustativas), puedes escribir* 辣 *por toda la lengua.*

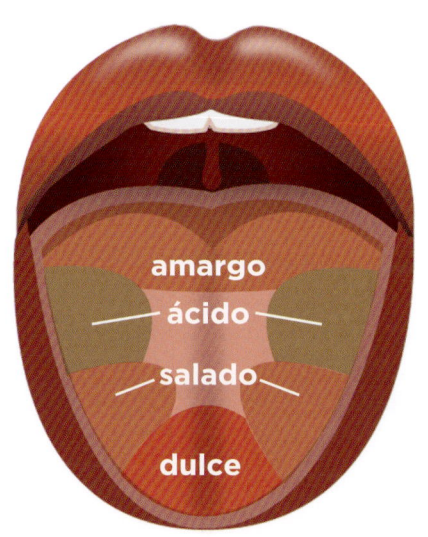   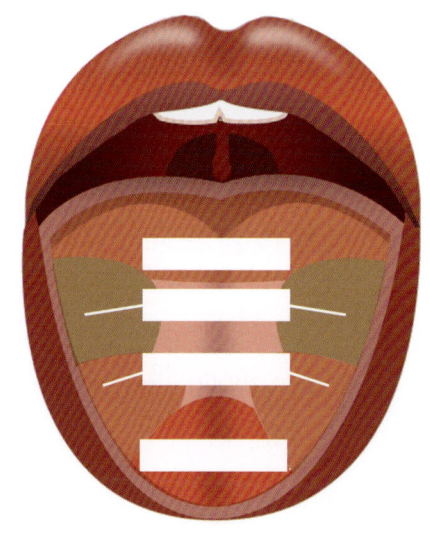

12.13 *Lista de alimentos según su sabor.* 请写西班牙文。／請寫西班牙文。

酸的	甜的	苦的	辣的	咸／鹹的	淡的

12.14 *Trabajo en parejas: Comparte con un compañero la lista que escribiste en el Ejercicio 12.13 sin enseñársela. Por ejemplo, pregunta* 你说什么东西是酸的？／你說甚麼東西是酸的？ *Después anota en la tabla inferior los alimentos de tu compañero que no están en tu lista. Continúa con todos los sabores y después intercambiad los roles. Si tienes tiempo, repite el proceso con otro compañero.*

酸的	甜的	苦的	辣的	咸／鹹的	淡的

Encuentro 4 Hablar sobre verduras

 12.15 *Mira y escucha el fragmento de video "La profesora Li habla sobre verduras". Marca las casillas de las palabras que nombra.* 然后请把中文跟西班牙文对上。／然後請把中文跟西班牙文對上。

☐ a. chāoshì 超市
☐ b. hěn duō zhǒng 很多种／很多種
☐ c. shūcài 蔬菜
☐ d. shuǐguǒ 水果
☐ e. xīnxiān de 新鲜的／新鮮的
☐ f. lǜsè de 绿色的／綠色的
☐ g. gè zhǒng yánsè de 各种颜色的／各種顏色的
☐ h. yíngyǎng de 营养的／營養的
☐ i. (zhǒnglèi hěn) fēngfù de （种类很）丰富的／（種類很）豐富的

1. *verduras*
2. *fresco*
3. *verde*
4. *fruta*
5. *supermercado*
6. *abundante (variedad)*
7. *de diferentes variedades*
8. *de todos los colores*
9. *nutritivo*

Usa algunas de estas palabras para escribir una frase sobre tu lugar favorito para comprar comida. 请写拼音或者汉字。／請寫拼音或者漢字。

12.16 Añade los tonos correctos a las sílabas en 拼音 de las palabras siguientes, según la grabación de audio. Marca las casillas de los vegetales que comes habitualmente y después escribe su nombre en español.

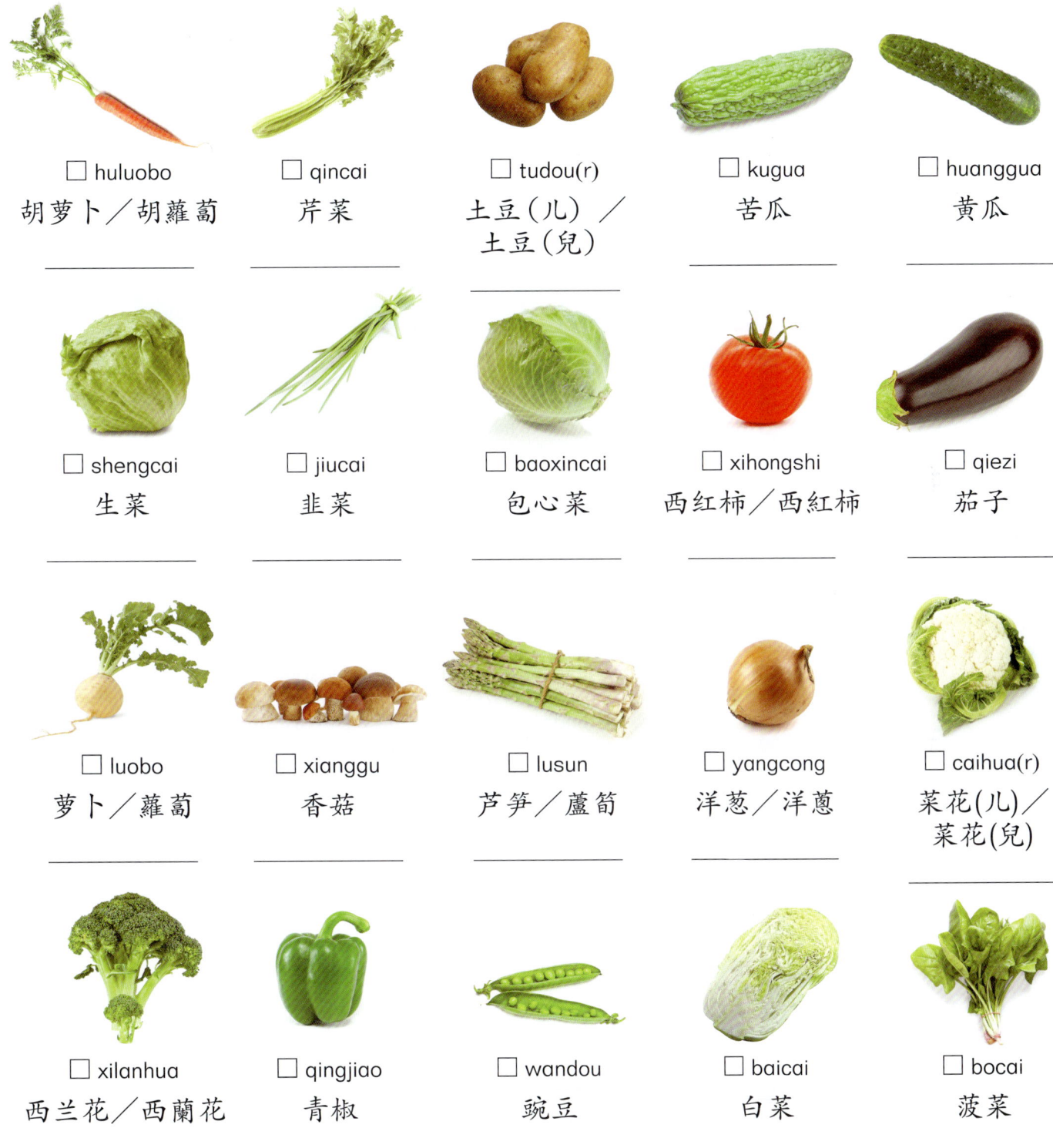

Note: 西红柿／西紅柿 xīhóngshì también se llama 番茄／蕃茄 fānqié; 土豆(儿)／土豆(兒) tǔdòu(r) también se llama 马铃薯／馬鈴薯 mǎlíngshǔ o 洋芋 yángyù; y 菜花(儿)／菜花(兒) càihuā(r) se llama 花椰菜 huāyēcài en Taiwan. Además, el brócoli fue introducido por los extranjeros en la cocina china y tiene varios nombres. Los chinos en EE.UU. lo llaman 芥兰／芥蘭 jièlán, y en Taiwan se conoce como 绿菜花／綠菜花 lǜcàihuā.

UNIDAD 12 LA COMIDA ES FUNDAMENTAL

12.17 *Sigue las reglas de la "cadena de enlace" del Ejercicio 12.8 para averiguar cuáles son las verduras más populares de la clase.*

12.18 *Ejercicio conjunto:* 请用拼音填空。／請用拼音填空。

"我最喜欢吃的蔬菜是_____、_____,还有_____。" ／

"我最喜歡吃的蔬菜是_____、_____,還有_____。"

Muévete por el aula y pregunta a tus compañeros. Trata de encontrar al menos una persona que haya elegido las mismas verduras que tú.

Un poco de gramática 语法点滴

的, pequeño y poderoso modificador: Repaso y ampliación

Es al mismo tiempo el carácter más usado y más poderoso del idioma chino. No hay oración que no pueda modificar. Se trata de la pequeña partícula subordinante 的, enlace entre modificador y modificado. Recuerda que un principio general del orden de las palabras en chino es que los modificadores preceden a lo que modifican, pero no siempre es necesario usar 的 para producir una modificación. ¿Confundido? Bueno, a continuación se incluyen algunos ejemplos —algunos nuevos y otros que deberían resultarte familiares, y reglas sobre cuándo y cómo usar 的 para ayudarte a aclarar tus ideas.

NO se añade 的 en los casos siguientes:

- *Zhōngguórén* (persona china) — 的 no es necesario cuando el modificador es el nombre de un país, un idioma o un lugar de origen.
- *hǎorén* (buena/s persona/s) — Verbos de estado de una sílaba (adjetivos), como *hǎo*, se funden con los nombres para crear un concepto, y normalmente no necesitan 的.
- *wǒ bàba* (mi padre) — 的 no es necesario cuando los pronombres personales modifican palabras que se refieren a personas con una relación cercana.
- *nǐ jiā* (tu casa) — Algunas palabras, como *jiā* (casa), también indican una relación cercana particular y no es necesario usar 的.

SI se añade 的 en los casos siguientes:

- *wǒ de shū* (mi libro) — Literalmente significa "el libro que es mío". Se usa 的 para indicar posesión.
- *hěn hǎo de rén* (una persona muy buena) y *bù hǎo de shì* (una cosa mala) — Literalmente significan "una persona que es muy buena" y "una cosa que no es buena", respectivamente. Cuando un verbo de estado (*hǎo*) es a su vez modificado (*hěn, bù, fēicháng, tèbié*, etc.), es necesario usar 的.
- *Wǒ zuì xǐhuan chī de shūcài shì bōcài.* (La verdura que más me gusta es la espinaca.) — Las oraciones de este tipo tienen una estructura de tipo relativo. Se descomponen de la forma siguiente:
  Oración base: La verdura es la espinaca = *shūcài shì bōcài.*
  Cláusula de relativo: que más me gusta = *wǒ zuì xǐhuan chī de*
  La cláusula de relativo se sitúa DESPUÉS del nombre (verdura) en español, pero ANTES del nombre (*shūcài*) en chino.
- *Wǒ yào huáng de, bú yào lǜ de.* (Quiero los amarillos, no los verdes.) — Cuando el nombre se conoce por contexto o porque ya ha sido mencionado, se puede obviar. Sin embargo, 的 se mantiene (para ayudar a discriminar entre *huáng de xiāngjiāo* y *lǜ de xiāngjiāo*, por ejemplo).

Ejercicios: Intenta hacer los siguientes ejercicios.

1. ¿Qué significan estas frases? Escribe su equivalente en español.

    a. *tā jiějie* _____

    b. *wǒ āyí* _____

    c. *wǒmen xuéxiào* _____

    d. *Xībānyá huà* _____

    e. *huàirén* _____

    f. *hǎo dōngxi* _____

2. Usa el signo ^ indicando dónde insertar *de* en las oraciones siguientes.

    a. *hěn tián xīguā* (un melón muy dulce)

    b. *tèbié guì yīfu* (ropa especialmente cara)

    c. *bù hěn là cài* (platos no muy picantes)

3. Marca con un círculo *de* en las siguientes oraciones en chino y después subraya la oración básica. Lo que queda es la cláusula modificadora (relativa). A continuación, subraya la oración básica en las oraciones en español. Fíjate que la cláusula modificadora aparece antes del nombre (y de *de*) en chino, pero después en español.

    a. *Wǒ zuì xǐhuan chī de shuǐguǒ shì mángguǒ, lìzhī, hái yǒu yīngtao.*
       (Las frutas que más me gustan son el mango, el lichi y la cereza.)

    b. *Tā gěi wǒ mǎi de T-xù shān tài dà le.*
       (La camiseta que me compró es demasiado grande)

    c. *Nǐ shuō de nèi ge rén jiù shì Lǎo Wáng.*
       (La persona sobre la que hablas es Lao Wang.)

    d. *Nǐ xǐhuan de nèi ge nǚ háizi shì tā mèimei.*
       (La chica que te gusta es su hermana.)

4. Escribe en español el nombre que ha sido omitido en cada una de las siguientes respuestas.

    Q: *Nǐ xǐhuan chī shénme yàng de shuǐguǒ?*
    A: *Wǒ xǐhuan chī tián de.*   Nombre: _____

    Q: *Nǐ zài mǎi shénme yàng de yīfu?*
    A: *Wǒ mǎi xiàtiān chuān de.*   Nombre: _____

    Q: *Zhè shì shéi de shuǐ?*
    A: *Shì wǒ de.*   Nombre: _____

12.19 *Fíjate en todos los tipos de comidas incluidos en la siguiente tabla. ¿Qué sabor percibes normalmente cuando comes los alimentos de la primera columna? (En las verduras el sabor depende de cómo son condimentadas o de otros ingredientes. En cualquier caso, ¿qué sabor tienen cuando las comes solas?) Busca los sabores en las columnas de la derecha y comparte tus respuestas con tus compañeros.*

	酸	甜	苦	辣	咸／鹹	淡
xiāngjiāo 香蕉						
píngguǒ 苹果／蘋果						
lí 梨						
níngméng 柠檬／檸檬						
xīguā 西瓜						
táozi 桃子						
hāmìguā 哈密瓜						
yīngtao 樱桃／櫻桃						
shíliu 石榴						
bōluó 菠萝／菠蘿						
pútao 葡萄						
mángguǒ 芒果						
míhóutáo 猕猴桃／獼猴桃						
zhūròu 猪肉／豬肉						
niúròu 牛肉						
yángròu 羊肉						
jī 鸡／雞						
yā 鸭／鴨						
yú 鱼／魚						
xiā 虾／蝦						
hǎixiān 海鲜／海鲜						
húluóbo 胡萝卜／胡蘿蔔						
qíncài 芹菜						

	酸	甜	苦	辣	咸/鹹	淡
tǔdòu(r) 土豆(儿)/土豆(兒)						
kǔguā 苦瓜						
huángguā 黄瓜						
shēngcài 生菜						
jiǔcài 韭菜						
bāoxīncài 包心菜						
xīhóngshì 西红柿/西紅柿						
qiézi 茄子						
luóbo 萝卜/蘿蔔						
xiānggū 香菇						
lúsǔn 芦笋/蘆筍						
yángcōng 洋葱/洋蔥						
xīlánhuā 西兰花/西蘭花						
càihuā(r) 菜花(儿)/菜花(兒)						
qīngjiāo 青椒						
wāndòu 豌豆						
báicài 白菜						
bōcài 菠菜						

Encuentro 5 Preparar una comida

12.20 Preparación: *Si tuvieras que preparar una comida completa, ¿qué tendrías en cuenta? ¿Cómo es una buena comida para ti? Toma notas.* 请写西班牙文。/ 請寫西班牙文。 *Comparte tus ideas con un compañero.*

_____

_____

_____

UNIDAD 12 LA COMIDA ES FUNDAMENTAL

12.21 *Mira y escucha el fragmento "Comiendo en casa de los Tang" del episodio. Después completa la traducción al español de los comentarios de* 唐远／唐遠.

Profesora Lynn, (a)_____ y la cocina occidental son muy diferentes. (b)_____ usa ingredientes muy variados. Pollo, (c)_____, (d)_____, y cerdo, y todo tipo de (e)_____—todos pueden convertirse en un plato sabroso. (f)_____ da igual importancia al color, el aroma y el sabor. El troceado y el control del fuego son también muy importantes. A la plancha, salteados, hervidos, fritos—los mismos ingredientes pueden ser cocinados d (g)_____. Además, para (h)_____, si provienen de una región distinta, el sabor de la comida también es diferente. Por eso, como se suele decir: "El sur es (i)_____, el norte (j)_____, el este (k)_____, y el oeste (l)_____."

12.22 请把中文跟西班牙文对上。／請把中文跟西班牙文對上。

a. Zhōngguó cài 中国菜／中國菜
b. xīcān 西餐
c. yòngliào 用料
d. gè zhǒng shūcài 各种蔬菜／各種蔬菜
e. jiǎngjiu 讲究／講究
f. sè xiāng wèi jù quán 色香味俱全
g. dāo gōng 刀功
h. huǒhou 火候
i. jìqiǎo 技巧
j. jiān 煎
k. chǎo 炒
l. pēng 烹
m. zhá 炸

1. gastronomía occidental
2. prestar atención
3. ingredientes
4. técnicas de corte
5. habilidad, técnica
6. gastronomía china
7. control del fuego de cocción
8. todo tipo de verduras
9. freír
10. saltear
11. freír a profundo
12. tener buen color (apariencia), aroma y sabor
13. cocinar

Nota: "Hervir" se dice 煮 *zhǔ*, por lo que se usa *zhǔ* en vez de *pēng* cuando nos referimos a alimentos hervidos como 煮鸡蛋／煮雞蛋 (huevos hervidos).

12.23 ¿Qué crees que significa 炸鸡／炸雞 zhájī means?

答案 dá'àn (respuesta): _____

12.24 请用拼音和西班牙文填空。／請用拼音和西班牙文填空。

汉字／漢字	拼音	西班牙文
煮海鲜／煮海鮮		
炒菠菜		
煎鸡蛋／煎雞蛋		
炸鱼／炸魚		

12.25 *Juego de las cuatro esquinas:* Piensa en un alimento que no sea una fruta. El profesor nombrará las cuatro esquinas del aula como: 生的 shēng de *(crudo, sin cocinar)*, 炸的 zhá de *(frito)*, 煮的 zhǔ de *(hervido)*, y 炒的 chǎo de *(salteado)*. Ve a la esquina que corresponda al alimento que has pensado. Di tu alimento a los demás compañeros de tu esquina y, si hay tiempo, al resto de la clase.

12.26 *A continuación se indican distintas formas de cocinar y alimentos.* 请把西班牙文、拼音和汉字对上。／請把西班牙文、拼音和漢字對上。

a. *ensalada*   1. kǎo de   A. 蒸的
b. *pan*   2. shālā   B. 烤的
c. *horneado*   3. zhēng de   C. 面包／麵包
d. *arroz*   4. miàntiáo   D. 米饭／米飯
e. *tallarines*   5. mǐfàn   E. 面条／麵條
f. *al vapor*   6. tiándiǎn   F. 沙拉
g. *postre*   7. miànbāo   G. 甜点／甜點

12.27 *Haz conversación:* Jugad de nuevo al juego de las cuatro esquinas. Piensa en alimento diferente al que escogiste en el Ejercicio 12.25. El profesor nombrará las cuatro esquinas del aula como: 主食 zhǔshí *(alimento básico, carbohidratos)*, 水果 shuǐguǒ *(frutas)*, 蔬菜 shūcài *(verduras)*, y 鱼／魚、肉、蛋 yú, ròu, dàn *(pescado, carne, huevos)*. Ve a la esquina que corresponda y anuncia tu alimento a los demás compañeros de la esquina. Si hay tiempo, di tu alimento a los compañeros de las otras esquinas.

UNIDAD 12 LA COMIDA ES FUNDAMENTAL

12.28 Haz conversación: *Jugad a las agrupaciones. Piensa en un alimento (diferente a los que escogiste en el Ejercicio 12.25. y 12.27) y muévete por el aula diciéndolo en voz alta para que los demás puedan oírlo. "Agrúpate" con al menos tres o más compañeros de forma que cada grupo tenga al menos un carbohidrato, una verdura, una proteína (pescado, carne, etc.) y una fruta, y conseguir así una comida equilibrada. Compartid vuestra "comida" con el resto de la clase.*

Encuentro 6 Comprar en un supermercado

12.29 Preparación: *¿Qué expresiones usarías para comprar comida en tu país? Anótalas en el recuadro inferior.* 请写西班牙文。／請寫西班牙文。

12.30 *Mira y escucha el fragmento de video "Supermercado de Beijing". Marca las casillas de las expresiones que escuchas y después únelas con sus correspondientes* 汉字／漢字.

- ☐ a. yǐnliào (*bebidas*)
- ☐ b. guǒzhī (*zumo de frutas*)
- ☐ c. pútao zhī (*zumo de uva*)
- ☐ d. cǎoméi zhī (*zumo de fresa*)
- ☐ e. niúnǎi (*leche*)
- ☐ f. kělè (*cola*)
- ☐ g. chá (*té*)
- ☐ h. kāfēi (*café*)
- ☐ i. júzi zhī (*zumo de naranja*)
- ☐ j. wèizhì (*ubicación*)
- ☐ k. dì-yī pái (*primera fila*)
- ☐ l. dì-shísān pái (*la fila N.13*)
- ☐ m. qítā (*otro*)
- ☐ n. tuī chē (*carrito*)
- ☐ o. lánzi (*cesta*)

1. 位置
2. 篮子／籃子
3. 草莓汁
4. 果汁
5. 第十三排
6. 第一排
7. 咖啡
8. 橘子汁
9. 茶
10. 饮料／飲料
11. 牛奶
12. 推车／推車
13. 其他
14. 可乐／可樂
15. 葡萄汁

12.31 *Trabajo en parejas: Trabaja con un compañero para preparar una escena en el supermercado con al menos tres diálogos. Puede ser entre dos compradores o entre un empleado y un comprador. Representa tu escena a otra pareja de compañeros o a toda la clase.*

INFO 供你参考

Cinco alimentos por los que vivir

A menudo se ha dicho que la comida, desde su cultivo hasta su preparación y consumo, es un aspecto central de la cultura china, como sugiere el título de esta unidad. Por eso, no es sorprendente que muchos chinos crean que ciertos alimentos poseen significados simbólicos. Estos son algunos ejemplos.

- 鸡蛋／雞蛋 jīdàn *(huevos)*
  Como en otras culturas, los chinos creen que los huevos simbolizan fertilidad. Cuando nace un bebé, a menudo los padres celebran una "fiesta del huevo rojo y el jengibre" en la que se ofrece a los invitados huevos hervidos pintados de rojo (simbolizan buena suerte).

- 面／麵 miàn *(tallarines)*
  Debido a su longitud, los tallarines simbolizan longevidad y suelen servirse en las fiestas de cumpleaños. Como se considera de mala suerte cortar los tallarines al comerlos, se sorben ruidosamente para enfatizar su longitud al introducirlos en la boca.

- 水果 shuǐguǒ *(fruta)*
  Mandarinas, naranjas y pomelos son frutas generosamente consumidas durante el Año Nuevo Chino para celebrar la llegada de la primavera y simbolizar esperanza y prosperidad. Los melocotones también son una fruta "de la suerte", muy apreciada por los inmortales legendarios, y son habitualmente ofrecidos en banquetes de celebraciones. Cuando no es temporada de melocotones, estos pueden sustituirse por bollos dulces rellenos confeccionados hermosamente con la forma y el color del melocotón.

- 鱼／魚 yú *(pescado)*
  No te sorprendas si durante una cena en China te encuentras con un pescado entero sobre la mesa. Un pescado servido entero es un símbolo de prosperidad. La palabra pescado (*yú*) se pronuncia, excepto por el tono, igual que la palabra "prosperidad" (裕 *yù*). El pescado especialmente popular durante las celebraciones del Año Nuevo Chino, cuando todos desean 年年有余／年年有餘 *niánnián-yǒuyú* (que cada año tengas excedentes). Como 余／餘 *yú* (excedente) se pronuncia exactamente igual que 鱼／魚 *yú* (pescado), un pescado entero es una bendición simbólica para los presentes: que todos tengan más de lo que necesitan durante el nuevo año que entra. 有鱼／有魚＝有余／有餘.

- 蔬菜 shūcài *(verduras)*
  ¡No te olvides de tus verduras! 韭菜 *jiǔcài* (cebollino de ajo chino) simboliza eternidad (韭 *jiǔ* = 久 *jiǔ* [eterno]), y el musgo comestible 发菜／髮菜 *fàcài* (literalmente "verdura peluda") sirve para desear prosperidad. 发菜／髮菜 *fàcài* = 发财／發財 *fācái* (hacerse rico).

UNIDAD 12 LA COMIDA ES FUNDAMENTAL

🎵 Rap de la Unidad

Visita la página web de Encuentros www.EncountersChinese.com.cn y escucha la canción para repasar las expresiones estudiadas en la Unidad 12. ¡Escúchala de nuevo y canta al mismo tiempo!

Encuentro 7 — Lectura y escritura

Un poco de gramática 语法点滴

Más sobre los coverbos

Como aprendiste en la Unidad 10 del Libro 1, la función de los coverbos es más o menos la misma que la de las preposiciones del español. Proporcionan ajustes sobre la acción principal y pueden ser traducidos habitualmente por palabras como "hasta" (到), "desde" (从／從), "en" (在), "hacia" (往), "con" (跟), etc. En chino se les llaman coverbos porque, a diferencia de las preposiciones del español, muchos de ellos pueden funcionar independientemente como verbos. Consulta el Resumen de esta unidad para ver ejemplos en los que los coverbos funcionan como verbos.

En los textos siguientes encontrarás ejemplos de nuevos coverbos (consulta el resumen de gramática para ver más ejemplos):

- 给／給 gěi *(para [en beneficio de])*
  琳想给唐远跟他父母做一顿美国菜。／琳想給唐遠跟他父母做一頓美國菜。
  Lín xiǎng gěi Táng Yuǎn gēn tā de fùmǔ zuò yí dùn Měiguó cài.
  (Lynn quiere cocinar una comida americana para Tang Yuan y sus padres.)
- 对／對 duì *(a, hacia)*
  老师也对学生说……／老師也對學生說……
  Lǎoshī yě duì xuésheng shuō . . . *(El profesor también dijo a sus alumnos...)*
- 用 yòng *(con, en)*
  琳用中文问卖菜的……／琳用中文問賣菜的……
  Lín yòng Zhōngwén wèn mài cài de . . . *(Lynn pregunta al vendedor en chino...)*

▶ Lectura de oraciones familiares en caracteres chinos

12.32 *Trabajo en parejas: Lee en voz alta junto a un compañero los siguientes textos (escritos en caracteres simplificados) usando el español como guía. Podéis leer las frases de forma alternativa; si uno de los dos no puede leer algún carácter, ayudaos mutuamente.*

① 琳想给唐远跟他父母做一顿美国菜,请他们尝尝。所以她请唐远陪她到菜市场去买菜。唐远第二天刚好没事，就答应 (dāying – estar de acuerdo) 陪琳买菜去。*(Lynn quiere cocinar una comida americana para Tang Yuan y sus padres, y les invita para que la prueben. Por eso, pide a Tang Yuan que le acompañe al mercado a comprar. Al día siguiente Tang Yuan no tiene nada que hacer y acepta ir de compras con Lynn.)*

2 琳和唐远在菜市场买菜的时候，先去看一些水果。琳用中文问卖菜的香蕉熟不熟，甜不甜。那个人说香蕉很熟，唐远也说会很甜。琳买水果的时候，唐远自己(zìjǐ – *por sí mismo*) 去买一些肉和蔬菜。 *(Cuando Lynn y Tang Yuan están en el mercado, primero van a ver fruta. Lynn pregunta en chino al vendedor si las bananas son maduras y están dulces. Esta persona dice que están maduras y Tang Yuan dice que están dulces. Mientras Lynn compra fruta, Tang Yuan va solo a comprar carne y verduras.)*

3 琳在上课的时候，问学生们香蕉、苹果、柠檬和梨都是什么东西。同学们一起回答说都是水果。然后阿龙给同学们又说了很多其他水果的名字。 *(En clase, Lynn pregunta a los estudiantes qué son los plátanos, las manzanas, los limones y las peras. Los estudiantes responden al mismo tiempo que todos son frutas. Después, A Long dice el nombre de otras frutas a sus compañeros.)*

4 有一位老师给外国学生介绍(jièshào – *presentar*) 了很多种中国的蔬菜，都是学生可能 (kěnéng – *quizás*) 没吃过也没看见过的。老师也对学生说，很多外国学生吃了苦瓜、韭菜以后都觉得很好吃。学生应该试试 (shìshi – *probar[los]*)。 *(Un profesor presenta a los estudiantes extranjeros muchos tipos de verduras chinas, muchos de los cuales quizás no han comido ni visto antes. El profesor también dice a los estudiantes que a muchos estudiantes extranjeros les gustan el pepino amargo y el cebollino de ajo cuando las prueban. Los estudiantes deberían probarlos.)*

5 绿色的蔬菜特别营养。其他颜色的蔬菜也很营养。我们都应该多吃蔬菜和水果，少吃肉。 *(Las verduras verdes son especialmente nutritivas. Las verduras de otros colores también son nutritivas. Todos deberíamos comer más verduras y frutas y menos carne.)*

6 琳在唐家吃晚饭。唐远给她介绍中国菜说，中国人的口味，东南西北都不一样，中国人常说，南甜北咸东辣西酸。 *(Lynn cena en la casa de Tang Yuan. Tang Yuan le explica que los sabores de la comida china son diferentes en el este, el sur, el oeste y el norte del país, y que los chinos suelen decir que los platos del sur son dulces; los del norte, salados; los del este, picantes y los del oeste, ácidos.)*

7 中国菜和西餐的口味很不一样。中国菜的用料非常多，也讲究刀工和火候。蔬菜要吃熟的，不吃生的。西餐沙拉里面用的东西都是生的。还有，西餐很讲究甜点。 *(Los sabores de la comida china y la comida occidental son muy diferentes. La cocina china usa una gran cantidad de ingredientes y da gran importancia a la forma de cortar los alimentos y al control del fuego. La verdura debe comerse cocida, no cruda. Los ingredientes de las ensaladas en la cocina occidental están todos crudos. Además, en la cocina occidental se da mucha importancia a los postres.)*

8 中国菜的做法(zuòfǎ – *formas de cocinar*)很丰富。鸡鸭鱼肉，各种蔬菜，可以煎、炒、煮、炸、蒸。还有，中国菜讲究色香味都好。 *(La cocina china tiene muchas formas de prepararse. Pollo, pato, pescado, carnes y verduras pueden cocinarse sofritos, salteados, hervidos, fritos y al vapor. Además, la comida china presta atención al mismo tiempo al color, el aroma y el sabor de los platos.)*

9 有一天李雯和April到北京一个超市去买东西。她们买了很多，可是找不到果汁，不知道果汁在哪儿。店员告诉她们果汁在第一排。买好东西以后，她们就去结账 (jiézhàng – *pagar la cuenta; liquidar cuentas*) 了。 *(Un día Li Wen y April fueron a comprar en un supermercado de Beijing. Compraron muchas cosas, pero no encontraron los zumos de frutas, no sabían dónde están. Un empleado les dijo que los zumos están en la primera fila. Tras encontrar todo, se dirigieron a pagar la cuenta.)*

10 在很多中国的超市里面，食品 (shípǐn – *productos alimenticios*) 很丰富。有饮料、水果、蔬菜、鸡鸭鱼肉，各种东西都有。你要买什么就可以买什么。推一个小推车把要买的东西放在推车里，又容易又方便(fāngbiàn – *fácil*)。可是有人说超市的价钱比外面有时候贵一点，有时候贵得多。 *(En muchos supermercados chinos hay gran variedad de alimentos. Tienen de todo: frutas, verduras, pollo, pato, pescados y carnes. Puedes comprar todo lo que desees. Empuja un carrito y mete en su interior todo lo que quieras comprar, es fácil y cómodo. Sin embargo, algunos dicen que los precios de los supermercados a veces son un poco más altos que los de afuera, y a veces muchos más caros.)*

Un poco de gramática 语法点滴

Otro coverbo más— 把 *bǎ*

El texto final del Ejercicio 12.32 (texto 10) incluye algunos coverbos que ya hemos visto y otro nuevo— 把 *bǎ*. La estructura habitual de las oraciones del chino es Sujeto + Verbo + Objeto, como: 我买书。／我買書。 *Wǒ mǎi shū.* (Compro libros). Usando 把 se da la vuelta a la oración china: el objeto se sitúa delante del verbo, dándole más importancia. Esta construcción se usa frecuentemente en chino, especialmente en situaciones en las que alguien habla sobre hacer algo a un objeto o aplicar una acción sobre él. El objeto es normalmente específico y definido, algo que ambos interlocutores conocen. Fíjate en este ejemplo: Vas a la oficina de tu amigo, que es un profesor jubilado. Su biblioteca solía estar llena, pero cuando te acercas ves que los estantes están vacíos.

你那些书怎么了?／你那些書怎麼了?
Nǐ nèixiē shū zěnme le? (¿Qué ha pasado con tus libros?)

我把书都给朋友了。／我把書都給朋友了。
Wǒ bǎ shū dōu gěi péngyou le. *(He dado los libros a mis amigos.)*

Fíjate en que el objeto directo 那些书／那些書 *nèixiē shū* (esos libros) es algo que los dos hablantes conocen. Además, se ha realizado una acción sobre el objeto; los libros han sido dados a amigos. Esta es la partícula del texto 10 del ejercicio anterior:

……把要买的东西放在推车里／……把要買的東西放在推車裡
. . . bǎ yào mǎi de dōngxi fàng zài tuī chē li

¿Te das cuenta cómo el objeto es definido y ha sido "accionado"? En las siguientes lecciones se volverá a hablar de 把. ¡No hemos terminado todavía! No te preocupes, será divertido.

12.33 *Trabajo en parejas:* Leed los textos de nuevo, esta vez sin ayuda de español.

1. 琳想给唐远跟他父母做一顿美国菜,请他们尝尝。所以她请唐远陪她到菜市场去买菜。唐远第二天刚好没事，就答应陪琳买菜去。

2. 琳和唐远在菜市场买菜的时候，先去看一些水果。琳用中文问卖菜的香蕉熟不熟，甜不甜。那个人说香蕉很熟，唐远也说会很甜。琳买水果的时候，唐远自己去买一些肉和蔬菜。

3. 琳在上课的时候，问学生们香蕉、苹果、柠檬和梨都是什么东西。同学们一起回答说都是水果。然后阿龙给同学们又说了很多其他水果的名字。

4. 有一位老师给外国学生介绍了很多种中国的蔬菜，都是学生可能没吃过也没看见过的。老师也对学生说，很多外国学生吃了苦瓜、韭菜以后都觉得很好吃。学生应该试试。

5. 绿色的蔬菜特别营养。其他颜色的蔬菜也很营养。我们都应该多吃蔬菜和水果，少吃肉。

6. 琳在唐家吃晚饭。唐远给她介绍中国菜说，中国人的口味，东南西北都不一样，中国人常说，南甜北咸东辣西酸。

7. 中国菜和西餐的口味很不一样。中国菜的用料非常多，也讲究刀工和火候。蔬菜要吃熟的，不吃生的。西餐沙拉里面用的东西都是生的。还有，西餐很讲究甜点。

8. 中国菜的做法很丰富。鸡鸭鱼肉，各种蔬菜，可以煎、炒、煮、炸、蒸。还有，中国菜讲究色香味都好。

9. 有一天李雯和April到北京一个超市去买东西。她们买了很多，可是找不到果汁，不知道果汁在哪儿。店员告诉她们果汁在第一排。买好东西以后，她们就去结账了。

10 在很多中国的超市里面，食品很丰富。有饮料、水果、蔬菜、鸡鸭鱼肉，各种东西都有。你要买什么就可以买什么。推一个小推车把要买的东西放在推车里，又容易又方便。可是有人说超市的价钱比外面有时候贵一点，有时候贵得多。

12.34 *Trabajo en parejas: Leed los textos una vez más, esta vez en chino tradicional.*

1 琳想給唐遠跟他父母做一頓美國菜,請他們嚐嚐。所以她請唐遠陪她到菜市場去買菜。唐遠第二天剛好沒事，就答應陪琳買菜去。

2 琳和唐遠在菜市場買菜的時候，先去看一些水果。琳用中文問賣菜的香蕉熟不熟，甜不甜。那個人說香蕉很熟，唐遠也說會很甜。琳買水果的時候，唐遠自己去買一些肉和蔬菜。

3 琳在上課的時候，問學生們香蕉、蘋果、檸檬和梨都是甚麼東西。同學們一起回答說都是水果。然後阿龍給同學們又說了很多其他水果的名字。

4 有一位老師給外國學生介紹了很多種中國的蔬菜，都是學生可能沒吃過也沒看見過的。老師也對學生說，很多外國學生吃了苦瓜、韭菜以後都覺得很好吃。學生應該試試。

5 綠色的蔬菜特別營養。其他顏色的蔬菜也很營養。我們都應該多吃蔬菜和水果，少吃肉。

6 琳在唐家吃晚飯。唐遠給她介紹中國菜說，中國人的口味，東南西北都不一樣，中國人常說，南甜北鹹東辣西酸。

7 中國菜和西餐的口味很不一樣。中國菜的用料非常多，也講究刀工和火候。蔬菜要吃熟的，不吃生的。西餐沙拉裡面用的東西都是生的。還有，西餐很講究甜點。

8 中國菜的做法很豐富。雞鴨魚肉，各種蔬菜，可以煎、炒、煮、炸、蒸。還有，中國菜講究色香味都好。

9 有一天李雯和April到北京一個超市去買東西。她們買了很多，可是找不到果汁，不知道果汁在哪兒。店員告訴她們果汁在第一排。買好東西以後，她們就去結賬了。

10 在很多中國的超市裡面，食品很豐富。有飲料、水果、蔬菜、雞鴨魚肉，各種東西都有。你要買甚麼就可以買甚麼。推一個小推車把要買的東西放在推車裡，又容易又方便。可是有人說超市的價錢比外面有時候貴一點，有時候貴得多。

12.35 *Las frases siguientes han sido extraídas de los textos 1-5 del anterior ejercicio de lectura.* 请把汉字与拼音对上。／請把漢字與拼音對上。

a. 一顿／一頓
b. 尝尝／嚐嚐
c. 陪她
d. 刚好／剛好
e. 答应／答應
f. 熟不熟
g. 蔬菜
h. 上课／上課
i. 苹果／蘋果
j. 柠檬／檸檬
k. 一起
l. 回答
m. 然后／然後
n. 介绍／介紹
o. 很多种／很多種
p. 营养／營養
q. 应该／應該

1. shūcài
2. níngméng
3. chángchang
4. huídá
5. shàngkè
6. yí dùn
7. yìqǐ
8. péi tā
9. gānghǎo
10. dāying
11. shóu bu shóu
12. píngguǒ
13. jièshào
14. yíngyǎng
15. yīnggāi
16. hěn duō zhǒng
17. ránhòu

12.36 *Las frases siguientes han sido extraídas de los textos 6-10 del anterior ejercicio de lectura.* 请把汉字与拼音对上。／請把漢字與拼音對上。

a. 口味
b. 价钱／價錢
c. 西餐
d. 很不一样／很不一樣
e. 用料
f. 生的
g. 沙拉
h. 讲究／講究
i. 甜点／甜點
j. 做法
k. 各种／各種
l. 告诉／告訴
m. 结账／結賬
n. 食品
o. 推
p. 方便

1. xīcān
2. yòngliào
3. shēng de
4. kǒuwèi
5. jiǎngjiu
6. gè zhǒng
7. tiándiǎn
8. hěn bù yíyàng
9. zuòfǎ
10. shālā
11. shípǐn
12. tuī
13. jiàqian
14. jiézhàng
15. fāngbiàn
16. gàosu

Lectura de textos de la vida real

12.37 *Mira la publicidad del supermercado de la página 61.*

1. *El slogan de los anuncios,* 抢鲜／搶鮮 *es un juego de palabras.* 抢／搶 *significa "agarrar, competir por" y* 鲜／鮮 *significa "fresco". Sin embargo,* 鲜／鮮 *se pronuncia igual que* 先, *por lo que* 抢先／搶先 *significa "compite por ser el primero".*

   Completa la transcripción a pinyin de estos caracteres: qiǎng _____

2. *Copia los caracteres de las siguientes palabras.*

   a. *coliflor blanca*   bái càihuā   _____
   b. *brotes de crisantemo*   tónghāo   _____
   c. *judía verde*   jiàdòu   _____
   d. *pequeña col china*   xiǎo báicài   _____
   e. *patata dulce*   hóngshǔ   _____
   f. *berenjena alargada*   cháng qiézi   _____
   g. *pepino*   huángguā   _____

ENCUENTRO 7

抢鲜GO!

限12月10日至12日

白菜花 1.68 元/500g

限12月10日至12日 **茼蒿** 2.99 元/500g

限12月13日至14日 **小白菜** 1.99 元/500g

限12月15日至16日 **长茄子** 2.88 元/500g

限12月10日至12日 **架豆** 3.20 元/500g

限12月13日至14日 **红薯** 1.88 元/500g

限12月15日至16日 **黄瓜** 2.20 元/500g

限12月10日至12日 **华都鸡脖** 6.60 元/500g

限12月10日至12日 **福成蚝油牛柳** 24.00 元/500g

限12月10日至12日 **海阳鱼丸系列** 8.50 元/500g

限12月10日至12日 **千层卷** 7.98 元/500g

限12月10日至12日 **杂拌豆制品** 7.98 元/500g

限12月10日至12日 **金篮子家乡肠** 15 元/500g

抢鲜GO!

限12月10日至12日

金橘 8.80 元/500g

限12月10日至12日 **金冠苹果** 3.30 元/500g

限12月13日至14日 **普通红富士苹果** 4.50 元/500g

限12月15日至16日 **丰水梨** 2.98 元/500g

限12月10日至12日 **雪花梨** 1.50 元/500g

限12月13日至14日 **香蕉** 2.80 元/500g

限12月15日至16日 **沙糖橘** 4.90 元/500g

亚大家乡肠 5.80 元/500g

亚大家乡肠 13.80 元/500g

道口盐水鸭 18.80 元/500g

浦五房酱猪肝 26.00 元/500g

天福号五香小肚 17.60 元/500g

育青鸡 22.70 元/500g

3. a. ¿Cuánto cuesta el cuello de pollo? _____ por 500g.

   b. ¿Y el solomillo de ternera? _____ por 500g.

   c. ¿Y el pato salado? _____ por 500g.

   d. ¿Y el pollo? _____ por 500g.

   Ahora copia los caracteres de los siguientes productos:

   e. cuello de pollo: _____

   f. solomillo de ternera: _____

   g. pato salado: _____

4. 肝 gān *significa "hígado". ¿Qué clase de hígado se anuncia en la propaganda? ¿Cuánto cuesta? Escribe los caracteres, el nombre en español y el precio:*

   a. caracteres: _____

   b. español: _____

   c. _____ por 500g.

5. 丸 wán *significa "pequeña bola" o "albóndiga". ¿Qué producto en la propaganda coincide con esta definición? ¿Cuánto cuesta? Escribe los caracteres, el nombre en español y el precio:*

   a. caracteres: _____

   b. español: _____

   c. _____ por 500g.

6. *Los precios de las frutas, verduras y algunas carnes son solo por un periodo limitado de tiempo. Escribe el límite de tiempo de los productos siguientes:*

   a. jīnguàn píngguǒ (*manzana golden*): _____

   b. xuěhuā lí (*pera de las nieves*): _____

   c. shātáng jú (*mandarina dulce*): _____

   Ahora copia los caracteres de los siguientes productos:

   d. jīnguàn píngguǒ: _____

   e. xuěhuā lí: _____

   f. shātáng jú: _____

7. *¿Qué otros adjetivos o verbos de estado puedes descifrar? Rellena los espacios en blanco:*

   汉字／漢字：_____

   拼音：_____

   西班牙文：_____

Aprender a escribir caracteres

12.38 *Consulta el **Libro de ejercicios de escritura de caracteres** para saber más sobre el orden de trazos y otra información útil de cada uno de los caracteres de la unidad indicados a continuación. Elige entre carácter simplificado o tradicional y practica hasta que puedas escribirlos por ti mismo.*

果, 菜, 香, 蕉, 瓜, 桃, 酸, 甜, 苦, 辣, 蔬, 绿／綠,

色, 肉, 牛, 猪／豬, 鸡／雞, 鱼／魚, 鲜／鮮, 味, 超, 市

Hacer una lista de la compra

12.39 *Imagina que vives con un compañero chino de piso (en tú país) que va a hacer la compra y se ofrece para comprar algo que necesitas. Escribe una lista en caracteres simplificados o tradicionales incluyendo 5-10 de tus productos favoritos. Empieza la lista con* 请给我买……／請給我買…… *Qǐng gěi wǒ mǎi . . . (Por favor, cómprame…) y termínala con* 谢谢／謝謝.

Un poco de cultura 文化点滴

Comprar alimentos

Mira el fragmento de video "Comprando alimentos" y después comenta las siguientes cuestiones con tus compañeros y el profesor.

- ¿Qué opinas sobre el "supermercado verde" presentado en esta unidad? ¿Te recuerda a algo parecido del lugar donde vives?
- Resume brevemente las ventajas y desventajas de comprar en "mercados húmedos", tiendas locales y centros comerciales internacionales como Wal-Mart o Carrefour.
- ¿Dónde puedes regatear para conseguir mejores precios y dónde no?
- ¿Qué podrías hacer para aprender a preparar alimentos que nunca habías visto antes? Comenta los alimentos que nunca has probado y te gustaría probar.
- Comenta otras recomendaciones de las personas entrevistadas en el video.

RESUMEN

Gramática

Dos tipos de *de*

1. Usa 得 *de* con verbos para expresar cómo se realiza o ha sido realizada una acción.

   - 看书／看書 kàn shū *(leer)*
     看书看得／看書看得 kàn shū kàn de *(leer [de cierta forma])*
     他看书看得比我快。／他看書看得比我快。 Tā kàn shū kàn de bǐ wǒ kuài. *(Él lee más rápido que yo.)*

   - 走路 zǒulù *(andar)*
     走路走得 zǒulù zǒu de *(andar [de cierta forma])*
     你们三个人，谁走路走得最快？／你們三個人，誰走路走得最快？ Nǐmen sān gè rén, shéi zǒulù zǒu de zuì kuài? *(¿Quién es el que corre más rápido de los tres?)*

   - 唱歌 chàng gē *(cantar)*
     唱歌唱得 chàng gē chàng de *(cantar [de cierta forma])*
     你昨天在音乐会上唱歌唱得比谁都好听。／你昨天在音樂會上唱歌唱得比誰都好聽。 Nǐ zuótiān zài yīnyuèhuì shang chàng gē chàng de bǐ shéi dōu hǎotīng. *(En el concierto de ayer tú cantaste mejor que nadie.)*

2. Usa 的 para modificar nombres.

   - 的 puede indicar posesión (persona + 的 + nombre = el "nombre" de la persona).
     我的书／我的書 wǒ de shū *(mi libro)*

   - 的 entre un sustantivo y un modificador que ha sido modificado, puede indicar algo sobre el sustantivo.
     很大的鱼／很大的魚 hěn dà de yú *(un pez muy grande)* no solo 大 sino 很大）
     不太大的鱼／不太大的魚 bú tài dà de yú *(un pez no tan grande)* (no solo 不大 sino 不太大）

   - 的 puede situarse entre un nombre y un modificador compuesto por más de un carácter.
     新鲜的鱼／新鮮的魚 xīnxiān de yú *(pescado fresco)*

   - 的 no se usa cuando el nombre es modificado por un adjetivo simple formado por un solo carácter.
     大鱼／大魚 dà yú *(pescado grande)*

   - Si el nombre del que se habla es conocido, puede omitirse y la oración se termina simplemente con 的.
     Q: 你要买什么样的鱼？／你要買甚麼樣的魚？ Nǐ yào mǎi shénme yàng de yú? *(¿Qué tipo de pescado quieres comprar?)*
     A: 我要新鲜的，不要冰冻的。／我要新鮮的，不要冰凍的。 Wǒ yào xīnxiān de, bú yào bīngdòng de. *(Lo quiero fresco, no congelado.)*

Más sobre coverbos

给／給 gěi tiene dos usos. Es decir, puede funcionar:

- como verbo independiente que significa "dar".
  他昨天给我三块钱。／他昨天給我三塊錢。 Tā zuótiān gěi wǒ sān kuài qián. *(Ayer él me dio tres yuanes.)*

- como coverbo que significa "para".
  我今天给他买了三本书，都买得很便宜。／我今天給他買了三本書，都買得很便宜。 Wǒ jīntiān gěi tā mǎile sān běn shū, dōu mǎi de hěn piányi. *(Hoy he comprado tres libros para él, todos muy baratos.)*

对／對 duì también tiene doble uso. Puede funcionar:

- Como adjetivo que significa "correcto".
  她的话说得很对。／她的話說得很對。 Tā de huà shuō de hěn duì. *(Lo que dice ella es correcto.)*

- como un coverbo que significa "a, hacia".

他对我说了很多很好听的话。／他對我說了很多很好聽的話。 Tā duì wǒ shuō-le hěn duō hěn hǎotīng de huà. (Me dijo muchas cosas bonitas (a mí).)

老师对学生说："看时容易做时难。"／老師對學生說："看時容易做時難。" Lǎoshī duì xuésheng shuō: "Kàn shí róngyì zuò shí nán." (El profesor dijo a sus alumnos: "Es más fácil de decir que de hacer".)

Nota: 对／對 y 跟 significan ambos "a" y frecuentemente se superpone su uso.

用 yòng es otro "caballo de batalla" de doble uso. Puede funcionar:

- como verbo independiente que significa "usar".

我用你的笔，可以吗？／我用你的筆，可以嗎？ Wǒ yòng nǐ de bǐ, kěyǐ ma? (¿Puedo usar tu bolígrafo?)

- como coverbo que significa "con" o "en".

请你用中国话跟我说。／請你用中國話跟我說。 Qǐng nǐ yòng Zhōngguóhuà gēn wǒ shuō. (Por favor, háblame en chino.)

El coverbo 把 *bǎ*

El coverbo *bǎ* se usa cuando una acción es realizada sobre un objeto o material específico, y tiene como efecto el desplazamiento del objeto antes del verbo para enfatizarlo. Usa esta construcción cuando quieras expresar lo que le ha pasado a algo.

- ¿Qué le ha pasado a los libros?

我把书都卖了。／我把書都賣了。 Wǒ bǎ shū dōu mài le. (He vendido todos los libros.)

- ¿Qué me sugieres que haga con estas ideas?

请你把你的主意介绍给校长。／請你把你的主意介紹給校長。 Qǐng nǐ bǎ nǐ de zhǔyi jièshào gěi xiàozhǎng. (Por favor, explica tus ideas al director.)

Los siguientes ejemplos ilustran cuatro condiciones para usar la construcción *bǎ*.

1. se ha realizado o considerado una acción sobre algo;
2. el objeto precede al verbo;
3. el objeto debe normalmente ser específico y definido;
4. en muchos casos, el verbo no puede ir solo (por ejemplo, 卖／賣 *mài*) debe ir seguido de "añadidos" como *le* o sufijos verbales.

Recuerda: ¡Las frases con coverbos preceden al verbo principal! En oraciones que usan coverbos, el negativo (*bù* o *méi*) se sitúa antes del coverbo.

我不用筷子吃饭。／我不用筷子吃飯。 Wǒ bú yòng kuàizi chīfàn. (No como con palillos.)

我没把你的意思告诉她。／我沒把你的意思告訴她。 Wǒ méi bǎ nǐ de yìsi gàosu tā. (No le dije a ella tu idea.)

Vocabulario

Verbos y objetos del verbo

cháng 尝／嚐 probar
cháng yi cháng 尝一尝／嚐一嚐 probar un poco
dāying 答应／答應 aceptar; prometer
huídá 回答 contestar; responder
jiǎngjiu 讲究／講究 dar importancia; prestar atención a
jièshào 介绍／介紹 presentar
jiézhàng 结账／結賬 pagar la cuenta; liquidar cuentas
mài 卖／賣 vender
méishì(r) 没事(儿)／没事(兒) estar libre; no estar ocupado; no tener nada que hacer; no es nada; no preocuparse
ná 拿 coger (con la mano); sostener
péi 陪 acompañar (a alguien)
shàngkè 上课／上課 ir a clase; tener clase
yǒu kòng(r) 有空(儿)／有空(兒) tener tiempo libre
zuò 做 cocinar; preparar; hacer

Clasificadores

dùn 顿／頓 (para comidas)
pái 排 (para filas, líneas, pasillos)
zhǒng 种／種 (para tipos, variedades, clases)

Verbos de estado/Adjetivos

fēngfù 丰富／豐富 rico; abundante; copioso
shēng 生 sin cocinar; crudo; verde; inmaduro
shóu 熟 cocinado; maduro (también se pronuncia shú)
xīnxiān 新鲜／新鮮 fresco
yíngyǎng 营养／營養 nutritivo

Gustos/Sabores

dàn 淡 soso
kǔ 苦 amargo
là 辣 picante; especiado
suān 酸 ácido; agrio
tián 甜 dulce
xián 咸／鹹 salado

Frutas

bōluó 菠萝／菠蘿 piña
hāmìguā 哈密瓜 melón
lí 梨 pera
mángguǒ 芒果 mango
míhóutáo 猕猴桃／獼猴桃 kiwi
níngméng 柠檬／檸檬 limón
píngguǒ 苹果／蘋果 manzana
pútao 葡萄 uva
shíliu 石榴 granada
shuǐguǒ 水果 fruta
táozi 桃子 melocotón
xiāngjiāo 香蕉 plátano
xīguā 西瓜 sandía
yīngtao 樱桃／櫻桃 cereza

Vegetables

báicài 白菜 col china
bāoxīncài 包心菜 repollo
bōcài 菠菜 espinaca
càihuā(r) 菜花(儿)／菜花(兒) coliflor
huángguā 黄瓜 pepino
húluóbo 胡萝卜／胡蘿蔔 zanahoria
jiǔcài 韭菜 cebollino de ajo chino
kǔguā 苦瓜 pepino amargo
luóbo 萝卜／蘿蔔 nabo
lúsǔn 芦笋／蘆筍 espárrago
qiézi 茄子 berenjena
qíncài 芹菜 apio
qīngjiāo 青椒 pimiento verde
shēngcài 生菜 lechuga
shūcài 蔬菜 verduras
tǔdòu(r) 土豆(儿)／土豆(兒) patata
wāndòu 豌豆 guisante
xiānggū 香菇 seta
xīhóngshì 西红柿／西紅柿 tomate
xīlánhuā 西兰花／西蘭花 brócoli
yángcōng 洋葱／洋蔥 cebolla

Carne, pescado, marisco

hǎixiān 海鲜／海鮮 marisco
jī(ròu) 鸡(肉)／雞(肉) pollo
niú(ròu) 牛(肉) ternera
ròu 肉 carne [muchas veces se refiere a cerdo]
xiā 虾／蝦 gambas
yáng(ròu) 羊(肉) cordero
yā(ròu) 鸭(肉)／鴨(肉) pato
yú 鱼／魚 pescado
zhū(ròu) 猪(肉)／豬(肉) cerdo

Bebidas

cǎoméi zhī 草莓汁 zumo de fresa
chá 茶 té
guǒzhī 果汁 zumo de frutas
júzi zhī 橘子汁 zumo de naranja
kāfēi 咖啡 café
kělè 可乐／可樂 cola
niúnǎi 牛奶 leche
pútao zhī 葡萄汁 zumo de uva
yǐnliào 饮料／飲料 bebidas

Formas de cocinar

chǎo 炒 saltear
jiān 煎 hacer a la plancha; freir
kǎo 烤 hornear; tostar
pēng 烹 cocer; cocinar
zhá 炸 freír a profundo
zhēng 蒸 hacer al vapor
zhǔ 煮 hervir; cocinar

Otros alimentos

cài 菜 plato (de comida); comida de un menú; comida
fàn 饭／飯 arroz; comida; alimento
jīdàn 鸡蛋／雞蛋 huevos (de gallina)
miànbāo 面包／麵包 pan
miàntiáo 面条／麵條 tallarines
mǐfàn 米饭／米飯 arroz
shālā 沙拉 ensalada
tiándiǎn 甜点／甜點 postre; dulce; aperitivo dulce
zhǔshí 主食 alimento básico

Otros sustantivos

càishì(chǎng) 菜市(场)／菜市(場) mercado de alimentos (frescos)
chāoshì 超市 supermercado
dāogōng 刀功 técnica de cortar (alimentos)
huǒhou 火候 control del fuego al cocinar
jìqiǎo 技巧 técnica; habilidad
lánzi 篮子／籃子 cesta
tóngxuémen 同学们／同學們 compañeros de clase
tuī chē 推车／推車 carrito de supermercado
wèizhi 位置 lugar; ubicación
xīcān 西餐 cocina/comida occidental
yòngliào 用料 ingredientes
Zhōngguócài 中国菜／中國菜 cocina/comida china
zhǒnglèi 种类／種類 clase; variedades; tipos

Adverbios

bǐjiào 比较／比較 relativamente; bastante
kěnéng 可能 quizás; probablemente
yìqǐ 一起 juntos; en compañía de
zài 在 (indica una acción verbal en progreso)
zhènghǎo 正好 justamente; casualmente
zuì 最 más; superlativamente (antes de verbos de estado)

Coverbos

bǎ 把 (sitúa el objeto antes del verbo)
duì 对／對 a; hacia
gěi 给／給 para; en beneficio de)
yòng 用 con, en

Otras palabras y frases

gè zhǒng 各种／各種 varias clases/categorías/tipos
jī yā yú ròu 鸡鸭鱼肉／雞鴨魚肉 pollo, pato, carnes y pescados
qítā (de) 其他(的) otro(s); el resto
sè xiāng wèi 色香味 aspecto, aroma y sabor (de la comida)
zánmen 咱们／咱們 tú y yo

UNIDAD 12 LA COMIDA ES FUNDAMENTAL

Lista de lo aprendido

Tras completar esta unidad, deberías ser capaz de:

Escuchar y hablar

☐ Nombrar varias de tus favoritas frutas y verduras.
☐ Preguntar a un vendedor sobre la frescura y el sabor de algunos alimentos.
☐ Hablar sobre habilidades relativas a la preparación de comida china.
☐ Hablar de las diferencias entre la cocina china y la occidental.
☐ Comentar con un amigo los sabores que más te gustan.
☐ Preguntar a un empleado dónde encontrar ciertos productos.

Lectura y escritura

☐ Leer oraciones sencillas sobre comprar alimentos, características de la comida china y formas de prepararla.
☐ Leer los precios de ciertos productos en un anuncio de alimentación.
☐ Interpretar las palabras clave de un anuncio de alimentación.
☐ Escribir una breve lista de la compra.

Entendimiento cultural

☐ Demostrar que comprendes los rasgos principales de la cocina china.
☐ Explicar a un amigo el significado cultural de ciertos alimentos en China.

UNIDAD 13

"Una sencilla comida casera"

家常便饭

Jiācháng-biànfàn

Comer en casa de un amigo

En esta unidad aprenderás a:

- Ofrecer y aceptar invitaciones para ir a comer a casa de alguien.
- Rechazar educadamente una invitación.
- Responder cuando te ofrecen algo de beber al llegar a casa de alguien.
- Sentarse en la mesa y empezar a comer.
- Responder cuando te animan a comer más.
- Hacer y responder un brindis.
- Elogiar la comida.
- Comprender cuándo los invitados rechazan los elogios a la comida.
- Manifestar que estás lleno.
- Descifrar información clave en una invitación a comer por correo electrónico.
- Responder por escrito a una invitación a comer.
- Escribir una sencilla invitación a comer.

Visita la web de *Encuentros* www.EncountersChinese.com.cn. para consultar material de apoyo a la presente unidad.

UNIDAD 13 UNA SENCILLA COMIDA CASERA

Encuentro 1 | Ofrecer y aceptar invitaciones

13.1 *Mira el Episodio 13 de la videoserie. No te preocupes si no entiendes completamente lo que se dice. ¡Míralo y disfruta!*

13.2 *Preparación:* *Si quieres invitar a alguien a comer en tu casa, ¿qué le dirías? Si alguien te invita a comer y quieres aceptar, ¿cómo lo harías? Toma notas.* 请写西班牙文。／請寫西班牙文。

_____

_____

_____

 13.3 *Mira y escucha los fragmentos de video "Dos invitaciones" y "En el supermercado".*

En los videos se hacen tres invitaciones que son aceptadas, dos en el primer fragmento y una en el segundo. Completa la tabla siguiente. 请写西班牙文。／請寫西班牙文。

Fragmento	¿Quién hace la invitación?	¿Quién es invitado?	¿Dónde comerán o beberán?	¿Hay alguna razón especial para la invitación? ¿Cuál es?
"Dos invitaciones": #1				
"Dos invitaciones": #2				
"En el supermercado"				

13.4 *A continuación, se incluye la transcripción aproximada de las tres invitaciones. Escribe en español el nombre de la persona que realiza cada invitación.*

a. _____ Duì le, wǒ yǒu yí gè zhǔyi. Jīntiān wǎnshang nǐ lái wǒmen jiā chīfàn zěnmeyàng? Wǒ hái zhēn xiǎng hǎohāo zuò dùn fàn qǐng huí kè ne!
对了，我有一个主意。今天晚上你来我们家吃饭怎么样？我还真想好好做顿饭请回客呢！／對了，我有一個主意。今天晚上你來我們家吃飯怎麼樣？我還真想好好做頓飯請回客呢！

b. _____ Wǒmen yāoqǐng nín lái wǒmen jiā li zuòkè, yìqǐ chī wǎnfàn. Nín yǒukòng ma? Xīwàng nín néng guòlái.
我们邀请您来我们家里做客，一起吃晚饭。您有空吗？希望您能过来。／我們邀請您來我們家裡做客，一起吃晚飯。您有空嗎？希望您能過來。

c. _____ Nà, wǒ kěyǐ qǐng nǐ hē bēi kāfēi ma?
那，我可以请你喝杯咖啡吗？／那，我可以請你喝杯咖啡嗎？

Nota: Las invitaciones de Li Wen y Lynn son más casuales e informales que la de A Long, en gran parte porque son hechas de palabra y de forma improvisada, mientras que la de A Long es por escrito.

INFO 供你参考

Pagar una comida

Grupos de amigos quedan a menudo para comer juntos en un restaurante. Al llegar el momento de pagar, en China no es costumbre "dividir la cuenta" para que cada uno pague su parte, como ocurre habitualmente en nuestra cultura. Entre personas de un mismo rango social, lo normal es que quien ha hecho la invitación o sugerido la reunión tome la iniciativa para hacerse cargo de la cuenta. Los amigos se reúnen frecuentemente y tarde o temprano todos tienen la oportunidad de pagar y equilibrar así las cosas.

En grupos formados por personas de diferente rango social, por ejemplo, si alguien ocupa un puesto de alto nivel o se sabe que tiene un rango social o profesional superior al de los demás, es este quien generalmente paga. Pagar la cuenta "aumenta la cara" —da prestigio social—, y es presuntuoso que alguien de menor rango intente competir con alguien reconociblemente por encima de él para hacerse con el honor de pagar.

Entre personas de un mismo rango que no se reúnen a menudo, sin embargo, es muy probable que dos o más personas luchen por pagar la cuenta, siendo el más insistente el ganador. La otra persona o personas deben buscar entonces una oportunidad para hacer de "anfitriones" en una futura ocasión, recuperando así de nuevo el equilibrio.

Si ocurre que tus amigos chinos te han invitado en varias ocasiones, piensa que debes empezar a buscar una oportunidad para devolver el favor: haz una fiesta, invita a todos a comer, compra regalos o haz a cada uno un favor que "equilibre" tu balance personal recibido-dado con ellos. Si tienes dudas sobre qué hacer, observa a los demás e intenta imitar su comportamiento, o pide consejo a un amigo chino de confianza.

13.5 请把中文跟西班牙文对上。／請把中文跟西班牙文對上。

a. Wǒ yǒu yí gè zhǔyi.
我有一个主意。／
我有一個主意。

1. ¿Qué te parece venir a nuestra casa a comer?

b. Wǒmen yāoqǐng nǐ.
我们邀请你。／
我們邀請你。

2. Preparar una comida e invitar.

c. Lái wǒmen jiā chīfàn zěnmeyàng?
来我们家吃饭怎么样？／
來我們家吃飯怎麼樣？

3. Tengo una idea.

d. zuò dùn fàn qǐng huí kè
做顿饭请回客／
做頓飯請回客

4. Espero que puedas venir.

e. Lài wǒmen jiā li zuòkè.
来我们家里做客。／
來我們家裡做客。

5. ¿Te puedo invitar a un café?

f. Xīwàng nǐ néng guòlái.
希望你能过来。／
希望你能過來。

6. Venir a casa como invitado.

g. Kěyǐ qǐng nǐ hē bēi kāfēi ma?
可以请你喝杯咖啡吗？／
可以請你喝杯咖啡嗎？

7. Te invitamos.

Un poco de gramática 语法点滴

Verbo+ Clasificador + Objeto

Introducir un clasificador entre el verbo y su objeto (verbo + clasificador + objeto) hace la acción más casual y relajada, restándole importancia. En español equivaldría a la diferencia de tono entre "darse una ducha" y "ducharse". El uso del clasificador es muy común en el registro coloquial. Algunos ejemplos son:

做顿饭／做頓飯 zuò dùn fàn (preparar una comida) ↔ 做饭／做飯 zuò fàn (cocinar)
请回客／請回客 qǐng huí kè (hacer una invitación) ↔ 请客／請客 qǐngkè (invitar)
洗个澡／洗個澡 xǐ ge zǎo (darse una ducha) ↔ 洗澡 xǐzǎo (ducharse)
唱首歌 chàng shǒu gē (cantar una canción) ↔ 唱歌 chàng gē (cantar)
跳个舞／跳個舞 tiào ge wǔ (bailar un baile) ↔ 跳舞 tiàowǔ (bailar)

13.6 *Si quieres invitar a un amigo a comer en casa, ¿qué le dirías?* 请写拼音或者汉字。／請寫拼音或者漢字。

_____

13.7 Haz conversación: *Muévete por el aula y dirígete a tus compañeros para hacer la invitación que has escrito en el Ejercicio 13.6. y escuchar sus invitaciones. Por ahora, acéptalas diciendo* 好啊！谢谢！／好啊！謝謝！

13.8 *Estas son algunas expresiones para aceptar una invitación.* 请把中文跟西班牙文对上。／請把中文跟西班牙文對上。

a. Zhè suànshi yí gè yāoqǐng ma?
   这算是一个邀请吗？／
   這算是一個邀請嗎？

1. *Espero que no sea una molestia para ti.*

b. Wǒ jiēshòu.
   我接受。

2. *¿Es eso una invitación?*

c. Xīwàng bú tài máfan nǐ.
   希望不太麻烦你。／
   希望不太麻煩你。

3. *Por supuesto, me encantaría ir.*

d. Wǒ dāngrán xiǎng qù.
   我当然想去。／
   我當然想去。

4. *Acepto.*

13.9 *Si quisieras aceptar una invitación, ¿qué dirías? Anota tu respuesta.* 请写拼音或者汉字。／請寫拼音或者漢字。

_____

13.10 Haz conversación: *De nuevo, muévete por el aula y plantea a algunos de tus compañeros una invitación para comer en tu casa. Acepta las invitaciones que te hagan usando la oración(es) que has escrito en el Ejercicio 13.9.*

13.11 *Mira y escucha de nuevo el fragmento de video "Dos invitaciones". Elige las respuestas correctas.*

a. ¿Qué pregunta Lynn a Tang Yuan?
   1. yào dài shénme yàng de lǐwù *(qué regalo llevar)*
   2. yào chuān shénme yàng de yīfu *(qué ropa ponerse)*
   3. yào bu yào jiēshòu zhè ge yāoqǐng *(si debe aceptar la invitación o no)*

b. ¿Qué sugiere Tang Yuan?
   1. Nǐ kěyǐ dài yìxiē jīnjú. *(Puedes llevar algunos kumquats.)*
   2. Nǐ kěyǐ chuān nèi jiàn hóngsè de chènshān. *(Puedes ponerte esa camisa roja.)*
   3. Dāngrán jiēshòu. *(Por supuesto, debes aceptar.)*

c. ¿Cuál es un producto típico de Yangshuo?
   1. xīguā *(sandía)*
   2. pútao *(uva)*
   3. jīnjú *(kumquats)*

13.12 *Imagina que llevas un regalo a la comida. ¿Cuál escogerías? Puede ser algo típico de tu país, o simplemente un pequeño regalo que piensas que gustará al anfitrión. Pide ayuda para encontrar el nombre de tu regalo en chino, o búscalo en un diccionario o en Internet.* 请在空白处填写拼音、汉字和西班牙文。／請在空白處填寫拼音、漢字和西班牙文。

Zhè shì wǒ dài gěi nǐmen de xiǎo lǐwù, shì _____.
Xīwàng nǐ huì xǐhuan.

这是我带给你们的小礼物，是_____。
希望你会喜欢。

這是我帶給你們的小禮物，是_____。
希望你會喜歡。／

(Os he traído un pequeño regalo; es _____. Espero que os guste.)

13.13 Haz conversación: *Dibuja varias veces el regalo que has elegido en el Ejercicio 13.12. Muévete por el aula y visita a varios de tus compañeros. Imagina que son los anfitriones que te han invitado y ofréceles el regalo que has llevado diciendo la frase que has escrito en el ejercicio anterior. Cuando recibas un regalo de tus compañeros, agradécelo con repetidas veces.*

Un poco de gramática 语法点滴

Gěi 給／给: Repaso y ampliación

給／给 puede ser un verbo, que significa simplemente "dar". Mira los siguientes ejemplos.

alguien dice que da un regalo a un amigo:

甲：这是给你的。／這是給你的。
Zhè shì gěi nǐ de. *(Esto es para ti.)*

乙：谢谢！你太客气了！／謝謝！你太客氣了！
Xièxie! Nǐ tài kèqi le! *(¡Gracias! Eres muy amable.)*

alguien dice que mira mucho tiempo una fotografía:

甲：这个给我，好吗？／這個給我，好嗎？
Zhèi ge gěi wǒ, hǎo ma? *(¿Me la das? ¿Vale?)*

乙：没问题！你拿去吧！／沒問題！你拿去吧！
Méi wèntí! Nǐ náqu ba! *(¡Claro! Llévatela.)*

给／给 puede ser también un coverbo con la misma función de las preposiciones en otros idiomas: explica la relación entre las acciones y las cosas referidas en una oración. Mira los siguientes ejemplos:

Lynn dice a sus amigos 唐远／唐遠 y 阿娟:

Wǒ gěi nǐmen zuò yí dùn fàn, zěnmeyàng?
我给你们做一顿饭，怎么样？／我給你們做一頓飯，怎麼樣？

(Voy a hacer una comida para vosotros, ¿qué os parece?)

un mensaje de un compañero de piso:

Qǐng gěi nǐ māma dǎ diànhuà.
请给你妈妈打电话。／請給你媽媽打電話。

(Llama a tu madre.) *(literalmente: Por favor, haz una llamada a tu madre.)*

dice que da un regalo a un anfitrión:

Zhè shì wǒ dài gěi nǐmen de xiǎo lǐwù.
这是我带给你们的小礼物。／這是我帶給你們的小禮物。

(Este es un pequeño regalo que os he comprado.)

Ejercicio: Trata de averiguar el significado de las siguientes oraciones.

1. 来！给你这件衬衫！／來！給你這件襯衫！（给／給 como verbo）
2. 这件衬衫是谁给我买的？／這件襯衫是誰給我買的？（给／給 como coverbo）
3. 这件衬衫给我穿太小了。／這件襯衫給我穿太小了。（给／給 como coverbo）

INFO 供你参考

Hacer regalos—Sòng lǐwù 送礼物／送禮物

   Cuando Lynn es invitada a comer en la casa de A Long, pide consejo sobre qué regalo puede hacer a la familia. Lynn sabe que en China es apropiado y se espera que los invitados lleven algún obsequio. Tang Yuan le explica que es común regalar fruta u otros alimentos, igual que en nuestro país es típico ofrecer una botella de vino. Si la familia que nos invita tiene hijos pequeños, regalarle un libro o un diccionario para ayudarle en sus estudios es siempre bienvenido. Sin embargo, nunca debe preguntarse directamente al anfitrión qué llevar el día de la comida. Esta práctica, habitual en nuestra cultura, no es apropiada cuando se trata de China. Esto pondría en un compromiso al anfitrión y, pese a que la respuesta sería: "Por supuesto, no traigas nada", aun así no se puede ir con las manos vacías. Algo típico de tu país sería un regalo especialmente apreciado. Nueces de macadamia cubiertas de chocolate de Hawái, miel de Nueva Zelanda, jengibre confitado de Londres o un pisapapeles con la forma de la Estatua de la Libertad de Nueva York —todos son regalos exóticos que serán muy bien recibidos. Estas son otras orientaciones culturales útiles:

- El empaquetado es importante, pero hay que tener cuidado con el color. Son apropiados el rojo, el rosa, el amarillo o una combinación de varios colores, pero es mejor no elegir blanco o negro —ambos se consideran de mala suerte.
- Si llevas varios regalos, evita el número cuatro, considerado de mala suerte porque 四 sì (cuatro) se pronuncia muy parecido a 死 sǐ (muerte). Tres (sān 三) puede recordar a 散 sàn (dividir, separar), que también da mala suerte. Dos y seis son seguros.
- Ofrece y recibe los regalos con las dos manos.
- Prepárate para que rechacen tu regalo una o dos veces; necesitarás insistir educadamente para que lo acepten. Normalmente dirán: *Bù, bù, bù. Búyào kèqi.* 不，不，不。不要客气。／不，不，不。不要客氣。 Deberás presionar tu ofrecimiento, sin embargo, insistiendo en que no es más que un detalle.
- No esperes que abran el regalo inmediatamente. Igualmente, no abras un regalo hasta más tarde, cuando quien te lo ha hecho ya no esté presente.
- Los regalos no tienen que ser caros; la intención es lo que cuenta. Puedes decir: *Zhǐ shì yìdiǎnr xīnyì.* 只是一点儿心意。／只是一點兒心意。 (Es solo una pequeña expresión de mi aprecio)
- Debes evitar regalar relojes (*zhōng* 钟／鐘) y paraguas (*sǎn* 伞／傘). "Dar un reloj" se dice *sòng zhōng* 送钟／送鐘, que suena exactamente igual que "despedir a un difunto" *sòngzhōng* 送终／送終, considerado de muy mala suerte. Igualmente, paraguas *sǎn* 伞／傘 es homófono con *sàn* 散 "dividir, separar", y no es un regalo apropiado. Los pañuelos tampoco son buenos regalos, pues implican tristeza y lágrimas.
- Si tienes dudas sobre hacer regalos, pregunta a tu profesor o a un buen amigo chino.

> Zhǐ shì yìdiǎnr xīnyì.

> Bù, bù, bù. Búyào kèqi.

Encuentro 2 Rechazar una invitación

13.14 *Preparación:* ¿Cómo rechazarías educadamente una invitación? Anótalo a continuación. 请写西班牙文。／請寫西班牙文。

_____

_____

_____

13.15 请把中文跟西班牙文对上。／請把中文跟西班牙文對上。 *A continuación, busca las expresiones que utilizarías para declinar una invitación. Elige dos o más para ser rotundo.*

☐ a. Āiyā, duìbuqǐ, wǒ bù néng lái.
哎呀，对不起，我不能来。／
哎呀，對不起，我不能來。

☐ b. Wǒ zhènghǎo yǒu shì.
我正好有事。

☐ c. Wǒ nà tiān méi kòng.
我那天没空。

☐ d. Fēicháng yíhàn wǒ bù néng lái.
非常遗憾我不能来。／
非常遺憾我不能來。

☐ e. Shīqùle zhème hǎo de jīhuì.
失去了这么好的机会。／
失去了這麼好的機會。

☐ f. Gǎi tiān zài shuō, hǎo ma?
改天再说，好吗？／
改天再說，好嗎？

☐ g. Zhēn bù hǎoyìsi!
真不好意思！

1. *Ese día no tengo tiempo.*

2. *Es una pena que no pueda ir.*

3. *Ay, lo siento, no puedo ir.*

4. *Vaya buena oportunidad perdida.*

5. *Justamente tengo algo que hacer.*

6. *¡De verdad lo siento!*

7. *Lo intentamos otro día, ¿vale?*

13.16 *Si quisieras rechazarlas, ¿cómo responderías a las invitaciones siguientes?* 请写拼音或者汉字。／請寫拼音或者漢字。

a. Wǒmen yāoqǐng nǐ míngtiān wǎnshang liù diǎn lái wǒmen jiā li zuòkè, yìqǐ chī wǎnfàn. Nǐ yǒu kòng ma?

我们邀请你明天晚上六点来我们家里做客，一起吃晚饭。你有空吗？／
我們邀請你明天晚上六點來我們家裡做客，一起吃晚飯。你有空嗎？

_____
_____

b. Wǒ qǐng nǐ yíhuìr qù hē bēi kāfēi, xíng ma?

我请你一会儿去喝杯咖啡，行吗？／我請你一會兒去喝杯咖啡，行嗎？

_____
_____

13.17 *Haz conversación:* Muévete por el aula e invita a tus compañeros a comer o a tomar un café o un té. Cuando la persona a la que invitas te rechace, di algo como: Nà méi guānxi. Gǎi tiān zài shuō ba. 那没关系。改天再说吧。／那沒關係。改天再說吧。 *(No hay problema; lo intentamos otro día). Cuando te inviten, rechaza la invitación utilizando alguna de las frases que anotaste en el Ejercicio 13.16.*

Encuentro 3 Llegar a casa de alguien y empezar a comer

13.18 *Preparación: ¿Qué sueles decir cuando llegas a casa de alguien? Anótalo.* 请写西班牙文。／請寫西班牙文。

_____
_____
_____

13.19 *Mira y escucha el fragmento de video "En casa de Chen Feng y Li Wen". A continuación, señala qué expresiones son dichas por los anfitriones, los invitados o ambos.*

	Dicho por los anfitriones	Dicho por los invitados	Dicho por ambos
a. Hài! 嗨！	☐	☐	☐
b. Qǐng jìn. 请进。／請進。	☐	☐	☐
c. Kuài qǐng zuò ba! 快请坐吧！／快請坐吧！	☐	☐	☐
d. Xièxie nǐ de yāoqǐng. 谢谢你的邀请。／謝謝你的邀請。	☐	☐	☐
e. Bú kèqi, bú kèqi. 不客气，不客气。／不客氣，不客氣。	☐	☐	☐
f. Bù hǎoyìsi dǎjiǎo nǐmen le a! 不好意思打搅你们了啊！／不好意思打攪你們了啊！	☐	☐	☐
g. Bù dǎjiǎo. 不打搅。／不打攪。	☐	☐	☐
h. Hē diǎn shénme? 喝点什么？／喝點甚麼？	☐	☐	☐
i. Lái diǎn pútaojiǔ zěnmeyàng? 来点葡萄酒怎么样？／來點葡萄酒怎麼樣？	☐	☐	☐
j. Nà chá huòzhě yǐnliào ne? 那茶或者饮料呢？／那茶或者飲料呢？	☐	☐	☐
k. Hǎo, xièxie! 好，谢谢！／好，謝謝！	☐	☐	☐
l. Bié tài máfan. 别太麻烦。／別太麻煩。	☐	☐	☐
m. Shénme dōu xíng. 什么都行。／甚麼都行。	☐	☐	☐
n. Duìbuqǐ, wǒ bù hē jiǔ. 对不起，我不喝酒。／對不起，我不喝酒。	☐	☐	☐
o. Wǒ lái diǎn chá ba, xièxie! 我来点茶吧，谢谢！／我來點茶吧，謝謝！	☐	☐	☐

UNIDAD 13 UNA SENCILLA COMIDA CASERA

13.20 *Elige el vocabulario apropiado del recuadro para completar correctamente las frases.*

cualquier cosa	alcohol	molestado	molestia
invitación	asiento	refrescos	té
preocupes	bienvenido	vino	

a. 谢谢你的邀请。／謝謝你的邀請。
   Gracias por la _____.

b. 不客气，不客气，请进。／不客氣，不客氣，請進。
   Seas _____. Por favor, pasa.

c. 不好意思打搅你们了啊！／不好意思打攪你們了啊！
   Siento haberos _____.

d. 不打搅，快请坐吧！／不打攪，快請坐吧！
   No es _____. Por favor, toma _____!

e. 喝点什么？来点葡萄酒怎么样？／喝點甚麼？來點葡萄酒怎麼樣？
   ¿Qué te gustaría beber? ¿Te parece bien _____?

f. 对不起，我不喝酒。／對不起，我不喝酒。
   Lo siento, no bebo _____.

g. 那茶或者饮料呢？／那茶或者飲料呢？
   ¿Y té o _____?

h. 别太麻烦，什么都行。嗯，我来点茶吧，谢谢！／別太麻煩，甚麼都行。嗯，我來點茶吧，謝謝！
   No te _____. _____ está bien. Tomaré _____, entonces. ¡Gracias!

13.21 *Trabajo en parejas:* En el fragmento de video que acabas de ver, Wang Hong es muy educada e incluso a veces se disculpa. Esto es en parte porque acaba de conocer a los anfitriones y porque ha sido invitada a través de un amigo común. Además, se disculpa por no beber alcohol y hace todo lo posible por agradar a sus anfitriones. En la cultura china, es habitual esta forma de educación y formalidad cuando se conoce a alguien por primera vez. ¿Es esto diferente en tu cultura? Coméntalo con un compañero y después preparad juntos una pequeña escena 小品 (xiǎopǐn – *skit*) representando que uno de los dos llega a casa del otro, se sientas y acepta una bebida. A continuación, representadla para otra pareja o la clase entera.

13.22 Lee las frases de la primera columna de la tabla siguiente. Mira y escucha el fragmento de video "Chen Feng invita a sus invitados a sentarse en la mesa". Presta atención al contexto de cada frase y después marca la columna adecuada en cada caso.

	Sentarse en la mesa; decidir dónde sentarse; empezar a comer	Disculparse por la comida	Elogiar la comida
a. lái, lái, lái 来，来，来／來，來，來	☐	☐	☐
b. fàn zuòhǎo le 饭做好了／飯做好了	☐	☐	☐
c. qǐng shàng zhuō 请上桌／請上桌	☐	☐	☐
d. suíbiàn zuò 随便坐／隨便坐	☐	☐	☐
e. Yàobu, nǐ zuò zhèr. Hǎo ma? 要不，你坐这儿。好吗？／要不，你坐這兒。好嗎？	☐	☐	☐
f. jiācháng-biànfàn 家常便饭／家常便飯	☐	☐	☐
g. méi shénme cài 没什么菜／沒甚麼菜	☐	☐	☐
h. qǐng yuánliàng 请原谅／請原諒	☐	☐	☐
i. zhème duō 这么多／這麼多	☐	☐	☐
j. cài hěn duō 菜很多	☐	☐	☐
k. tài duō le 太多了	☐	☐	☐
l. méi shénme 没什么／沒甚麼	☐	☐	☐
m. hěn jiǎndān 很简单／很簡單	☐	☐	☐
n. Qǐng! 请！／請！	☐	☐	☐
o. cháng yíxià zhèi ge 尝一下这个／嚐一下這個	☐	☐	☐

13.23 请把中文和西班牙文对上。／請把中文和西班牙文對上。

a. fàn zuòhǎo le
饭做好了／飯做好了

b. qǐng shàng zhuō
请上桌／請上桌

c. suíbiàn zuò
随便坐／隨便坐

d. jiācháng-biànfàn
家常便饭／家常便飯

e. méi shénme cài
没什么菜／沒甚麼菜

f. qǐng yuánliàng
请原谅／請原諒

g. cháng yíxià zhèi ge
尝一下这个／嚐一下這個

h. hěn jiǎndān
很简单／很簡單

1. *prueba un poco de esto*
2. *no hay mucha comida*
3. *por favor, disculpadnos*
4. *vamos a sentarnos a la mesa*
5. *siéntate donde quieras*
6. *es muy sencilla*
7. *una sencilla comida casera*
8. *la comida está lista*

13.24 *Trabajo en parejas: Prepara con un compañero una escena* 小品 *en la que cada uno invita al otro a sentarse a la mesa y empezar a comer. Cuando seas el anfitrión, no olvides hacer algún comentario criticando tu comida; cuando seas el invitado, elogia la comida.*

INFO 供你参考

Qué esperar de una comida china casera

Como ya sabrás, una comida china generalmente incluye distintos platos principales con cerdo, ternera, pollo y mariscos. Muchos están cocidos con verduras, pero algunos son puramente vegetarianos. En muchas cenas (o comidas), el anfitrión cocina por adelantado todos los platos, los sirve al mismo tiempo y se sienta en la mesa con los invitados. En raras ocasiones, uno de los anfitriones permanece en la cocina cocinando mientras los otros atienden a los invitados; de esta manera, los platos se van sacando a la mesa recién hechos, cuando son más sabrosos. ¡A veces los anfitriones pueden intercambiar los papeles a lo largo de la comida!

Lái, lái, cháng yíxià zhèi ge.

Xièxie, xièxie. Wǒ zìjǐ lái.

Es normal que en algún momento de la reunión los anfitriones critiquen la comida diciendo que es sencilla y no hace honor a los invitados. Como invitado, debes elogiar cualquier aspecto de la comida que se te ocurra: cantidad, variedad, sabor, aspecto, aroma y habilidad del cocinero. NUNCA hagas una "crítica constructiva" (como "en realidad, este plato necesitaría un poco de sal"), salvo que tengas una relación verdaderamente cercana e íntima con el anfitrión.

En la mesa china, la comunidad triunfa sobre la privacidad. La comida se sitúa en el centro de la mesa, para compartirla con todos. Como comensal no dispones de espacio personal excepto tu cuenco, que sujetas con la mano y acercas a tu boca para introducir cuidadosamente en ella la comida con ayuda de los palillos. A veces, un anfitrión atento puede alargar sus palillos hasta tu cuenco para depositar en él un bocado especialmente elegido para ti. Este es un gesto de amabilidad. Si esto ocurre, puedes decir gracias y rechazar la atención diciendo algo como: *Xièxie, xièxie. Wǒ zìjǐ lái.* 谢谢，谢谢。我自己来。／謝謝，謝謝。我自己來。 (Gracias, gracias. Me sirvo yo mismo). Habitualmente, el anfitrión te servirá del plato usando una cuchara común y poniendo la comida en un pequeño plato designado para ti. Puedes devolver este gesto sirviendo de igualmente al anfitrión en la ronda siguiente. En cualquier caso, debes ser siempre amable y educado.

Hay una cosa importante que debes tener en cuenta: antes de empezar a comer, cuenta el número de comensales. Por ejemplo, si hay seis personas sentadas a la mesa, incluyéndote a ti, equivales a un sexto. Por eso, nunca comas más de una sexta parte de cualquier plato para garantizar que todos tengan su parte. Cuando todos se han servido una vez, puedes volver a servirte por segunda vez de un plato, pero siempre menos de un sexto de lo que queda. Los chinos no suelen servirse el último bocado de un plato. Este quedará sobrante, o el anfitrión lo servirá a algunos de los invitados. Normalmente los anfitriones cocinan suficiente y es casi seguro que sobrará comida; ¡intenta no dejar los platos limpios! Que un plato quede vacío quiere decir que los anfitriones no prepararon suficiente comida. Por eso, los invitados chinos dejan de comer cuando todavía queda mucha comida en los platos.

Por supuesto, con la modernización las costumbres chinas también cambian. Por eso no es raro si ves que tus amigos chinos dejan vacíos los platos o se sirven ellos sin preocuparse de servirte a ti primero. No obstante, por precaución es preferible ser cauteloso y educado y seguir las tradiciones chinas al comer hasta que te encuentres a gusto y conozcas cómo comportarte apropiadamente con un determinado grupo de personas. En chino hay un refrán que dice: *lǐ duō rén bú guài* 礼多人不怪／禮多人不怪. Literalmente significa: "La gente no critica los rituales" o "a nadie importa que seas excesivamente educado". Por eso, si no estás seguro, mejor pecar de educado que de informal.

Encuentro 4 Animar a los invitados a que coman, hacer brindis y decir que estás lleno

13.25 *Preparación: Como anfitrión, ¿qué dirías a los invitados para manifestar que esperas que disfruten la comida?* 用西班牙文写一些笔记。／用西班牙文寫一些筆記。 Yòng Xībānyáwén xiě yìxiē bǐjì. *(Toma notas en español.)*

_____

_____

_____

13.26 Mira y escucha el fragmento de video "Cenando con la familia Tang". Marca las expresiones que oyes. 然后把中文跟西班牙文对上。／然後把中文跟西班牙文對上。

☐ a. Chī ya!
　　吃呀！

1. ¡Ponte un poco más!

☐ b. Zài lái yìdiǎnr!
　　再来一点儿！／
　　再來一點兒！

2. ¿Por qué ya no comes?

☐ c. Nǐ zěnme bù chī cài ne?
　　你怎么不吃菜呢？／
　　你怎麼不吃菜呢？

3. ¡Come!

☐ d. Nǐ zěnme bù chī le ne?
　　你怎么不吃了呢？／
　　你怎麼不吃了呢？

4. ¿Por qué no comes de ningún plato?

☐ e. Lái, chī!
　　来，吃！／來，吃！

5. Vale, vale.

☐ f. Hǎo, hǎo!
　　好，好！

6. ¡Gracias!

☐ g. Xièxie!
　　谢谢！／謝謝！

7. ¡Vamos, come!

13.27 Trabajo en parejas: Representa una escena 小品 con un compañero en el que un anfitrión anima a un invitado para que coma más y este obedece. Compartid vuestra 小品 con otra pareja o con la clase entera.

13.28 Mira y escucha el fragmento de video "Un brindis al final de la comida". Marca las expresiones que oyes. 然后把中文跟西班牙文对上。／然後把中文跟西班牙文對上。

☐ a. Gānbēi.
　　干杯。／乾杯。

☐ b. Hǎochī ma?
　　好吃吗？／好吃嗎？

☐ c. Zhēn hǎochī.
　　真好吃。

☐ d. Hǎochī jíle.
　　好吃极了。／好吃極了。

☐ e. Hěn xiāng.
　　很香。

☐ f. Wèidao zhēn hǎo.
　　味道真好。

☐ g. Zài chī, zài chī!
　　再吃，再吃！

☐ h. Zài lái yìdiǎnr ba.
　　再来一点儿吧。／
　　再來一點兒吧。

☐ i. Chībǎo le.
　　吃饱了。／吃飽了。

☐ j. Chī bú xià le.
　　吃不下了。

☐ k. Tài chēng le.
　　太撑了。／太撐了。

1. *Está delicioso.*

2. *Huele muy bien.*

3. *¡Salud!*

4. *Estoy lleno.*

5. *¿Está bueno?*

6. *Ya no puedo comer más.*

7. *El sabor está realmente bien.*

8. *Está buenísimo.*

9. *¡Come más, come más!*

10. *Estoy lleno hasta reventar.*

11. *Come un poco más.*

13.29 *Trabajo en parejas:* Representa una escena 小品 con un compañero en la que se hace un brindis y el anfitrión anima a un invitado para que coma más, pero este responde que está muy lleno. Compartid vuestra 小品 con otra pareja o con la clase entera.

13.30 *Trabajo en grupo:* Formad grupos de tres o cuatro en los que un compañero hace de anfitrión y el resto de invitados. Los invitados deben saludar al anfitrión e improvisar una cena desde su llegada hasta que dicen que están llenos. Los invitados deben dar las gracias al anfitrión antes de marcharse, y el anfitrión debe mostrarse hospitalario todo el tiempo. Después de terminar, cambiad los roles y comenzad de nuevo.

UNIDAD 13 UNA SENCILLA COMIDA CASERA

> **INFO** 供你参考
>
> **Comidas y cultura china**
>
> Según un refrán chino, *mín yǐ shí wéi tiān* 民以食为天／民以食為天 (La comida es el paraíso). Así es a lo ancho del vasto territorio chino. El saludo tradicional *Chīfàn le ma?* 吃饭了吗？／吃飯了嗎？ refleja la preocupación diaria por la alimentación y el bienestar de los demás. Esta atención secular por la comida ha dado como resultado una de las más variadas y tentadoras gastronomías del mundo. En la Unidad 12 (que, si recuerdas, se titula *Mín yǐ shí wéi tiān*) presentamos el dicho *nán tián, běi xián, dōng là, xī suān* 南甜，北咸／北鹹，东辣／東辣，西酸, que resume sintéticamente los sabores regionales del país. Algunos añadirían seis sabores más a estos cuatro, e incluso incluirían la cocina de los Hui, el grupo étnico musulmán que principalmente habita en la región oeste de China.
>
> No obstante, la división de la gastronomía china en cuatro o más zonas según sus sabores es un poco engañosa, pues uno de los principales "ingredientes" de su cocina es el equilibrio. Igual que la armonía es un elemento central de la sociedad china, así como de su lenguaje, el equilibrio en la cocina es crucial para su éxito. Por esta razón, los sabores deben ser equilibrados en cada plato y en cada comida. Más aún, el *yīn* debe armonizarse con el *yáng*. Los alimentos *yīn* son blandos, fríos y con pocas calorías, mientras que los *yáng* son ricos, especiados y ayudan a calentar el cuerpo. Todos los alimentos, incluso las frutas, pueden ser caracterizados como "calientes" o "fríos". La sandía, por ejemplo, es fría, mientras que los lichis son calientes. Además, elegir los alimentos adecuados, en la cantidad apropiada y en la estación correspondiente es una parte importante de la medicina tradicional china, que equipara comida y medicina. Equilibrar las fuerzas opuestas y complementarias es tan importante en la vida como en la comida.

♫ Rap de la Unidad

Visita la página web de Encuentros www.EncountersChinese.com.cn y escucha la canción para repasar las expresiones estudiadas en la Unidad 13. ¡Escúchala de nuevo y canta al mismo tiempo!

Encuentro 5 Lectura y escritura

▶ Lectura de oraciones familiares en caracteres chinos

13.31 *Trabajo en parejas: Lee en voz alta junto a un compañero los siguientes textos (escritos en caracteres simplificados) usando el español como guía. Podéis leer las frases de forma alternativa; si uno de los dos no puede leer algún carácter, ayudaos mutuamente.*

❶ 阿龙的父母请琳老师到他们家来给阿龙过生日。琳老师很愿意 (yuànyì – estar dispuesto a) 去，可是不知道带什么礼物比较好，所以她去问她朋友唐远。唐远说，送一些水果就行了。琳请唐远喝咖啡，来谢谢他的建议 (jiànyì – sugerencia)。 *(Los padres de A Long invitan a su casa a la profesora Lynn para celebrar el cumpleaños de A Long. La profesora Lynn desea mucho ir, pero no sabe qué regalo llevar. Entonces* *pregunta a su amigo Tang Yuan. Tang Yuan dice que llevar un poco de fruta será suficiente. Lynn invita a un café a Tang Yuan para agradecerle su sugerencia.)*

2 到了周末，唐远、阿娟和琳想一起吃晚饭。琳说她跟阿娟学做了几个中国菜，很想做一顿饭请大家尝尝。 *(El fin de semana, Tang Yuan, A Juan y Lynn deciden cenar juntos. Lynn dice que ha aprendido algunos platos chinos de A Juan y quiere cocinar para que todos los prueben.)*

3 在北京的一家超市里，李雯跟April在买菜。李雯对April说她很久没有请客人了，很想好好做一顿饭请April来吃。April很高兴地接受了，说她当然想去。April也问李雯说，她可不可以带一个叫王虹的朋友一起来。李雯很客气地回答："没有问题，当然可以。" *(Li Wen y April están comprando en un supermercado de Beijing. Li Wen dice a April que hace mucho tiempo que no tiene invitados y que le apetece mucho cocinar para ella. April acepta contenta, diciendo que, por supuesto, quiere ir. También pregunta a Li Wen si puede llevar a una amiga que se llama Wang Hong. Li Wen responde muy educadamente: "Sin problema, por supuesto".)*

4 要是有人请你吃饭，可是你不想去，或者因为有事不能去，你可以这样很客气地说："哎呀，对不起。我正好有事，没空。非常遗憾！" *(Si alguien te invita a comer, pero tú no quieres ir o no puedes porque estás muy ocupado, puedes decir educadamente: "Oh, lo siento, resulta que ya tengo un compromiso. No tengo tiempo. ¡Qué pena!)*

5 April和王虹到了李雯和陈峰的家，陈峰开了门，请客人进来，坐下。李雯问他们要喝点儿什么，想不想喝点儿酒。April说要，可是王虹说她不喝酒，想喝点儿茶。 *(Cuando April y Wang Hong llegan a casa de Li Wen y Chen Feng, Chen Feng abre la puerta y pide a las invitadas que pasen y se sienten. Li Wen les pregunta qué desean beber y si les apetece un poco de vino. April dice que sí, pero Wang Hong dice que ella no bebe alcohol y que prefiere té.)*

6 饭做好的时候，陈峰请客人上桌。李雯很客气地说："这只是家常便饭，没什么菜，请大家原谅。" 王虹马上(mǎshàng – inmediatamente)就说："菜很多。太多了！" 然后大家就高高兴兴地开始 (kāishǐ – empezar)吃饭了。 *(Cuando la comida está lista, Chen Feng llama a las invitadas a la mesa. Li Wen dice educadamente: "Es una sencilla comida casera; no hay muchos platos. Por favor, disculpadnos". Wang Hong responde inmediatamente: "Hay mucha comida. ¡Demasiada!". Entonces todos empiezan a comer contentos.)*

7 在家请客人吃饭的时候，主人 (zhǔrén – anfitrión) 老是 (lǎo shi – siempre) 说："多吃点儿！多吃点儿！" 或者："再来点儿这个菜！"开始的时候，客人会说"好，好"或者："谢谢，谢谢！" 客人吃饱了以后会说："够了，够了，谢谢！" 或者："吃饱了，吃不下了！" *(Cuando vienen invitados a comer, los anfitriones siempre dicen: "¡Come más, come más!" o "¡Come más de este plato!". Al principio, los invitados responden: "Sí, sí" o "¡Gracias!". Cuando están llenos,* los invitados dicen: "Tengo bastante. ¡Gracias!" o "Estoy lleno. ¡No puedo comer más!".)

8 朋友在一块儿喝酒的时候，常常说："干杯！"你不喝酒也没有关系，可以喝茶或者其他的饮料。 *(Cuando se bebe alcohol, se suele decir: "¡Salud!". Si no bebes, no pasa nada; puedes beber té u otra bebida.)*

9 主人要是问客人："菜好吃吗？"客人可以回答说："真好吃"或者"好吃极了！"或者"菜真香！"或者"味道真好。"这样的话都可以说。主人会很欢迎。 *(Si el anfitrión pregunta al invitado: "¿La comida está buena?", este responde: "¡Está muy buena!", "¡Es absolutamente deliciosa!", "¡Los platos tienen buen sabor!" o "¡El sabor es maravilloso!". Todas estas respuestas son adecuadas. El anfitrión las apreciará.)*

10 去朋友家里做客吃饭真好玩儿。可是你别忘了：下次应该是你请客了！ *(Es muy divertido ir a comer a la casa de un amigo. Pero no olvides: ¡La próxima vez te toca a ti hacer de anfitrión!)*

13.32 *Trabajo en parejas: Leed los textos de nuevo, esta vez sin ayuda de español.*

1 阿龙的父母请琳老师到他们家来给阿龙过生日。琳老师很愿意去，可是不知道带什么礼物比较好，所以她去问她朋友唐远。唐远说，送一些水果就行了。琳请唐远喝咖啡，来谢谢他的建议。

2 到了周末，唐远、阿娟和琳想一起吃晚饭。琳说她跟阿娟学做了几个中国菜，很想做一顿饭请大家尝尝。

3 在北京的一家超市里，李雯跟April在买菜。李雯对April说她很久没有请客人了，很想好好做一顿饭请April来吃。April很高兴地接受了，说她当然想去。April也问李雯说，她可不可以带一个叫王虹的朋友一起来。李雯很客气地回答："没有问题，当然可以。"

4 要是有人请你吃饭，可是你不想去，或者因为有事不能去，你可以这样很客气地说："哎呀，对不起。我正好有事，没空。非常遗憾！"

5 April和王虹到了李雯和陈峰的家，陈峰开了门，请客人进来，坐下。李雯问他们要喝点儿什么，想不想喝点儿酒。April说要，可是王虹说她不喝酒，想喝点儿茶。

6 饭做好的时候，陈峰请客人上桌。李雯很客气地说："这只是家常便饭，没什么菜，请大家原谅。"王虹马上就说："菜很多。太多了！"然后大家就高高兴兴地开始吃饭了。

7 在家请客人吃饭的时候，主人老是说："多吃点儿！多吃点儿！"或者："再来点儿这个菜！"开始的时候，客人会说"好，好"或者："谢谢，谢谢！"客人吃饱了以后会说："够了，够了，谢谢！"或者："吃饱了，吃不下了！"

8 朋友在一块儿喝酒的时候，常常说："干杯！"你不喝酒也没有关系，可以喝茶或者其他的饮料。

9 主人要是问客人："菜好吃吗？"客人可以回答说："真好吃！"或者"好吃极了！"或者"菜真香！"或者"味道真好。"这样的话都可以说。主人会很欢迎。

10 去朋友家里做客吃饭真好玩儿。可是你别忘了：下次应该是你请客了！

13.33 *Trabajo en parejas:* Leed los textos una vez más, esta vez en chino tradicional.

1 阿龍的父母請琳老師到他們家來給阿龍過生日。琳老師很願意去，可是不知道帶甚麼禮物比較好，所以她去問她朋友唐遠。唐遠説，送一些水果就行了。琳請唐遠喝咖啡，來謝謝他的建議。

2 到了週末，唐遠、阿娟和琳想一起吃晚飯。琳説她跟阿娟學做了幾個中國菜，很想做一頓飯請大家嚐嚐。

3 在北京的一家超市裡，李雯跟April在買菜。李雯對April説她很久沒有請客人了，很想好好做一頓飯請April來吃。April很高興地接受了，説她當然想去。April也問李雯説，她可不可以帶一個叫王虹的朋友一起來。李雯很客氣地回答："沒有問題，當然可以。"

4 要是有人請你吃飯，可是你不想去，或者因為有事不能去，你可以這樣很客氣地説："哎呀，對不起。我正好有事，沒空。非常遺憾！"

5 April和王虹到了李雯和陳峰的家，陳峰開了門，請客人進來，坐下。李雯問他們要喝點兒甚麼，想不想喝點兒酒。April説要，可是王虹説她不喝酒，想喝點兒茶。

6 飯做好的時候，陳峰請客人上桌。李雯很客氣地説："這只是家常便飯，沒甚麼菜，請大家原諒。"王虹馬上就説："菜很多。太多了！"然後大家就高高興興地開始吃飯了。

7 在家請客人吃飯的時候，主人老是說："多吃點兒！多吃點兒！"或者："再來點兒這個菜！"開始的時候，客人會說"好，好"或者："謝謝，謝謝！"客人吃飽了以後會說："夠了，夠了，謝謝！"或者："吃飽了，吃不下了！"

8 朋友在一塊兒喝酒的時候，常常說："乾杯！" 你不喝酒也沒有關係，可以喝茶或者其他的飲料。

9 主人要是問客人："菜好吃嗎？"客人可以回答說："真好吃！"或者"好吃極了！"或者"菜真香！"或者"味道真好。"這樣的話都可以說。主人會很歡迎。

10 去朋友家裡做客吃飯真好玩兒。可是你別忘了：下次應該是你請客了！

Un poco de gramática 语法点滴

Añade "sabor" a tus verbos chinos: Repaso y ampliación

Probablemente te hayas fijado en que varios verbos de esta unidad tienen más de una sílaba. Se trata de un primer acercamiento a cómo el chino "cocina" un "guiso" entero de verbos para expresar un amplio rango de significados.

- **Duplicar el verbo:** La duplicación del verbo para minimizar la acción se usa habitualmente al hablar sobre las propias acciones verbales y para crear un imperativo suave. Por ejemplo:

    Qǐng nín kàn(yi)kan. *(Echa un vistazo.)*
    Wǒ xiǎng xuéxue Zhōngwén. *(Quiero estudiar un poco de chino.)*
    Nǐ wènwen lǎoshī ba! *(Intenta preguntar al profesor.)*

- **Combinar verbos:** Un número limitado de verbos de estado/adjetivos se combinan con verbos de acción para crear un nuevo significado. Por ejemplo:

    hǎo+kàn ⇒ *bonito*
    róngyì+zuò ⇒ *fácil de hacer*
    nán+xué ⇒ *difícil de aprender/estudiar*
    hǎo+chī ⇒ *sabroso; delicioso*
    hǎo+tīng ⇒ *fácil de oír; melodioso*
    hǎo+wánr ⇒ *divertido*

    Todos estos verbos pueden negarse con *bù*. Por ejemplo, *bù hǎochī*.

- **Orientar los verbos en la dirección correcta:** Los verbos *lái* (venir) y *qù* (ir) pueden añadirse a otros verbos para indicar acción hacia (*lái*) o desde (*qù*) el hablante.

    Kuài jìnlái! *(¡Rápido, entra!)* [tú estás fuera y el hablante dentro]
    Kuài jìnqù! *(¡Rápido, entra!)* [el hablante está fuera y tú te dispones a entrar]
    Kuài guòlái, wǒmen yíkuàir wánr. *(Rápido, ven [donde estoy] y juguemos juntos.)*

Se puede añadir más sabor a este verbo con los infijos *de* 得 y *bù* 不. (Un infijo es un elemento formativo que aparece en medio de una palabra.) *De* significa "poder" y *bù* significa "no poder".

> Nǐ jìn de qù ma? *(¿Puedes entrar?)*
> Jìn bú qù. *(No puedo entrar.)*

También son comunes otros sufijos "direccionales". Si recuerdas, *xià* significa "abajo" o "hacia abajo".

> chī+bú+xià le; Wǒ chī bú xià le. *([Después de comer mucho] No puedo "bajar" más comida. Estoy muy lleno.)*
> zuò+xià; Jìnlái, zuòxià. *(Entra y siéntate.)*

■ **Indicar el resultado del verbo:** Añadir un complemento de resultado permite aclarar el resultado alcanzado o no alcanzado de una acción verbal. Ten en cuenta que en ciertos casos es necesario añadir el sufijo *le* (indicando que la acción se ha completado). Por ejemplo:

> chī+bǎo; Wǒ chībǎo le. *(Estoy lleno.)*
> Cài bù duō, chī de bǎo ma? *(¿Puedes llenarte con tan poca comida/platos?)*
> Chī bù bǎo. *(No puedo llenarme.)*
> zuò+hǎo; Fàn zuòhǎo le. *(La comida está lista.)*
> xué+huì; Xuéhuì zuò Zhōngguó cài le. *(He aprendido a cocinar comida china)*

Estas formas se usan ampliamente en el idioma chino. Veremos otras formas y usos más adelante. "Dar sabor" a los verbos requiere mucha práctica, seas paciente. Otra advertencia más: Aprende las formas que te enseñan, no inventes. No todos los verbos se conectan entre si. Por ejemplo *zuòxià* 坐下 significa "sentarse", pero 坐上 (*zuòshàng*) no significa "levantarse".

▶ Lectura de textos de la vida real

13.34 *Las siguientes invitaciones enviadas por correo electrónico fueron recibidas en junio de 2010 por la autora* 任友梅 (Rén Yǒuméi), *cuyo nombre inglés es Cynthia (Cyndy) Ning.*

1.
To: cyndy@hawaii.edu
From: tangrun@123.com
Subject: 周末便饭

任友梅：你好！夏天到了，现在我们都比较有空，不知你这个周末能不能到我们家来吃个便饭？星期六下午五点半能来吗？什么也不用带。我等你的回信。
唐润

2.

To: cyndy@hawaii.edu
From: yaohong@456.com
Subject: 寒舍设宴接风

尊敬的任友梅女士：　兹定于2010年9月1日晚6点30分在寒舍设宴为你接风，敬请光临。
详细地址：北京西三环19号20楼1700室
联系电话：88819211
礼！
姚虹

3.

To: cyndy@hawaii.edu
From: mengzhe@789.com
Subject: 同學敘舊

Cyndy，最近如何？自從上次在同學會見面，好久沒有聯絡了。週五想邀請你和幾位老同學來我家小聚，家常小菜，敘敘舊。不知你是否有空？期待你的回復。
夢哲

4.

To: cyndy@hawaii.edu
From: sunny@135.com
Subject: 周六晚饭

任老师：
您好。想问问您下周六有没有空到我家来吃晚饭，七点左右吧。希望您有时间。谢谢。
Sunny

5.

To: cyndy@hawaii.edu
From: laoyao@246.com
Subject: 星期六晚飯

小任：這個星期六我請了幾位好朋友到家裡吃晚飯。希望你能來。請你六點以前到我家。星期六見！　老姚

Los remitentes de los mensajes se dirigen al destinatario de diversas formas. Indica en cada caso el número del mensaje que utiliza las siguientes formas de dirigirse al destinatario. 请写号码。／請寫號碼。 Qǐng xiě hàomǎ. *(Por favor escribe los números.)*

a. ___ Apellido + Nombre en chino

b. ___ Apodo en inglés

c. ___ Apellido en chino + rango profesional

d. ___ Título social chino (Sr./Srta.) + Apellido + Nombre

e. ___ Título social informal en chino (老／小) + Apellido

Si los mensajes fueran dirigidos a ti, ¿qué habrían escrito los remitentes? 请填空。／請填空。

f. Mi Apellido+ Nombre chino: _____

g. Mi apodo en español: _____

h. Mi título social chino (Sr./Srta.) + Apellido + Nombre: _____

i. Mi título social informal en chino (老／小) + Apellido: _____

13.35 *Vuelve a leer los cinco correos electrónicos del Ejercicio 13.34. En la tabla siguiente, rellena los espacios en blanco indicando la información disponible de cada una de las invitaciones para cenar.* 请写西班牙文。／請寫西班牙文。

	日期 **Fecha**	时间／時間 **Hora**	地点／地點 **Lugar**	目标／目標 **Motivo**
1.			en casa del anfitrión	para cenar
2.				
3.				
4.				
5.				

13.36 *Une las siguientes afirmaciones con uno de los correos electrónicos del Ejercicio 13.34.* 请写号码。／請寫號碼。

a. ___ Este mensaje dice: "Voy a invitar a unos buenos amigos a cenar en mi casa".

b. ___ Este mensaje dice: "No es necesario que traigas nada de nada".

c. ___ Este mensaje dice que la cena será unos sencillos platos de comida casera.

d. ___ Este mensaje está escrito de un estilo muy formal.

e. ___ Este mensaje dice: "La cena será alrededor de las siete".

13.37 请填空。／請填空。

a. 夏天到了，现在我们都比较有空。／夏天到了，現在我們都比較有空。

　　Xiàtiān dào le, xiànzài wǒmen dōu _____ yǒu kòng.

　　(Ya es _____, [y] estamos todos bastante libres.)

b. 不知你这个周末能不能到我们家来吃个便饭？／不知你這個週末能不能到我們家來吃個便飯？

　　Bù zhī nǐ zhèi ge _____ néng bu néng dào wǒmen jiā lái chī ge biànfàn?

　　(Me pregunto si tienes tiempo de venir _____ a mi casa este fin de semana.)

c. 什么也不用带。／甚麼也不用帶。

　　Shénme yě bú _____ dài.

　　(No es necesario que traigas _____.)

d. 我等你的回信。

　　Wǒ _____ nǐ de huíxìn.

　　(Espero tu _____.)

e. 最近如何？

　　_____ rúhé?

　　(¿Qué tal _____?)

f. 不知你是否有空？

　　_____ nǐ shìfǒu yǒu kòng?

　　(Me pregunto si tienes _____?)

g. 希望你能来。／希望你能來。

　　Xīwàng _____.

　　(_____ que puedas venir.)

Aprender a escribir caracteres

13.38 *Consulta el **Libro de ejercicios de escritura de caracteres** para saber más sobre el orden de trazos y otra información útil de cada uno de los caracteres de la unidad indicados a continuación. Elige entre carácter simplificado o tradicional y practica hasta que puedas escribirlos por ti mismo..*

主，空，希，望，喝，咖，啡，茶，麻，烦／煩，然
带／帶，送，礼／禮，物，简／簡，单／單，真

Escribir mensajes de correo electrónico

13.39 *Imagina que los mensajes del Ejercicio 13.34 están dirigidos a ti. Escribe dos respuestas —una aceptando una invitación y otra rechazándola educadamente y lamentando no poder asistir.*

Aceptar la invitación #_____:

_____

_____

Rechazar la invitación #_____:

_____

_____

Ahora escribe una invitación a alguien de tu clase en una hoja de papel. Si puedes, escríbela en una computadora y añade algún gráfico. También puedes enviar un verdadero correo electrónico a tu compañero/a y esperar su respuesta. Si la respuesta es afirmativa, ¿por qué no realizarla en la vida real? ¡Piénsalo!

Un poco de cultura 文化点滴

Comer en casa de un amigo

Mira el fragmento de video "Comiendo en casa de un amigo" y después comenta las siguientes cuestiones con tus compañeros y el profesor.

- ¿Qué regalos debes llevar a tus anfitriones?
- ¿Qué cumplidos debes hacer a tus anfitriones?
- ¿Qué platos chinos poco habituales te gustaría probar?
- ¿Hay alimentos que nunca probarías? Si es así, ¿cómo se lo dirías educadamente a tus anfitriones?
- ¿Qué significa para ti "comer comunalmente?
- ¿Qué significa para ti la frase "comer es un rito relacional"?
- ¿Qué convenciones culturales debes tener presentes cuando comes con un amigo chino?
- Si te piden que hagas un brindis, ¿qué dirías?

Recap

Gramática

Relaja tus verbos

En una conversación informal es muy común insertar un clasificador entre el verbo y su objeto (verbo + clasificador + objeto) para restar importancia a la acción y hacer que suene más casual y relajada.

做顿饭／做頓飯 zuò dùn fàn (hacer una comida)

请回客／請回客 qǐng huí kè (hacer una invitación)

唱首歌 chàng shǒu gē (cantar una canción)

跳个舞／跳個舞 tiào ge wǔ (bailar un baile)

gěi 给／給

Gěi puede ser un verbo, que significa solo "dar".

他爸爸给他一百块。／他爸爸給他一百塊。 Tā bàba gěi tā yìbǎi kuài. (Su padre le dio 100 yuanes.)

Gěi puede ser también un coverbo, que funciona como las preposiciones en otros idiomas y define la relación entre las cosas y acciones nombradas en una frase.

他想给他妈妈买件毛衣。／他想給他媽媽買件毛衣。 Tā xiǎng gěi tā māma mǎi jiàn máoyī. (Quiere comprar un suéter a su madre.)

Aprovechar al máximo los verbos

En chino, hay varias formas para extender un verbo existente y expresar un amplio rango de sentidos.

- "Engañar" verbos:

  请您先看看，再说。／請您先看看，再說。 Qǐng nín xiān kànkan, zài shuō. (Por favor, échale un vistazo y después hablamos.)

- Combinar verbos:

  你说好吃不好吃？／你說好吃不好吃？ Nǐ shuō hǎochī bu hǎochī? (Dime, ¿está bueno o no?)

- Orientar verbos en la dirección correcta:

  我吃了很多，吃不下了。 Wǒ chīle hěn duō, chī bú xià le. (He comido mucho, no puedo seguir comiendo.)

  客人进来了，可是没说话。／客人進來了，可是没說話。 Kèrén jìnlái le, kěshì méi shuōhuà. (El invitado entró, pero no dijo nada.)

- Mostrar el resultado de los verbos:

  饭都做好了，大家来吃吧。／飯都做好了，大家來吃吧。 Fàn dōu zuòhǎo le, dàjiā lái chī ba! (La comida está lista, vamos a comer.)

  俄语太难了，我可能学不会。／俄語太難了，我可能學不會。 Éyǔ tài nán le, wǒ kěnéng xué bú huì. (El ruso es muy difícil, creo que no podré aprenderlo.)

  菜不多，客人一定吃不饱。／菜不多，客人一定吃不飽。 Cài bù duō, kèrén yídìng chī bù bǎo. (No hay mucha comida, seguro que los invitados no se llenan.)

  那本书，我看完了，都看不懂。／那本書，我看完了，都看不懂。 Nà běn shū, wǒ kànwán le, dōu kàn bù dǒng. (He terminado de leer ese libro, pero no he entendido nada.)

Vocabulario

Nombres

cài 菜 plato (de comida); plato (de una comida)
dōngxi 东西／東西 cosa; algo
jīhuì 机会／機會 oportunidad; ocasión
kòng(r) 空(儿)／空(兒) tiempo libre; tiempo de ocio
lǐwù 礼物／禮物 regalo; obsequio
wèidao 味道 olor; sabor
yǐnliào 饮料／飲料 bebida;
zhǔyi 主意 idea; plan

Adverbios

bǐjiào 比较／比較 comparativamente; relativamente; bastante
dāngrán 当然／當然 por supuesto
fēicháng 非常 extremadamente; muy; altamente
gāng 刚／剛 justo; hace un momento
suíbiàn 随便／隨便 como te apetezca
yàoshi 要是 si; en caso de
yìqǐ 一起 junto a (igual que **yíkuàir** 一块儿)
zhènghǎo 正好 justamente; resulta que ...

Verbos

cháng 尝／嚐 probar
chēng 撑／撐 lleno; hasta reventar
chībǎo 吃饱／吃飽 llenarse (al comer)
dài 带／帶 traer; llevar consigo; tomar
dǎjiǎo 打搅／打攪 molestar; incomodar; abusar de
guòlái 过来／過來 venir (aquí)
jiēshòu 接受 aceptar
lái 来／來 venir
máfan 麻烦／麻煩 molestar/incomodar (a alguien)
shīqù 失去 perder
sòng 送 dar como regalo/obsequio
suàn 算 considerer como
xīwàng 希望 esperar; desear
yāoqǐng 邀请／邀請 invitar
yuánliàng 原谅／原諒 perdonar; disculpar
zuò 坐 sentarse; tomar asiento
zuòhǎo 做好 hacer satisfactoriamente

Verbos y objetos de verbos

qǐngkè 请客／請客 ser anfitrión
zuò fàn 做饭／做飯 cocinar, preparar una comida
zuòkè 做客 ser invitado

Verbos auxiliares

néng 能 ser capaz de; poder

Verbos de estado

hǎochī 好吃 rico; sabroso delicioso
jiǎndān 简单／簡單 sencillo
xiāng 香 aromático; sabroso
yíhàn 遗憾／遺憾 lamento; lástima

Coverbos

gěi 给／給 para (en beneficio de); a

Otras palabras y frases

Āiyā! 哎呀！ ¡Ay! (expresión de lamento)
bǐjiào hǎo 比较好／比較好 relativamente bueno
bù hǎoyìsi 不好意思 sentirse avergonzado; encontrar vergonzoso (hacer algo)
chī bú xià le 吃不下了 no poder comer más
Gǎi tiān zài shuō, hǎo ma? 改天再说，好吗？／改天再说，好嗎？ Lo hablamos/intentamos otro día/la próxima vez, ¿ok?
gānbēi 干杯／乾杯 ¡De golpe!; ¡Salud! (en un brindis)
jiācháng-biànfàn 家常便饭／家常便飯 comida sencilla casera
lái diǎnr ... 来点儿……／來點兒…… toma un poco de X (dicho por el anfitrión); ...tomaré un poco de X (dicho por alguien que pide comida o bebida)
Qǐng jìn! 请进!／請進！ ¡Por favor, entra!
Qǐng zuò! 请坐！／請坐！ ¡Por favor, toma asiento!
shàng zhuō 上桌 sentarse a la mesa (para comer)
shénme yàng de ... 什么样的……／甚麼樣的…… ¿qué clase de X?
zài lái (yì)diǎnr 再来(一)点儿／再來(一)點兒 ¡Toma un poco más!

UNIDAD 13 UNA SENCILLA COMIDA CASERA

Lista de lo aprendido

Tras completar esta unidad, deberías ser capaz de:

Escuchar y hablar

☐ Invitar a un amigo a comer a tu casa.
☐ Aceptar agradecido una invitación.
☐ Rechazar una invitación de distintas formas.
☐ Ofrecer bebidas a invitados recién llegados.
☐ Expresar preferencias respecto a las bebidas ofrecidas.
☐ Elogiar la comida cuando eres invitado.
☐ Rechazar cumplidos a la comida que has hecho.
☐ Animar a los invitados a que coman más.
☐ Expresar que estás lleno y rechazar los ofrecimientos del anfitrión.
☐ Hacer un brindis por el anfitrión y responder cuando te ofrecen un brindis.

Lectura y escritura

☐ Interpretar información clave de una invitación a comer enviada por correo electrónico.
☐ Leer frases sencillas con contenido familiar sobre invitaciones a comer y conversaciones típicas durante una comida.
☐ Aceptar o rechazar la invitación de un amigo.

Entendimiento cultural

☐ Demostrar que comprendes algunas de las principales diferencias entre la comida china y la comida de tu país.
☐ Expresar un entendimiento básico del papel de la comida en la cultura china y cómo esta preocupación por la comida se refleja en el lenguaje.
☐ Expresar un entendimiento básico de la importancia del equilibrio y la armonía (*yin* y *yang*, frío y caliente, sabores, ingredientes) en las comidas chinas.
☐ Demostrar que comprendes el "cómo" y el "por qué" de hacer regalos en la cultura china.
☐ Demostrar que comprendes básicamente las convenciones chinas a la hora de comer.

UNIDAD 14

"Una comida sabrosa y económica"

味美价廉

Wèiměi-jiàlián

Salir a comer

En esta unidad aprenderás a:

- Elegir un lugar para comer.
- Nombrar diferentes tipos de restaurantes chinos.
- Pedir algo de beber.
- Pedir platos chinos.
- Pedir más comida si es necesario.
- Elegir tus platos favoritos de un menú.
- Escribir un pequeño texto sobre tus gustos en comida.

Visita la web de Encuentros www.EncountersChinese.com.cn. para consultar material de apoyo a la presente unidad.

UNIDAD 14 UNA COMIDA SABROSA Y ECONÓMICA

Encuentro 1 — Elegir un lugar para comer

14.1 *Mira el Episodio 14 de la videoserie. No te preocupes si no entiendes completamente lo que se dice. ¡Míralo y disfruta!*

14.2 *Preparación:* Si tuvieras que elegir un lugar para comer, ¿qué tendrías en cuenta? *Toma notas.* 请写西班牙文。／請寫西班牙文。

_____

_____

_____

14.3 *Mira y escucha los fragmentos de video "Cocina casera" y "Cocina de Sichuan", donde las personas hablan de lugares para ir a comer. Marca las expresiones que escuchas.* 然后把中文跟西班牙文对上。／然後把中文跟西班牙文對上。

☐ a. Wǒ yǒudiǎnr è le.
　　我有点儿饿了。／我有點兒餓了。

☐ b. Wǒ xiǎng wǒmen zuìhǎo chī diǎnr dōngxi.
　　我想我们最好吃点儿东西。／
　　我想我們最好吃點兒東西。

☐ c. Nǐ xiǎng chī xīcān háishi zhōngcān?
　　你想吃西餐还是中餐？／
　　你想吃西餐還是中餐？

☐ d. Xiǎo guǎnzi háishi dà guǎnzi?
　　小馆子还是大馆子？／
　　小館子還是大館子？

☐ e. jiācháng cài
　　家常菜

1. ¿Un restaurante pequeño o uno grande?

2. No he ido nunca antes.

3. Tengo un poco de hambre.

4. Creo que es mejor que comamos algo.

5. Cocina cantonesa

☐ f. Wǒ hái méi chīguo ne.
　　我还没吃过呢。／
　　我還沒吃過呢。

☐ g. Wǒ chīnì le.
　　我吃腻了。／我吃膩了。

☐ h. fēnggé bù tóng de cānguǎn
　　风格不同的餐馆／
　　風格不同的餐館

☐ i. Nǐ xiǎng chángchang shénme?
　　你想尝尝什么？／你想嚐嚐甚麼？

☐ j. Tīng nǐ de.
　　听你的。／聽你的。

☐ k. Chuāncài
　　川菜

☐ l. Yuècài
　　粤菜／粵菜

☐ m. málà
　　麻辣

☐ n. wèidao qīngdàn
　　味道清淡

6. ¿*Te apetece comida occidental o china?*

7. *cocina casera*

8. *Lo que tú digas.*

9. *cocina de Sichuan*

10. *entumecedor y picante*

11. *Estoy cansado de comerlo.*

12. *sabor suave*

13. *un restaurante con un estilo de comida diferente*

14. *¿Qué te apetece probar?*

14.4 ¿Qué es lo que buscas cuando vas a un restaurante chino? Toma notas. Usa el vocabulario que conoces de esta unidad, de unidades anteriores o de otras fuentes. 请写汉字或者拼音。／請寫漢字或者拼音。

_____

_____

_____

UNIDAD 14 UNA COMIDA SABROSA Y ECONÓMICA

INFO 供你参考

Cocina regional de China

Aunque ni las famosas galletas de la fortuna ni el "chop suey" son platos originarios de China (ambos fueron creados en EE.UU.), la oferta culinaria que puedes encontrar en las grandes ciudades chinas es abrumadora. En 2010, el popular buscador chino www.baidu.com ofrecía 41.117 resultados para la búsqueda "restaurantes de Beijing" (北京餐馆／北京餐館 *Běijīng cānguǎn*). ¡Ten en cuenta que este resultado no incluye la enorme legión de vendedores ambulantes que ofrecen sabrosos platos en cada esquina de la ciudad! Si comieras todas las comidas del día en diferentes lugares, una vida entera no sería suficiente para probar todos los restaurantes disponibles en Beijing.

Las guías gastronómicas de Beijing incluyen listados de establecimientos que ofrecen platos típicos de la ciudad como "pato Pekín" o los tradicionales "aperitivos" beijineses. En cuanto a la cocina extranjera, es posible elegir comida de cualquier parte del mundo: desde comida occidental "genérica", hasta comida francesa, alemana, italiana, rusa, tailandesa, coreana, india, etc. También es muy popular la cocina de algunas minorías étnicas chinas (como las de Xinjiang, Tíbet y Yunnan). Además, también se puede encontrar una amplia oferta de restaurantes vegetarianos.

Sin embargo, los restaurantes especializados en las diferentes cocinas regionales del país ocupan la mayor parte de la oferta gastronómica. Los chinos hablan de las siguientes ocho escuelas regionales:

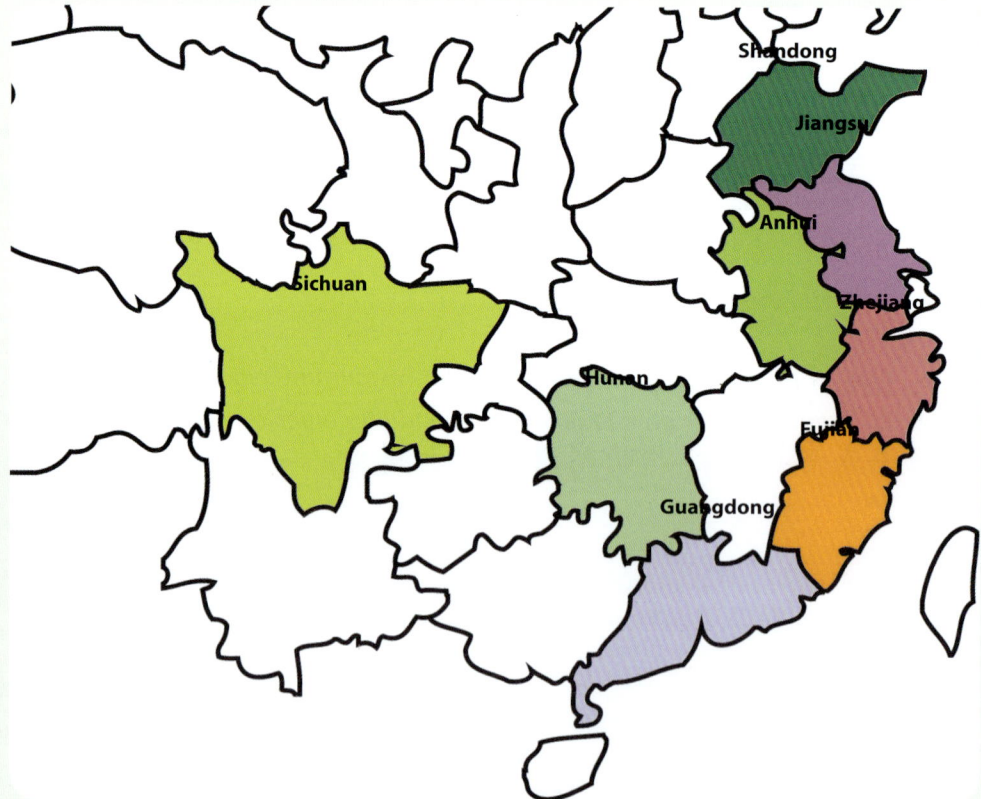

1. Shandong (llamada 鲁菜／魯菜 *Lǔcài*; *Lǔ* es el antiguo nombre de la región): Esta cocina es considerada por muchos chinos como la escuela cultinaria más influyente del país. La cocina de esta península (adyacente al mar Amarillo y el río Amarillo) se caracteriza por el sabor a ajo y cebolla. Normalmente incluye una mezcla equilibrada de carnes y verduras en cada plato, pero no con la variedad de ingredientes de las cocinas del Sur. El principal acompañamiento de la mayoría de platos, más que el arroz, son los panecillos al vapor. Shandong es también la cuna de la famosa cerveza Tsingtao.

2. Sichuan (llamada 川菜 *Chuāncài*; *Chuān* es la abreviatura de 四川 *Sìchuān*): Pronunciada Szechuan o Szechwan en Occidente, esta escuela ardiente es tan popular en China como alrededor del mundo. La pimienta de Sichuan produce un ligero efecto adormecedor en la boca y se combina generosamente con chile rojo en una amplia variedad de platos, cuyo sabor es llamado 麻辣 *málà* (literalmente "adormecedor y picante"). Fuera de China la cocina de Sichuan es picante, pero no incluye el aromático y delicioso "adormecimiento" de la pimienta sichuanesa (花椒 *huājiāo*).
3. Guangdong (llamada 粤菜／粵菜 *Yuècài*; *Yuè* es el nombre clásico de la región): Debido a que la mayoría de los primeros emigrantes chinos eran de la provincia de Guangdong, esta comida regional (llamada generalmente cantonesa por Cantón, antiguo nombre inglés de Guangdong) es la escuela culinaria china más conocida fuera del país. La comida cantonesa pone el acento en la frescura y el sazonado ligero de los ingredientes para que estos mantengan sus aromas naturales. Es conocida también por ser la más atrevida de las cocinas regionales, incluyendo en sus platos numerosas plantas y animales exóticos.
4. Fujian (llamada 闽菜／閩菜 *Mǐncài*; *Mǐn* es el nombre clásico de la región): Sopas y platos caldosos son abundantes en esta cocina. Un banquete en Fuzhou (la capital regional) incluye normalmente cinco pequeñas raciones de diferentes sopas. La cocina de Fujian es conocida por sus platos "alcohólicos" (marinados en vino) y por su extenso uso de sedimentos de vino, especialmente el arroz de levadura roja (红曲／紅麴 *hóngqū*). Una famosa sopa espesa de marisco de Fujian es conocida por el nombre 佛跳墙／佛跳牆 *Fótiàoqiáng* (literalmente: "Buda salta el muro"), pues su aroma es tan embriagante que hasta los monjes vegetarianos saltarían los muros de sus monasterios para probar un poco.
5. Jiangsu (llamada 苏菜／蘇菜 *Sūcài*; *Sū* es la abreviatura de 江苏／江蘇 *Jiāngsū*): Esta cocina es llamada también Huaiyang, una de las más destacadas cocinas de la región típica del curso bajo de los ríos Huaihe y Yangtsé. Enfatiza la frescura de los ingredientes y utiliza sopas para mejorar los sabores. Los platos estofados y cocinados a fuego lento son comunes. Los ravioles al vapor y los bollos rellenos son los característicos de esta cocina, incluyendo los ravioles fritos por un lado (锅贴／鍋貼 *guōtiē*) populares tanto en China como en el extranjero.
6. Zhejiang (llamada 浙菜 *Zhècài*; *Zhè* es la abreviatura de 浙江 *Zhèjiāng*): Muchos platos de esta región incluyen brotes de bambú, y la comida es generalmente más salada que en la mayoría de las cocinas regionales chinas. Uno de sus platos famosos es el Pollo del mendigo (叫花鸡／叫花雞 *jiàohuājī*), atribuido popularmente a un vagabundo de la ciudad de Hangzhou que robó un pollo, lo recubrió de arcilla y lo coció dentro de un hoyo en el suelo.
7. Hunan (llamada 湘菜 *Xiāngcài*; *Xiāng* es el nombre clásico de la región): Esta cocina incluye muchos platos con carnes asadas y ahumadas. Es picante, pero utiliza chiles en vez de pimienta adormecedora, por lo que se dice que es "puramente picante" o "picante seca" (no "adormecedora picante" como la sichuanesa). Un plato famoso en EE.UU., el Pollo del General Tso, fue inventado fuera de China al estilo hunanés, pero es completamente desconocido en la propia Hunan.
8. Anhui (llamada 徽菜 *Huīcài*; *Huī* es la abreviatura de 安徽 *Ānhuī*): Predominan los estofados y guisos con hierbas silvestres autóctonas, y se emplean mucho menos los salteados que en otras cocinas regionales. Muchos platos de esta región han sido aclamados dentro de China, pero ninguno ha llegado a ser popular fuera del país.

14.5 *Haz conversación: Pregunta a tus compañeros* 你喜欢什么样的中国餐馆？／你喜歡甚麼樣的中國餐館？ *Cuando encuentres a otros que tengan los mismos gustos que tú, únete a ellos y formad un pequeño grupo para salir a comer o cenar. Comentad si hay restaurantes de la cocina que habéis elegido en vuestra ciudad o si tendréis que esperar hasta que viajéis a China.*

Encuentro 2 Sentarse y pedir bebidas

14.6 *Mira y escucha el fragmento de video "En un restaurante de Suzhou". Marca las afirmaciones con una Ch si es el hombre chino quien la hace, una E si es el extranjero o una C si es el camarero.* 然后把中文跟西班牙文对上。／然後把中文跟西班牙文對上。

____ a. Nín jǐ wèi?
您几位？／您幾位？

____ b. Wǒmen jiù liǎng gè.
我们就两个。／我們就兩個。

____ c. Zhèibian qǐng.
这边请。／這邊請。

____ d. Zhèr kěyǐ ma?
这儿可以吗？／這兒可以嗎？

____ e. Kěyǐ, kěyǐ, kěyǐ.
可以，可以，可以。

____ f. Suíbiàn zuò, suíbiàn zuò.
随便坐，随便坐。／
隨便坐，隨便坐。

____ g. Tǐng piàoliang de cānguǎn.
挺漂亮的餐馆。／挺漂亮的餐館。

____ h. Zhè shì càidān.
这是菜单。／這是菜單。

____ i. Xūyào shénme yǐnliào ma?
需要什么饮料吗？／
需要甚麼飲料嗎？

____ j. Wǒ lái yì píng píjiǔ.
我来一瓶啤酒。／我來一瓶啤酒。

____ k. Nà wǒ jiù lái yì bēi chá ba.
那我就来一杯茶吧。／
那我就來一杯茶吧。

1. *Este es un restaurante bastante bonito.*
2. *Siéntense donde quieran.*
3. *Esta es la carta.*
4. *Somos solo nosotros dos.*
5. *¿Desean algo de beber?*
6. *¿Cuántos son?*
7. *¿Está bien aquí?*
8. *Bien, bien, bien.*
9. *Por aquí por favor.*
10. *Entonces tomaré una taza de té.*
11. *Tomaré una cerveza.*

14.7 Trabajo en parejas: *Júntate con un compañero y representad de nuevo la escena del "En un restaurante de Suzhou". Uno de los dos hará el papel de camarero y el otro será un cliente que bebe té solo. No olvides incluir lo siguiente en tu papel: (1) preguntar y responder cuántas personas son; (2) indicar al cliente su asiento y sentarse; (3) ofrecer la carta y preguntar si desea beber algo; (4) pedir una taza de té.*

14.8 *Mira y escucha los fragmentos de video "Pedir bebidas 1" y "Pedir bebidas 2". Marca las bebidas que se mencionan.* 然后把中文和西班牙文对上。／然後把中文和西班牙文對上。

Nín xūyào hē diǎnr shénme ma? Wǒmen zhèr yǒu . . .

您需要喝点儿什么吗？我们这儿有……／
您需要喝點兒甚麼嗎？我們這兒有……

- ☐ a. cháshuǐ 茶水
- ☐ b. guǒzhī 果汁
- ☐ c. kělè 可乐／可樂
- ☐ d. kuàngquánshuǐ 矿泉水／礦泉水
- ☐ e. nǎichá 奶茶
- ☐ f. nǎixī 奶昔
- ☐ g. kāfēi 咖啡
- ☐ h. bīng shuǐ 冰水
- ☐ i. píjiǔ 啤酒

1. *agua mineral*
2. *batido*
3. *té con leche*
4. *té*
5. *zumo de frutas*
6. *cerveza*
7. *agua fría*
8. *cola*
9. *café*

14.9 Haz conversación: *Juego de conexión. Muévete por el aula diciendo en voz alta el nombre de tu bebida favorita. Da la mano a quien diga la misma bebida que tú. Continuad así hasta que todos los que decís la misma bebida estáis conectados; puede que te quedes solo, o que te juntes con uno o varios compañeros. Después presentad vuestra preferencia al resto de la clase diciendo* 我(们)最喜欢喝的是……／我(們)最喜歡喝的是…… Wǒ(men) zuì xǐhuan hē de shì . . .

14.10 Trabajo en parejas: *Toma una ficha de archivo y en una cara escribe una bebida que quieres pedir. Imagina que eres el dueño de una cafetería y escribe tres bebidas que se venden en tu establecimiento en el otro lado de la ficha. A continuación, representa el siguiente intercambio con un compañero: Pide la bebida que quieres y tu compañero, que representa el papel de camarero, comprueba si está incluida en su carta de tres bebidas. Si no tiene lo que pides, puedes cambiar tu pedido o irte a otra cafetería. Relata tu(s) intercambio(s) a otra pareja o a toda la clase.*

Un poco de gramática 语法点滴

Aprovechar los adverbios

Hasta el momento has aprendido varios adverbios útiles que, como en español, sirven para modificar al verbo. En esta unidad aparecen numerosos adverbios. A continuación, se ofrece una muestra de algunos de ellos. En los siguientes ejemplos el adverbio aparece en negrita, mientras que el verbo (o verbo/adjetivo de estado) está subrayado. Dentro del paréntesis, en primer lugar se indica el equivalente del adverbio en español y a continuación se incluye la traducción de la frase completa.

Wǒ **shízài** chī bú xià le.
我实在吃不下了。／我實在吃不下了。
(realmente, de hecho ⇒ Realmente no puedo comer más.)

Tǐng piàoliang de fànguǎnr.
挺漂亮的饭馆儿。／挺漂亮的飯館兒。
((más bien, bastante ⇒ [Este es] un restaurante bastante bonito.)

Gāng zhuāngxiū hǎo.
刚装修好。／剛裝修好。
(hace solo un momento ⇒ Acaba de ser renovado.)

Suíbiàn zuò.
随便坐。／隨便坐。
(como quieras ⇒ Siéntate donde quieras.)

Zhèi ge cài **yòu** má **yòu** là.
这个菜又麻又辣。／這個菜又麻又辣。
(tan X como Y ⇒ Este plato es adormecedor y picante.)

Qǐng nín **shāo** děng yíhuìr.
请您稍等一会儿。／請您稍等一會兒。
(un poco, un momento, ligeramente ⇒ Por favor, espera un momento.)

Zài děng yíxià.
再等一下。
(un poco más, de nuevo ⇒ Espera un poco más.)

Běijīngcài **zuì** hǎochī.
北京菜最好吃。
(el/la/lo más ⇒ La comida de Beijing es la más rica.)

Wǒ **yídìng** lái.
我一定来。／我一定來。
(ciertamente, sin duda ⇒ Iré sin duda.)

Tā **chángcháng** chī Zhōngguócài.
他常常吃中国菜。／他常常吃中國菜。
(frecuentemente ⇒ Él come comida china frecuentemente.)

Wǒmen **yígòng yào**le sān gè cài.
我们一共要了三个菜。／我們一共要了三個菜。
(en suma, en total, en conjunto ⇒ En total pedimos tres platos.)

Zhèi ge hǎo; nèi ge **gèng** hǎo.
这个好；那个更好。／這個好；那個更好。
(aún más ⇒ Este es bueno; ese es aún más bueno.)

Bié chī, **tài là** le.
别吃，太辣了。
(no; demasiado, extremadamente ⇒ No lo comas, es demasiado picante.)

Duō chī cài, **shǎo** chī ròu.
多吃菜，少吃肉。
(más; menos ⇒ Come más verduras y menos carne.)

Ejercicio: Ocurre algo interesante cuando dos adverbios —uno de los cuales es un adverbio de negación, aparecen juntos. El significado resultante ilustra claramente la importancia del orden de las palabras en la gramática china. Intenta determinar el significado de las frases siguientes. 然后把中文和西班牙文对上。／然後把中文和西班牙文對上。

a. 不太辣。
b. 太不辣。
c. 都不贵。／都不貴。
d. 不都贵。／不都貴。
e. 不很好。
f. 很不好。

1. Todos son baratos.
2. Es muy malo.
3. No es muy picante.
4. No todos son caros.
5. No es muy bueno.
6. Es demasiado poco picante.

14.11 Trabajo en grupo: *Júntate con dos o tres compañeros y preparad una* 小品 *en la que lleguéis a un restaurante, os sentáis y pedís algo de beber. Compartid vuestra* 小品 *con otro grupo.*

> **INFO** 供你参考
>
> ### Para una dieta equilibrada, pide equilibradamente
>
> Una regla para pedir en un restaurante chino es pedir un plato por cada comensal y buscar un equilibrio entre platos de carne, pescado y verduras, y entre los diferentes estilos de preparación. En otras palabras, el número de platos al vapor debe ser equilibrado con el de los salteados, guisados y fritos. El equilibrio de sabores también debe tenerse en cuenta; algunos platos pueden ser más picantes y otros más suaves, algunos más dulces y otros con un toque de vinagre.
>
> Se puede empezar con aperitivos fríos, pero los platos calientes conforman la mayor parte de la comida. Un plato que en Occidente se considera postre, en China puede ser servido a mitad de un banquete precedido y seguido de platos sabrosos, justamente para "limpiar el paladar". El postre, como se entiende en las culturas occidentales, no forma parte de una comida china tradicional. En el norte, la sopa se sirve generalmente al final, mientras que en el sur suele servirse antes.
>
> En una comida formal, alimentos básicos como arroz, tallarines o bollos al vapor pueden pedirse hacia el final. Como los almidones llenan rápidamente, estos alimentos básicos se ofrecen hacia el final de las comidas como una opción para los que se han quedado con hambre. Además, igual que en las culturas occidentales es típico comer pan durante las comidas, muchos chinos también están acostumbrados a acompañar la comida con su alimento básico favorito.
>
> Generalmente, en las comidas con muchos platos (para ocho o más personas), el plato final suele ser fruta. Si no se está seguro de que platos combinar en la comida, muchos restaurantes ofrecen "menús fijos", también conocidos como "paquetes de platos", de distintos precios para facilitar la tarea. Normalmente, se ofrecen para cuatro, seis, ocho o diez personas. Una mesa redonda de banquete tiene capacidad para 10-12 personas, por lo que si se planea una reunión con muchos invitados, es una buena idea pensar en múltiplos de 10, 11 o 12 personas.

Encuentro 3 — Pedir platos

14.12 *Preparación:* Anota los nombres de los platos de comida china que conoces. 请写西班牙文或者拼音。／請寫西班牙文或者拼音。

_____

_____

_____

14.13 *Mira y escucha el fragmento "Pidiendo platos chinos" del episodio. Marca los platos que oyes.*

☐ a. kǎoyā 烤鸭／烤鴨 *(pato asado)*

☐ b. yúxiāngqiézi 鱼香茄子／魚香茄子 *(berenjenas con salsa de ajo)*

☐ c. sōngshǔguìyú 松鼠桂鱼／松鼠桂魚 *(pez ardilla; pescado agridulce con forma de ardilla)*

☐ d. mápódòufu 麻婆豆腐 *(tofu mapo*)*

☐ e. shíjǐndòufu 什锦豆腐／什錦豆腐 *(tofu con carne y verduras)*

☐ f. gōngbǎojīdīng 宫保鸡丁／宮保雞丁 *(dados de pollo kungpao*)*

☐ g. yúxiāngròusī 鱼香肉丝／魚香肉絲 *(tiras de cerdo con salsa de ajo)*

☐ h. jièlánniúròu 芥兰牛肉／芥蘭牛肉 *(ternera con brócoli)*

☐ i. chǎolàròu 炒腊肉／炒臘肉 *(tocino de carne salteado)*

☐ j. xīqíntángcùyú 西芹糖醋鱼／西芹糖醋魚 *(pescado agridulce con apio)*

☐ k. suànróngbōcài 蒜蓉菠菜 *(espinacas con ajo)*

☐ l. chǎofàn 炒饭／炒飯 *(arroz sofrito)*

☐ m. chǎomiàn 炒面／炒麵 *(tallarines sofritos)*

☐ n. mǐfàn 米饭／米飯 *(arroz hervido)*

*Los nombres de estos dos platos picantes de Sichuan tienen su origen en sendas leyendas. *Tofu mapo* significa literalmente "plato de tofu inventado por la mujer con cara picada de viruelas". El plato se hizo tan popular que la gente copió la receta y le dio el nombre de su creadora. *Kungpao* es otra forma de pronunciar *gōngbǎo*. El plato recibe su nombre de un oficial del siglo XIX que era consejero del príncipe heredero (宫保／宮保 *gōngbǎo*). Este oficial creó el plato o simplemente le gustaba tanto que la gente empezó a llamarlo con su nombre.

INFO 供你参考

Menú chino para novatos

红烧狮子头／紅燒獅子頭
hóngshāoshīzitóu

蚂蚁上树／螞蟻上樹
mǎyǐshàngshù

鱼香茄子／魚香茄子
yúxiāngqiézi

Ante la llegada de los Juegos Olímpicos de Beijing de 2008, el gobierno chino publicó una lista oficial con traducciones recomendadas al inglés de platos chinos —una guía para descifrar los misterios de unas cartas que, temían los dirigentes, podían confundir e incluso asustar a los visitantes extranjeros. Se ha escrito mucho sobre cómo aprender a descifrar los nombres de los platos chinos, por lo que la ayuda ofrecida por el gobierno fue ampliamente bienvenida. En general, los 老外 *lǎowài* (extranjeros) siempre necesitan ayuda, y considerando platos con nombres como "hormigas subiendo a un árbol" o "cabeza de león asada al rojo", leer una carta china puede resultar aterrador. Las extrañas traducciones por las que muchas veces son famosas en los menús en los restaurantes chinos, normalmente son el resultado de la traducción palabra por palabra de los caracteres que componen el nombre de los platos, más que de una descripción precisa de sus ingredientes.

Por eso, antes de que llegaran las hordas de turistas con motivo de las Olimpiadas, la situación cambió. Hoy, "cabeza de león asada al rojo" (红烧狮子头／紅燒獅子頭 *hóngshāoshīzitóu*) se llama "albóndigas de carne (de cerdo) guisadas con col china en salsa marrón". "Pez mandarín ardilla" (松鼠鱼／松鼠魚 *sōngshǔyú*) se llama ahora "pez mandarín agridulce" y "hormigas subiendo un árbol" (蚂蚁上树／螞蟻上樹 *mǎyǐshàngshù*) es simplemente "fideos de arroz salteados con carne de cerdo picada". No obstante, algunos nombres que ya eran familiares para los occidentales no cambiaron. *Tofu mapo*, un estofado picante de tofu con cerdo picado sigue apareciendo como 麻婆豆腐 *mápódòufu* en las cartas de los restaurantes chinos de China y del extranjero. Sinceramente, suena mucho mejor que "tofu de la mujer con cara picada de viruelas". El popular "berenjenas con aroma de pescado" (鱼香茄子／魚香茄子 *yúxiāngqiézi*), que, pese a su nombre, no tiene pescado, ahora aparece en China como "berenjenas yu-shiang", pero en el extranjero continúa llamándose "berenjenas con salsa de ajo". ¿Confundido? Es normal; en Occidente muchos platos también tienen nombres especiales. Piénsalo: no hay nada de pollo en los cocktails (cock en inglés es gallo), carne de perro en los perritos calientes o en las bolas de harina de maíz "hush pupppies" (puppie en inglés es cachorro), ni las hamburguesas están hechas de jamón (ham en inglés es jamón). Igual que ocurre con el chino, los que estudian inglés deben aprender que las tortillas están hechas con huevo, el estofado lleva carne de ternera y las tortitas "hash browns" son de patata.

Para mejorar tu comprensión de los platos de los menús chinos, ten en cuenta las siguientes formas comunes de cortar la carne (algunas las estudiaste en la Unidad 12):

sī 丝／絲 *(tiras)*
dīng 丁 *(cuadritos)*
piàn 片 *(rebanadas)*

estas son formas habituales de cocinar:

zhēng 蒸 *(al vapor)*
zhá 炸 *(freir)*

chǎo 炒 *(saltear)*
kǎo 烤 *(asar, tosar)*
zhǔ 煮 *(hervir, cocer)*

y estas son formas comunes de sazonar:

gōngbǎo 宫保／宮保 *(con chile seco, ajo y cacahuetes)*
yúxiāng 鱼香／魚香 *(con ajo y salsa dulce)*
tángcù 糖醋, tiánsuān 甜酸, gǔlǎo 古老 *(agridulce)*

Ejercicio: Intenta descifrar qué llevan algunos de los siguientes platos. Escribe en la columna de la derecha el nombre en español.

烤鱼／烤魚　_____
烤鸡／烤雞　_____
炒鱼片／炒魚片　_____
蒸鱼片／蒸魚片　_____
炸虾／炸蝦　_____
炒白菜　_____
鱼香肉丝／魚香肉絲　_____
糖醋肉　_____
糖醋鱼片／糖醋魚片　_____
宫保肉丝／宮保肉絲　_____

Ahora escribe de memoria o trata de crear el nombre de un plato chino. 请写西班牙文或者拼音。／請寫西班牙文或者拼音。 Después pregunta a tus compañeros o al profesor si han oído este plato antes.

拼音: _____　西班牙文: _____

14.14 Haz conversación: *Juego de las cuatro esquinas. Piensa un plato chino que te guste. El profesor nombrará las cuatro esquinas del aula como: arroz sofrito (como* 炒饭／炒饭 *chǎofàn), verduras o tofu (*鱼香茄子／魚香茄子 *yúxiāngqiézi), carne (*烤鸭／烤鴨 *kǎoyā), y pescado/marisco (*松鼠鱼／松鼠魚 *sōngshǔyú). Ve a la esquina que mejor represente la comida que has pensado. Anuncia el plato a los demás compañeros de la esquina y después, en grupo, presentaos conjuntamente al resto de la clase. Por último, júntate con otros compañeros para formar pequeños grupos que incluyan "platos" de todas las esquinas y crear una comida china equilibrada.*

14.15 Trabajo en grupo: *En pequeños grupos de tres o cuatro, un estudiante hace el papel de camarero y el resto, de comensales. Representad una* 小品 *en la que el camarero lleva a la mesa bebidas y tres o cuatro platos. Este debe anunciar el nombre de cada plato, seguido quizás de la expresión* 请慢用／請慢用 *Qǐng màn yòng (literalmente: "Por favor, disfrutad poco a poco"). Los comensales deben responder con* 谢谢／謝謝 *y animarse mutuamente a comer. Compartid la escena con otro grupo.*

Encuentro 4 Terminar de comer

14.16 *Mira y escucha el fragmento de video "Terminando de comer". Escribe el* 拼音, *que falta y después escribe el equivalente en* 西班牙文. *Por último, ordena los* 汉字／漢字 *en el orden correcto.*

April: Chī _____ le?
(Español: _____)

李雯: _____ chēng le.
(Español: _____)

April: _____ tiándiǎn?
(Español: _____)

李雯: _____. _____. _____.
(Español: _____)

___吃太撑了。／吃太撐了。
___不要了。
___吃饱了？／吃飽了？
___吃不下了。
___我们走吧。／我們走吧。
___要不要叫甜点？／要不要叫甜點？

14.17 *Si te preguntan* 要不要吃甜点？／要不要吃甜點？ *al final de una comida china, ¿qué responderías? Busca tu respuesta en las opciones de abajo. Si respondes afirmativamente, elige algunos de los postres chinos más populares de la página 113.*

☐ 谢谢，不要了。／謝謝，不要了。

☐ 有什么甜点？／有甚麽甜點？
 我来个____吧。／我來個____吧。

☐ 冰淇淋
bīngqílín
helado

☐ 蛋糕
dàngāo
pastel

☐ 杏仁豆腐
xìngrén dòufu
gelatina de almendra

☐ 西米露
xīmǐlù
tapioca de melón

☐ 芒果布丁
mángguǒ bùdīng
pudín de mango

☐ 芝麻球
zhīmaqiú
bolas fritas rellenas de pasta de sésamo

☐ 蛋挞
dàntà
tartaleta de crema

☐ 水果拼盘／水果拼盤
shuǐguǒ pīnpán
plato de frutas

14.18 *Trabajo por parejas: Recrea el diálogo del Ejercicio 14.17 con uno o más compañeros*

INFO 供你参考

Comer en un restaurante chino

Cuando visites China y comas en un restaurante local, estas son algunas cosas que debes esperar:

- Espera comer al estilo "familiar". No tendrás un plato solo para ti. En vez de eso, todos los platos son comunes y se sitúan en el centro de la mesa sobre una bandeja giratoria, para que todos coman directamente de ellos al estilo familiar. Comer en China es realmente una experiencia compartida.
- El anfitrión señala el inicio de la comida, normalmente diciendo 请／請 *qǐng*. Espera a que te insten a comer.
- El pescado es un plato común en las comidas chinas. No te sorprendas al ver un pescado entero, con su cabeza y todo. Algunos dicen que es la forma de los restaurantes para demostrar que es fresco. La cabeza del pescado se sitúa normalmente frente al invitado de honor.
- Al tocar la comida con tus palillos, toca solo lo que vas a comer. A veces suele haber una cuchara para servir.
- Si hay un plato que te gusta y no está en el menú, no dudes en pedirlo. Los chefs chinos son muy complacientes.
- Cuando tu taza de té esté vacía, el anfitrión suele rellenarla. Si te quieres servir tú mismo, asegúrate de llenar primero la taza del anfitrión.
- Prepárate para que el anfitrión se disculpe por la comida servida. Contesta siempre con cumplidos.

- Es correcto levantar el cuenco de arroz hacia la boca para introducir en ella la comida. Asimismo, los chinos no consideran maleducado beber la sopa directamente del tazón, aunque siempre se sirven bonitas cucharitas para sopa.
- En los banquetes formales, prepárate para ver servir una gran cantidad de platos. La hospitalidad china exige ofrecer a los invitados más de lo que pueden comer. Tómatelo con calma y come un poco de cada plato.
- Incluso si no te apetece comer algo, pruébalo aunque sea un poco. Si no te gusta, simplemente déjalo sobre tu plato. El mesero se ocupará de llevárselo.
- Es posible que el anfitrión ponga comida en tu plato. Agradécelo educadamente.

14.19 *Actividad fuera del aula:* Organiza una reunión con un pequeño grupo de amigos para ir a un restaurante chino en el que el propietario y/o empleados hayan sido avisados para interactuar con vosotros solamente en chino. Lleva una videocámara y graba las distintas etapas: llegar, pedir, comer, pagar y marcharse. Intenta editar el material en un clip de dos minutos y compártelo con tus compañeros o publica el video en la web de tu clase.

♪ Rap de la Unidad

Visita la página web de Encuentros www.EncountersChinese.com.cn y escucha la canción para repasar las expresiones estudiadas en la Unidad 14. ¡Escúchala de nuevo y canta al mismo tiempo!

Encuentro 5 — Lectura y escritura

▸ Lectura de oraciones familiares en caracteres chinos

14.20 *Trabajo en parejas:* Lee en voz alta junto a un compañero los siguientes textos (escritos en caracteres simplificados) usando el español como guía. Podéis leer las frases de forma alternativa; si uno de los dos no puede leer algún carácter, ayudaos mutuamente.

① 苏州很大，有很多饭馆，大的小的都有。大饭馆你要什么菜就有什么菜，菜单上菜名多极了，什么都有。小馆子没有大饭馆那么多菜，常常只有家常菜，可是家常菜有时候也很好吃。大饭馆儿的菜不一定最好吃，小饭馆儿的菜不一定不好吃。 *(Suzhou es grande y tiene muchos restaurantes, grandes y pequeños. En los grandes restaurantes puedes comer lo que quieras; la carta incluye muchos platos. Tienen de todo. Los pequeños restaurantes no ofrecen tantos platos como los grandes. A menudo solo tienen platos de cocina casera, pero la comida casera a veces es buena también. La comida de los grandes restaurantes no necesariamente es la mejor, y la comida de los restaurantes pequeños no tiene por qué ser mala.)*

2 广东菜也叫粤菜，味道比较清淡。美国的中国饭馆有很多都是广东饭馆。有人说这是因为广东菜比较适合 (shìhé – *apropiado para*) 美国人的口味(kǒuwèi – *gustos*)。也有人说是因为很多年以前从中国到美国来的中国人大多是广东人。最近几年很多中国北方人也到美国来，所以现在美国的北方餐馆越来越多了。*(La cocina de Guangdong se llama cocina cantonesa o Yue, y sus sabores son relativamente suaves. Muchos restaurantes chinos en EE.UU. son restaurantes cantoneses. Algunos dicen que es porque se adecúan a los gustos estadounidenses. Otros dicen que es porque hace muchos años los chinos que llegaron a EE.UU. eran principalmente cantoneses. En los últimos años también ha llegado mucha gente del norte de China a EE.UU. y por eso hay cada vez más restaurantes chinos de esta región en el país.)*

3 李雯过生日的那天，陈峰请她去一家很贵、很有名的饭馆吃晚饭。李雯先到，在那儿等了很久。陈峰因为工作忙，来得很晚。李雯很不高兴。 *(El día del cumpleaños de Li Wen, Chen Feng la invitó a cenar en un restaurante famoso muy caro. Li Wen llegó antes y esperó mucho tiempo. Como Chen Feng estaba muy ocupado en el trabajo, llegó muy tarde. Li Wen estaba muy descontenta.)*

4 有时候人跟人之间的关系很好，有时候不知道为什么关系不好。Alejandro跟April在西安的时候也是这样。今天关系很好，没问题；明天就不好了，问题很多。*(A veces, la relación entre dos personas es muy buena; otras veces, no se sabe por qué, la relación no es buena. Eso pasó a Alejandro y April en Xi'an. Un día su relación era buena y no tenían problemas, y al día siguiente era mala y con muchos problemas.)*

5 在苏州一家很好的饭馆里，有一位中国老人和一个外国人一起吃午饭。外国人说要让老先生点菜，因为中国人知道怎么点中国菜。可是那个中国人很客气，要外国人也点他喜欢吃的东西。那么最后是谁点菜呢？大概(dàgài–*probablemente*)是一个人叫一个菜，中国人叫一个他最爱吃的菜，外国人也叫他最爱吃的菜。*(Un anciano chino y un extranjero fueron a comer en un muy buen restaurante de Suzhou. El extranjero quería que fuera el anciano quien pidiera los platos, porque es chino y sabe cómo pedir comida china. Pero el chino era muy educado y quería que el extranjero también pidiera lo que le gustara. ¿Quién pidió al final? Probablemente cada uno pidió un plato: el chino pidió lo que más le gustaba y el extranjero también pidió lo que más le gustaba.)*

6 有时候到了周末，大家要是没事，很可能会去一家又大又漂亮的中国餐馆儿吃饭。要是人多，点的菜也会很多，大家就会吃得很高兴。有些人会喝酒。有些人不喝酒，那没关系。不喝酒的人可以喝茶、果汁、可乐或者矿泉水。*(A veces, al llegar el fin de semana, si la gente tiene tiempo libre es muy posible que vaya a comer en un restaurante chino grande y bonito. Si son muchos, pedirán muchos platos y todos disfrutarán comiendo. Algunos beberán alcohol. Algunos no beberán, pero no pasa nada. Quienes no beben alcohol pueden beber, té, zumo, cola o agua mineral.)*

7 麻婆豆腐、宫保鸡丁、鱼香茄子、蒜蓉菠菜、酸辣汤、炒饭、炒面——这些都是大家很喜欢吃的东西。 *(Tofu mapo, pollo kungpao, berenjenas con salsa de ajo, espinacas con ajo, sopa agripicante, arroz sofrito y tallarines sofritos, etc., son platos que a todos les gusta mucho comer.)*

8 有一天唐远在一个小饭馆儿里吃饭，跟他一起吃饭的那个女孩子真能吃。女孩子点了好几个菜，吃了这个，又吃那个，吃了很多很多。吃到一半，又加了两道菜，才说自己吃不下了。 *(Un día Tang Yuan estaba comiendo en un pequeño restaurante y la chica joven que iba con él realmente tiene un gran "estómago". Pidió bastante platos y comió de esto y aquello. Comió muchísimo. A mitad de comida añadió dos platos y finalmente dijo que ya no podía comer más.)*

9 很多中国人觉得，人生的滋味跟中国菜一样——酸甜苦辣都有。有时候吃的东西会很甜，有时候会很苦。人生也是这样，也有不同的滋味。我们高兴的时候，觉得生活很甜；不高兴的时候，觉得生活很苦。你说，不是跟菜一样吗？ *(Muchos chinos creen que la vida es como la comida china —ácida, dulce, amarga y picante. A veces, lo que comemos es dulce, pero otras es amargo. La vida también es así, tiene diferentes sabores. Cuando estamos felices, sentimos que la vida es dulce; cuando no estamos contentos, sentimos que la vida es amarga. ¿No piensas que es como la comida?)*

10 有一天，李雯和April在外面吃川菜。李雯非常喜欢吃辣的，April不太喜欢，觉得如果菜太辣了，就得喝很多冰水。两个人吃了很多，很快就吃饱了，没叫甜点，给了钱就走了。 *(Un día Li Wen y April fueron a comer comida de Sichuan. A Li Wen le gusta mucho la comida especiada y picante, pero a April no. Ella piensa que si la comida es muy picante tendrá que beber mucha agua fría. Las dos comieron mucho y se llenaron enseguida. No pidieron postre, pagaron la cuenta y se marcharon.)*

14.21 *Trabajo en parejas:* Leed los textos de nuevo, esta vez sin ayuda de español.

1 苏州很大，有很多饭馆，大的小的都有。大饭馆你要什么菜就有什么菜，菜单上菜名多极了，什么都有。小馆子没有大饭馆那么多菜，常常只有家常菜，可是家常菜有时候也很好吃。大饭馆儿的菜不一定最好吃，小饭馆儿的菜不一定不好吃。

2 广东菜也叫粤菜，味道比较清淡。美国的中国饭馆有很多都是广东饭馆。有人说这是因为广东菜比较适合美国人的口味。也有人说是因为很多年以前从中国到美国来的中国人大多是广东人。最近几年很多中国北方人也到美国来，所以现在美国的北方餐馆越来越多了。

3 李雯过生日的那天，陈峰请她去一家很贵、很有名的饭馆吃晚饭。李雯先到，在那儿等了很久。陈峰因为工作忙，来得很晚。李雯很不高兴。

4 有时候人跟人之间的关系很好，有时候不知道为什么关系不好。Alejandro跟April在西安的时候也是这样。今天关系很好，没问题；明天就不好了，问题很多。

5 在苏州一家很好的饭馆里，有一位中国老人和一个外国人一起吃午饭。外国人说要让老先生点菜，因为中国人知道怎么点中国菜。可是那个中国人很客气，要外国人也点他喜欢吃的东西。那么最后是谁点菜呢？大概是一个人叫一个菜，中国人叫一个他最爱吃的菜，外国人也叫他最爱吃的菜。

6 有时候到了周末，大家要是没事，很可能会去一家又大又漂亮的中国餐馆儿吃饭。要是人多，点的菜也会很多，大家就会吃得很高兴。有些人会喝酒。有些人不喝酒，那没关系。不喝酒的人可以喝茶、果汁、可乐或者矿泉水。

7 麻婆豆腐、宫保鸡丁、鱼香茄子、蒜蓉菠菜、酸辣汤、炒饭、炒面——这些都是大家很喜欢吃的东西。

8 有一天唐远在一个小饭馆儿里吃饭，跟他一起吃饭的那个女孩子真能吃。女孩子点了好几个菜，吃了这个，又吃那个，吃了很多很多。吃到一半，又加了两道菜，才说自己吃不下了。

9 很多中国人觉得，人生的滋味跟中国菜一样——酸甜苦辣都有。有时候吃的东西会很甜，有时候会很苦。人生也是这样，也有不同的滋味。我们高兴的时候，觉得生活很甜；不高兴的时候，觉得生活很苦。你说，不是跟菜一样吗？

10 有一天，李雯和April在外面吃川菜。李雯非常喜欢吃辣的，April不太喜欢，觉得如果菜太辣了，就得喝很多冰水。两个人吃了很多，很快就吃饱了，没叫甜点，给了钱就走了。

14.22 *Trabajo en parejas: Leed los textos una vez más, esta vez en chino tradicional.*

1 蘇州很大，有很多飯館，大的小的都有。大飯館你要甚麼菜就有甚麼菜，菜單上菜名多極了，甚麼都有。小館子沒有大飯館那麼多菜，常常只有家常菜，可是家常菜有時候也很好吃。大飯館兒的菜不一定最好吃，小飯館兒的菜不一定不好吃。

2 廣東菜也叫粵菜，味道比較清淡。美國的中國飯館有很多都是廣東飯館。有人說這是因為廣東菜比較適合美國人的口味。也有人說是因為很多年以前從中國到美國來的中國人大多是廣東人。最近幾年很多中國北方人也到美國來，所以現在美國的北方餐館越來越多了。

3 李雯過生日那天，陳峰請她去一家很貴、很有名的飯館吃晚飯。李雯先到，在那兒等了很久。陳峰因為工作忙，來得很晚。李雯很不高興。

4 有時候人跟人之間的關係很好，有時候不知道為甚麼關係不好。Alejandro跟April在西安的時候也是這樣。今天關係很好，沒問題；明天就不好了，問題很多。

5 在蘇州一家很好的飯館裡，有一位中國老人和一個外國人一起吃午飯。外國人說要讓老先生點菜，因為中國人知道怎麼點中國菜。可是那個中國人很客氣，要外國人也點他喜歡吃的東西。那麼最後是誰點菜呢？大概是一個人叫一個菜，中國人叫一個他最愛吃的菜，外國人也叫他最愛吃的菜。

6 有時候到了週末，大家要是沒事，很可能會去一家又大又漂亮的中國餐館兒吃飯。要是人多，點的菜也會很多，大家就會吃得很高興。有些人會喝酒。有些人不喝酒，那沒關係。不喝酒的人可以喝茶、果汁、可樂或者礦泉水。

7 麻婆豆腐、宮保雞丁、魚香茄子、蒜蓉菠菜、酸辣湯、炒飯、炒麵——這些都是大家很喜歡吃的東西。

8 有一天唐遠在一個小飯館兒裡吃飯，跟他一起吃飯的那個女孩子真能吃。女孩子點了好幾個菜，吃了這個，又吃那個，吃了很多很多。吃到一半，又加了兩道菜，才說自己吃不下了。

9 很多中國人覺得，人生跟中國菜一樣——酸甜苦辣都有。有時候吃的東西會很甜，有時候會很苦。人生也是這樣，也有不同的滋味。我們高興的時候，覺得生活很甜；不高興的時候，覺得生活很苦。你說，不是跟菜一樣嗎？

10 有一天，李雯和April在外面吃川菜。李雯非常喜歡吃辣的，April不太喜歡，覺得如果菜太辣了，就得喝很多冰水。兩個人吃了很多，很快就吃飽了，沒叫甜點，給了錢就走了。

Lectura de textos de la vida real

14.23 *A continuación se incluye la carta típica de un restaurante chino en el extranjero. Marca con un marcador fluorescente las palabras y platos que reconoces y después compara tus notas con las de un compañero. ¿Cuántos platos podéis identificar?*

14.24 *Si estuvieras pidiendo para cuatro comensales, ¿podrías reconocer suficientes platos de la carta? Si es posible, trata de incluir platos con ingredientes y formas de cocinar diferentes. ¿Qué preguntarías al camarero para ayudarte a descifrar los platos? Escribe en pinyin dos o tres preguntas que harías. Si eres vegetariano, ten en cuenta que muchos de los platos que se indican en la categoría de "verduras" incluyen carne o han sido cocinados con caldo de carne o salsa de ostras. Si eres un vegetariano estricto, es bueno que lo aclares antes con el camarero o hagas peticiones especiales.*

_____

_____

_____

14.25 ***Trabajo en grupo:*** *Júntate con dos o tres compañeros y escribid en español los platos que elegisteis en el Ejercicio 14.24.*

_____

_____

_____

14.26 *¿Cómo se organizan los platos en vuestra carta? ¿En qué categorías? Preguntad al profesor o a vuestros compañeros o consultad un diccionario para incluir al menos cinco categorías.*

汉字／漢字	拼音	西班牙文

Aprender a escribir caracteres

14.27 Consulta el *Libro de ejercicios de escritura de caracteres* para saber más sobre el orden de trazos y otra información útil de cada uno de los caracteres de la unidad indicados a continuación. Elige entre carácter simplificado o tradicional y practica hasta que puedas escribirlos por ti mismo.

餐，馆／館，常，同，川，汁，可，乐／樂，奶，冰，就

需，随／隨，豆，腐，炒，面／麵，米，蛋，广／廣，安

Escribir un texto descriptivo

14.28 Escribe a mano o en una computadora cuatro o cinco oraciones en caracteres chinos describiendo tus gustos y experiencias con la comida china. Si es posible, incluye los nombres de algunos de tus platos favoritos. Comparte tu composición con varios de tus compañeros.

Un poco de cultura 文化点滴

Comer en un restaurante chino

Mira el fragmento de video "Comiendo en un restaurante chino" y después comenta las siguientes cuestiones con tus compañeros y el profesor.

- ¿Qué tipos de restaurantes chinos existen?
- ¿Qué es importante saber sobre la disposición de los asientos en un banquete formal?
- ¿Qué significa comer al "estilo familiar"?
- ¿Cuándo se empieza a comer en un banquete formal?
- ¿Qué debes tener en cuenta al beber alcohol en una cena o banquete chino?
- Habla sobre la escuela de cocina de Yangshuo y sus objetivos.
- Habla de los estilos regionales de la cocina china.
- Comenta las ideas de variedad, equilibrio y armonía en los platos chinos.
- ¿Quién paga normalmente la comida en un restaurante? ¿Qué significado tiene "pelear por pagar la cuenta"?

RESUMEN

Gramática

Adverbios y sus diferentes formas

Los adverbios son palabras o expresiones que modifican al verbo y se sitúan directamente antes de él. Muchos tienen una o dos sílabas y generalmente matizan al verbo respecto a tiempo, extensión, orden, frecuencia u ocurrencia.

Xiān chī diǎnr dōngxi, **zài** zǒu.
先吃点儿东西，再走。／
先吃點兒東西，再走。
(Come algo antes de marcharte.)

Wǒ **hǎojiǔ** méiyǒu kàndào tā.
我好久没有看到他。
(No lo he visto desde hace mucho tiempo.)

Zánmen **gǎitiān** zài shuō ba.
咱们改天再说吧。／
咱們改天再說吧。
(Ya hablaremos de ello en otro momento.)

Wǒ **bù cháng** chī zhōngcān.
我不常吃中餐。
(No como comida china frecuentemente.)

Otros adverbios, que deben tener dos sílabas, describen la forma en la que se lleva o se ha llevado a cabo la acción del verbo, y se forman añadiendo la partícula adverbial 地.

Tā **mànmān de**, **hěn kèqi de** gēn lǎoshī shuō zàijiàn, ránhòu jiù zǒu le.
他慢慢地、很客气地跟老师说再见，然后就走了。／他慢慢地、很客氣地跟老師說再見，然後就走了。
(Se despidió lenta y educadamente del profesor y después se marchó.)

Todavía hay otra manera de explicar cómo se lleva o se ha llevado a cabo una acción, que puede ser calificada como adverbial. Es la econstrucción de adverbio de modo. En ella se usa un carácter *de* diferente, 得.

Tā huì shuō Zhōngguóhuà ma?
她会说中国话吗？／她會說中國話嗎？
(¿Ella sabe hablar chino?)

Huì, kěshì shuō **de tài màn**.
会，可是说得太慢。／會，可是說得太慢。
(Sí, sabe, pero habla muy despacio.)

Recuerda que, a diferencia de la forma descriptiva explicada arriba, la construcción de adverbio de modo se usa solo para describir el modo de una situación citada previamente en la conversación.

Vocabulario

Distintas cocinas

Běijīngcài 北京菜 Cocina de Beijing

Chuāncài 川菜 Cocina de Sichuan (Szechuan)

Huīcài 徽菜 Cocina de Anhui

Lǔcài 鲁菜／魯菜 Cocina de Shandong

Mǐncài 闽菜／閩菜 Cocina de Fujian

Sūcài 苏菜／蘇菜 Cocina de Jiangsu

Xiāngcài 湘菜 Cocina de Hunan

xīcān 西餐 Cocina/comida occidental

Yuècài 粤菜／粤菜 Cocina cantonesa

Zhècài 浙菜 Cocina de Zhejiang

zhōngcān 中餐 Cocina/comida china

Algunos platos chinos

chǎofàn 炒饭／炒飯 arroz sofrito

chǎolàròu 炒腊肉／炒臘肉 tocino de carne salteado

chǎomiàn 炒面／炒麵 tallarines sofritos

gōngbǎojīdīng 宫保鸡丁／宮保雞丁 cuadritos de pollo kungpao

jièlánniúròu 芥兰牛肉／芥蘭牛肉 ternera con brócoli

kǎoyā 烤鸭／烤鴨 pato asado

mápódòufu 麻婆豆腐 tofu mapo (estofado de tofu con carne picada)

mǐfàn 米饭／米飯 arroz hervido

shíjǐndòufu 什锦豆腐／什錦豆腐 tofu con carne y verduras
sōngshǔyú 松鼠鱼／松鼠魚 pescado agridulce con forma de ardilla
suànróngbōcài 蒜蓉菠菜 espinacas con ajo
xīqíntángcùyú 西芹糖醋鱼／西芹糖醋魚 pescado agridulce con apio
yúxiāngqiézi 鱼香茄子／魚香茄子 berenjenas con sala de ajo
yúxiāngròusī 鱼香肉丝／魚香肉絲 tiras de cerdo con salsa de ajo

Bebidas

bīng shuǐ 冰水 agua fría
cháshuǐ 茶水 té
guǒzhī 果汁 zumo de frutas
kāfēi 咖啡 café
kělè 可乐／可樂 cola
kuàngquánshuǐ 矿泉水／礦泉水 agua mineral
nǎichá 奶茶 té con leche
nǎixī 奶昔 batido
píjiǔ 啤酒 cerveza
yǐnliào 饮料／飲料 refresco

Postres

bīngqílín 冰淇淋 helado
dàngāo 蛋糕 pastel
dàntà 蛋挞 tartaleta de crema
mángguǒ bùdīng 芒果布丁 pudín de mango
shuǐguǒ pīnpán 水果拼盘／水果拼盤 plato de frutas
tiándiǎn 甜点／甜點 postre
xīmǐlù 西米露 tapioca de melón
xìngrén dòufu 杏仁豆腐 gelatina de almendra
zhīmaqiú 芝麻球 bolas fritas rellenas de pasta de sésamo

Sustantivos

càidān 菜单／菜單 carta; menú
cānguǎn(r) 餐馆(儿)／餐館(兒) restaurante
fēnggé 风格／風格 estilo, escuela
guǎnzi 馆子／館子 restaurante
jiāchángcài 家常菜 cocina/comida casera
wèidao 味道 sabor

Verbos

bù tóng 不同 no igual; diferente
chīnì(le) 吃腻(了)／吃膩(了) cansado/harto de (comer algo)
diǎncài 点菜／點菜 pedir platos de una carta
lǎo 老 viejo; antiguo; anticuado
málà 麻辣 adormecedor y picante
qīngdàn 清淡 sabor suave
xūyào 需要 necesitar; requerir; querer
zhuāngxiū 装修／裝修 renovar; restaurar

Adverbios

bù cháng 不常 raramente; no a menudo
chángcháng 常常 frecuentemente
duō 多 más
gǎitiān 改天 otro día
gāng 刚／剛 hace un momento
gèng 更 aún más
hǎojiǔ 好久 mucho tiempo
jiù 就 solo (antes de un número)
shāo 稍 un momento; un poco; ligeramente
shǎo 少 menos
shízài 实在／實在 realmente; de hecho
suíbiàn 随便／隨便 como te apetezca
tài 太 muy; demasiado
tǐng 挺 más bien; bastante
xiān 先 primero
yídìng 一定 seguro; ciertamente
yígòng 一共 en total; en conjunto
yòu X yòu Y 又X又Y ambos X e Y
zài 再 un poco más; de nuevo
zài 再 entonces; luego
zuì 最 el/la/lo más

Frases

(Nín) jǐ wèi? (您)几位？／(您)幾位？ ¿Cuántas personas?
Suíbiàn zuò. 随便坐。／隨便坐。 Siéntese donde desee.
Tīng nǐ de. 听你的。／聽你的。 Como tú quieras; Tú decides.
Wǒ kàn háishi nǐ X. 我看还是你X。／我看還是你X。 Creo que es mejor que tú X.
Wǒ lái X. 我来X。／我來X。 Tomaré un/una (comida o bebida).
Zài děng yíxià. 再等一下。 Espera un poco más.
Zài lái X. 再来X。／再來X。 Un poco más de X.
Zhèibian qǐng. 这边请。／這邊請。 Por aquí, por favor.

Lista de lo aprendido

Tras completar esta unidad, deberías ser capaz de:

Escuchar y hablar

☐ Expresar tus preferencias sobre cierto tipo de cocina o restaurante chino.
☐ Preguntar por bebidas y pedir tus favoritas.
☐ Expresar lo que te gusta y lo que no de ciertos platos de comida china.
☐ Pedir tu plato favorito.
☐ Expresar el número de comensales.
☐ Pedir más platos.
☐ Comentar el sabor de un determinado plato.
☐ Expresar si desea o no tomar postre.

Lectura y escritura

☐ Encontrar tus platos favoritos en la carta de un restaurante chino.
☐ Escribir una nota a un amigo comentando tus platos favoritos.

Entendimiento cultural

☐ Demostrar el conocimiento de al menos dos cocinas regionales chinas y de cómo pedir platos de forma equilibrada.
☐ Comprender el comportamiento típico del anfitrión de una comida china.
☐ Comprender las principales diferencias de comer en un restaurante en China y en tu país.

UNIDAD 15

"Ocio y entretenimiento"

休闲娱乐

Xiūxián yúlè

Hablar sobre actividades de ocio

En esta unidad aprenderás a:

- Identificar algunos de tus deportes y actividades de ocio favoritas.
- Explicar qué haces para estar en forma.
- Hablar sobre actividades extracurriculares de estudio y trabajo.
- Hablar sobre tus preferencias al relacionarte con otras personas.
- Extraer información clave de noticias periodísticas.
- Escribir una noticia sencilla detallando tus actividades diarias.

Visita la web de *Encuentros* www.EncountersChinese.com.cn para consultar material de apoyo a la presente unidad.

UNIDAD 15 OCIO Y ENTRETENIMIENTO

Encuentro 1 — Algunas actividades de ocio

15.1 *Mira el Episodio 15 de la videoserie. No te preocupes si no entiendes completamente lo que se dice. ¡Míralo y disfruta!*

15.2 Preparación: *¿Qué actividades haces solo por diversión o entretenimiento?* 用西班牙文写一些笔记。／用西班牙文寫一些筆記。

_____

_____

_____

15.3 *Mira y escucha el fragmento de video "Solo por diversión" donde varias personas hablan de actividades de ocio. Después revisa y marca las actividades indicadas abajo teniendo en cuanta lo que cada persona dice.*

	1.	2.	3.	4.	5.
a. liáotiān(r)	☐	☐	☐	☐	☐
b. tīng yīnyuè	☐	☐	☐	☐	☐
c. jiātíng jùhuì	☐	☐	☐	☐	☐
d. lǚyóu	☐	☐	☐	☐	☐
e. shàngwǎng	☐	☐	☐	☐	☐
f. kàn diànyǐng	☐	☐	☐	☐	☐
g. gēn péngyou yìqǐ chūqù wán(r)	☐	☐	☐	☐	☐
h. guàng jiē	☐	☐	☐	☐	☐
i. dǎ qiú	☐	☐	☐	☐	☐
j. dǎ májiàng	☐	☐	☐	☐	☐

15.4 请把中文跟西班牙文对上。／請把中文跟西班牙文對上。

a. jiātíng jùhuì 家庭聚会／家庭聚會
b. dǎ májiàng 打麻将／打麻將
c. dǎ qiú 打球
d. lǚyóu 旅游／旅遊
e. tīng yīnyuè 听音乐／聽音樂
f. shàngwǎng 上网／上網
g. kàn diànyǐng 看电影／看電影
h. gēn péngyou yìqǐ chūqù wán(r) 跟朋友一起出去玩(儿)／跟朋友一起出去玩(兒)
i. liáotiān(r) 聊天(儿)／聊天(兒)
j. kànshū 看书／看書
k. guàng jiē 逛街

1. viajar
2. conversar
3. juntarse con la familia
4. salir con amigos
5. ver una película
6. leer
7. jugar a mahjong
8. navegar en Internet
9. practicar deportes de pelota
10. salir de compras
11. escuchar música

15.5 ¿Conoces expresiones parecidas a 有空的时候？／有空的時候？ *Mira y escucha de nuevo el fragmento de video "Solo por diversión" y marca las expresiones que escuchas.* 然后把中文跟西班牙文对上。／然後把中文跟西班牙文對上。

☐ a. xián xiàlái de shíjiān
　　闲下来的时间／閒下來的時間

☐ b. méi shì
　　没事

☐ c. xiàbān yǐhòu
　　下班以后／下班以後

☐ d. fàngxué yǐhòu
　　放学以后／放學以後

☐ e. bù gōngzuò de shíhou
　　不工作的时候／不工作的時候

1. después de clase
2. cuando tengo tiempo libre
3. cuando no estoy trabajando
4. cuando no tengo nada que hacer
5. después del trabajo

Un poco de gramática 语法点滴

Complementos del verbo

■ **Resultado**

A menudo los verbos son seguidos por su resultado. Por ejemplo:

Wǒ chī**bǎo** le.
我吃饱了。／我吃飽了。
(Estoy lleno.) (Literalmente: *"He comido y como resultado estoy lleno."*)

> Wǒ chībǎo le.

Estos son otros complementos verbales que indican resultado:

见／見 jiàn — "percepción visual"

Wǒ jīntiān kàn**jiàn** Zhāng lǎoshī le.
我今天看见张老师了。／我今天看見張老師了。
(Hoy he visto al profesor Zhang.)

错／錯 cuò — "resultado erróneo"

Wǒ kàn**cuò**le nèi sān gè zì.
我看错了那三个字。／我看錯了那三個字。
(He leído mal esos tres caracteres.)

完 wán — "compleción, finalización"

Wǒ kàn**wán** nèi běn shū le.
我看完那本书了。／我看完那本書了。
(He terminado de leer ese libro.)

懂 dǒng — "comprensión"

Nǐ shuō de huà wǒ dōu tīng**dǒng** le.
你说的话我都听懂了。／你說的話我都聽懂了。
(comprensión)

Ejercicio: ¿Puedes comprender las oraciones siguientes? Escribe su significado en los espacios en blanco.

1. Wǒ jīntiān méiyǒu **kàndào** Zhāng lǎoshī. _____

2. Wǒ **chīwán** le. _____

3. Wǒmen **yuēhǎo**le shíjiān, míngtiān sān diǎnzhōng qù. _____

■ **Dirección**

Recuerda que 闲下来的时间／閒下來的時間 *xián xiàlái de shíjiān* está compuesto por 闲／閒 *xián* (desocupado) + 下 *xià* (abajo [dirección]) + 来／來 *lái* (en dirección al hablante) + 的 *de* + 时间／時間 *shíjiān* (tiempo) = "el tiempo en el que dejo de estar ocupado". Con esta información puedes comprender más fácilmente el "sentido interno" de 吃不下了 *chī bú xià le* (ya no puedo comer más).

Ejercicio: Escribe la traducción literal de *chī bú xià le*.

4. _____

En la sección Resumen de esta unidad hay más información sobre complementos.

15.6 ¿Qué te gusta hacer cuando tienes tiempo libre o estás menos ocupado —después de la escuela o el trabajo? Escribe un texto con al menos dos o tres oraciones. Usa algunas de las expresiones del Ejercicio 15.5. 请写拼音或者汉字。／請寫拼音或者漢字。

_____

_____

_____

15.7 Trabajo en parejas: Trabaja con un compañero. Pregúntale 你没事的时候喜欢做什么？／你沒事的時候喜歡做甚麼？ Responde con un resumen de lo que escribiste en el Ejercicio 15.6. Anota algunas de las respuestas de tu compañero.

_____

_____

_____

Después explica a otros compañeros o a la clase entera las respuestas de tu compañero. Por ejemplo:

_____ 说他没事的时候喜欢……／

说他沒事的時候喜歡……

Encuentro 2 Mantenerse activo en las horas libres

15.8 Preparación: ¿Cómo te mantienes activo después de clase o el trabajo? ¿Cómo te mantienes en forma? 用西班牙文写一些笔记。／用西班牙文寫一些筆記。

_____

_____

_____

15.9 *Mira y escucha el fragmento de video "Relajación energética". Marca las expresiones que escuchas.* 然后把中文跟西班牙文对上。／然後把中文跟西班牙文對上。

- ☐ a. jiēzhe gōngzuò
  接着工作／接著工作
- ☐ b. jiēzhe qù xué wǒ xǐhuan de
  接着去学我喜欢的／
  接著去學我喜歡的
- ☐ c. xué yìdiǎnr Rìyǔ
  学一点儿日语／學一點兒日語
- ☐ d. kàn yìxiē kèwài shū
  看一些课外书／看一些課外書
- ☐ e. qù jiāo Yīngyǔ
  去教英语／去教英語
- ☐ f. dǎ yǔmáoqiú
  打羽毛球
- ☐ g. dǎ wǎngqiú
  打网球／打網球
- ☐ h. yóuyǒng
  游泳
- ☐ i. dǎ lánqiú
  打篮球／打籃球
- ☐ j. dǎ táiqiú
  打台球
- ☐ k. qù páshān
  去爬山
- ☐ l. qù qí zìxíngchē
  去骑自行车／去騎自行車

1. *estudiar un poco de japonés*
2. *seguir trabajando*
3. *enseñar inglés*
4. *jugar al bádminton*
5. *estudiar algo que me gusta*
6. *jugar al tenis*
7. *jugar al baloncesto*
8. *jugar al billar*
9. *montar en bicicleta*
10. *hacer senderismo*
11. *nadar*
12. *leer libros que me gustan*

15.10 *¿Cómo te mantienes activo en tus horas libres? ¿Cuáles son las tres actividades que más practicas? Toma notas sobre cómo explicar a alguien cuáles son esas tres actividades.* 写拼音或者汉字。／寫拼音或者漢字。

_____

_____

15.11 Haz conversación: *Pregunta a tus compañeros qué hacen para mantenerse activos. Identifica qué actividades son las más comunes de la clase.*

> **INFO** 供你参考
>
> ### ¿Baloncesto? ¡Por supuesto! ¿Y peleas de grillos?
>
> ¡Pues sí! En China se practican deportes normales, pero también otros más inusuales. Las peleas de grillos, como prácticamente todo en China, tienen una larga historia que se remonta a siglos atrás. Las peleas tienen lugar en pistas en miniatura, tan pequeñas como recipientes de plástico. Los jueces las contemplan usando lupas; los espectadores las ven a través de circuitos cerrados de televisión; y los propietarios de los grillos muestran una ramita de hierba atada a un palillo a sus insectos para que vayan por ella y, de esta forma, se hagan pedazos mutuamente. Al mismo tiempo, los observadores gritan 加油，加油！ *Jiāyóu, jiāyóu!* (¡Vamos! ¡Vamos!) (literalmente: "pon más gasolina"). Se dice que los mejores grillos de pelea son los de la provincia de Shandong (山东／山東 *Shāndōng*) y pueden llegar a costar hasta 10.000 dólares. En chino, grillo se dice 蟋蟀 *xīshuài*.
>
> ¿Quieres más? ¿Qué te parecen los concursos de canto para pájaros? Criar pájaros ha sido desde siempre una de las aficiones favoritas de los ricos y poderosos en China, pero ahora esta afición se ha extendido ampliamente entre todas las clases sociales. Es muy común ver a la gente en los parques con jaulas de bambú cubiertas con tela para sacar a "pasear" a sus pájaros, como si fueran perros. Los concursos de canto suelen hacerse los domingos por la mañana; los pájaros ganadores son los que pueden cantar más canciones en 15 minutos.
>
>
>
> Ahora hablemos de botes, de los botes de dragón. Las carreras de botes de dragón, muy populares en China, son una práctica deportiva que honra la memoria del primer gran poeta patriota 屈原 *Qū Yuán*. Qu Yuan, un ministro leal de la corte real del reino de Chu durante el siglo III a.n.e, fue desterrado por un soberano ingrato. Cuando más tarde el reino de Chu que tanto amaba fue invadido, Qu se suicidó ahogándose en las aguas del río Miluo. Las carreras de botes de dragón celebran el deseo de la gente común por devolverle la vida. Para ello, los competidores golpean febrilmente sus remos contra el agua para evitar que los peces devoren el cuerpo de Qu. Las carreras se celebran todos los años durante la Fiesta de los Botes de Dragón 端午节／端午節 *Duānwǔ Jié*, que tiene lugar el día cinco del quinto mes del calendario lunar. Además, ese día se lanzan al agua 粽子 *zòngzi*, pasteles de arroz envueltos en hojas de bambú, para satisfacer el hambre de los peces y honrar a Qu Yuan, ahora y siempre.
>
> Es interesante destacar que en China se intentó introducir el toreo, pero fracasó rápidamente. ¿Por qué crees que ocurrió? ¿Está relacionado con la cultura china? Habla de ello con tus compañeros.

Encuentro 3 Planear actividades de ocio

15.12 *Preparación: ¿Prefieres hacer cosas en grupo o solo? Anota qué actividades te gusta hacer solo y cuáles en compañía de otros.* 请写西班牙文。／請寫西班牙文。

_____

_____

_____

 15.13 *Mira y escucha el fragmento de video "Hacer planes".* 请用拼音填空，然后把中文跟西班牙文对上。请写号码。／請用拼音填空，然後把中文跟西班牙文對上。請寫號碼。

a. Nǐ shì zǎo shuì zǎo qǐ háishi wǎn shuì _____?
你是早睡早起还是晚睡晚起？／
你是早睡早起還是晚睡晚起？

1. *Oh. ¡Vale!*

b. Wǒ měitiān qǐ de hěn _____, wǎnshang shí diǎn yǐqián jiù _____ le.
我每天起得很早，晚上十点以前就睡了。／
我每天起得很早，晚上十點以前就睡了。

2. *Hay una pista cerca de tu casa. ¡Vamos juntos!*

c. _____ xíguàn.
好习惯。／好習慣。

3. *Me levanto muy pronto todos los días y me acuesto siempre antes de las diez de la noche.*

d. Nà míngtiān _____ wǒmen yìqǐ qù _____ ba.
那明天早上我们一起去打球吧。／
那明天早上我們一起去打球吧。

4. *Entonces vamos a jugar juntos mañana por la mañana.*

e. Yǒu yí gè qiúchǎng jiù zài nǐ jiā fùjìn, _____ qù ba!
有一个球场就在你家附近，一起去吧！／
有一個球場就在你家附近，一起去吧！

5. *Es una buena costumbre.*

f. Wò, _____ a.
哦，好啊。

6. *¿Te levantas y acuestas pronto, o al contrario?*

15.14 *¿Cómo responderías a la pregunta* 你是早睡早起还是晚睡晚起？／你是早睡早起還是晚睡晚起？ *Escribe tu respuesta a continuación.* 请写拼音。／請寫拼音。

_____

Haz esta pregunta a un compañero. Cuando te pregunten a ti, contesta según tu respuesta anterior. Si el compañero al que preguntas no tiene las mismas preferencias que tú, sigue preguntando hasta encontrar a alguien que sí. Intenta quedar con la persona(s) con tus mismas preferencias —levantarse pronto o levantarse tarde, para hacer algo juntos. Compartid vuestros planes con la clase.

 15.15 *Mira y escucha el fragment de video "Chen Fei trata de unirse".* 请用拼音填空，然后把中文跟西班牙文对上。请写号码。／請用拼音填空，然後把中文跟西班牙文對上。請寫號碼。

a. Ài, _____ jiù shì xīngqīliù. 哎，明天就是星期六。

b. Nǐ yǒu _____ ānpái ya? 你有什么安排呀？／你有甚麼安排呀？

c. Wǒmen jǐ ge yuēhǎo, xiàwǔ qù wǒ jiā fùjìn de tǐyùguǎn yìqǐ ____. 我们几个约好，下午去我家附近的体育馆一起打球。／我們幾個約好，下午去我家附近的體育館一起打球。

d. Wǎnshang qù cāntīng _____. 晚上去餐厅吃饭。／晚上去餐廳吃飯。

e. Chīwán _____, wǒmen zài qù chàng kǎlā OK. 吃完晚饭，我们再去唱卡拉OK。／吃完晚飯，我們再去唱卡拉OK。

f. À, _____, hē jiǔ, _____, zhè _____ shì wǒ de qiángxiàng a. 啊，打球、喝酒、唱歌，这都是我的强项啊。／啊，打球、喝酒、唱歌，這都是我的強項啊。

g. Ài, _____ bu huānyíng wǒ jiārù a? 哎，欢不欢迎我加入啊？／哎，歡不歡迎我加入啊？

h. Wǒ gāng lái _____, xiǎng duō jiāo jǐ ge _____. 我刚来北京，想多交几个朋友。／我剛來北京，想多交幾個朋友。

1. *Algunos de nosotros hemos quedado esta tarde para ir a un gimnasio cerca de mi casa a jugar juntos al baloncesto.*

2. *Eh, mañana es sábado.*

3. *Ah, jugar a baloncesto, beber y cantar son mis puntos fuertes.*

4. *Por la noche vamos a cenar en un restaurante.*

5. *¿Qué planes tienes?*

6. *Acabo de llegar a Beijing y me gustaría hacer amigos nuevos.*

7. *Después de cenar vamos a cantar en un karaoke.*

8. *Oye, ¿quereís que me una a vosotros?*

Un poco de gramática 语法点滴

Las distintas caras de *zài*: 在 vs. 再

Hasta ahora has visto dos caracteres—在 y 再, que se pronuncian igual *zài* (salvo por ocasionales diferencias de acento), y que cuentan con abundantes significados. Sus diferencias son importantes, pero fáciles de comprender una vez explicadas. Estas son algunas claves:

■ 在 *zài*

1. Como verbo, 在 significa "estar en".

   Nǐ jiā zài nǎr?
   你家在哪儿？／你家在哪兒？
   (¿Dónde está tu casa?)

2. 在 puede ser un coverbo de ubicación situado generalmente antes del verbo para indicar dónde se realiza la acción.

   Wǒ kěyǐ zài zhèr chōuyān ma?
   我可以在这儿抽烟吗？／我可以在這兒抽煙嗎？
   (¿Puedo fumar aquí?) (抽煙／抽烟 *chōuyān* "fumar")

3. Como sufijo verbal 在 puede aparecer también detrás de ciertos verbos, como 住 y 坐.

   Tā zhù zài chéng lǐtou.
   他住在城里头。／他住在城裡頭。
   (Él vive en la ciudad.)

4. 在 puede ser usado también como un marcador de aspecto (tiempo) para indicar que una acción está siendo realizada (gerundio). Cuando se usa así, 在 suele ir acompañado de 呢 *ne*.

   Xiǎo Lǐ zài kàn diànshì ne.
   小李在看电视呢。／小李在看電視呢。
   (Xiao Li está viendo TV.)

■ 再 *zài*

1. 再 como un adverbio que significa "de nuevo".

   Zàijiàn!
   再见！／再見！
   (¡Adiós!) (literalmente: "nos vemos de nuevo")

   Qǐng nín zài shuō yí biàn.
   请您再说一遍。／請您再說一遍。
   (Por favor, dilo de nuevo.)

   Nǐ chī de hěn shǎo, zài chī yìdiǎnr.
   你吃得很少，再吃一点儿。／你吃得很少，再吃一點兒。
   (Has comido muy poco; come de nuevo/un poco más.)

2. Significa "de nuevo", 再 puede ser usado con una acción que va a ocurrir en el futuro …

   Wǒ xiān zǒu le, míngtiān zài lái.
   我先走了，明天再来。／我先走了，明天再來。
   (Me voy, volveré de nuevo mañana.)

... o ha ocurrido ya en el pasado.

Tā zǒu le, méiyǒu zài huílái.

她走了，没有再回来。／她走了，沒有再回來。

(Se fue y no volvió de nuevo.)

3. 再 puede ser usado también para marcar una acción futura planeada ("luego").

Chīwán wǎnfàn yǐhòu wǒmen zài qù chàng kǎlā OK.

吃完晚饭以后我们再去唱卡拉OK。／
吃完晚饭以後我們再去唱卡拉OK。

(Después de cenar, iremos (luego) a cantar en un karaoke.)

15.16 *Escucha las siguientes actividades. En el fragmento de video "Chen Fei intenta unirse", Chen Fei menciona qué actividades son sus "fortalezas" o "puntos fuertes". ¿Cuáles son los tuyos? Marca la frecuencia con la realizas cada una de las actividades siguientes.*

	常常 **chángcháng** a menudo	有的时候／ 有的時候 **yǒude shíhou** a veces	从来不／ 從來不 **cónglái bù** nunca
听音乐会／聽音樂會 tīng yīnyuèhuì	☐	☐	☐
听歌剧／聽歌劇 tīng gējù	☐	☐	☐
看戏／看戲 kànxì	☐	☐	☐

UNIDAD 15 OCIO Y ENTRETENIMIENTO

	常常 chángcháng a menudo	有的时候／ 有的時候 yǒude shíhou a veces	从来不／ 從來不 cónglái bù nunca
看舞蹈表演 kàn wǔdǎo biǎoyǎn	☐	☐	☐
逛博物馆／逛博物館 guàng bówùguǎn	☐	☐	☐
去兜风／去兜風 qù dōufēng	☐	☐	☐
去野餐 qù yěcān	☐	☐	☐

15.17 请把中文跟西班牙文对上。／請把中文跟西班牙文對上。

a. tīng yīnyuèhuì
听音乐会／聽音樂會

b. tīng gējù
听歌剧／聽歌劇

c. kànxì
看戏／看戲

d. kàn wǔdǎo biǎoyǎn
看舞蹈表演

e. guàng bówùguǎn
逛博物馆／逛博物館

f. qù yěcān
去野餐

g. qù dōufēng
去兜风／去兜風

1. *ir de picnic*

2. *ver un espectáculo de danza*

3. *ir a la ópera*

4. *ir a un museo*

5. *ir a un concierto*

6. *ir al teatro*

7. *dar una vuelta en coche*

INFO 供你参考

¿Planificar o improvisar?

En sociedades tradicionales, donde las personas viven en pueblos o comunidades de familias y vecinos, las actividades de ocio suelen ocurrir sin planificarlas. Si alguien lanza una pelota a un espacio abierto, enseguida aparecerá un grupo de niños alegres alrededor de ella. Igualmente, una bandeja de sabrosos aperitivos recién hechos por un vecino atraerá pronto a otros miembros de la comunidad y dará pie a conversar o disfrutar simplemente de una tranquila tarde en compañía. En las sociedades modernas, con el reclamo de mayor cantidad de espacio vital y de "privacidad", las personas viven en espacios aislados donde la conexión con los demás se produce solo por acuerdo. Debemos llamar a los demás para juntarnos con ellos, o hacer planes anticipadamente para organizar nuestras ocupadas agendas.

Las "megalópolis" chinas se parecen a las zonas metropolitanas más densas de nuestras grandes ciudades. En 2010, la población de Shanghai era de 23 millones de personas. Para quedar, los ciudadanos de Shanghai o Beijing se llaman con sus teléfonos móviles de camino a casa después del trabajo. Sin embargo, en muchos vecindarios urbanos, los residentes siguen reuniéndose espontáneamente en los parques locales y las extensiones de césped para hacer taichi (*tàijí*), cantar, andar, pasear a sus pájaros, practicar bailes de salón o realizar otras actividades sociales.

Un buen estilo de vida, tanto en Oriente como en Occidente, implica equilibrio, incluso entre actividades espontáneas y planificadas.

15.18 *Juego de enlace:* Camina por el aula diciendo en voz alta el nombre de la actividad del Ejercicio 15.16 que practicas más a menudo. "Enlázate" con los que dicen la misma que tú. Cuando hayáis formado un grupo, planificad un encuentro para practicar juntos "vuestra" actividad. Si nadie quiere hacer "tu" actividad, planifica un momento para hacerla tú solo. Cuenta tus planes a la clase.

15.19 *Trabajo en grupo:* Júntate con dos o tres compañeros y escribid juntos una 小品 con tres o cuatro diálogos en los que os explicáis mutuamente cuáles son vuestras actividades de ocio favoritas. Usa las palabras que has aprendido o pide ayuda si lo que quieres decir no ha sido explicado todavía. Planifica un encuentro con los compañeros de tu grupo para practicar alguna de las actividades que comentáis. Presentad vuestra 小品 a la clase.

♫ Rap de la Unidad

Visita la página web de **Encuentros** *www.EncountersChinese.com.cn y escucha la canción para repasar las expresiones estudiadas en la Unidad 15. ¡Escúchala de nuevo y canta al mismo tiempo!*

Encuentro 4 — Lectura y escritura

▶ Lectura de oraciones familiares en caracteres chinos

15.20 *Trabajo en parejas:* Lee en voz alta junto a un compañero los siguientes textos (escritos en caracteres simplificados) usando el español como guía. Podéis leer las frases de forma alternativa; si uno de los dos no puede leer algún carácter, ayudaos mutuamente.

1 有一个男的说他什么运动都不喜欢，到周末喜欢待在家里，跟家人打麻将。他的太太跟他一样，也不喜欢运动，只是天天在家里做家务。*(Hay un hombre que dice que no le gusta ningún deporte. Al llegar el fin de semana, le gusta quedarse en casa y jugar al mahjong con su familia. Su mujer es igual que él, tampoco le gusta el deporte y solo se dedica a las tareas domésticas todos los días.)*

2 我女朋友有空的时候很喜欢听音乐，她什么音乐都喜欢听。我呢，不太喜欢听音乐，我有空的时候，喜欢出去看电影。我什么电影都喜欢看，中国电影、外国电影都喜欢。如果电影里有音乐，我女朋友有时候也会跟我一起去看。我们每次出去都玩儿得很高兴。 *(A mi novia le gusta escuchar música en su tiempo libre. Le gusta todo tipo de música. En cuanto a mí, no me gusta mucho escuchar música y cuando tengo tiempo libre me gusta salir a ver películas. Me gusta ver todo tipo de películas, chinas y extranjeras. Si hay música en las películas, a veces mi novia viene conmigo. Cada vez que salimos juntos lo pasamos muy bien.)*

3 北京的商店非常多。大的、小的都有。大的，店员当然很多，小的只有一两个。大的商店里店员们在店里不忙的时候，喜欢在一块儿聊聊天。有时候下班以后也常常一起出去吃晚饭、看电影或者去逛逛街。 *(En Beijing hay muchas tiendas. Hay grandes y pequeñas. Las grandes tienen muchos empleados, y las pequeñas solo uno o dos. A los empleados de las tiendas grandes les gusta charlar cuando no están ocupados. A veces, después de trabajar suelen salir a cenar juntos, ver una película o ir de compras.)*

4 有一个学生很喜欢打球。放学以后要是同学们想去打球的话就跟大家一起去打球，打完球以后就回家上网玩电子游戏。 *(Hay un estudiante al que le gusta jugar juegos de pelota. Después de clase, si sus compañeros quieren, juega con ellos. Después vuelve a casa y navega en Internet o juega a videojuegos.)*

5 周末的时候，你要是没事，想出去玩儿或者运动，可以做的事情真是不少。你喜欢打球，就可以去打网球、篮球什么的。喜欢锻炼 (duànliàn – hacer ejercicio)，可以去健身房锻炼，或者出去跑步。不想运动，想跟朋友去喝酒吃饭唱歌儿，可以到卡拉OK酒吧去。你也可以去逛逛博物馆，或者去看戏、看舞蹈表演、听歌剧什么的。 *(El fin de semana, si no estás ocupado y te apetece salir o practicar deporte, hay muchas cosas que puedes hacer. Si te gustan los deportes de pelota, puedes jugar al tenis, baloncesto, etc. Si te gusta el ejercicio, puedes ir al gimnasio o salir a correr. Si no quieres hacer deporte y te apetece salir con amigos a beber, comer o cantar, puedes ir al karaoke. También puedes visitar un museo, ir al teatro, ver un espectáculo de danza, ir a la ópera, etc.)*

6 有些人不工作的时候，或者下课以后，很喜欢学习他们觉得有意思的东西。比如说，有一个女大学生每天下课以后跟一个日本老师学一点日语。可是也有一些人，没事的时候从来不去学习新的东西。 *(A algunas personas les gusta estudiar cosas que les parecen interesantes cuando no están en el trabajo o la escuela. Por ejemplo, una estudiante universitaria estudia un poco de japonés todos los días después de clase con un profesor japonés. Pero hay otras personas a las que no les gusta aprender cosas nuevas en su tiempo libre.)*

7 有些人下班以后还是要接着去做其他的工作。比如说，有一个三十七岁的女工人说她每个星期一三五下班以后去一家外国公司教中文。还有一个男工人说，他根本没有周末 (gēnběn méiyǒu zhōumò – no tiene fin de semana en absoluto)，他每天都得工作。 *(Algunas personas cuando salen de trabajar siguen haciendo otros trabajos. Por ejemplo, una empleada de 37 años dice que todos los lunes, miércoles y viernes va a una empresa extranjera a enseñar chino. También, un empleado dice que no tiene fin de semana en absoluto, tiene que trabajar todos los días.)*

8 现在很多人喜欢下班以后去健身房锻炼、散步、跑步或游泳。还有人天气好的时候到外面去爬山、骑自行车、野餐什么的。可是也有人说他们从来不运动。到了周末这些人喜欢出去兜兜风，或者只是待在家里，什么都不想做。 *(Ahora, a mucha gente le gusta ir al gimnasio después de trabajar para hacer ejercicio, andar, correr o nadar. Cuando hace buen tiempo, a otras personas les gusta salir a hacer senderismo, montar en bicicleta, hacer un picnic, etc. Pero hay personas que dicen que nunca hacen deporte. Cuando llega el fin de semana, a estas personas les gusta dar una vuelta en coche o simplemente quedarse en casa sin hacer nada.)*

9 小毛的同事里面，有一个是外国人，一个是中国人。他们两个是很好的朋友，都很喜欢打球。中国同事每天都睡得很早，起得也很早。外国同事也一样，也是早睡，早起。所以他们两个常常约好，早上一起来就到附近的一个球场去打球。 *(De los colegas de Xiao Mao, uno es extranjero y otro chino. Los dos son buenos amigos y a ambos les gusta el baloncesto. El chino se acuesta y se levanta pronto. El extranjero también. Por eso, los dos quedan a menudo por la mañana para ir a jugar al baloncesto en una pista cercana.)*

10 小飞很喜欢晚上出去玩儿。有一个星期五下午，在上班的时候，他问办公室的两个同事周末闲下来的时间，都有什么安排。同事两个都说他们准备出去打球、吃饭，然后去唱卡拉OK。小飞说这些都是他的"强项"、他的爱好，希望能加入这些活动，给他一个好机会认识一些新朋友。 *(A Xiao Fei le gusta salir por la noche a divertirse. Un viernes por la tarde, durante el trabajo preguntó a dos de sus colegas de la oficina qué planes tenían para el fin de semana en su tiempo libre. Los dos dijeron que iban a jugar al baloncesto, ir a comer y cantar en un karaoke. Xiao Fei les dijo que esos eran sus "puntos fuertes" —sus aficiones— y les pidió si podía unirse a ellos porque era una oportunidad para hacer nuevos amigos.)*

15.21 *Trabajo en parejas: Leed los textos de nuevo, esta vez sin la ayuda del español.*

1 有一个男的说他什么运动都不喜欢，到周末喜欢待在家里，跟家人打麻将。他的太太跟他一样，也不喜欢运动，只是天天在家里做家务。

2 我女朋友有空的时候很喜欢听音乐，她什么音乐都喜欢听。我呢，不太喜欢听音乐，我有空的时候，喜欢出去看电影。我什么电影都喜欢看，中国电影、外国电影都喜欢。如果电影里有音乐，我女朋友有时候也会跟我一起去看。我们每次出去都玩儿得很高兴。

③ 北京的商店非常多。大的、小的都有。大的，店员当然很多，小的只有一两个。大的商店里店员们在店里不忙的时候，喜欢在一块儿聊聊天。有时候下班以后也常常一起出去吃晚饭、看电影或者去逛逛街。

④ 有一个学生很喜欢打球。放学以后要是同学们想去打球的话就跟大家一起去打球，打完球以后就回家上网玩电子游戏。

⑤ 周末的时候，你要是没事，想出去玩儿或者运动，可以做的事情真是不少。你喜欢打球，就可以去打网球、篮球什么的。喜欢锻炼，可以去健身房锻炼，或者出去跑步。不想运动，想跟朋友去喝酒吃饭唱歌儿，可以到卡拉OK酒吧去。你也可以去逛逛博物馆，或者去看戏、看舞蹈表演、听歌剧什么的。

⑥ 有些人不工作的时候，或者下课以后，很喜欢学习他们觉得有意思的东西。比如说，有一个女大学生每天下课以后跟一个日本老师学一点日语。可是也有一些人，没事的时候从来不去学习新的东西。

⑦ 有些人下班以后还是要接着去做其他的工作。比如说，有一个三十七岁的女工人说她每个星期一三五下班以后去一家外国公司教中文。还有一个男工人说，他根本没有周末，他每天都得工作。

⑧ 现在很多人喜欢下班以后去健身房锻炼、散步、跑步或游泳。还有人天气好的时候到外面去爬山、骑自行车、野餐什么的。可是也有人说他们从来不运动。到了周末这些人喜欢出去兜兜风，或者只是待在家里，什么都不想做。

⑨ 小毛的同事里面，有一个是外国人，一个是中国人。他们两个是很好的朋友，都很喜欢打球。中国同事每天都睡得很早，起得也很早。外国同事也一样，也是早睡，早起。所以他们两个常常约好，早上一起来就到附近的一个球场去打球。

⑩ 小飞很喜欢晚上出去玩儿。有一个星期五下午，在上班的时候，他问办公室的两个同事周末闲下来的时间，都有什么安排。同事两个都说他们准备出去打球、吃饭，然后去唱卡拉OK。小飞说这些都是他的"强项"、他的爱好，希望能加入这些活动，给他一个好机会认识一些新朋友。

15.22 Trabajo en parejas: *Leed los textos una vez más, esta vez en chino tradicional.*

1. 有一個男的說他甚麼運動都不喜歡，到週末喜歡待在家裡，跟家人打麻將。他的太太跟他一樣，也不喜歡運動，只是天天在家裡做家務。

2. 我女朋友有空的時候很喜歡聽音樂，她甚麼音樂都喜歡聽。我呢，不太喜歡聽音樂，我有空的時候，喜歡出去看電影。我甚麼電影都喜歡看，中國電影、外國電影都喜歡。如果電影裡有音樂，我女朋友有時候也會跟我一起去看。我們每次出去都玩兒得很高興。

3. 北京的商店非常多。大的、小的都有。大的，店員當然很多，小的只有一兩個。大的商店裡店員們在店裡不忙的時候，喜歡在一塊兒聊聊天。有時候下班以後也常常一起出去吃晚飯、看電影或者去逛逛街。

4. 有一個學生很喜歡打球。放學以後要是同學們想去打球的話就跟大家一起去打球，打完球以後就回家上網玩電子遊戲。

5. 週末的時候，你要是沒事，想出去玩兒或者運動，可以做的事情真是不少。你喜歡打球，就可以去打網球、籃球甚麼的。喜歡鍛煉，可以去健身房鍛煉，或者出去跑步。不想運動，想跟朋友去喝酒吃飯唱歌兒，可以到卡拉OK酒吧去。你也可以去逛逛博物館，或者去看戲、看舞蹈表演、聽歌劇甚麼的。

6. 有些人不工作的時候，或者下課以後，很喜歡學習他們覺得有意思的東西。比如說，有一個女大學生每天下課以後跟一個日本老師學一點日語。可是也有一些人，沒事的時候從來不去學習新的東西。

7. 有些人下班以後還是要接著去做其他的工作。比如說，有一個三十七歲的女工人說她每個星期一三五下班以後去一家外國公司教中文。還有一個男工人說，他根本沒有週末，他每天都得工作。

8. 現在很多人喜歡下班以後去健身房鍛煉、散步、跑步或游泳。還有人在天氣好的時候喜歡到外面去爬山、騎自行車、野餐甚麼的。可是也有人說他們從來不運動。到了週末這些人喜歡出去兜兜風，或者只是待在家裡，甚麼都不想做。

9 小毛的同事裡面，有一個是外國人，一個是中國人。他們兩個是很好的朋友，都很喜歡打球。中國同事每天都睡得很早，起得也很早。外國同事也一樣，也是早睡，早起。所以他們兩個常常約好，早上一起來就到附近的一個球場去打球。

10 小飛很喜歡晚上出去玩兒。有一個星期五下午，在上班的時候，他問辦公室的兩個同事週末閒下來的時間，都有甚麼安排。同事兩個都說他們準備出去打球、吃飯，然後去唱卡拉OK。小飛說這些都是他的"強項"、他的愛好，希望能加入這些活動，給他一個好機會認識一些新朋友。

▶ Lectura de textos de la vida real

15.23 *Esta es la página de un diario. Marca todos los caracteres que puedas leer y comprender. Después trabaja con un compañero para ver cuánto podéis entender juntos.*

> 2010年7月3日　　星期六
>
> 这个礼拜好累！每天早上七点半上学，下午五点半放学，放学以后就回家马上做作业，不到半夜都不能上床睡觉。今天是礼拜六，可以好好玩一下了！早上起床以后，我就和爷爷奶奶去爬山。山上空气很好，很多人在跑步，也有人在散步。回家稍稍休息以后，我又和同学约好了出去玩。我们先去看了场电影，然后去逛街。晚上家里有一个小型的家庭聚会。叔叔阿姨表哥表姐们都来了。大家边吃饭边聊天。妈妈要我有空的时候多读一些课外书，可我总找不到时间。这样，一天就这么过去了。明天好好加油吧！

Junto a un compañero, escribid un resumen de todo lo que podéis comprender de esta página de diario. 请写西班牙文。／請寫西班牙文。 *Intentad no traducir palabra por palabra.*

15.24 *Esta es la entrada de un blog sobre actividades de ocio muy popular en China. Su autor es un estudiante universitario.*

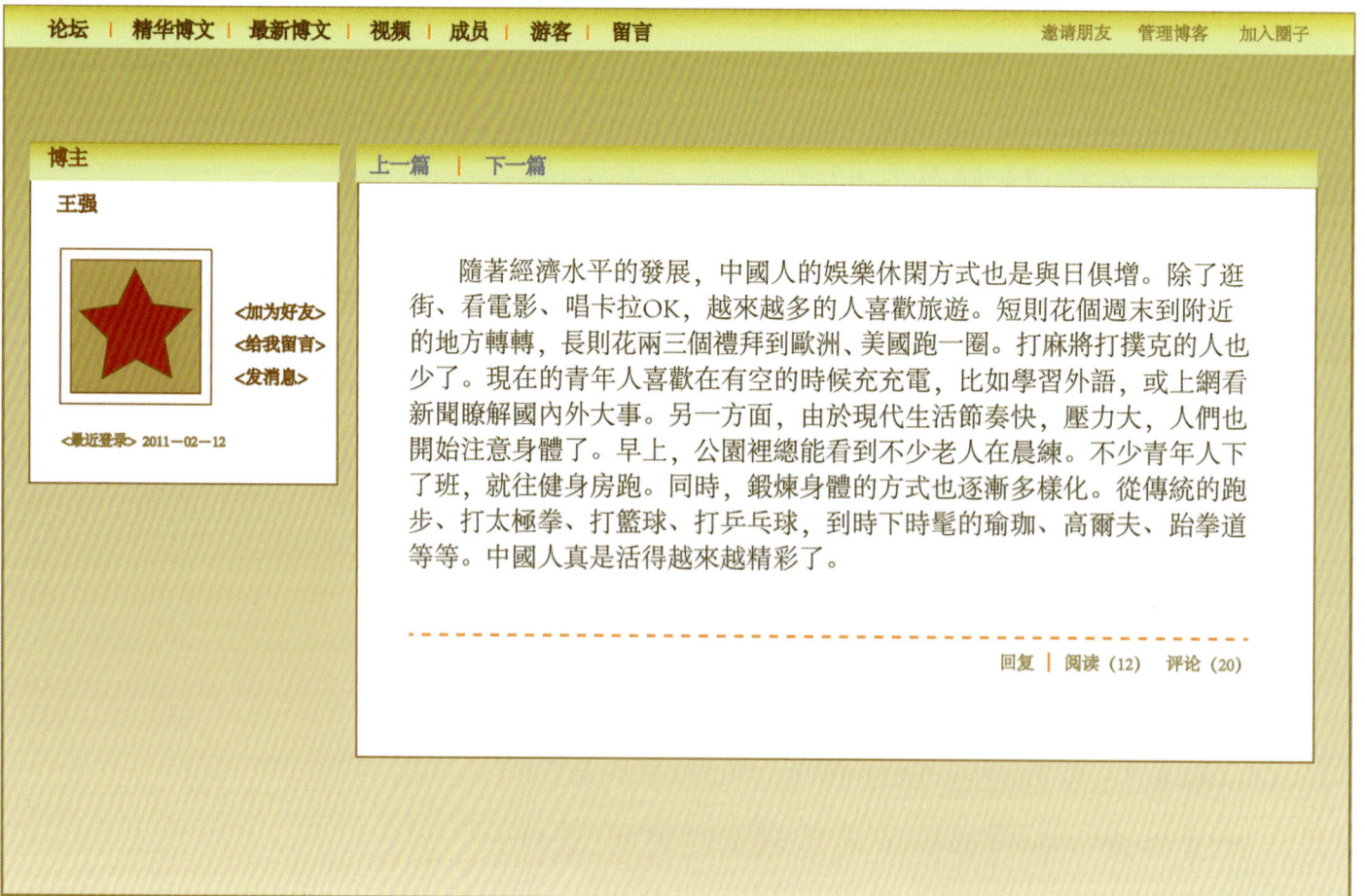

Marca y numera las siguientes expresiones que aparecen en el texto.

1. ir de compras
2. ir al cine
3. cantar en un karaoke
4. viajar
5. (durante) un fin de semana
6. (durante) dos o tres semanas
7. A Europa o EE.UU.
8. mahjong
9. jugar a las cartas (buscar 撲克 *pūkè* "póker")
10. actualmente
11. gente joven (buscar 青年人 *qīngnián rén*, que literalmente significa "personas en sus años verdes")
12. cuando tienen tiempo libre
13. aprender un idioma extranjero
14. navegar en Internet
15. nacional e internacional (buscar 國內外 *guó nèiwài*, que literalmente significa dentro y fuera del país)
16. sucesos importantes (buscar "grandes cosas/eventos")
17. mañanas
18. personas mayores
19. después del trabajo
20. gimnasio
21. al mismo tiempo
22. hacer ejercicio
23. correr
24. practicar taichi
25. jugar a baloncesto
26. jugar a ping-pong
27. hacer yoga
28. jugar al golf
29. personas chinas

15.25 *Lee de nuevo la entrada de blog del Ejercicio 15.24. Clasifica los siguientes pasajes según el orden en que aparecen en el texto.*

_____ A medida que amenta su nivel económico, las formas de entretenimiento de los chinos son cada día más numerosas.

_____ Por otro lado, debido a que el ritmo de vida es más rápido y la presión mayor, la gente ha empezado a prestar atención a su salud. Por la mañana es posible ver unas cuantas personas mayores haciendo ejercicio en los parques. Muchos jóvenes van a los gimnasios después del trabajo.

_____ Cada vez menos personas juegan a las cartas o el mahjong. Actualmente, cuando tienen tiempo libre los jóvenes intentan ponerse al día, por ejemplo, aprendiendo un idioma extranjero o navegando en Internet para buscar información sobre sucesos importantes nacionales e internacionales.

_____ Al mismo tiempo, las formas de hacer ejercicio son cada vez más variadas: desde formas tradicionales como salir a correr, hacer taichi, practicar baloncesto o jugar al ping-pong, hasta actividades de moda como el yoga, el golf, el taekwondo, etc.

_____ Además de ir de compras, al cine y al karaoke, a cada vez más personas les gusta viajar. Excursiones cortas a lugares cercanos pueden hacerse en un fin de semana, pero viajes más largos a Europa o EE.UU. pueden necesitar de dos a tres semanas.

_____ La vida de los chinos se está volviendo cada vez más estimulante.

▶ Aprender a escribir caracteres

15.26 *Consulta el **Libro de ejercicios de escritura de caracteres** para saber más sobre el orden de trazos y otra información útil de cada uno de los caracteres de la unidad indicados a continuación. Elige entre carácter simplificado o tradicional y practica hasta que puedas escribirlos por ti mismo.*

打, 球, 旅, 游／遊, 听／聽, 音, 书／書, 放, 工, 作, 跑, 步, 运／運, 动／動, 约／約, 交, 唱, 歌, 外

▶ Escribir un texto descriptivo

15.27 *Escribe a mano cuatro o cinco oraciones en caracteres chinos describiendo tus actividades de ocio de fin de semana favoritas. Comparte tu composición con varios de tus compañeros.*

Un poco de cultura 文化点滴

Más sobre actividades diarias

Mira el fragmento de video "Más sobre actividades diarias" y después comenta las siguientes cuestiones con tus compañeros y el profesor.

- Si se hubiera realizado un mini-documental similar con personas de tu país o comunidad, ¿qué crees que habrían respondido a la pregunta "¿Qué haces en tu tiempo libre?"?
- ¿Qué parecidos y diferencias piensas que existen entre las actividades de ocio citadas en el video y las actividades que hacen las personas de tu comunidad?

RESUMEN

Gramática

Complementos del verbo

En chino, los complementos son una forma de doblar e incluso triplicar el potencial de los verbos. Son añadidos al verbo que expresan dirección, ubicación, modo o resultado. Adverbialmente, se vinculan al verbo con la partícula 得 *de* para indicar el nivel alcanzado por la acción. A continuación, se incluyen algunos ejemplos. Haz todo lo posible por comprender lo que cada complemente añade al verbo.

■ Resultado y modo

Nǐmen dōu tīng**dǒng** le ma?
你们都听懂了吗？／
你們都聽懂了嗎？
(¿Habéis entendido todo [lo que he dicho]?)

Wǒ chī**bǎo** le, bù néng zài chī le.
我吃饱了，不能再吃了。／
我吃飽了，不能再吃了。
(Estoy lleno, no puedo comer más.)

Zuòyè zuò**hǎo** le, wǒ qù shuì le.
作业做好了，我去睡了。／
作業做好了，我去睡了。
(He hecho las tareas, me voy a dormir.)

Wǒ méi tīng **qīngchu**, qǐng nín zài shuō yí biàn.
我没听清楚，请您再说一遍。／
我沒聽清楚，請您再說一遍。
(No he escuchado bien lo que dices, repítelo de nuevo por favor.)

Wǒ qùnián ná**dào**le shuòshì xuéwèi.
我去年拿到了硕士学位。／
我去年拿到了碩士學位。
(El año pasado obtuve el título de máster.)

Xià**wán** kè wǒ jiù qù jiàn lǎoshī.
下完课我就去见老师。／
下完課我就去見老師。
(Después de clase voy a ver al profesor.)

Tā pǎobù pǎo **de** fēicháng kuài.
他跑步跑得非常快。
(Corre muy rápido.)

■ Dirección y ubicación

Lǎoshī yǐjīng huí**qù** le, kǒngpà bù huí**lái** le.
老师已经回去了，恐怕不回来了。／
老師已經回去了，恐怕不回來了。
(El profesor se ha marchado (allí), no va a volver (aquí).)

Lǐ lǎoshī, qǐng xià**lái** gēn wǒmen liáoliao tiānr, chī diǎnr dōngxi, hē bēi chá.
李老师，请下来跟我们聊聊天儿，吃点儿东西，喝杯茶。／李老師，請下來跟我們聊聊天兒，吃點兒東西，喝杯茶。
(Profesor Li, por favor baje (donde estamos nosotros) a comer algo, tomar un té y charlar un poco.)

UNIDAD 15 OCIO Y ENTRETENIMIENTO

Xián **xiàlái** de shíjiān, nǐ děi hǎohāo lìyòng.
闲下来的时间，你得好好利用。／
閒下來的時間，你得好好利用。
(Debes usar bien tu tiempo libre.)

■ Capacidad o incapacidad

Nǐ tīng**de**dǒng tīng**bù**dǒng Éyǔ?
你听得懂听不懂俄语？／
你聽得懂聽不懂俄語？
(¿Entiendes ruso o no?)

Hēibǎn shang de zì xiě de tài xiǎo, wǒmen dōu kàn**bú**jiàn.
黑板上的字写得太小，我们都看不见。／
黑板上的字寫得太小，我們都看不見。
(Los caracteres de la pizarra están escritos muy pequeños y ninguno de nosotros puede verlos.)

Las distintas caras de *zài*: 再 vs. 在

■ 再

1. 再 significa "de nuevo" o "más"

   Xuéxí, xuéxí, zài xuéxí.
   学习，学习，再学习。／
   學習，學習，再學習。
   (Estudiar, estudiar y volver a estudiar.)

   Zài chī yìdiǎnr.
   再吃一点儿。／再吃一點兒。
   (Come un poco más.)

   Zài gāo yìdiǎnr jiù hǎo le.
   再高一点儿就好了。／
   再高一點兒就好了。
   (Un poco más alto sería perfecto.) [dicho cuando un cuadro está siendo colgado muy bajo, por ejemplo]

2. 不……再 bù...zài significa "ya no más".

   Wǒ bù néng zài hē le.
   我不能再喝了。
   (Ya no puedo beber más.)

3. 再 puede usarse para indicar una acción futura sucesiva ("luego").

   Nǐ zuòwánle zuòyè zài chūqù wánr.
   你做完了作业再出去玩儿。／
   你做完了作業再出去玩兒。
   (Después de terminar tus tareas puedes ir a jugar. [Antes de ir a jugar, termina tus tareas.])

   Chīwán le zài zǒu.
   吃完了再走。
   (Termina tu comida antes de irte. [Antes de irte, termina tu comida.])

■ 在

1. Como verbo, 在 significa "estar situado en".

   Wǒ jiā zài Bōshìdùn.
   我家在波士顿。／我家在波士頓。
   (Mi casa está en Boston.)

2. Como coverbo, 在 va generalmente delante o detrás de verbos como 住 and 坐 para indicar ubicación.

   Nǐ bù kěyǐ zài túshūguǎn li liáotiānr.
   你不可以在图书馆里聊天儿。／
   你不可以在圖書館裡聊天兒。
   (No puedes hablar en la biblioteca.)

   Tā zhù zài Běijīng.
   他住在北京。
   (Vive en Beijing.)

3. 在 puede ser usado también como un marcador de aspecto (tiempo) para indicar que una acción está siendo realizada (gerundio). Cuando se usa así, 在 suele ir acompañado de 呢 ne.

   Xiǎo Fēi zài tīng yīnyuè ne.
   小飞在听音乐呢。／
   小飛在聽音樂呢。
   (Xiaofei está escuchando música.)

▶ Vocabulario

Deportes y actividades de ocio

chàng kǎlā OK 唱卡拉OK
cantar karaoke

dǎ lánqiú 打篮球／打籃球
jugar al baloncesto

dǎ májiàng 打麻将／打麻將
jugar al mahjong

dǎ pūkèpái 打扑克牌／打撲克牌
jugar a cartas/póker

dǎ qiú 打球
jugar a deportes de pelota/baloncesto

RESUMEN

dǎ tàijíquán 打太极拳／打太極拳 practicar taichi

dǎ táiqiú 打台球 jugar al billar

dǎ wǎngqiú 打网球／打網球 jugar al tenis

dǎ yǔmáoqiú 打羽毛球 jugar al bádminton

gēn péngyou yìqǐ chūqù wán(r) 跟朋友一起出去玩(儿)／跟朋友一起出去玩(兒) salir con amigos

guàng bówùguǎn 逛博物馆／逛博物館 ir a un museo

guàng jiē 逛街 ir de compras; salir a dar una vuelta

jiāo péngyou 交朋友 hacer (nuevos) amigos

jiātíng jùhuì 家庭聚会／家庭聚會 reunión familar

kàn diànyǐng 看电影／看電影 ir a ver una película

kàn kèwài shū 看课外书／看課外書 leer libros extracurriculares

kàn wǔdǎo biǎoyǎn 看舞蹈表演 ver un espectáculo de danza

kànxì 看戏／看戲 ir al teatro

liáotiān(r) 聊天(儿)／聊天(兒) conversar

lǚyóu 旅游／旅遊 viajar; hacer turismo

qí zìxíngchē 骑自行车／騎自行車 montar en bicicleta

qù dōufēng 去兜风／去兜風 dar una vuelta en coche

qù jiànshēnfáng duànliàn 去健身房锻炼／去健身房鍛煉 ir al gimnasio a hacer ejercicio

qù jiǔbā hē jiǔ 去酒吧喝酒 ir a un bar a beber

qù páshān 去爬山 hacer senderismo; escalar montañas

qù yěcān 去野餐 hacer un picnic

qù yùndòng 去运动／去運動 hacer deporte

shàngwǎng 上网／上網 navegar en Internet

tīng gējù 听歌剧／聽歌劇 ir a la ópera

tīng yīnyuè 听音乐／聽音樂 escuchar música

tīng yīnyuèhuì 听音乐会／聽音樂會 ir a un concierto

wán(r) diànzǐ yóuxì 玩(儿)电子游戏／玩(兒)電子遊戲 jugar a videojuegos

yóuyǒng 游泳 nadar

Algunos verbos

fàngxué 放学／放學 terminar las clases (del día)

gōngzuò 工作 trabajar

huānyíng 欢迎／歡迎 dar la bienvenida

jiāo(shū) 教(书)／教(書) enseñar (en la escuela)

jiārù 加入 unirse

shàngbān 上班 ir a trabajar

xiàbān 下班 salir del trabajo

yuē 约／約 concertar una cita; invitar

Algunos adverbios

jīběnshàng 基本上 básicamente

jiēzhe + V 接着＋V／接著＋V seguir (V en gerundio)

kànlái 看来／看來 parece como si; parece que

Algunos nombres

ānpái 安排 planes; arreglos

cāntīng 餐厅／餐廳 cafetería

fùjìn 附近 cercanías; vecindad

qiángxiàng 强项／強項 fortalezas; puntos fuertes

qīngnián rén 青年人 persona joven

qiúchǎng 球场／球場 pista/campo de juego (pelota)

tǐyùguǎn 体育馆／體育館 gimnasio

xíguàn 习惯／習慣 hábito, costumbre

yùndòng 运动／運動 deporte

Frases útiles

méi shì 没事 no tener nada que hacer; estar libre

wǎn shuì wǎn qǐ 晚睡晚起 "acostarse y levantarse tarde"

Wǒ jīntiān xiánzhe. 我今天闲着。／我今天閒著。 Hoy estoy libre.

xián xiàlái de shíjiān 闲下来的时间／閒下來的時間 tiempo libre

zǎo shuì zǎo qǐ 早睡早起 "acostarse y levantarse pronto"

Lista de lo aprendido

Tras completar esta unidad, deberías ser capaz de:

Escuchar y hablar

☐ Contar a un amigo lo que haces por diversión en tu tiempo libre.

☐ Conocer qué hace un compañero para mantenerse en forma.

☐ Expresar cuáles son tus "puntos fuertes" *(qiángxiàng)*.

☐ Decir a un amigo cuál es tu actividad deportiva favorita.

☐ Preguntar a un amigo qué le gusta hacer después de clase.

Lectura y escritura

☐ Leer y escribir oraciones sencillas sobre actividades de ocio.

☐ Escribir un breve artículo de blog describiendo tus "diversiones" preferidas.

Entendimiento cultural

☐ Demostrar tu comprensión de las principales diferencias entre las actividades de ocio que practicas y las que se practican en China.

UNIDAD 16

"Estudiar duro y mejorar día a día"

好好学习，天天向上

Hǎohāo xuéxí, tiāntiān xiàngshàng

Hablar de la escuela y de tus estudios

En esta unidad aprenderás a:

- Hablar sobre diferentes niveles de estudios.
- Hablar sobre materias y especialidades.
- Hablar del horario escolar.
- Decir algunas cosas sobre el campus de tu escuela.
- Leer oraciones comunes sobre la escuela, materias y campus escolares.
- Descifrar algunos significados de un currículo escolar chino.
- Escribir un breve texto sobre tu horario y cursos escolares.
- Comentar los parecidos y diferencias entre la escolarización china y la occidental.

Visita la web de *Encuentros* www.EncountersChinese.com.cn para consultar material de apoyo a la presente unidad.

UNIDAD 16 ESTUDIAR DURO Y MEJORAR DÍA A DÍA

Encuentro 1 | Hablar de niveles de estudio

16.1 *Mira el Episodio 16 de la videoserie. No te preocupes si no entiendes completamente lo que se dice. ¡Míralo y disfruta!*

16.2 Preparación: *Si tuvieras que explicar a otra persona los diferentes niveles de estudio de tu país, ¿cómo lo harías?* 用西班牙文写一些笔记。／用西班牙文寫一些筆記。

_____

_____

_____

16.3 *Mira y escucha el fragmento de video "Diferentes niveles de estudio". Marca las expresiones que escuchas y después rellena los espacios en blanco con su equivalente en español.*

☐ xuéxiào
学校／學校
escuela

☐ tuō'érsuǒ
托儿所／托兒所
preescolar

☐ yòu'éryuán
幼儿园／幼兒園
guardería infantil

☐ xiǎoxué
小学／小學
_____

☐ chūxiǎo
初小
grados 1–3

☐ gāoxiǎo
高小
grados 4–6

☐ zhōngxué
中学／中學
escuela secundaria

☐ chūzhōng
初中
el primer ciclo de escuela secundaria

☐ gāozhōng
高中
_____

☐ gāozhōng yī niánjí
高中一年级／高中一年級
El primer año de bachillerato superior

☐ gāozhōng èr niánjí
高中二年级／高中二年級
El segundo año de bachillerato superior

☐ gāozhōng sān niánjí
高中三年级／高中三年級
El tercer año de bachillerato superior

☐ dà-yī
大一
el primer año de universidad

☐ dà-èr
大二
_____

☐ dà-sān
大三
_____

☐ dà-sì
大四
_____

- ☐ dàxué
  大学／大學
  _____

- ☐ běnkē
  本科
  _____

- ☐ yánjiūshēngyuàn
  研究生院
  escuela de postgrado

- ☐ shàng X
  上X
  tomar clases de X

- ☐ shàngkè
  上课／上課
  ir a clase

- ☐ xiě zuòyè
  写作业／寫作業
  hacer las tareas

- ☐ xiū xuéfēn
  修学分／修學分
  tomar clases por créditos

- ☐ kǎoshì
  考试／考試
  hacer un examen

- ☐ dú xuéshì xuéwèi
  读学士学位／讀學士學位
  estudiar un grado

- ☐ dú shuòshì xuéwèi
  读硕士学位／讀碩士學位
  estudiar un máster

- ☐ dú bóshì xuéwèi
  读博士学位／讀博士學位
  estudiar un doctorado

- ☐ X bìyè
  X毕业／X畢業
  graduarse por X

16.4 *Mira y escucha de nuevo el fragmento de video "Diferentes niveles de estudio". Completa lo que dice cada persona.* 请用西班牙文填空。／請用西班牙文填空。

a. "Tenía _____ cuando comencé la escuela primaria. Estuve _____ durante _____ años, y me gradué por _____ en 19____."

b. "Generalmente, tienes más clases en _____ año de la universidad. En este periodo, no tienes mucho tiempo para trabajar a tiempo parcial. Solo puedes _____, _____ y _____". Durante el _____ y _____ año, también hay algo más importante para los estudiantes _____, se trata de examen llamado examen de dominio del inglés. Si no eres capaz de aprobar lo que llamamos examen CET, es difícil _____".

c. "Si llegas al _____ año y más allá, como estás muy ocupado con diferentes cosas, realmente ya no puedes _____. Además, como te sueles ir a dormir más bien tarde, realmente es difícil llegar a tiempo por la mañana".

16.5 *Busca qué afirmaciones de las siguientes son ciertas para ti. Rellena los espacios en blanco correspondientes.*

☐ Wǒ shàng gāozhōng.
我上高中。

☐ Wǒ shì gāozhōngshēng.
我是高中生。

☐ Wǒ dú gāozhōng _____ niánjí.
我读高中_____年级。／我讀高中_____年級。

☐ Wǒ gāozhōng bìyè le.
我高中毕业了。／我高中畢業了。

☐ Wǒ shì _____ nián gāozhōng bìyè de.
我是_____年高中毕业的。／我是_____年高中畢業的。

☐ Wǒ shàng dàxué.
我上大学。／我上大學。

☐ Wǒ shì dàxuéshēng.
我是大学生。／我是大學生。

☐ Wǒ dú dàxué _____ niánjí.
我读大学_____年级。／我讀大學_____年級。

☐ Wǒ dú xuéshì xuéwèi.
我读学士学位。／我讀學士學位。

☐ Wǒ dàxué bìyè le.
我大学毕业了。／我大學畢業了。

☐ Wǒ shì _____ nián dàxué bìyè de.
我是_____年大学毕业的。／我是_____年大學畢業的。

☐ Wǒ _____ nián nádào xuéshì xuéwèi le.
我_____年拿到学士学位了。／我_____年拿到學士學位了。

☐ Wǒ shì yánjiūshēng.
我是研究生。

☐ Wǒ dú shuòshì xuéwèi.
我读硕士学位。／我讀碩士學位。

☐ Wǒ _____ nián nádào shuòshì xuéwèi le.
我_____年拿到硕士学位了。／我_____年拿到碩士學位了。

☐ Wǒ dú bóshì xuéwèi.
我读博士学位。／我讀博士學位。

☐ Wǒ shì _____ nián nádào bóshì xuéwèi de.
我是_____年拿到博士学位的。／我是_____年拿到博士學位的。

16.6 *Escribe varias oraciones sobre tu nivel de estudios actual.* 请写拼音。／請寫拼音。

_____
_____
_____

16.7 *Trabajo en parejas: Habla con un compañero sobre tu nivel actual de estudios. Haz preguntas como las indicadas abajo y anota las respuestas de tu compañero. Responde con las oraciones que escribiste en el Ejercicio 16.6.*

你读（高中）／（大学）几年级？／／你讀（高中）／（大學）幾年級？
你（高中）／（大学）毕业了吗？／／你（高中）／（大學）畢業了嗎？
你是哪年毕业的？／你是哪年畢業的？

_____
_____
_____

Un poco de gramática 语法点滴

Aclaración sobre el verbo 毕业／畢業 bìyè (graduarse)

Este verbo —más exactamente, este verbo-objeto, exige un tiempo para acostumbrarse a él. Mira cómo se comporta en los siguientes contextos.

Wǒ bìyè le. 我毕业了。／我畢業了。 *(Me he graduado.)*

Nǐ bìyè yǐhòu xiǎng zuò shénme? 你毕业以后想做什么？／你畢業以後想做甚麼？ *(¿Qué quieres hacer cuando te gradúes?)*

Wǒ jiù yào bìyè le. 我就要毕业了。／我就要畢業了。 *(Voy a graduarme muy pronto.)*

Wǒ hái yǒu liǎng nián cái néng bìyè. 我还有两年才能毕业。／我還有兩年才能畢業。 *(Todavía me quedan dos años para poder graduarme.)*

Hasta ahora, todo ha sido directamente hacia delante, pero eche un vistazo a siguientes ejemplos. Atención por el lugar de *dàxué* y *gāozhōng*.

Wǒ dàxué bìyè le. NOT ~~Wǒ bìyè le dàxué.~~ 我大学毕业了。／我大學畢業了。 *(He obtenido un graduado universitario.)*

Tā dàxué hái méi bìyè ne. 她大学还没毕业呢。／她大學還没畢業呢。 *(Ella no ha obtenido todavía el graduado universitario.)*

Wǒ shì èr líng yī líng nián liùyuè gāozhōng bìyè de (OR bì de yè). 我是二零一零年六月高中毕业的（毕的业）。／我是二零一零年六月高中畢業的（畢的業）。 *(Obtuve el graduado de bachiller en junio de 2010.)*

Encuentro 2 | Hablar sobre materias y especialidades

16.8 *Preparación:* Si tuvieras que explicar a otra persona las materias que estudias, ¿qué dirías? 用西班牙文写一些笔记。／用西班牙文寫一些筆記。

_____

_____

_____

16.9 *Mira y escucha el fragmento de video "Materias escolares". Marca en la columna apropiada las palabras que escuchas.*

	主科 zhǔ kē materia principal, obligatoria	副科 fù kē materia secundaria, opcional
a. dìlǐ 地理 *geografía*	☐	☐
b. huàxué 化学／化學 *química*	☐	☐
c. lìshǐ 历史／歷史 *historia*	☐	☐
d. měishù 美术／美術 *arte*	☐	☐
e. shēngwù 生物 *biología*	☐	☐
f. shùxué 数学／數學 *matemáticas*	☐	☐
g. tǐyù 体育／體育 *educación física*	☐	☐
h. wùlǐ 物理 *física*	☐	☐
i. Yīngyǔ 英语／英語 *inglés*	☐	☐
j. yīnyuè 音乐／音樂 *música*	☐	☐

	主科	副科
k. yǔwén 语文／語文 *arte del lenguaje**	☐	☐
l. zhèngzhì 政治 *política*	☐	☐

*"Arte del lenguaje" se refiere al estudio de la propia lengua nativa. Por ello, en este contexto los estudiantes estudian lengua y literatura china. Ten en cuenta que en este caso se refiere al idioma nacional, el mandarín (llamado 国语／國語 *Guóyǔ* en Taiwan y 普通话／普通話 *Pǔtōnghuà* en China continental), y no a las lenguas regionales como el 上海话／上海話 *Shànghǎihuà* (shanghainés) o e 广东话／廣東話 *Guǎngdōnghuà* (cantonés). Las lenguas regionales chinas (a veces llamados dialectos) son mutuamente incomprensibles oralmente, pero todas usan la misma escritura estándar igual que el mandarín.

Si estás cursando el bachiller ahora, revisa la lista anterior y anota las materias que estás estudiando en este momento. Si ya terminaste el bachiller, anota las materias que cursaste en tu último curso de bachiller. Solicita ayuda si no sabes cómo se dice en chino alguna materia. 请写拼音。／請寫拼音。

_____

_____

16.10 *Trabajo en parejas: Pregunta a tu compañero* 你这个学期上什么课？／你這個學期上甚麼課？ Nǐ zhèi ge xuéqī shàng shénme kè? (学期／學期 xuéqī – semestre) *Cuando respondas, di el nombre de los cursos que marcaste en el Ejercicio 16.9. Anota algunas de las respuestas de tu compañero. Si tienes tiempo, compártelo con el resto de la clase o "mézclate" con varios compañeros para hacer y responder la misma pregunta.*

_____

_____

16.11 *Trabajo en parejas: Pregunta a tu compañero* 你这个学期修多少学分？／你這個學期修多少學分？ Nǐ zhèi ge xuéqī xiū duōshao xuéfēn? *Cuando respondas, di cuántos créditos estás cursando este semestre. Escribe tus respuestas abajo y después marca la comparación más apropiada.*

Wǒ xiū _____ gè xuéfēn; wǒ de tóngxué xiū _____ gè xuéfēn.

我修_____个学分；我的同学修_____个学分。／

我修_____個學分；我的同學修_____個學分。

☐ Wǒ xiū de xuéfēn bǐ tā duō.
我修的学分比他多。／我修的學分比他多。

☐ Wǒ xiū de xuéfēn méiyǒu tā duō.
我修的学分没有他多。／我修的學分沒有他多。

☐ Wǒ xiū de xuéfēn gēn tā yíyàng duō.
我修的学分跟他一样多。／我修的學分跟他一樣多。

16.12 *Mira y escucha el fragmento de video "Especialidades de humanidades vs. ciencias". Después marca qué cursos crees que pertenecen a especialidades de humanidades y cuáles a ciencias. Compara tus respuestas con las de un compañero y después con las del profesor.*

	文科 wénkē humanidades	理科 lǐkē ciencias
a. yǔwén 语文／語文	☐	☐
b. shùxué 数学／數學	☐	☐
c. Yīngyǔ 英语／英語	☐	☐
d. huàxué 化学／化學	☐	☐
e. wùlǐ 物理	☐	☐
f. lìshǐ 历史／歷史	☐	☐
g. dìlǐ 地理	☐	☐
h. zhèngzhì 政治	☐	☐
i. shēngwù 生物	☐	☐
j. tǐyù 体育／體育	☐	☐
k. yīnyuè 音乐／音樂	☐	☐
l. měishù 美术／美術	☐	☐

16.13 请再看一次录像片断。然后请用西班牙文填写以下的空格。／請再看一次錄像片斷。然後請用西班牙文填寫以下的空格。 Qǐng zài kàn yí cì lùxiàng piànduàn. Ránhòu qǐng yòng Xībānyáwén tiánxiě yíxià de kònggé. *(Escucha de nuevo el fragmento de video y rellena los siguientes espacios en blanco en español.)*

"En el segundo año del _____ chino, tienes que decidir si quieres estudiar _____ o _____. Si estudias humanidades, después del _____ año, no tienes que estudiar _____ o _____. Si decides estudiar _____, después de _____, no tienes que estudiar las materias como _____ y _____."

INFO 供你参考

Especialidades de bachillerato

En China continental y Taiwan, los estudiantes de bachillerato deben elegir entre las especialidades de humanidades y ciencias para preparar los duros exámenes de acceso a la universidad. Estos exámenes permiten a los estudiantes competir por las escasas plazas de las universidades públicas, más prestigiosas y solicitadas que las privadas. Elegir una especialidad significa que los estudiantes no tienen que estudiar a la vez para los exámenes de humanidades y ciencias. Debido a que se comprometen con la especialidad ya durante el bachillerato, los estudiantes chinos deciden sus futuras carreras a una edad mucho más temprana que los estudiantes de otros países. Como resultado, para los chinos es más difícil cambiar sus carreras a lo largo de la vida, especialmente entre distintas disciplinas.

 16.14 Añade el tono correcto a las sílabas de 拼音 de las siguientes especialidades universitarias comunes, según lo que escuchas en el audio.

kuaiji
会计／會計
contabilidad

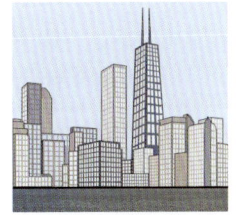

jianzhu
建筑／建築
arquitectura

meishu
美术／美術
arte

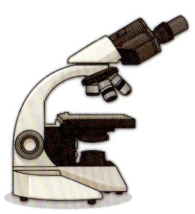

shengwu
生物
biología

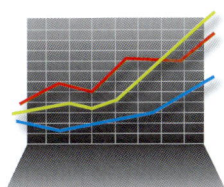

shangxue
商学／商學
negocios

huaxue
化学／化學
química

diannao kexue
电脑科学／
電腦科學
informática*

wudao
舞蹈
danza

jiaoyu
教育
educación

gongcheng
工程
ingeniería

*En China continental, "informática" se llama *jìsuànjī kēxué* 计算机科学／計算機科學.

160 UNIDAD 16 ESTUDIAR DURO Y MEJORAR DÍA A DÍA

jinrong
金融
finanzas

dili
地理
geografía

lishi
历史／歷史
historia

falü
法律
derecho

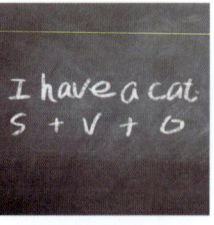
yuyanxue
语言学／
語言學
filología

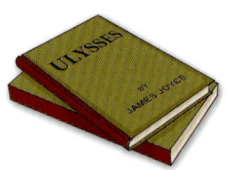
wenxue
文学／文學
literatura

shuxue
数学／數學
matemáticas

yixue
医学／醫學
medicina

yinyue
音乐／音樂
música

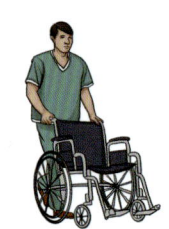
huli
护理／護理
enfermería

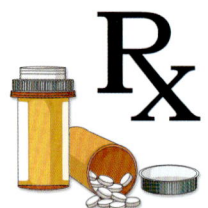
yaowu
药物／藥物
farmacia

wuli
物理
física

zhengzhi
政治
ciencias políticas

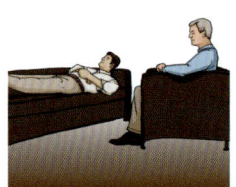
xinlixue
心理学／
心理學
psicología

shehuixue
社会学／
社會學
sociología

xiju
戏剧／戲劇
teatro

16.15 *Escribe el nombre de tu actual especialidad (o la que podría ser en el futuro). Si no la encuentras en la lista del Ejercicio 16.14, pregunta al profesor o consulta un diccionario.*

_____

16.16 *Trabajo en parejas: Haz a tu compañero alguna de las siguientes preguntas:*

- [Si ya tiene una especialidad universitaria]

    (Uso en China continental)   Nǐ de **zhuānyè** shì shénme?

    你的**专业**是什么？／你的**專業**是甚麼？

    (Uso en Taiwan)   Nǐ **zhǔ xiū** shénme?

    你**主修**什么？／你**主修**甚麼？

    (¿Cuál es tu especialidad?)

- [Si todavía no tiene una especialidad universitaria]

    (Uso en China continental)   Nǐ jiānglái de **zhuānyè** shì shénme?

    你将来的**专业**是什么？／

    你將來的**專業**是甚麼？

    ((Uso en Taiwan)   Nǐ jiānglái **zhǔ xiū** shénme?

    你将来**主修**什么？／你將來**主修**甚麼？

    (¿Cuál será tu especialidad?)

Anota la respuesta de tu compañero:

_____

_____

_____

Cuando respondas, usa lo que escribiste en el Ejercicio 16.15.

16.17 *Haz conversación: Muévete por el aula para enterarte de cuáles son (o serán) las especialidades de tus compañeros.*

Encuentro 3 Hablar del horario escolar

16.18 *Preparación:* Si tuvieras que hablar con alguien de tus clases, tu horario escolar o tus materias preferidas, ¿qué dirías? 用西班牙文写一些笔记。／用西班牙文寫一些筆記。

_____

_____

_____

16.19 *Mira y escucha el fragmento de video "El horario de "Lǐ Yǎtú's"* 然后用西班牙文填空。／然後用西班牙文填空。

a. Sus clases son: _____, _____, _____, _____, fotografía, _____, y otras más.

b. La clase que le parece más interesante es _____, y las que son un poco aburridas son _____ y _____.

c. Su clase preferida es _____, y no le gusta _____ y _____, porque piensa que son _____.

d. Estas clases son _____ veces a la semana.

e. Sus _____ y _____ son bastante agradables con él.

16.20 Lee la siguiente transcripción del video "El horario de Lǐ Yǎtú" en caracteres tradicionales o simplificados (o ambos) y rellena los espacios en blanco utilizando las opciones indicadas abajo. Si te apetece, pon el video de nuevo y lee al mismo tiempo.

a. 有意思的　　　　e. 每周／每週　　　　i. 课／課

b. 英文　　　　　　f. 美国历史／美國歷史　　j. 数学／數學

c. 好　　　　　　　g. 三次

d. 老师／老師　　　h. 比较／比較

我上的课有英文、_____、_____、化学、摄影、体育，还有一些其他的_____。我认为最_____课是摄影，比较无聊的课是像化学还有英文。我觉得我最喜欢的课是数学，不太喜欢的课是_____还有美国历史，因为它们_____难。我_____上这些课_____。同学和_____都比较_____。

我上的課有英文、_____、_____、化學、攝影、體育，還有一些其他的_____。我認為最_____課是攝影，比較無聊的課是像化學還有英文。我覺得我最喜歡的課是數學，不太喜歡的課是_____還有美國歷史，因為牠們_____難。我_____上這些課_____。同學和_____都比較_____。

UNIDAD 16 ESTUDIAR DURO Y MEJORAR DÍA A DÍA

16.21 请把西班牙文、拼音和汉字对上。／請把西班牙文、拼音和漢字對上。

a. *primera clase*	1. yǒu yìsi de kè	A. 很无聊的课／很無聊的課
b. *seis clases al día*	2. hěn wúliáo de kè	B. 第一节课／第一節課
c. *una clase interesante*	3. dì-yī jié kè	C. 每周三次／每週三次
d. *una clase aburrida*	4. yì jié kè wǔshíwǔ fēnzhōng	D. 有意思的课／有意思的課
e. *una clase fácil*	5. hěn nán de kè	E. 一天六节课／一天六節課
f. *una clase difícil*	6. měi zhōu sān cì	F. 很容易的课／很容易的課
g. *una clase son 55 minutos*	7. hěn róngyì de kè	G. 一节课55分钟／一節課55分鐘
h. *tres veces por semana*	8. yì tiān liù jié kè	H. 很难的课／很難的課

Un poco de gramática 语法点滴

Frecuencia y duración

Las expresiones de frecuencia indican con qué frecuencia ocurre una acción, mientras que las de duración describen cuánto ha durado o va a durar una acción. Ambas se sitúan después del verbo. Ya conoces una expresión clave de frecuencia—次 *cì*. Otras son 回 *huí*, 遍 *biàn*, y 趟 *tàng*, que significan también "veces". No obstante, 遍 enfatiza "de principio a fin" y 趟 se refiere a viajes o trayectos. Estas son algunas oraciones de ejemplo, y en algunas de ellas se combinan expresiones de frecuencia y duración.

那部电影我看了一次，觉得很不错。／那部電影我看了一次，覺得很不錯。 Nà bù diànyǐng wǒ kànle yí cì, juéde hěn búcuò.

那本书我读了两遍，花了五天，还是不喜欢。／那本書我讀了兩遍，花了五天，還是不喜歡。 Nà běn shū wǒ dúle liǎng biàn, huāle wǔ tiān, háishi bù xǐhuan.

我去过两趟北京，住了三个星期，玩得很高兴。／我去過兩趟北京，住了三個星期，玩得很高興。 Wǒ qùguo liǎng tàng Běijīng, zhùle sān gè xīngqī, wán de hěn gāoxìng.

这个字我写了好几回，写了半天，还是写得不好。／這個字我寫了好幾回，寫了半天，還是寫得不好。 Zhè ge zì wǒ xiěle hǎo jǐ huí (*muchas veces*), xiěle bàn tiān (*largo tiempo*), háishi xiě de bù hǎo.

Si el verbo es una construcción verbo-objeto, la expresión de frecuencia generalmente se sitúa entre el verbo y el objeto. Esto ocurre especialmente cuando el verbo es seguido de la partícula 過／过 *guo*, que expresa que la acción se ha completado.

我们见过两次面。／我們見過兩次面。 Wǒmen jiànguo liǎng cì miàn. (见面／見面 jiànmiàn)

我们吃过两次中国饭。／我們吃過兩次中國飯。 Wǒmen chīguo liǎng cì Zhōngguó fàn. (吃饭／吃饭 chīfàn)

我们每周上三次英文课。／我們每週上三次英文課。 Wǒmen měi zhōu shàng sān cì Yīngwén kè.

o

我们每周上英文课三次。／我們每週上英文課三次。 Wǒmen měi zhōu shàng Yīngwén kè sān cì. (上课／上課 shàngkè)

Si el objeto es una ubicación, la expresión de frecuencia puede ir antes o después de dicha ubicación.

我今年去了两趟北京，还想再去。／我今年去了兩趟北京，還想再去。 Wǒ jīnnián qùle liǎng tàng Běijīng, hái xiǎng zài qù.

他今年去了北京三趟，不想再去了。 Tā jīnnián qùle Běijīng sān tàng, bù xiǎng zài qù le.

Si el objeto es un pronombre personal o nombre propio, la expresión de frecuencia debe seguir a dicho pronombre o nombre.

我见过她两次。／我見過她兩次。
Wǒ jiànguo tā liǎng cì. NOT ~~Wǒ jiànguo liǎng cì tā.~~

16.22 *Describe tu horario escolar diario. Escribe algo sobre tus clases, incluyendo cuáles son tus favoritas, cuáles te gustan menos y cuántas veces las tienes a la semana.* 请写拼音或者汉字。／請寫拼音或者漢字。

_____

_____

_____

16.23 *Trabajo en parejas: Pregunta a un compañero* 你每天的课程怎么样？／你每天的課程怎麼樣？ Nǐ měi tiān de kèchéng zěnmeyàng? *Cuando respondas, utiliza lo que escribiste en el Ejercicio 16.22. Anota las respuestas de tu compañero. Resumid vuestro intercambio con otra pareja o con la clase entera.*

_____

_____

_____

UNIDAD 16 ESTUDIAR DURO Y MEJORAR DÍA A DÍA

Encuentro 4 — Visitar un campus

16.24 *Preparación: Si alguien quisiera visitar el campus de tu escuela, ¿dónde lo llevarías?* 用西班牙文写一些笔记。／用西班牙文寫一些筆記。

_____

_____

_____

16.25 *Mira y escucha el fragmento de video "Bienvenidos a mi campus", en el que una estudiante presenta su universidad, la Universidad de Comunicación de China. Completa la transcripción en pinyin rellenando los espacios en blanco con las palabras incluidas abajo. Cada una puede usarse más de una vez.*

Parte 1

xuésheng gōngyù(lóu)	jiàoxuélóu	cāochǎng
xuéxiào	túshūguǎn	bàngōnglóu
jìsuànjī zhōngxīn	mǔxiào	

a. Dàjiā hǎo. Wǒ jiào Táng Xīnyí. Zhèlǐ shì wǒ de _____, Zhōngguó Chuánméi Dàxué. Tā de Yīngwén míngchēng shì CUC. Jiēxiàlái, wǒ yào dài dàjiā qù cānguān yíxià zhèi suǒ _____.
(Hola a todos. Me llamo Tang Xinyi. Esta es mi alma mater, Zhongguo Chuanmei Daxue. Su nombre en inglés es CUC. Ahora me gustaría llevaros a todos a dar una vuelta por el campus.)

b. Xiànzài wǒmen zài zhèlǐ. Jiēxiàlái wǒmen huì qù cānguān _____, _____, _____, _____ hé qítā de dìfang.
(Ahora estamos aquí. A continuación, iremos a ver un aulario, la biblioteca, un dormitorio de estudiantes, la pista de atletismo y otros lugares.)

c. Xuéxiào li yǒu hěn duō de _____. Zhè shì qízhōng de yí dòng. Yě shì zuì xīn, zuì xiàndài de. Yīnwèi tā zhèngfāngxíng de xíngzhuàng, tóngxuémen dōu jiào tā Biànxíng Jīngāng.
(Hay muchos aularios en la escuela. Este es uno de ellos. También es el más nuevo y moderno. Debido a sus formas cuadradas, los estudiantes lo llaman "el transformer" [un apodo, como el juguete].)

d. Zhèlǐ shì xiàozhǎng _____. Xuéxiào de xiàozhǎng, fùxiàozhǎng, hé tāmen de mìshū, dōu zài zhèi dòng lóu li bàngōng. Měi suǒ yuàn xì yě yǒu gèzì de _____. Yuàn xì li de yuànzhǎng, jiàoshòu, lǎoshī, jiù zài gèzì de _____ li bàngōng.
(Este es el edificio de la oficina del director de la universidad. El director, el vicedirector y sus secretarios trabajan en este edificio. Cada facultad y departamento también tienen su propio edificio de oficinas. Los decanos, catedráticos y profesores de las facultades y departamentos trabajan en sus propios edificios de oficinas.)

e. Zhèlǐ shì wǒmen _____ de _____. Tóngxuémen zài zhèlǐ shàng jìsuànjī kè. Kè hòu yě kěyǐ zài zhèlǐ shàngwǎng.
(Este es el centro de informática de nuestra universidad. Aquí los estudiantes tienen clase de informática. Después de clase aquí también pueden conectarse a Internet.)

Part 2

xuésheng gōngyù(lóu)	shítáng	cāochǎng
xuéxiào	túshūguǎn	cāntīng

a. _____ lǐ yǒu liǎng gè _____. Zhèlǐ shì qízhōng zhī yī, Nányuàn _____. _____ li yǒu xǔduō yuèlǎnshì. Tóngxuémen kěyǐ lái zhèlǐ zìxí, yuèdú. *(La universidad tiene dos bibliotecas. Esta es una de ellas, la Biblioteca del Campus Sur. En su interior hay varias salas de lectura. Los estudiantes vienen aquí a estudiar y leer.)*

b. Zhèlǐ shì xuésheng yī _____. Dì-yī céng shì dà _____. Zǎoshang liù diǎn bàn dào xiàwǔ yī diǎn zhōng kāifàng. Xiàng tóngxuémen tígōng zǎocān hé wǔcān. Wǎnshang wǔ diǎn dào liù diǎn bàn kāifàng. Xiàng tóngxuémen tígōng wǎncān. Dì-èr céng ne, hé dì-yī céng bù yíyàng. Tā yǒu xǔduō de xiǎo diànpù, kěyǐ zài zǎoshang shí diǎn dào wǎnshang jiǔ diǎn xiàng tóngxuémen tígōng shíwù.
(Esta es la Cafetería de Estudiantes N.º 1. La primera planta es un gran comedor. Abre desde la 6:30 de la mañana hasta la 1:00 de la tarde, ofreciendo desayuno y almuerzo a los estudiantes. Por la noche abre de 5:00 a 6:30 para ofrecer la cena a los estudiantes. La segunda planta no es igual que la primera. Tiene pequeñas tiendas que ofrecen [venden] comida a los estudiantes desde las 10:00 de la mañana hasta las 9:00 de la noche.)

c. Zhèlǐ shì wǒmen _____ de Nányuàn _____. Nǐ kěyǐ kànjiàn tóngxuémen zhèngzài tī zúqiú. Wǒmen _____ hái yǒu qítā de tǐyù chǎngsuǒ. Tóngxuémen kěyǐ tī zúqiú, dǎ lánqiú, dǎ yǔmáoqiú, dǎ pīngpāngqiú, dǎ wǎngqiú, děngděng. Nǐ kěyǐ zuò hěn duō tǐyù yùndòng.
(Esta es la pista de atletismo del Campus Sur de nuestra universidad. Puedes ver a los estudiantes jugando al fútbol. Nuestra universidad cuenta con otras instalaciones deportivas. Los estudiantes pueden jugar a fútbol, baloncesto, bádminton, ping-pong, tenis, etc. Se pueden practicar muchos deportes.)

d. Zhè shì yí dòng _____. Wǒmen _____ yǒu bùtóng de _____. Bǐrú shuō, xiào nèi de, xiào wài de. Bùtóng de _____ xiàng tóngxuémen tígōng bùtóng de fángjiān. Bǐrú shuō, bóshìshēng de _____ yǒu liǎng rén jiān, yánjiūshēng de _____ shì sì rén jiān, ér běnkēshēng de gōngyùlóu shì liù rén jiān.

(Este es un edificio de dormitorios de estudiantes. Nuestra universidad tiene diferentes tipos de dormitorios. Por ejemplo, dentro y fuera del campus. Los diferentes dormitorios ofrecen diferentes tipos de habitación a los estudiantes. Por ejemplo, los dormitorios para estudiantes de doctorado tienen habitaciones dobles, los dormitorios para estudiantes de postgrado habitaciones cuádruples y los dormitorios para estudiantes de grado habitaciones de seis personas.)

e. Hěn gāoxìng jīntiān dàilǐng dàjiā cānguān wǒ de _____. Xīwàng nǐmen néng xǐhuan wǒ de jièshào. Zàijiàn.

(Estoy muy contenta de haberos acompañado a visitar la universidad hoy. Espero que os haya gustado mi presentación. Gracias.)

16.26 请把西班牙文写上。／請把西班牙文寫上。

a. 母校　　　　　　　　　　mǔxiào　　　　　_____
b. 学校／學校　　　　　　　xuéxiào　　　　　_____
c. 学生公寓楼／學生公寓樓　xuésheng gōngyùlóu _____
d. 教学楼／教學樓　　　　　jiàoxuélóu　　　　_____
e. 图书馆／圖書館　　　　　túshūguǎn　　　　_____
f. 食堂　　　　　　　　　　shítáng　　　　　_____
g. 操场／操場　　　　　　　cāochǎng　　　　_____
h. 办公楼／辦公樓　　　　　bàngōnglóu　　　_____
i. 计算机中心／計算機中心　jìsuànjī zhōngxīn _____
j. 餐厅／餐廳　　　　　　　cāntīng　　　　　_____

> **INFO** 供你参考
>
> **Dormitorios universitarios**
>
> Los dormitorios de los campus se llaman generalmente 宿舍 *sùshè* y se dividen en 男生宿舍 *nánshēng sùshè* y 女生宿舍 *nǚshēng sùshè*. La universidad presentada en el video "Bienvenidos a mi campus" utiliza el término 学生公寓楼／學生公寓樓 *xuésheng gōngyùlóu* (edificio de apartamentos para estudiantes). Muchas universidades llegan a tener habitaciones de ocho personas, de forma que los que viven en los "apartamentos de estudiantes" de esta universidad viven relativamente mejor.

16.27 Trabajo en grupo: *Si tuvieras que presentar el campus de tu escuela a un visitante de China, ¿qué le enseñarías o qué dirías? Trabajad en grupos pequeños y escribid al menos cinco oraciones que diríais en esta presentación. Comprueba las oraciones con el profesor y después practícalas en voz alta hasta que puedas decirlas con fluidez.*
请写拼音。／請寫拼音。

_____

_____

_____

_____

_____

16.28 Trabajo en parejas: *Trabaja con un compañero que no formara parte del pequeño grupo del Ejercicio 16.27. Haz como que "le das una vuelta" por tu escuela diciendo las oraciones que preparaste. Al hacer la presentación, tu compañero debe localizar en un mapa del campus los lugares que mencionas. Comprueba tu pronunciación y la comprensión de tu compañero asegurándote que identifica en el mapa el lugar que describes.*

> **INFO** 供你参考
>
> ### Las dos "comas" del chino
>
> El chino tiene dos "comas". Una separa oraciones como en español, y la otra, exclusiva del chino, se usa en listas y en frases con enumeraciones. La primera es conocida como "coma de pausa" en chino. Es posible que ya hayas visto esta peculiar (pero muy útil y sensible) coma en unidades anteriores. Quizás has pensado: "Bueno, es un error de impresión". ¡No! Se trata de una coma muy real. En el pasado, el chino se escribía sin ningún signo de puntuación. Los signos de puntuación (como puntos, comas, signos de interrogación, dos puntos, punto y coma y comillas) fueron añadidos al chino escrito a principios del siglo XX. La poesía china moderna (igual que la clásica) sigue sin utilizar signos de puntuación, pero la prosa china moderna fue más lejos e "inventó" un nuevo tipo de coma: la "coma de series".
>
> 我今年上的课有英文、化学、文学和音乐。／我今年上的課有英文、化學、文學和音樂。Wǒ jīnnián shàng de kè yǒu Yīngwén, huàxué, wénxué hé yīnyuè. *(Este año tengo clase de inglés, química, literatura y música.)*
>
> 中国大学的一、二、三年级，课很多，也很难。／中國大學的一、二、三年級，課很多，也很難。Zhōngguó dàxué de yī, èr, sān niánjí, kè hěn duō, yě hěn nán. *(En las universidades chinas, el primer, segundo y tercer curso tienen muchas clases y son muy difíciles.)*
>
> Busca más ejemplos de este signo de puntuación en las lecturas del Encuentro 5

🎵 Rap de la Unidad

Visita la página web de **Encuentros** *www.EncountersChinese.com.cn y escucha la canción para repasar las expresiones estudiadas en la Unidad 16. ¡Escúchala de nuevo y canta al mismo tiempo!*

Encuentro 5 Lectura y escritura

Lectura de oraciones familiares en caracteres chinos

16.29 *Trabajo en parejas:* Lee en voz alta junto a un compañero los siguientes textos (escritos en caracteres simplificados) usando el español como guía. Podéis leer las frases de forma alternativa; si uno de los dos no puede leer algún carácter, ayudaos mutuamente.

1 中国的小孩子一般 (yìbān – *generalmente*) 六七岁上小学。这以前，有的孩子有机会上托儿所或者幼儿园，还有一些孩子因为钱不够没法子上，在家里一直待(dāi – *permanecer*) 到六岁。在中国，小学一共六年。读完小学后，孩子们上中学。先是读三年的初中，然后读三年的高中。中国中学的高一、高二和高三跟美国高中十年级、十一年级和十二年级一样。 *(Los niños chinos empiezan la escuela primaria a los seis o siete años. Antes de esto, algunos niños tienen la oportunidad de ir a preescolar o la guardería. Otros no pueden porque los recursos económicos de sus familias son insuficientes. Estos niños se quedan en casa hasta los seis años (cuando empiezan la escuela primaria). En China, la educación primaria dura seis años; después de terminar la escuela primaria, los niños van a la escuela secundaria. Primero cursan tres años de enseñanza intermedia y después, tres años de bachillerato superior. El primer, segundo y tercer año de bachillerato superior chino equivalen a los niveles diez, once y doce de secundaria en EE.UU.)*

2 在中国读大学一、二年级的时候，课很多。每天除了忙着上课、写作业，学生没有时间做别的。在大一、大二的时候还得考全国(quánguó – *a escala nacional*)大学英语考试，这是一个很重要的考试。到了大三以后，学生就开始忙自己的事情了，比方说，开始考虑(kǎolǜ – *considerar*)找工作的事，这样就不一定天天都会去上课了。 *(En el primer y segundo curso de las universidades chinas hay muchas clases. Aparte de ir a clase todos los días y hacer las tareas, los estudiantes no tienen tiempo para otras cosas. Durante el primer y segundo curso los estudiantes deben asimismo presentarse al examen nacional universitario de inglés [CET]. Es un examen muy importante. Al llegar al tercer curso, los estudiantes empiezan a ocuparse de cosas más personales como pensar en encontrar un trabajo y, por este motivo, no necesariamente van a clase todos los días.)*

3 中国中学的课程分主科和副科。主科有语文、数学、英语、化学和物理。副科有历史、地理、政治、生物、体育、音乐和美术。美国的中学一般不分主科和副科。还有，美国的中小学一般没有政治课。教外语的中小学在美国也不多。这和欧洲很不一样：在欧洲，几乎(jīhū – *casi*) 所有的中小学都教外语，是个主课。 *(En China, las clases de la escuela secundaria se dividen en materias principales (obligatorias) y secundarias. Las materias principales incluyen lengua, matemáticas, inglés, química y física. Las materias secundarias incluyen historia, geografía, política, biología, educación física, música y arte. Generalmente la escuela primaria y secundaria de EE.UU. no divide entre materias principales y secundarias. Además, la escuela primaria y secundaria de*

EE.UU. no enseña política, y muchas tampoco enseñan idiomas extranjeros. Esto es diferente en Europa, donde casi todas las escuelas primarias y secundarias enseñan una lengua extranjera de forma obligatoria.)

4 在中国，高中一、二年级的学生一定要决定是读理科或者读文科。读理科的话，上高二以后就不用学历史、地理这样的科目了。读文科的话，上高二以后就不用学化学、物理这样的科目了。 *(En China, los estudiantes del primer y segundo curso de bachillerato superior deben decidir si estudiarán ciencias o humanidades. Si eligen ciencias, no tienen que cursar materias como historia y geografía después del segundo año. Si eligen humanidades, no tienen que cursar materias como física y química después del segundo año.)*

5 李雅图是一个在美国读高中的北京孩子。他说他最喜欢的课是数学和摄影，因为这两门课对他来说比较容易。他最不喜欢的课是美国历史和英语，因为这两门都比较难。他怕他学英文学得不好，可是他的老师对他父母说，李雅图的英语其实学得很不错。 *(Li Yatu es un chico de Beijing que estudia bachillerato superior en EE.UU. Él dice que sus materias favoritas son matemáticas y fotografía, porque son relativamente fáciles para él. La materia que menos le gusta es historia de EE.UU. e inglés, porque son más difíciles. Tiene miedo de no aprender bien inglés, pero su profesor ha dicho a sus padres que en realidad está aprendiendo muy bien.)*

6 有一个大学生给大家介绍她的母校。她说她要带大家去参观学校的教学楼、图书馆、学生公寓、操场和其他的地方。她先带大家去参观了一栋教学楼。这栋楼是学校里最新的、最现代的教学楼，非常大，非常好看。 *(Una estudiante de universidad nos presenta su alma mater. Dice que nos va a llevar a visitar los aularios, bibliotecas, dormitorios de estudiantes, pistas deportivas y otros lugares. Primero nos lleva a visitar un aulario, que es el más nuevo y más moderno de la universidad. Es muy grande y muy bonito.)*

7 这位学生带大家参观的第二栋楼是校长办公楼。学校的校长、副校长和他们的秘书都在这栋楼里办公。然后我们又去参观了学校的一个图书馆。学校里有两个图书馆，一个大，一个小。我们参观的那个是南院大图书馆，里面的书又多又好。 *(El segundo edificio que nos presenta es el de la oficina del director de la universidad. El director, vicedirector y sus secretarios trabajan en este edificio. Más tarde visitamos una de las bibliotecas del campus. La universidad tiene dos bibliotecas, una grande y otra pequeña. La que visitamos es la biblioteca grande del Campus Sur. En su interior hay muchos libros interesantes.)*

8 那位学生也给我们介绍了学校的餐厅，叫做"学生一餐厅"。大食堂在第一层楼。学生可以从早上六点半到九点半在那儿吃早饭，中午十二点到下午两点吃午饭。晚饭是五点到六点半。餐厅的二楼有些地方可以买到各种各样的小吃，这对学生来说很方便。 *(La estudiante también nos presenta la cafetería de la universidad, llamada Cafetería de Estudiantes N.º 1. En la primera planta hay un gran comedor. Los estudiantes pueden desayunar desde las 6:30 hasta las 9:30 a.m., y almorzar desde las doce del mediodía hasta las 2:00 p.m. La cena es desde las 5:00 hasta las 6:30 pm. En la segunda planta hay varios lugares donde los estudiantes pueden comprar todo tipo de aperitivos. Es muy conveniente para los estudiantes.)*

9 学校里有很多体育场所。我们参观了南院操场。当时有几个学生正在踢足球。同学们也可以做很多其他的体育活动。比如说，也可以打篮球、打乒乓球、打网球，等等。学校里有两个游泳池，可是我们没有去参观。 *(La universidad tiene varias pistas deportivas. Nosotros visitamos la pista de atletismo del Campus Sur. En ese momento unos estudiantes estaban jugando al fútbol. Los estudiantes pueden practicar otros deportes. Por ejemplo, pueden jugar al baloncesto, al ping-pong, al tenis, etc. La universidad tiene dos piscinas, pero no las visitamos.)*

10 最后，大家参观了一栋学生宿舍，叫作"学生公寓楼"。学校当然有很多种不同的宿舍：给博士生住的、给研究生住的、给本科生住的。本科生的宿舍里住的人最多，多到六个人一间。博士生的房间只是两个人一间。 *(Finalmente visitamos un dormitorio, llamado "apartamentos de estudiantes". La universidad, por supuesto, tiene diferentes dormitorios —para estudiantes de doctorado, de máster y de grado. Los dormitorios para estudiantes de grado son los que pueden albergar más estudiantes, hasta seis por habitación. Las habitaciones para estudiantes de doctorado solo son para dos personas.)*

16.30 *Trabajo en parejas: Leed los textos de nuevo, esta vez sin ayuda de español.*

1 中国的小孩子一般六七岁上小学。这以前，有的孩子有机会上托儿所或者幼儿园，还有一些孩子因为钱不够没法子上，在家里一直待到六岁。在中国，小学一共六年。读完小学后，孩子们上中学。先是读三年的初中，然后读三年的高中。中国中学的高一、高二和高三跟美国高中十年级、十一年级和十二年级一样。

2 在中国读大学一、二年级的时候，课很多。每天除了忙着上课、写作业，学生没有时间做别的。在大一、大二的时候还得考全国大学英语考试，这是一个很重要的考试。到了大三以后，学生就开始忙自己的事情了，比方说，开始考虑找工作的事，这样就不一定天天都会去上课了。

3 中国中学的课程分主科和副科。主科有语文、数学、英语、化学和物理。副科有历史、地理、政治、生物、体育、音乐和美术。美国的中学一般不分主科和副科。还有，美国的中小学一般没有政治课。教外语的中小学在美国也不多。这和欧洲很不一样：在欧洲，几乎所有的中小学都教外语，是个主课。

4 在中国，高中一、二年级的学生一定要决定是读理科或者读文科。读理科的话，上高二以后就不用学历史、地理这样的科目了。读文科的话，上高二以后就不用学化学、物理这样的科目了。

5. 李雅图是一个在美国读高中的北京孩子。他说他最喜欢的课是数学和摄影，因为这两门课对他来说比较容易。他最不喜欢的课是美国历史和英语，因为这两门都比较难。他怕他学英文学得不好，可是他的老师对他父母说，李雅图的英语其实学得很不错。

6. 有一个大学生给大家介绍她的母校。她说她要带大家去参观学校的教学楼、图书馆、学生公寓、操场和其他的地方。她先带大家去参观了一栋教学楼。这栋楼是学校里最新的、最现代的教学楼，非常大，非常好看。

7. 这位学生带大家参观的第二栋楼是校长办公楼。学校的校长、副校长和他们的秘书都在这栋楼里办公。然后我们又去参观了学校的一个图书馆。学校里有两个图书馆，一个大，一个小。我们参观的那个是南院大图书馆，里面的书又多又好。

8. 那位学生也给我们介绍了学校的餐厅，叫做"学生一餐厅"。大食堂在第一层楼。学生可以从早上六点半到九点半在那儿吃早饭，中午十二点到下午两点吃午饭。晚饭是五点到六点半。餐厅的二楼有些地方可以买到各种各样的小吃，这对学生来说很方便。

9. 学校里有很多体育场所。我们参观了南院操场。当时有几个学生正在踢足球。同学们也可以做很多其他的体育活动。比如说，也可以打篮球、打乒乓球、打网球，等等。学校里有两个游泳池，可是我们没有去参观。

10. 最后，大家参观了一栋学生宿舍，叫作"学生公寓楼"。学校当然有很多种不同的宿舍：给博士生住的、给研究生住的、给本科生住的。本科生的宿舍里住的人最多，多到六个人一间。博士生的房间只是两个人一间。

16.31 Trabajo en parejas: *Leed los textos una vez más, esta vez en chino tradicional.*

1. 中國的小孩子一般六七歲上小學。這以前，有的孩子有機會上托兒所或者幼兒園，還有一些孩子因為錢不夠沒法子上，在家裡一直待到六歲。在中國，小學一共六年。讀完小學後，孩子們上中學。先是讀三年的初中，然後讀三年的高中。中國中學的高一、高二和高三跟美國高中十年級、十一年級和十二年級一樣。

2 在中國讀大學一、二年級的時候，課很多。每天除了忙著上課、寫作業，學生沒有時間做別的。在大一、大二的時候還得考全國大學英語考試，這是一個很重要的考試。到了大三以後，學生就開始忙自己的事情了，比方說，開始考慮找工作的事，這樣就不一定天天都會去上課了。

3 中國中學的課程分主科和副科。主科有語文、數學、英語、化學和物理。副科有歷史、地理、政治、生物、體育、音樂和美術。美國的中學一般不分主科和副科。還有，美國的中小學一般沒有政治課。教外語的中小學在美國也不多。這和歐洲很不一樣：在歐洲，幾乎所有的中小學都教外語，是個主課。

4 在中國，高中一、二年級的學生一定要決定是讀理科或者讀文科。讀理科的話，上高二以後就不用學歷史、地理這樣的科目了。讀文科的話，上高二以後就不用學化學、物理這樣的科目了。

5 李雅圖是一個在美國讀高中的北京孩子。他說他最喜歡的課是數學和攝影，因為這兩門課對他來說比較容易。他最不喜歡的課是美國歷史和英語，因為這兩門都比較難。他怕他學英文學得不好，可是他的老師對他父母說，李雅圖的英語其實學得很不錯。

6 有一個大學生給大家介紹她的母校。她說她要帶大家去參觀學校的教學樓、圖書館、學生公寓、操場和其他的地方。她先帶大家去參觀了一棟教學樓。這棟樓是學校裡最新的、最現代的教學樓，非常大，非常好看。

7 這位學生帶大家參觀的第二棟樓是校長辦公樓。學校的校長、副校長和他們的秘書都在這棟樓裡辦公。然後我們又去參觀了學校的一個圖書館。學校裡有兩個圖書館，一個大，一個小。我們參觀的那個是南院大圖書館，裡面的書又多又好。

8 那位學生也給我們介紹了學校的餐廳，叫做"學生一餐廳"。大食堂在第一層樓。學生可以從早上六點半到九點半在那兒吃早飯，中午十二點到下午兩點吃午飯。晚飯是五點到六點半。餐廳的二樓有些地方可以買到各種各樣的小吃，這對學生來說很方便。

9 學校裡有很多體育場所。我們參觀了南院操場。當時有幾個學生正在踢足球。同學們也可以做很多其他的體育活動。比如說，也可以打籃球、打乒乓球、打網球，等等。學校裡有兩個游泳池，可是我們沒有去參觀。

10 最後，大家參觀了一棟學生宿舍，叫作"學生公寓樓"。學校當然有很多種不同的宿舍：給博士生住的、給研究生住的、給本科生住的。本科生的宿舍裡住的人最多，多到六個人一間。博士生的房間只是兩個人一間。

INFO 供你參考

Vida de los estudiantes chinos

Como puedes imaginar, la vida de los estudiantes en China es un tema bastante amplio imposible de cubrir de forma completa aquí. Teniendo esto en cuenta, estas son algunas breves observaciones (sin un orden especial):

- Como parte de la formación para convertir a los jóvenes en adultos responsables, los estudiantes de primaria y secundaria deben encargarse de limpiar sus aulas y algunos laboratorios. Los estudiantes universitarios también comparten responsabilidades en la limpieza del campus.

- Los estudiantes tienen capacidad de elegir (pero no mucha) las materias que cursan. En el nivel universitario, algunas universidades hacen exámenes de admisión al principio del año para distribuir a los estudiantes en los cursos apropiados.

- Los estudiantes de primaria y secundaria reciben enormes cantidades de tareas para casa y tienen que hacer exámenes muy difíciles y competitivos. A menudo los estudiantes acuden a "cursos intensivos" fuera de las horas de clase regulares para obtener ventaja.

- Todas las escuelas de China, desde el nivel de primaria hasta el de postgrado, siguen un sistema semestral. El primer semestre comienza en septiembre y finaliza en enero, y el segundo comienza en febrero o marzo, según la fecha (calendario lunar) del Año Nuevo chino de ese año, y finaliza en julio. El semestre chino dura aproximadamente tres semanas más que el típico semestre universitario de EE.UU.

- Hasta hace poco, toda la educación era financiada por el estado. Esta situación ha cambiado a medida que se han elevado las exigencias económicas sobre los estudiantes y sus familias.

- La memorización y el aprendizaje pasivo siguen prevaleciendo en las aulas chinas. Los profesores presentan la información sin apenas participación de los estudiantes. Los estudiantes chinos son atentos, respetuosos y pasivos en clase, y normalmente toman abundantes apuntes.

- La tradición china siempre ha considerado la educación como un aspecto clave para el futuro de las personas. En la China moderna, esto es todavía más cierto. A medida que China y el resto del mundo se vuelven más competitivos, los padres se vuelcan cada vez más en la educación de sus hijos y realizan mayores sacrificios para asegurar su éxito.

UNIDAD 16 ESTUDIAR DURO Y MEJORAR DÍA A DÍA

▶ Lectura de textos de la vida real

16.32 El siguiente texto es el currículo general estándar del primer año de secundaria para el curso académico 2009-2010 en China. Léelo por encima y después responde las preguntas.

2009—2010学年度高中总课程表

	星期一								星期二								星期三							
	一	二	三	四	五	六	七	八	一	二	三	四	五	六	七	八	一	二	三	四	五	六	七	八
高一(1)	英语	数学	化学	历史	政治	语文	校本	体育活动	英语	物理	语文	体育	音乐	美术	数学	体育活动	地理	研学3	研学1	电脑	数学	生物	英语	体育活动
高一(2)	数学	化学	物理	语文	美术	地理	校本		英语	生物	体育	数学	语文	音乐	研学3		历史	研学1	政治	英语	电脑	数学	地理	
高一(3)	语文	物理	英语	数学	音乐	化学	校本		数学	语文	地理	历史	电脑	政治	体育		化学	数学	生物	英语	语文	研学1	美术	
高一(4)	历史	语文	生物	地理	数学	研学1	校本		电脑	语文	化学	物理	政治	数学	英语		数学	体育	研学3	历史	音乐	生物	英语	

	星期四								星期五							
	一	二	三	四	五	六	七	八	一	二	三	四	五	六	七	八
高一(1)	语文	物理	体育	研学2	英语	政治	历史	体育活动	数学	地理	生物	化学	语文	电脑	班会	体育活动
高一(2)	生物	体育	语文	化学	政治	英语	研学2		英语	物理	历史	电脑	数学	语文	班会	
高一(3)	地理	政治	历史	物理	电脑	数学	英语		生物	研学3	英语	体育	研学2	语文	班会	
高一(4)	英语	化学	电脑	数学	美术	地理	语文		政治	研学2	物理	英语	语文	体育	班会	

Fuente: Publicado en www.yce.cn/np ic /2009/200992983026482.xls 2009-9-29 y consultado en octubre de 2010

a. ¿Cuál es el título de la tabla? 请用拼音填空/請用拼音填空。

2009—2010 学年度高中总课程表

2009—2010 _____ dù _____ zǒng _____ biǎo.

(Horario general de clases del bachillerato superior del año académico 2009—2010)

b. Mira la columna 1. ¿Qué indica?
_____

c. Mira la columna 2. ¿Cuántas clases hay al día? _____

d. Mira la columna 1. En general, ¿cuántos grupos (班级／班級 *bānjí*) hay este nivel, en cada escuela? _____ (los estudiantes de un mismo grupo estudian juntos a lo largo de un día de clase).

e. Indica cuántas veces a la semana los estudiantes tienen las siguientes materias:

Matemáticas	
Química	
Inglés	
Arte del lenguaje	
Biología	
Física	
Geografía	
Música	
Arte	
Historia	
Ciencias políticas	

f. Los estudiantes tienen al mismo tiempo clases específicas de educación física y periodos de tiempo para realizar actividades físicas. ¿Cuántas veces a la semana tienen clases específicas de educación física? _____ ¿Cuántas veces a la semana tienen periodos para hacer ejercicio en general? _____

g. ¿Cuántas veces a la semana tienen los estudiantes "salón de estudio" (研学 *yán xué*) para investigar y estudiar por su cuenta? _____

h. Todos los lunes hay actividades en las que participa toda la escuela. ¿En qué clase tienen lugar? _____

i. Todos los viernes hay reunión de clase. ¿En qué clase tiene lugar? _____

j. En el horario también hay tiempo para la informática (电脑 *diànnǎo*). ¿Cuántas veces a la semana ocurre esto? _____

> **INFO** 供你参考
>
> ### El sistema imperial de exámenes: antes y ahora
>
> Hace siglos, el camino hacia el éxito en China pasaba por presentarse a los exámenes imperiales —un sistema patrocinado por el estado con el fin de atraer a las mejores mentes de China para servir como funcionarios enviados por la corte a lo ancho del país. ¿Qué debían estudiar los candidatos? Los clásicos confucianos, por supuesto. Los "cuatro libros" (四书／四書 *Sì Shū*) y los "cinco clásicos" (五经／五經 *Wǔ Jīng*) conformaban los textos básicos, cuyo dominio conducía al éxito en los exámenes, la obtención de un cargo imperial y una vida entera de facilidades, confort y bienestar. Este sistema duró siglos y no fue abolido hasta la caída del sistema imperial a principios del siglo XX. ¿Desapareció así la rigurosa estructura de exámenes? Quizás no. En la China moderna, un estudiante normal realiza cientos de exámenes, que en último lugar conducen al examen de acceso a la universidad (高考 *gāokǎo*), en el que una buena nota con suerte resulta en la admisión por las "mejores" universidades, un buen trabajo y seguridad económica y social.
>
> ¿Cómo consigue un estudiante el éxito académico? Bueno, igual que los antiguos eruditos memorizaban los textos clásicos, gran parte del sistema educativo moderno chino se basa todavía en la memorización —un sistema que, según los críticos, deja poco espacio a la creatividad. La presión sobre los estudiantes y sus familias es alta. Esto es cierto no solo para las familias en China, sino para las familias chinas emigradas por todo el mundo —quizás, todavía más alta en este caso. ¿No te lo crees? Echa un vistazo a los periódicos locales y nacionales y busca signos del éxito chino en el país y el extranjero. No subestimes la fórmula china del éxito. Piensa en el título chino de esta unidad: 好好学习，天天向上／好好學習，天天向上.

Aprender a escribir caracteres

16.33 Consulta el **Libro de ejercicios de escritura de caracteres** para saber más sobre el orden de trazos y otra información útil de cada uno de los caracteres de la unidad indicados a continuación. Elige entre carácter simplificado o tradicional y practica hasta que puedas escribirlos por ti mismo.

校，教，楼／樓，图／圖，办／辦，公，厅／廳，始，直，初，读／讀，完，课／課，只，考，试／試，语／語，理，科，参／參，观／觀，活

Escribir un texto descriptivo

16.34 Escribe a mano o en una computadora cuatro o cinco oraciones en caracteres chinos describiendo tu horario escolar y algunas de tus clases. Comparte tu composición con varios de tus compañeros.

Un poco de cultura 文化点滴

Escuela y horario escolar

Mira el fragmento de video "Escuela y horario escolar" del episodio y después comenta las siguientes cuestiones con tus compañeros y el profesor.

- ¿Crees que las escuelas chinas son más "estructuradas" que las de tu país? Da detalles.
- ¿Cuáles piensas que son los beneficios y desventajas de un currículo escolar nacional unificado?
- El tamaño de las clases en China es mayor, pero hay más disciplina. Comenta las implicaciones que esto puede tener en la vida de los estudiantes.
- ¿Qué sabes sobre los exámenes nacionales de China y de sus efectos sobre la vida de los estudiantes chinos?
- ¿Cómo crees que sería estudiar en China como estudiante extranjero? ¿Qué deberías tener en cuenta cuando estuvieras allí?

RESUMEN

Gramática

Una y otra vez: Expresiones de frecuencia

Para expresar la frecuencia de una acción, debes aprender las siguientes palabras de medida y tener presente que normalmente van detrás del verbo (con ciertas excepciones). Más información en las páginas 164-165.

- biàn 遍 *(implica de principio a fin)*
  Nà běn shū wǒ kànle liǎng biàn, háishi bù dǒng.
  那本书我看了两遍，还是不懂。／
  那本書我看了兩遍，還是不懂。

- cì 次 *(veces, ocasiones)*
  Tā láile sān cì, wǒ dōu bú zài jiā.
  他来了三次，我都不在家。／
  他來了三次，我都不在家。

- huí 回 *(más coloquial que cì)*
  Wǒ hái yào shì liǎng sān huí, kànkan wǒ xíng bu xíng.
  我还要试两三回，看看我行不行。／
  我還要試兩三回，看看我行不行。

- tàng 趟 *(usado para viajes, trayectos)*
  Qùnián wǒ qùle liǎng tàng Shànghǎi, hěn yǒu yìsi.
  去年我去了两趟上海，很有意思。／
  去年我去了兩趟上海，很有意思。

Durante cuánto tiempo: Expresiones de duración

Las expresiones de frecuencia y duración también van detrás del verbo. Estos son algunos ejemplos:

Tā xuéle yì nián Zhōngwén yǐhòu, xiǎng xué diǎnr Fǎwén.
他学了一年中文以后，想学点儿法文。／他學了一年中文以後，想學點兒法文。

Tā dào xiànzài yǐjīng xuéle sì nián Zhōngwén le, juéde hěn yǒu yìsi.
他到现在已经学了四年中文了，觉得很有意思。／他到現在已經學了四年中文了，覺得很有意思。

Comentario sobre las "comas" chinas

¿Puedes diferenciar las dos "comas" usadas en la siguiente oración?

Yī, èr, sān, zhè sān gè zì, xuésheng dōu juéde hěn róngyì xiě, hěn róngyì jì, kěshì xuédào sì, wǔ, liù, nà jiù bù yíyàng le.
一、二、三，这三个字，学生都觉得很容易写，很容易记，可是学到四、五、六，那就不一样了。／一、二、三，這三個字，學生都覺得很容易寫，很容易記，可是學到四、五、六，那就不一樣了。

▶ Vocabulario

Niveles de estudios

tuō'érsuǒ 托儿所／托兒所 preescolar
yòu'éryuán 幼儿园／幼兒園 guardería infantil
xiǎoxué 小学／小學 escuela primaria
zhōngxué 中学／中學 escuela secundaria
chūzhōng 初中 bachillerato intermedio
gāozhōng 高中 bachillerato superior
dàxué 大学／大學 universidad
yánjiūshēng yuàn 研究生院 escuela de postgrado

Estudiantes

xiǎoxuéshēng 小学生／小學生 estudiante de primaria
zhōngxuéshēng 中学生／中學生 estudiante de secundaria
chūzhōngshēng 初中生 estudiante del bachillerato intermedio
gāozhōngshēng 高中生 estudiante del bachillerato superior
dàxuéshēng 大学生／大學生 estudiante de universidad
běnkēshēng 本科生 estudiante del curso universitario regular
yánjiūshēng 研究生 estudiante de postgrado
bóshìshēng 博士生 estudiante de doctorado

Lugares de un campus

bàngōnglóu 办公楼／辦公樓 edificio de oficinas
cāntīng 餐厅／餐廳 cafetería
cāochǎng 操场／操場 pista de deportes
jiàoxuélóu 教学楼／教學樓 aulario
jìsuànjī zhōngxīn 计算机中心／計算機中心 centro de informática
shítáng 食堂 comedor
sùshè 宿舍 dormitorio
túshūguǎn 图书馆／圖書館 biblioteca
xuésheng gōngyùlóu 学生公寓楼／學生公寓樓 dormitorio de estudiantes (literalmente: "edificio de apartamentos de estudiantes")

Palabras relacionadas con la escuela

běnkē 本科 curso universitario
bìyè 毕业／畢業 graduarse (V)
bìyèshēng 毕业生／畢業生 graduado (N)
dú 讀／读 leer; estudiar
dú bóshì xuéwèi 读博士学位／讀博士學位 estudiar un doctorado
dú shuòshì xuéwèi 读硕士学位／讀碩士學位 estudiar un máster
dú xuéshì xuéwèi 读学士学位／讀學士學位 estudiar un grado
fù kē 副科 materia secundaria; curso optativo
jié 节／節 (clasificador de periodos de clase)
kǎoshì 考试／考試 hacer un examen
kè 课／課 materia; curso; clase
kè 课／課 (clasificador de lección; curso; clase)
kèchéng 课程／課程 curso; currículo
mǔxiào 母校 alma mater
nádào xuéwèi 拿到学位／拿到學位 obtener un grado
niánjí 年级／年级 nivel/año de estudio
shàngkè 上课／上課 ir a clase; tener/dar clase
xiě zuòyè 写作业／寫作業 hacer las tareas
xiū xuéfēn 修学分／修學分 tomar clases por créditos
xuéfēn 学分／學分 crédito de estudios
xuéqī 学期／學期 semestre
xuéxiào 学校／學校 escuela
zhuānyè 专业／專業 especialidad de estudios
zhǔ kē 主科 materia principal; curso obligatorio
zhǔ xiū 主修 especialidad en

Materias y especialidades

diànnǎo kēxué 电脑科学／電腦科學 ciencias informáticas
dìlǐ 地理 geografía
fǎlǜ 法律 derecho
gōngchéng 工程 ingeniería
huàxué 化学／化學 química
hùlǐ 护理／護理 enfermería
jiànzhù 建筑／建築 arquitectura
jiàoyù 教育 educación
jīnróng 金融 finanzas
kuàijì 会计／會計 contabilidad
lǐkē 理科 ciencias
lìshǐ 历史／歷史 historia
měishù 美术／美術 bellas artes
shāngxué 商学／商學 negocios
shèhuìxué 社会学／社會學 sociología
shēngwù 生物 biología
shùxué 数学／數學 matemáticas
tǐyù 体育／體育 educación física
wénkē 文科 humanidades
wénxué 文学／文學 literatura
wǔdǎo 舞蹈 danza
wùlǐ 物理 física
xìjù 戏剧／戲劇 teatro
xīnlǐxué 心理学／心理學 psicología
yàowù 药物／藥物 farmacia
Yīngyǔ 英语／英語 inglés
yīnyuè 音乐／音樂 música
yīxué 医学／醫學 medicina
yǔwén 语文／語文 lengua (lengua y literatura china)
yǔyánxué 语言学／語言學 lingüística, filología
zhèngzhì 政治 ciencias políticas

Otras palabras y expresiones

nán 难／難 difícil
róngyì 容易 fácil
wúliáo 无聊／無聊 aburrido
yǒu yìsi 有意思 interesante; divertido

UNIDAD 16 ESTUDIAR DURO Y MEJORAR DÍA A DÍA

Lista de lo aprendido

Tras completar esta unidad, deberías ser capaz de:

Escuchar y hablar

- ☐ Explicar a qué tipo de escuela asistes.
- ☐ Decir a un amigo qué nivel de estudios pretendes alcanzar.
- ☐ Hablar sobre cuáles son tus clases.
- ☐ Decir qué clase te gusta más y cuál menos.
- ☐ Proporcionar algunos datos sobre tu horario escolar diario.
- ☐ Decir qué especialidad principal estudias.
- ☐ Decir algunas palabras sobre el campus de tu escuela.

Lectura y escritura

- ☐ Leer frases habituales sobre escuelas, materias y edificios de un campus.
- ☐ Identificar información básica de un currículo escolar chino.
- ☐ Escribir un pequeño texto sobre tus clases, tu especialidad y tu escuela.

Entendimiento cultural

- ☐ Comentar las principales diferencias entre los hábitos de estudios de los estudiantes chinos y occidentales.

UNIDAD 17

"Más vale humo de mi casa que fuego de la ajena"

金窝银窝不如自己的草窝
Jīn wō yín wō bùrú zìjǐ de cǎo wō

Hablar de tu casa

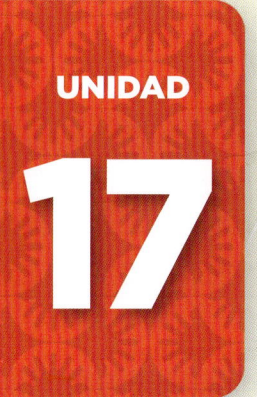

En esta unidad aprenderás a:

- Hablar sobre la habitación en la que vives. Elogiar la habitación de otra persona.
- Hablar sobre la familia en la que creciste.
- Comprender lo que dicen los chinos sobre sus casas.
- Hacer comparaciones sencillas entre casas modernas y antiguas.
- Leer explicaciones sencillas sobre casas y alojamiento.
- Identificar información de un anuncio de alquiler.
- Hablar de forma sencilla sobre tus preferencias de alojamiento.

Visita la web de *Encuentros* www.EncountersChinese.com.cn. para consultar material de apoyo a la presente unidad.

Encuentro 1 — Visitar la habitación de otros

17.1 *Mira el Episodio 17 de la videoserie. No te preocupes si no entiendes completamente lo que se dice. ¡Míralo y disfruta!*

17.2 *Preparación: Si fueras a la habitación de alguien, ¿qué comentarios harías?* 用西班牙文写一些笔记。／用西班牙文寫一些筆記。

_____

_____

17.3 *Mira y escucha el fragmento de video "Lynn visita la habitación de A Juan".* 请用拼音填空。／請用拼音填空。

Ā Juān: Kuài _____ ba, suíbiàn zuò.

Lynn: Hǎo, xièxie!

Ā Juān: Zhè shì wǒ de fángjiān, dìfang yǒudiǎnr _____.

Lynn: Wǒ juéde hěn shūfu, _____. Nǐ _____ zhù ma?

Ā Juān: Ǹg, shì de. Wǒ yí gè rén zhù. Nǐ ne? _____ yě shì yí gè rén zhù ma?

Lynn: Xiǎo shíhou, wǒ gēn _____ yìqǐ zhù. _____, wǒ yǒu yí gè shìyǒu.

17.4 请把以下的汉字、拼音和西班牙文对上。／請把以下的漢字、拼音和西班牙文對上。

a. Kuài jìnlái ba.
快进来吧。／快進來吧。

b. Suíbiàn zuò.
随便坐。／隨便坐。

c. Zhè shì wǒ de fángjiān.
这是我的房间。／這是我的房間。

d. Dìfang yǒudiǎnr xiǎo.
地方有点儿小。／地方有點兒小。

1. *Es un poco pequeña.*

2. *Entra, entra.*

3. *Siéntate donde quieras.*

4. *Me parece muy confortable.*

e. Wǒ juéde hěn shūfu.
   我觉得很舒服。／我覺得很舒服。

f. Bú dà bù xiǎo.
   不大不小。

g. Nǐ yí gè rén zhù ma?
   你一个人住吗？／你一個人住嗎？

h. Xiǎo shíhou, wǒ gēn wǒ māma yìqǐ zhù.
   小时候，我跟我妈妈一起住。／
   小時候，我跟我媽媽一起住。

i. Shàng dàxué, wǒ yǒu yí gè shìyǒu.
   上大学，我有一个室友。／
   上大學，我有一個室友。

5. *Cuando era pequeña vivía con mi madre.*

6. *Esta es mi habitación.*

7. *En la universidad tenía un compañero de habitación.*

8. *No es muy grande ni muy pequeña.*

9. *¿Vives sola?*

 17.5 *¿Qué otras expresiones usarías para hablar sobre una habitación? Escribe los tonos sobre el* 拼音 *según lo que escuchas en el audio. Después marca las expresiones que utilizarías para describir la habitación en la que vives.*

☐ guangxian hen hao
光线很好／
光線很好
bien iluminada, luminosa

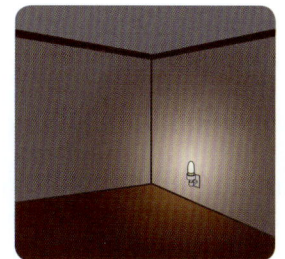
☐ hen an
很暗
oscura

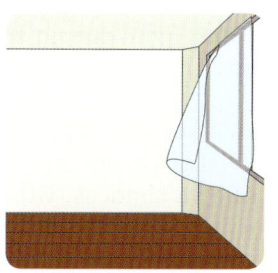
☐ hen tongfeng
很通风／
很通風
aireada, bien ventilada

☐ you yidianr men
有一点儿闷／
有一點兒悶
un poco cargada

☐ hen kuanchang
很宽敞／
很寬敞
amplia, espaciosa

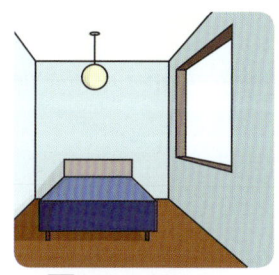
☐ hen zhaixiao
很窄小
estrecha, pequeña

☐ hen zhengqi
很整齐／
很整齊
arreglada, ordenada

☐ hen luan
很乱／很亂
desordenada

☐ hen anjing
很安静／
很安靜
tranquila

☐ hen chao
很吵
ruidosa

☐ hen piaoliang
很漂亮
bonita

☐ buzhi de hen hao
布置得很好
bien decorada

17.6 *Trabajo en parejas:* Trabaja con un compañero para crear una pequeña escena en la que visitas su habitación. Mantened una breve conversación siguiendo el ejemplo del video "Lynn visita la habitación de Ah Juan". Después intercambiad los roles y empezad de nuevo.

Un poco de gramática 语法点滴

"Banquete" de adverbios

En chino, los adverbios van siempre antes del verbo y no pueden aparecer solos. Igual que en español, limitan o amplían el alcance de la acción verbal. Ya has aprendido algunos como 很, 也, 不, 都, y 真. Mira esta oración: 你的房间不大也不小，真不错。／你的房間不大也不小，真不錯。 Fíjate en la ubicación de los adverbios cuando hay más de uno en la oración.

Las siguientes oraciones contienen algunos de los adverbios más comunes que ya conoces. Observa cómo algunos adverbios modifican verbos de acción (como 来／來 y 吃饭／吃飯), mientras que otros aparecen con verbos de estado (como 好, 小, y 舒服). Además, otros modifican tanto verbos de acción como verbos de estado. Comenta con un compañero el significado de cada oración.

- 才 cái *(solo, justo)*

  多 duō *(más)*

  你才来。别走，别走。多坐一会儿。／
  你才來。別走，別走。多坐一會兒。

  (dice un anfitrión a un invitado que acaba de llegar y tiene intención de marcharse pronto)

- 常 cháng *(a menudo)*

  你不常吃中国饭，多吃点儿。／
  你不常吃中國飯，多吃點兒。

  (dice un anfitrión chino a invitados extranjeros en un restaurante)

- 更 gèng *(aún más)*

  这件很好，可是那件更好。／這件很好，可是那件更好。

  (dice la empleada de una tienda a uno o más clientes)

- 最 zuì *(el/la/lo más)*
  你一个人去不行，你最好跟我一起去。／
  你一個人去不行，你最好跟我一起去。
  (dice un anfitrión local a alguien recién llegado a la ciudad)

- 有点（儿）／有點（兒） yǒudiǎn(r) *(un poco)*
  非常 fēicháng *(muy)*
  她住的地方有点（儿）小，可是非常舒服。／
  她住的地方有點（兒）小，可是非常舒服。
  (dice alguien que acaba de mudar a un estudio amueblado de un barrio lujoso)

- 快 kuài *(rápidamente)*
  快进来，随便坐。／快進來，隨便坐。
  (dice un anfitrión a un invitado en la puerta)

- 又 yòu *(de nuevo)* [usado para hechos ocurridos en el pasado]
  太 tài *(demasiado)*
  昨天他又说到那件事，觉得太不好意思了。／
  昨天他又説到那件事，覺得太不好意思了。
  (dice a un conocido que suele hablar de temas embarazosos)

- 先 xiān *(primero)*
  再 zài *(luego)*
  先来我家吃饭，然后再去你家做功课。／
  先來我家吃飯，然後再去你家做功課。
  (dicen dos compañeros que planean las actividades de la tarde)

Encuentro 2 Contar recuerdos sobre la casa de tu infancia

17.7 Preparación: *Si te preguntan sobre la familia en la que creciste, ¿cómo la describirías?* 用西班牙文写一些笔记。／用西班牙文寫一些筆記。

17.8 Mira y escucha el fragmento de video "Wang describe la casa de su infancia".
请选择拼音来填空。／請選擇拼音來填空。

| wèishēngjiān | píngfáng | xiǎo | wòshì | chúfáng |
| suǒyǒu de | yuànzi | yǎng | hòuyuàn | |

a. Wǒ _____ de shíhou, shēnghuó zài yí gè shānqū li.
   (Cuando era pequeña vivía en una zona montañosa.)

b. Wǒmen de jiā shì yí gè _____.
   (Nuestra casa tenía solo una planta.)

c. Lǐmiàn yǒu _____, kètīng, hái yǒu liǎng gè _____.
   (En su interior había una cocina, un comedor y dos habitaciones.)

d. _____ dāngrán shì zài wàimiàn.
   (El baño, por supuesto, estaba fuera)

e. Yǒu liǎng gè _____—qiányuàn hé hòuyuàn.
   (Tenía dos patios, uno delantero y otro trasero)

f. Qiányuàn zhòngle yīngtao shù, _____ zhòngle yùmǐ, bìmá, xiàngrìkuí, hái yǒu huángguā.
   (En el patio delantero había cerezos y en el trasero maíz, plantas de ricino, girasoles y pepinos.)

g. Wǒ _____ guo jī. _____ jī dōu yǒu míngzi.
   (Criaba gallinas. Todas las gallinas tenían nombre.)

17.9 *Mira y escucha el fragmento de video "Recuerdos sobre la casa de la infancia" del episodio en el que varias personas describen dónde vivían cuando eran pequeños. Une cada descripción con la persona correspondiente.*

   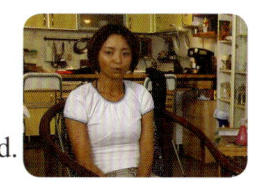 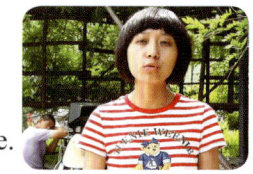

a.   b.   c.   d.   e.

_____ 1. Wǒ xiǎo shíhou, wǒ jìde jiā li de shì yí gè yuànzi. Ránhòu ne, nèi ge fángzi bǐjiào de gǔlǎo. *(Cuando era pequeña, recuerdo que nuestra casa tenía un patio y que la casa era bastante vieja.)*

_____ 2. Zuì xiǎo de shíhou, zài wǒ yǒu jìyì de shíhou, shì zhù zài nóngcūn. Yǒu sì jiān, wǔ jiān fángzi. Dōu shì wǎ fáng. *(Cuando era pequeño, mi primer recuerdo es que vivíamos en el campo. Teníamos cuatro o cinco pabellones, todos con tejado de teja.)*

_____ 3. Dànshì nèi huìr de tiáojiàn hěn chà. Wǒ jìde méiyǒu diàn, dāngshí. Quánbù diǎn de shì méiyǒudēng. *(Pero las condiciones eran malas en aquel entonces. Recuerdo que no teníamos electricidad. Todas nuestras lámparas eran de queroseno.)*

_____ 4. Wǒ xiǎo shíhou, wǒmen jiā zhù de shì nèi zhǒng, jítǐ sùshè. Jiùshì yì céng lóu shàngmiàn yǒu hǎo duō hǎo duō hǎo duō hù rénjiā. *(Cuando era pequeña, nuestra familia vivía en una especie de dormitorio comunal. Es decir, en una planta vivían muchísimas familias.)*

_____ 5. Ránhòu yǒu yí gè gōnggòng cèsuǒ. Ránhòu měi tiān jiù shì hǎo duō hù rénjiā kěyǐ suíbiàn chuàn. *(Y había un baño común. Además, cada día podíamos entrar en la casa de quien quisiéramos.)*

_____ 6. Ránhòu jiù kěyǐ... Qù zhèi jiā wánr jǐ fēnzhōng, qù nèi jiā wánr jǐ fēnzhōng. Suǒyǒu de xiǎohái dōu zài yíkuàir wánr. *(Entonces podíamos... ir aquí a jugar unos minutos y después ir allí a jugar unos minutos. Todos los niños jugábamos juntos.)*

_____ 7. Wǒ jìyì dāngzhōng, wǒ xiǎo shíhou, wǒmen jiā zhù zài Zhōngguó chuántǒng de nèi zhǒng tǒngzilóu lǐbianr. Yǒu... nèi ge fángzi yǒu sān céng. Wǒmen jiā zhù sān lóu. *(En mi memoria, cuando era pequeña, nuestra familia vivía en un típico bloque de viviendas chino. Tenía... aquel edificio tenía tres plantas. Vivíamos en la tercera planta.)*

_____ 8. Wàibianr yǒu yí gè gōnggòng zǒuláng. Zǒuláng shang huì měi jiā měi hù yǎng yìxiē zìjǐ de huār, hái yǒu pénjǐng. *(Afuera había un corredor común. Cada familia cuidaba sus propias flores y plantas en el corredor.)*

_____ 9. Wǒmen jiā zhù zài qízhōng yí tào fángzi lǐbianr. Shì yí gè liǎng shì yì tīng. Dài yí gè chúfáng. Dànshì méiyǒu wèishēngjiān. *(Nuestra casa estaba dentro de uno de esos edificios. Tenía una habitación principal y dos dormitorios, e incluía una cocina. Pero no tenía baño.)*

_____ 10. Yīnwèi dāngshí Zhōngguó suǒyǒu de fángzi jīběnshàng dōu shì gōnggòng wèishēngjiān, zài lóuxià yí gè dìfang. *(Porque en aquella época, todos los bloques de viviendas en China tenían baños comunes, que estaban afuera en alguna parte.)*

_____ 11. Xiǎo shíhou zhù de fángzi ne, shì.... Yǒudiǎnr xiàng tǒngzilóu ba. Yě shì hěn duō hù zhù zài yìqǐ. *(La casa en la que vivía cuando era pequeña era... Imagino que era algo así como un bloque de viviendas. También había mucha gente viviendo junta.)*

_____ 12. Ránhòu, xǐshǒujiān na, hái yǒu zhèi ge, chúfáng dōu shì gōngyòng de. *(Y el baño y la cocina eran ambos compartidos.)*

_____ 13. Fángjiān bú dà, fēicháng xiǎo. Dànshì ne, nèi ge fángjiān fēicháng gāo. Céng gāo fēi cháng gāo. Hěn xiàng lǎo fángzi. Yǒu yìdiǎnr diǎnr àn ba. *(Las habitaciones no eran grandes, eran muy pequeñas. Pero los techos eran muy altos. La altura era muy grande, como una casa antigua. Creo que era un poco oscuro.)*

UNIDAD 17 MÁS VALE HUMO DE MI CASA QUE FUEGO DE LA AJENA

> **INFO** 供你参考
>
> ### El idioma "real" es a veces muy desordenado
>
> Como estudiante de idiomas que pronto se encontrará cara a cara con el "idioma real", debes ser consciente de que los chinos, como los hablantes de otros idiomas, no siguen siempre las reglas gramaticales que has estudiado en el aula. A veces, después de comenzar una frase, sin previo aviso la dejan sin terminar y pasan a otra cosa, incluyen palabras que no tienen que ver con lo que se habla, omiten palabras, etc. El contexto suele ayudar a aclarar lo que dice el hablante, pero como estudiante del idioma debes estar preparado para esto.
>
> El idioma "real" a menudo no es tan claro como el del "aula" o el "libro de texto". Un ejemplo que has visto en el Ejercicio 17.9 es el uso de *ránhòu*, que normalmente significa "después". (Por ejemplo, "Vamos a ver una película y después a comer algo".) En el Ejercicio 17.9, sin embargo, parece que significa "y" y se usa como conector. No estamos sugiriendo que debas interrumpir el hilo de tus pensamientos en mitad de una oración para pasar a otro tema, pero debes estar preparado para encontrar este tipo de comportamiento cuando empieces a usar tu chino en el "mundo real".
>
> ¿Puedes detectar otras formas de idioma "desordenado" en el Ejercicio 17.9?

17.10 请把西班牙文填进去。／請把西班牙文填進去。

a. xiǎo shíhou   小时候／小時候   _____

b. wǒ jìde   我记得／我記得   _____

c. zhù zài nóngcūn   住在农村／住在農村   _____

d. zhù zài chéng li   住在城里／住在城裡   _____

e. tiáojiàn hěn chà   条件很差／條件很差   _____

f. tiáojiàn hěn hǎo   条件很好／條件很好   _____

g. méiyǒu diàn   没有电／没有電   _____

h. méiyǒu zìláishuǐ   没有自来水／沒有自來水   _____

i. Suǒyǒu de xiǎoháir dōu   所有的小孩儿都在一块儿玩儿。／   _____
   zài yíkuàir wánr.   所有的小孩兒都在一塊兒玩兒。

j. Nèi ge fángzi yǒu sān céng.   那个房子有三层。／   _____
                                 那個房子有三層。

k. Wǒmen jiā zhù sān lóu. 我们家住三楼。／我們家住三樓。 _____

l. yǎng yìxiē zìjǐ de huār 养一些自己的花儿／養一些自己的花兒 _____

m. liǎng shì yì tīng 两室一厅／兩室一廳 _____

n. kètīng, fàntīng 客厅，饭厅／客廳，飯廳 _____

o. wòshì 卧室／臥室 _____

p. suǒyǒu de fángzi 所有的房子 _____

q. xiǎo shíhou zhù de fángzi 小时候住的房子／小時候住的房子 _____

r. xǐshǒujiān, chúfáng shì gōngyòng de 洗手间、厨房是公用的／洗手間、廚房是公用的 _____

s. yǒu zìjǐ de xǐshǒujiān, chúfáng 有自己的洗手间、厨房／有自己的洗手間、廚房 _____

Nota: Estrictamente decir, 房子 fángzi significa casa (clasificador = 个／個 gè o 栋／棟 dòng), y 房间／房間 fángjiān significa habitación (clasificador = 间／間 jiān). Como puedes ver, sin embargo, los hablantes nativos usan a veces 房子 para referirse también a una habitación. Una 房子 tiene una o dos plantas; un edificio con varias plantas es un 楼房／樓房 lóufáng (clasificador = 座 o 栋／棟), y un edificio alto es un 高楼／高樓 gāo lóu (clasificador = 座 o 栋／棟).

Un poco de gramática 语法点滴

"Poner el carro delante del caballo": Más sobre 把 bǎ

Una característica fundamental de las oraciones chinas (y también del español) es que el objeto se sitúa detrás del verbo. Has visto esto varias veces: 我买了三本书。／我買了三本書。 *Wǒ mǎile sān běn shū.* (He comprado [verbo] tres libros [objeto]).

Ahora considera la siguiente indicación, que ha sido utilizada recientemente en el Ejercicio 17.10: 请把西班牙文填进去。／請把西班牙文填進去。 *Qǐng bǎ Xībānyáwén tián jìnqù.* (literalmente: Por favor toma el español y rellena el interior). Esta indicación utiliza la llamada construcción *bǎ*—una característica única del chino. Es posible que recuerdes que fue presentada en la Unidad 12. El coverbo 把 *bǎ* (literalmente: tomar) permite mover un objeto (como 西班牙文／西班牙文 *Xībānyáwén*) situándolo antes del verbo principal (como 填 *tián*) y libera espacio para añadir otros elementos al verbo que indican algún resultado de la acción verbal (como 进去／進去 *jìnqù*).

¿Por qué usar esta construcción? Nos permite mostrar el efecto del verbo sobre el objeto o cómo el objeto será o ha sido manipulado. ¿Cuándo se usa la construcción *bǎ*? Se usa a menudo en órdenes o instrucciones (como en la indicación citada) y normalmente aparece en narraciones. Estas son algunas pautas:

1. El verbo principal debe ser un verbo de acción. Otros verbos como 是, 有, y 喜欢／喜歡, no se usan con *bǎ*.
2. El objeto debe tener una referencia definida (como 这个／這個, 那个／那個, 我的).
3. El verbo debe ir seguido de algún tipo de complemento; no puede quedarse en su forma simple. En otras palabras, no puede ser simplemente *tián*, sino *tián jìnqù* (rellena metiendo dentro). Los complementos del verbo especifican que algo ha pasado al objeto o que este ha sido "manipulado" de alguna forma.

Si una oración cumple estas tres condiciones, es probable que un hablante chino nativo use la estructura *bǎ*. Es posible expresar lo mismo sin utilizar *bǎ*, pero generalmente resultara torpe e incómodo.

....

Ejercicio: Diviértete con *bǎ* y reformula las oraciones siguientes con la estructura *bǎ*. ¡Comprueba cuánto eres capaz de acercarte a la forma en la que lo diría un chino nativo! En las oraciones, la parte verbal están en rojo y sus objetos en azul.

EJEMPLOS:

Shéi hēle wǒ de chá? ⇒ Shéi bǎ wǒ de chá hē le?

Wǒ wàngle nèi jiàn shìqing. ⇒ Wǒ bǎ nèi jiàn shìqing wàng le.

1. Qǐng nǐ guānshang *(cerrar)* chuānghu *(ventana)*.
   _____

2. Qǐng gěi wǒ nèi běn shū.
   _____

3. Tā màigěi wǒ le nèi dòng fángzi.
   _____

17.11 *Escribe tres o cuatro oraciones sobre la familia en la que creciste. Si lo prefieres, puedes inventarlo. Pide ayuda si lo necesitas.* 请写汉字或者拼音。／請寫漢字或者拼音。

_____
_____
_____
_____
_____
_____
_____

17.12 *Trabajo en parejas: Pregunta a un compañero* 你小时候住什么样的房子？／你小時候住甚麼樣的房子？ Nǐ xiǎo shíhou zhù shénmeyàng de fángzi? *(¿En qué tipo de casa vivías cuando eras pequeño?) Cuando te toca responder, usa las oraciones que escribiste en el Ejercicio 17.11.*

UNIDAD 17 MÁS VALE HUMO DE MI CASA QUE FUEGO DE LA AJENA

Encuentro 3 — Describir una casa moderna

17.13 Preparación: *Si alguien te pide que describas el lugar en el que vives ahora, ¿cómo lo describirías?* 用西班牙文写一些笔记。／用西班牙文寫一些筆記。

_____

_____

_____

 17.14 *Mira y escucha el fragmento de video "Describir una casa moderna" del episodio en el que varias personas describen el lugar donde viven actualmente. Une cada descripción con la persona correspondiente.*

 a.  b.  c.  d.  e.

_____ 1. Wǒ xiànzài zhù de shì zuì chángjiàn de zhèi zhǒng lóufáng. *(Donde vivo ahora es el típico edificio.)*

_____ 2. Ránhòu yǒu dúlì de wèishēngjiān, yǒu dúlì de chúfáng. Gēn xiǎo shíhou hěn bù yíyàng. *(Y tiene su propio baño y cocina. Es muy diferente a la casa de mi infancia.)*

_____ 3. Wǒmen jiā shì liǎng céng lóu de. Ránhòu dǐxia shì sì jiān, lóushàng shì sān jiān. *(Nuestra casa tiene dos plantas. Hay cuatro habitaciones, una abajo y tres arriba.)*

_____ 4. Chàbuduō, jiù shì, yǒu, yì céng yīnggāi yǒu yìbǎi lái mǐ ba. Píngfáng ba. *(Más o menos, es decir, una planta debe tener un poco más de cien metros cuadrados.)*

_____ 5. Xiànzài fángzi yǒu sì céng lóu, shuǐní jiégòu, ránhòu.... Āya kuānchang de hěn a. *(Los edificios de hoy en día tienen cuatro plantas, estructura de hormigón, y... ¡Ay, son muy espaciosos!)*

_____ 6. Měi yì céng lóu yǒu dài wèishēngjiān a, yòu yǒu chúfáng a. Bǐqǐ yǐqián comfortable la*. *(Cada planta tiene un baño y una cocina. ¡Ay, es mucho más confortable que antes!)*

_____ 7. Ránhòu, háiyǒu wǒ jìde wǒ shì gēn wǒ nǎinai jǐ zài yìqǐ de. *(Entonces, recuerdo que vivía yo junto con mi abuela.)*

_____ 8. Xiànzài ne, wǒ zhù zài yí gè gōngyù lǐmiàn. *(Ahora vivo en un apartamento.)*

_____ 9. Wǒ jīběnshàng kàn . . . zhǐ néng kànjiàn tiān, dànshì kàn bú jiàn dì. Ránhòu wǒ de zhōuwéi de línjū wǒ bú rènshi. *(Básicamente puedo ver... solo veo el cielo, pero no el suelo. Y no conozco a mis vecinos.)*

_____ 10. Xiànzài wǒmen zhù de gāo céng. Wǒmen jiā shì dǐng lóu. *(Ahora vivimos en un edificio alto. Nuestra casa está en la planta superior.)*

_____ 11. Ránhòu, yǐqián zài, xiǎo shíhou de huà, dōu zài xiāngxia. Jiù chūlai jiù kàndào nóngtián a . . . shénme dōngxi a. *(Y...en el pasado vivíamos, si te refieres a cuando éramos pequeños, vivíamos todos en el campo. Nada más salir de casa veías los campos...cosas como esa.)*

_____ 12. Xiànzài shénme tián dōu kàn bú jiàn le. Quán shì fángzi. Quán shì gāolóu-dàshà. *(Ahora no puedes ver campos por ninguna parte. Todo son edificios, edificios altos y rascacielos.)*

*啦 *la* es la fusión fonética de la partícula oracional 了 *le* y la partícula exclamativa 啊 *a*, expresa exclamación, interrogación o urgencia.

Un poco de gramática 语法点滴

Decir "muy" de verdad

Una de las mujeres del video dice: "*Āya kuānchang de hěn a*" (¡Ay, son muy espaciosos!). ¿Por qué está *hěn* en el lado "equivocado" del verbo de estado *kuānchang* (espacioso, amplio)? Realmente esto no es un ejemplo de idioma "desordenado", sino una estructura común sobre la que debes saber más. Ya has aprendido sobre como los verbos de acción suelen llevar complementos de modo para expresar cómo se realiza la acción.

他说中国话说得很好。／他說中國話說得很好。
Tā shuō Zhōngguóhuà shuō de hěn hǎo.
(Él habla chino muy bien.)

Igualmente, verbos de estado como *kuānchang*, *hǎo*, y *guì* pueden ir acompañados de complementos que expresan grado o intensidad. Así, *kuānchang de hěn* significa MUY espacioso, a diferencia de *hěn kuānchang*, que significa simplemente espacioso (sin implicar necesariamente "muy").

Veamos cómo un verbo de estado, 贵／貴 *guì* (costoso, caro), puede ser utilizado de diferentes maneras para expresar varios niveles de intensidad (en este caso, para expresar que son caras las cosas en una tienda).

Dōngxi guì de hěn. 东西贵得很。／東西貴得很。 *(muy)*
Dōngxi guìjí le. 东西贵极了。／東西貴極了。 *(extremadamente)*
Dōngxi guì de bùdéliǎo. 东西贵得不得了。／東西貴得不得了。
　　(terriblemente, sumamente)
Dōngxi guì de shéi dōu bù xiǎng mǎi. 东西贵得谁都不想买。／東西貴得誰都不想買。 *(tan caro que nadie quiere comprarlo)*

Ejercicio: Usa las estructuras anteriores para rehacer las siguientes oraciones expresando varios niveles de intensidad. (Pista: En la cuarta oración usa el verbo *chūqù* [salir].)

Zuótiān tiānqì hěn lěng. *(Ayer hacía frío.)*

1. _____
2. _____
3. _____
4. _____

(Hace tanto frío que nadie quiere salir.)

17.15 请把西班牙文填进去。／請把西班牙文填進去。

a. zuì chángjiàn de	最常见的／最常見的	_____
b. lóufáng	楼房／樓房	_____
c. dúlì de chúfáng	独立的厨房／獨立的廚房	_____
d. gēn ... hěn bù yíyàng	跟……很不一样／跟……很不一樣	_____
e. liǎng céng lóu	两层楼／兩層樓	_____
f. lóushàng lóuxià	楼上楼下／樓上樓下	_____
g. chàbuduō	差不多	_____
h. píngfāngmǐ	平方米	_____
i. shuǐní	水泥	_____
j. bǐ yǐqián hǎo	比以前好	_____
k. wǒ jìde	我记得／我記得	_____
l. gēn ... jǐ zài yìqǐ	跟……挤在一起／跟……擠在一起	_____
m. gōngyù	公寓	_____
n. dànshì	但是	_____
o. kàn bú jiàn dì	看不见地／看不見地	_____
p. línjū	邻居／鄰居	_____
q. rènshi	认识／認識	_____
r. dǐng lóu	顶楼／頂樓	_____
s. xiāngxia	乡下／鄉下	_____
t. nóngtián	农田／農田	_____
u. gāolóu-dàshà	高楼大厦／高樓大廈	_____

17.16 *Escribe tres o cuatro oraciones describiendo el lugar en el que vives. Intenta incluir las nuevas estructuras y construcciones descritas en la sección "Un poco de gramática" anterior.*

_____

_____

_____

17.17 *Trabajo en parejas: Pregunta a un compañero* 你现在住在什么样的地方？／你現在住在甚麼樣的地方？ Nǐ xiànzài zhù zài shénmeyàng de dìfang? *Cuando sea tu turno, responde utilizando las oraciones que escribiste en el Ejercicio 17.16.*

> **INFO** 供你参考
>
> ### De las comunas a los bloques de apartamentos
>
> Comprar una casa es un ideal por el que muchas personas están dispuestas a sacrificarse. Para incontables familias, los céntimos ahorrados se convierten poco a poco en cantidades de dinero depositadas en cuentas de ahorro destinadas a pagar la futura casa. Un día, tras mucho sacrificio y dificultades, hay dinero suficiente para pagar la entrada. El banco local concede la hipoteca, que cargará la economía familiar durante años. No obstante, todo es asumido con felicidad a cambio de una casa soñada para la familia. ¿Te suena esto? Seguro. Estas escenas son comunes y ocurren diariamente en nuestro país.
>
> Este escenario se ha vuelto también habitual en China ahora. ¿Quién puede imaginar que fuera factible sólo hace una década antes? Comprar en propiedad una casa a través del préstamo del banco es parte de reformas que han llevado a China a pasar de las comunas a los bloques de apartamentos. Igual que ocurre aquí, las casas chinas son de todos los tamaños —desde pequeños apartamentos (que cuestan decenas de miles de dólares) hasta lujosas villas (que cuestan varios cientos de miles de dólares)—, y ofrecen estilos de vida inimaginables pocos años atrás.
>
> Tanto la gente de otros países como los chinos vemos la compra de una casa como una inversión de futuro, pero esto es más así en el caso de los chinos, que no pueden depender de seguridad social o pensiones y las oportunidades de inversión son mucho más limitadas. Incluso, poseer una segunda casa se ha convertido en una meta alcanzable. Por supuesto, mucho de esto ha ocurrido y ocurre en las zonas urbanas, pero se está extendiendo rápidamente a las áreas rurales, pues todos los chinos buscan una vida mejor para ellos y sus hijos.

♪ Rap de la Unidad

Visita la página web de **Encuentros** *www.EncountersChinese.com.cn y escucha la canción para repasar las expresiones estudiadas en la Unidad 17. ¡Escúchala de nuevo y canta al mismo tiempo!*

Encuentro 4 — Lectura y escritura

▸ Lectura de oraciones familiares en caracteres chinos

17.18 *Trabajo en parejas:* Lee en voz alta junto a un compañero los siguientes textos (escritos en caracteres simplificados) usando el español como guía. Podéis leer las frases de forma alternativa; si uno de los dos no puede leer algún carácter, ayudaos mutuamente.

1 琳去看阿娟的房间。阿娟说她的房间有一点小，可是琳说她觉得不大也不小，很舒服。阿娟一个人住这个房间。她弟弟阿龙也有他自己的房间。 *(Lynn va a ver la habitación de A Juan. A Juan dice que su habitación es un poco pequeña, pero Lynn dice que no es ni grande ni pequeña y que es muy confortable. A Juan vive sola en su habitación. Su hermano pequeño también tiene su propia habitación.)*

2 有一位女士说她小时候住的房子是在山区里的一个平房。房子里面有两间卧室、一个客厅，有自己的厨房。卫生间在外面。前后都有院子。前院里有一棵树(yì kē shù – *un árbol*)。后院里种(zhòng – *plantar*)了很多菜和花。这位女士很喜欢她小时候的家。 *(Una mujer dice que la casa en la que vivía en su niñez era una casa de una sola en zona montañosa. Tenía dos dormitorios, un salón y una cocina. El baño estaba fuera. Delante y detrás de la casa había dos patios. En el patio delantero había un árbol. En el patio trasero habían plantado muchas verduras y flores. A esta mujer le gustaba mucho la casa de su infancia.)*

3 有一个女的记得她小时候的家是和很多很多其他户人家住在一个楼里面。所有的孩子们都喜欢在一起玩。他们每天先在这家玩几分钟，然后再到那家玩几分钟。非常好玩儿。 *(Una mujer recuerda que cuando era pequeña su familia vivía con muchas otras familias en un edificio. A todos los niños les gustaba jugar juntos. Cada día, primero jugaban unos minutos en una casa y después unos minutos en otra. Lo pasaban muy bien.)*

4 另外一个女的说，她以前住在一栋三层楼的楼房里。他们家住第三层。是两室一厅。有厨房，可是没有自己的卫生间。那时候的中国，厕所一般都是公用的，都在房子外面的一个地方。 *(Otra mujer dice que vivía en un edificio de tres plantas. Su casa estaba en la tercera planta. Tenía dos habitaciones y un salón. Tenía cocina, pero no un baño propio. En aquella época en China los baños normalmente eran comunes y se encontraban en algún lugar fuera de la casa.)*

5 以前，在中国许多地方连厨房都是公用的。这就是说，有很多户在一个地方洗菜、做饭。做好饭以后，回到自己的房间里去吃。吃完以后再去公用的厨房里洗碗。 *(En el pasado, en muchos lugares de China incluso la cocina era comunitaria. Es decir, varias familias limpiaban las verduras y cocinaban en el mismo lugar. Después de cocinar, regresaban a sus habitaciones para comer. Después de comer, iban otra vez a la cocina para lavar los platos.)*

6 以前农村的条件比较差。常常是没有电、没有自来水。人们天天要到外面去打水。晚上点煤油灯 (méiyóudēng – *lámpara de queroseno*) *(Las condiciones del campo en el pasado eran bastante malas. Muchas veces no había electricidad ni agua corriente. La gente tenían que salir todos los días a buscar agua. Por la noche encendían lámparas de queroseno.)*

7 很多人小的时候都住在农村里。出了门就看得见田地了。现在这些人很多都住在城里。他们家在高楼里面。出门看不到田地了。全都是楼房。 *(Muchas personas vivían en el campo cuando eran pequeñas. Nada más salir de casa podían ver los campos. Ahora, muchas de estas personas viven en las ciudades. Viven en edificios altos. Cuando salen de casa ya no pueden ver los campos, sino solo edificios.)*

8 住在城里，条件会比较好。一般的房子是两室一厅，或者两室两厅，有自己的厨房、卫生间。 *(Las condiciones son mejores cuando se vive en la ciudad. En general, las casas tienen dos dormitorios y una zona de estar-comedor, o dos dormitorios y dos zonas de estar, una cocina propia y baño propio.)*

9 有自己的厨房、卫生间，当然很好。生活很舒服、很方便。进了自己的家门就像进了自己的天地一样。可是一天一天，谁也看不见谁。时间长了也会觉得没有以前好。以前大家在一起的时候，吃吃唱唱，聊聊笑笑，那时候比较高兴，比较快乐。 *(Por supuesto, es mejor tener una cocina y un baño propios. La vida es más cómoda y conveniente. Traspasar la puerta de casa es como entrar en un mundo propio. Pero, día tras día, nadie ve a nadie. A medida que pasa el tiempo, la gente puede pensar que los viejos días eran mejores. En el pasado, cuando todos estaban juntos, comían y cantaban juntos, charlaban y reían. En aquella época, las personas eran más felices y alegres.)*

10 自己的家，大也好，小也好；在农村里也好，在城市里也好；人多也好，人少也好；家就是家。一般的人都很喜欢自己的家，很爱自己的家。就是说，"金窝、银窝，不如自己的草窝。" *(No importa si tu casa sea grande o pequeña, si está en el campo o en la ciudad, si tiene mucha gente o poca. El hogar es el hogar. A mucha gente le gusta y ama su propia casa. Es decir: "Un nido de oro o plata no vale tanto como el propio nido de paja". [Más vale humo de mi casa que fuego de la ajena])*

17.19 *Trabajo en parejas: Leed los textos de nuevo, esta vez sin ayuda de español.*

1 琳去看阿娟的房间。阿娟说她的房间有一点小，可是琳说她觉得不大也不小，很舒服。阿娟一个人住这个房间。她弟弟阿龙也有他自己的房间。

2 有一位女士说她小时候住的房子是在山区里的一个平房。房子里面有两间卧室、一个客厅，有自己的厨房。卫生间在外面。前后都有院子。前院里有一棵树。后院里种了很多菜和花。这位女士很喜欢她小时候的家。

3 有一个女的记得她小时候的家是和很多很多其他户人家住在一个楼里面。所有的孩子们都喜欢在一起玩。他们每天先在这家玩几分钟，然后再到那家玩几分钟。非常好玩儿。

4 另外一个女的说，她以前住在一栋三层楼的楼房里。他们家住第三层。是两室一厅。有厨房，可是没有自己的卫生间。那时候的中国，厕所一般都是公用的，都在房子外面的一个地方。

5 以前，在中国许多地方连厨房都是公用的。这就是说，有很多户在一个地方洗菜、做饭。做好饭以后，回到自己的房间里去吃。吃完以后再去公用的厨房里洗碗。

6 以前农村的条件比较差。常常是没有电、没有自来水。人们天天要到外面去打水。晚上点煤油灯。

7 很多人小的时候都住在农村里。出了门就看得见田地了。现在这些人很多都住在城里。他们家在高楼里面。出门看不到田地了。全都是楼房。

8 住在城里，条件会比较好。一般的房子是两室一厅，或者两室两厅，有自己的厨房、卫生间。

9 有自己的厨房、卫生间，当然很好。生活很舒服、很方便。进了自己的家门就像进了自己的天地一样。可是一天一天，谁也看不见谁。时间长了也会觉得没有以前好。以前大家在一起的时候，吃吃唱唱，聊聊笑笑，那时候比较高兴，比较快乐。

10 自己的家，大也好，小也好；在农村里也好，在城市里也好；人多也好，人少也好；家就是家。一般的人都很喜欢自己的家，很爱自己的家。就是说，"金窝、银窝，不如自己的草窝。"

17.20 *Trabajo en parejas: Leed los textos una vez más, esta vez en chino tradicional.*

1 琳去看阿娟的房間。阿娟說她的房間有一點小，可是琳說她覺得不大也不小，很舒服。阿娟一個人住這個房間。她弟弟阿龍也有他自己的房間。

2. 有一位女士說她小時候住的房子是在山區裡的一個平房。房子裡面有兩間臥室、一個客廳，有自己的廚房。衛生間在外面。前後都有院子。前院裡有一棵樹。後院裡種了很多菜和花。這位女士很喜歡她小時候的家。

3. 有一個女的記得她小時候的家是和很多很多其他戶人家住在一個樓裡面。所有的孩子們都喜歡在一起玩。他們每天先在這家玩幾分鐘，然後再到那家玩幾分鐘。非常好玩兒。

4. 另外一個女的說，她以前住在一棟三層樓的樓房裡。他們家住第三層。是兩室一廳。有廚房，可是沒有自己的衛生間。那時候的中國，廁所一般都是公用的，都在房子外面的一個地方。

5. 以前，在中國許多地方連廚房都是公用的。這就是說，有很多戶在一個地方洗菜、做飯。做好飯以後，回到自己的房間裡去吃。吃完以後再去公用的廚房裡洗碗。

6. 以前農村的條件比較差。常常是沒有電、沒有自來水。人們天天要到外面去打水。晚上點煤油燈。

7. 很多人小的時候都住在農村裡。出了門就看得見田地了。現在這些人很多都住在城裡。他們家在高樓裡面。出門看不到田地了。全都是樓房。

8. 住在城裡，條件會比較好。一般的房子是兩室一廳，或者兩室兩廳，有自己的廚房、衛生間。

9. 有自己的廚房、衛生間，當然很好。生活很舒服、很方便。進了自己的家門就像進了自己的天地一樣。可是一天一天，誰也看不見誰。時間長了也會覺得沒有以前好。以前大家在一起的時候，吃吃唱唱，聊聊笑笑，那時候比較高興，比較快樂。

10. 自己的家，大也好，小也好；在農村裡也好，在城市裡也好；人多也好，人少也好；家就是家。一般的人都很喜歡自己的家，很愛自己的家。就是說，"金窩、銀窩，不如自己的草窩。"

Lectura de textos de la vida real

17.21 *Esta es la simulación (basada en anuncios reales) del anuncio de la plataforma ficticia Le-Le para buscar apartamentos de alquiler. Míralo y marca todo lo que puedas descifrar.*

17.22 *Léelo de nuevo y completa las siguientes tareas.*

1. La palabra *jīngjìrén.* significa "agente". Señala estos caracteres y márcalos como "1".

2. Señala los caracteres del nombre de la dueña, Sra. Lin, y márcalos como "2".

3. ¿Cuál es la dirección del apartamento? Detállala lo máximo que puedas.

　　Ciudad: _____　Distrito: _____　Calle: _____

　　Callejón: _____　Edificio #: _____　Apartamento #: _____

4. La casilla *bú xiàn nán nǚ* está marcada, lo que significa que el inquilino puede ser hombre o mujer. ¿Qué significan las otras casillas? Escríbelo en español:

   a. _____   c. _____

   b. _____   d. _____

5. ¿Cuánto cuesta el alquiler? _____ ¿Cuánto es la fianza *(yājīn)*? _____

6. La superficie del apartamento es 15 *píng*, una unidad de medida usada en Taiwan basada en el tamaño del *tatamis* japonés. Un *píng* son aproximadamente 3,3 metros cuadrados. Señala el carácter de *píng* y márcalo como "3".

7. Este apartamento tiene el siguiente número de habitaciones (indícalo):

   a. ___ salón(es)/comedor(es)   c. ___ baño(s)

   b. ___ dormitorio(s)

   Señala los caracteres correspondientes y márcalos como "4".

8. El apartamento tiene una orientación norte-sur. Señala los caracteres correspondientes y márcalos como "5".

9. ¿En qué planta está el apartamento? _____ ¿Cuántas plantas tiene el edificio? _____ Señala los caracteres correspondientes y márcalos como "6".

10. ¿El apartamento está con plaza de estacionamiento?

    ☐ si (en planta baja)   ☐ si (en estructura mecánica)   ☐ no

11. ¿Qué mobiliario incluye el apartamento? Señala los apartados correspondientes. Después localiza los caracteres chinos en el anuncio y márcalos con la letra correspondiente.

    ☐ a. *Internet de banda ancha* 宽带网／寬帶網 kuāndài wǎng

    ☐ b. *armario de ropas* 衣橱 yīchú

    ☐ c. *mesas y sillas* 桌椅 zhuō yǐ *(short for* zhuōzi, yǐzi*)*

    ☐ d. *cama doble* 双人床／雙人床 shuāngrén chuáng

    ☐ e. *cama individual* 单人床／單人床 dānrén chuáng

    ☐ f. *lavadora* 洗衣机／洗衣機 xǐyījī

    ☐ g. *television por cable* 有线电视／有線電視 yǒuxiàn diànshì

    ☐ h. *televisor* 电视／電視 diànshì

    ☐ i. *teléfono* 电话／電話 diànhuà

    ☐ j. *aire acondicionado* 冷气／冷氣 lěngqì *(also called* kōngtiáo 空调／空調*)*

    ☐ k. *refrigerador* 冰箱 bīngxiāng

    ☐ l. *ascensor* 电梯／電梯 diàntī

12. En el apartado "características de la ubicación" el anuncio dice que el apartamento es . . . _____ apropiado para estudiantes y profesionales.

_____ está cerca de escuelas de primaria y secundaria y de la universidad

_____ tiene cerca una parada de autobús hacia el centro de la ciudad.

Numera las frases anteriores según el orden en el que aparecen en el anuncio.

13. En el apartado "Nota" el anuncio indica que en el edificio no se permiten las mascotas. Numera las siguientes palabras en *pinyin* según el orden en el que aparecen.

___dàlóu   ___jìn   ___chǒngwù   ___běn   ___yǎng

Según el significado de la frase, ¿qué crees que significa 禁 *jìn* _____

▶ Aprender a escribir caracteres

17.23 *Consulta el **Libro de ejercicios de escritura de caracteres** para saber más sobre el orden de trazos y otra información útil de cada uno de los caracteres de la unidad indicados a continuación. Elige entre carácter simplificado o tradicional y practica hasta que puedas escribirlos por ti mismo.*

房，间／間，舒，服，平，卧／臥，室，自，己，卫／衛，院，棵，树／樹，花，种／種，记／記，方，较／較

▶ Escribir un texto descriptivo

17.24 *Imagina que vas a ir a vivir en China y necesitas encontrar un lugar para vivir. Escribe una nota a un agente inmobiliario real en caracteres simplificados o tradicionales, incluyendo de cuatro a seis detalles sobre dónde te gustaría vivir. Empieza la nota con* 我找的房子…… *Wǒ zhǎo de fángzi . . . (La casa que estoy buscando...) y termínala con* 麻烦你帮我留意。谢谢。／麻煩你幫我留意。謝謝。 *Máfan nǐ bāng wǒ liúyì. Xièxie. (Por favor, ayúdame a mirar algo [apropiado para mí]. Gracias...)*

Un poco de cultura 文化点滴

Hogar dulce hogar

Mira el fragmento de video "Hogar dulce hogar" del episodio y después comenta las siguientes cuestiones con tus compañeros y el profesor.

- China tiene una historia que se remonta a miles de años en el pasado y en la actualidad está viviendo un periodo de rápidos cambios. Comenta cómo estos cambios afectan a la vida de las personas corrientes.
- ¿Qué piensas de las condiciones de alojamiento en China comparadas con las que estás acostumbrado?
- ¿El ambiente en el que vives define tu visión de vida?

RESUMEN

Gramática

Repaso de adverbios

Los adverbios modifican verbos —verbos de acción como 吃饭／吃飯 chīfàn (快吃饭！／快吃饭！ Kuài chīfàn!) y 说话／説話 shuōhuà (少说话！／少説話！ Shǎo shuōhuà!) y verbos de estado como 高兴／高興 gāoxìng (非常高兴／非常高興 fēicháng gāoxìng). Dos adverbios usados frecuentemente son 就 jiù, que indica "prontitud" de la acción, y 才 cái, que indica "tardanza". Mira estos ejemplos:

你十点就睡？／你十點就睡？ Nǐ shí diǎn jiù shuì? (¿Te duermes a las 10:00? [¿Tan temprano?])

你十点才睡？／你十點才睡？ Nǐ shí diǎn cái shuì? (¿No te duermes hasta las 10:00? [¿Tan tarde?])

A veces, varios adverbios aparecen juntos. Cuando lo hacen, siguen un orden específico, que debe aprenderse por experiencia. Ejemplos:

你也还没睡？／你也還没睡？ Nǐ yě hái méi shuì? (¿Tú tampoco te has dormido todavía?)

你不也还没睡吗？／你不也還没睡嗎？ Nǐ bú yě hái méi shuì ma? (Tú tampoco te has dormido todavía, ¿no?)

Nota: 不也 se usa normalmente en preguntas retóricas, similar a una coletilla interrogativa en español.

"Simplemente hazlo" con 把 bǎ

Cuando un objeto o asunto específico son manipulados, movido o afectado de otra manera, el chino usa la construcción bǎ. Bǎ (que literalmente significa "manilla" o "sujetar con la mano/agarrar") destaca el objeto y, de forma apropiada, le da preponderancia al inicio de la oración. El verbo sigue al objeto y es seguido por algún tipo de complemento —en otras palabras, el verbo no aparece nunca en su forma simple, que indica que acción ha ocurrido y cuál ha sido su resultado.

Mira estas dos distintas situaciones:

我去买书。／我去買書。 Wǒ qù mǎi shū. 我去把（那本）书买回来了。／我去把（那本）書買回來了。 Wǒ qù bǎ (nèi běn) shū mǎi huílái le.

La primera oración significa simplemente que el sujeto va a salir a comprar libros —no uno en especial—. En la segunda oración, bǎ automáticamente define el objeto —"Fui a comprar el libro y lo traje—".

Vocabulario

Palabras relativas al hogar o la casa

cāntīng 餐厅／餐廳 salón/comedor
chúfáng 厨房／廚房 cocina
dìfang 地方 lugar; espacio
fángjiān 房间／房間 habitación
fàntīng 饭厅／飯廳 comedor
gōngyù 公寓 apartamento; vivienda pública
hòuyuàn 后院／後院 patio trasero
kètīng 客厅／客廳 salón; sala de estar
liǎng shì yì tīng 两室一厅／兩室一廳 dos dormitorios y un salón/comedor
lóushàng 楼上／樓上 arriba
lóuxià 楼下／樓下 abajo
píngfáng 平房 casa de una sola
qiányuàn 前院 patio delantero
sùshè 宿舍 dormitorio (edificio)
tǒngzilóu 筒子楼／筒子樓 bloque de viviendas
wèishēngjiān 卫生间／衛生間 baño
wòshì 卧室／臥室 dormitorio
xǐshǒujiān 洗手间／洗手間 aseo
yuànzi 院子 patio
zǒuláng 走廊 corredor

Nombres

chéng li 城里／城裡 dentro de la ciudad
dàshà 大厦／大廈 edificio
dì 地 suelo
diàn 电／電 electricidad
dǐng lóu 顶楼／頂樓 última planta; buhardilla
gāolóu 高楼／高樓 edificio alto
gōnggòng cèsuǒ 公共厕所／公共廁所 baño público
huā(r) 花(儿)／花(兒) flor
jìyì 记忆／記憶 recuerdo
lóu 楼／樓 edificio; planta; piso
lóufáng 楼房／樓房 edificio de dos o más plantas
méiyóudēng 煤油灯／煤油燈 lámpara/ linterna de queroseno
nǎinai 奶奶 abuela paterna
nóngcūn 农村／農村 pueblo; zona rural; campo
nóngtián 农田／農田 tierra de cultivo
píngfāngmǐ 平方米 metro cuadrado
rénjiā 人家 familia; casa; hogar
shānqū 山区／山區 región montañosa
shìyǒu 室友 compañero de habitación
shuǐní 水泥 cemento
tiān 天 cielo
tiáojiàn 条件／條件 condiciones
wǎ fáng 瓦房 casa con tejado de tejas
xiāngxia 乡下／鄉下 campo
zhōuwéi 周围／周圍 vecindad; alrededores
zìláishuǐ 自来水／自來水 agua corriente

Adverbios

bǐjiào 比较／比較 relativamente, bastante, comparativamente
chàbuduō 差不多 casi; más o menos
dǐng 顶／頂 muy; lo más; extremadamente
fēicháng 非常 sumamente
hǎo 好 bastante, muy
jīběnshàng 基本上 básicamente, en general, en lo principal
kuài 快 rápido; pronto
quán/quánbù 全／全部 completamente, totalmente, en su totalidad
suíbiàn 随便／隨便 como uno quiera
yí gè rén 一个人／一個人 una persona; solo; por sí mismo
yòu 又 y; además
yǒudiǎn(r) 有点(儿)／有點(兒) algo; más bien; un poco (solo en negativo)

Verbos de estado

àn 暗 oscuro; poco iluminado
ānjìng 安静／安靜 tranquilo
chà 差 inferior, pobre
chángjiàn 常见／常見 común; habitual
chǎo 吵 ruidoso
chuántǒng 传统／傳統 tradicional
gǔlǎo 古老 antiguo; viejo
jǐ 挤／擠 lleno de gente; atestado
kuānchang 宽敞／寬敞 espacioso
luàn 乱／亂 desordenado
mēn 闷／悶 cargado
piàoliang 漂亮 bello (a), bonito (a)
tōngfēng 通风／通風 aireado, bien ventilado
zhǎixiǎo 窄小 estrecho, pequeño
zhěngqí 整齐／整齊 ordenado, aseado

Otros verbos y oraciones verbales

bǐqǐ 比起 comparado con
bùzhì de hěn hǎo 布置得很好 bien amueblado
chuàn 串 ir de un lugar a otro
dài 带／帶 incluir; tener; "venir con"
diǎn 点／點 encender
guāngxiàn hǎo 光线好／光線好 luminoso, bien iluminado
jìde 记得／記得 recordar
kàn bú jiàn 看不见／看不見 no poder ver
shēnghuó 生活 vivir
xiàng 像 como; parecido a
zhòng 种／種 plantar; cultivar

Clasificadores

céng 层／層 (planta, piso): liǎng céng lóu 两层楼／兩層樓 edificio de dos plantas/pisos
dòng 栋／棟 (casa, edificio): yí dòng lóu 一栋楼／一棟樓 un edificio
hù 户／戶 (familia, hogar): yí hù rénjiā 一户人家／一戶人家 una familia
jiā 家 (familia): měi jiā měi hù 每家每户／每家每戶 cada familia y hogar
jiān 间／間 (habitación): sān jiān fángjiān 三间房间／三間房間 tres habitaciones
mǐ 米 (metro): yì bǎi píngfāngmǐ 一百平方米 cien metros cuadrados
tào 套 (conjunto): yí tào fángjiān 一套房间／一套房間 un conjunto de habitaciones
zhǒng 种／種 (especie; tipo; clase): nà zhǒng fángzi 那种房子／那種房子 ese tipo de casa

Otras palabras y expresiones

Āya! 啊呀 ¡Hala!
dāngzhōng 当中／當中 entre
dànshì 但是 pero, sin embargo
dúlì de 独立的／獨立的 independiente (habitaciones, baños, etc.)
gōngyòng 公用 compartido; común; público
jǐ 几／幾 algunos, varios
lái 来／來 sobre; y más (yì bǎi lái mǐ 一百来米／一百來米 sobre unos cien metros)
nà huìr 那会儿／那會兒 en aquel entonces
qízhōng 其中 entre (varios)
ránhòu 然后／然後 entonces; después; luego
suǒyǒu de 所有的 todos
xiǎo shíhou 小时候／小時候 de pequeño; en la infancia
zìjǐ de 自己的 de uno mismo; personal; privado

UNIDAD 17 MÁS VALE HUMO DE MI CASA QUE FUEGO DE LA AJENA

Lista de lo aprendido

Tras completar esta unidad, deberías ser capaz de:

Escuchar y hablar

- [ ] Hablar a un amigo sobre tu habitación y tu casa.
- [ ] Elogiar la habitación o casa de un amigo.
- [ ] Hablar brevemente sobre la familia en la que creciste.
- [ ] Describir algunos aspectos de las casas chinas más comunes.

Lectura y escritura

- [ ] Identificar detalles importantes de un anuncio de alquiler.
- [ ] Leer textos sencillos sobre alojamiento y casas.
- [ ] Escribir una nota a un agente inmobiliario con tus preferencias de alojamiento.

Entendimiento cultural

- [ ] Demostrar tu comprensión de las principales diferencias de las condiciones de alojamiento de China en el pasado y el presente.

UNIDAD 18

"Un paso incesante de coches y caballos"

车水马龙

Chēshuǐ-mǎlóng

Desplazarse y viajar

En esta unidad aprenderás a:

- Nombrar algunos modos de transporte.
- Comentar las ventajas y desventajas de diferentes modos de transporte.
- Preguntar y explicar cómo comprar billetes.
- Decir algo sobre cómo usar diferentes modos de transporte.
- Explicar qué debe tenerse en cuenta al usar diferentes modos de transporte.
- Descifrar números en "mayúsculas" en billetes, tickets, etc.
- Descifrar información de billetes de transporte.
- Escribir textos simples sobre tus modos de transporte preferidos.

Visita la web de *Encuentros* www.EncountersChinese.com.cn. para consultar material de apoyo a la presente unidad.

UNIDAD 18 UN PASO INCESANTE DE COCHES Y CABALLOS

Encuentro 1 — Viajar con ayuda

18.1 Mira el Episodio 18 de la videoserie. No te preocupes si no entiendes completamente lo que se dice. ¡Míralo y disfruta!

18.2 Preparación: ¿Has ido alguna vez a algún sitio al que no sabías cómo llegar y tuviste que pedir ayuda o buscar el camino a medida que avanzabas? Piensa en unas experiencia real o imaginaria y anótala a continuación. 请写西班牙文。／請寫西班牙文。

_____

_____

_____

18.3 Mira y escucha el fragmento de video "April va al lago Qinghai". (Qīnghǎi Hú, conocido históricamente como Kokonor, es el lago más grande de China). 请把拼音和西班牙文填进去。／請把拼音和西班牙文填進去。

Pasajero A: Nǐ xiǎng qù _____?
(¿Adónde quieres ir?)

April: _____.
(_____.)

Pasajero A: Nà hái yuǎnzhe ne. Nǐ xiān yào dào _____ Dàhuá Zhèn, ránhòu cái néng dào Qīnghǎi Hú.
(Eso todavía está lejos. Primero tienes que ir más allá de la ciudad de Dahua y luego podrás llegar al lago Qinghai.)

April: _____?
(_____?)

Pasajero A: Yǒu a. Dào Dàhuá Zhèn _____ nǐ kěyǐ zuò chángtúchē.
(Hay. En la estación de autobuses de Dahua puedes tomar un autobús de larga distancia.)

April: _____?
(_____?)

Pasajero A: Yìzhí cháo qián zǒu. Jiù zài qiánfāng.
_____.
(Sigue recto. Está un poco más allá. _____.)

April: _____?
(_____?)

Pasajero A: Méi duō yuǎn. _____. Zài mǎlù yòubian nǐ kěyǐ kàndào chēzhàn de biāozhì.
(No demasiado lejos. Andando probablemente tome un cuarto de hora. En el lado derecho de la carretera verás la señal de la estación de autobuses.)

April: _____.
(_____.)

Pasajero B: _____. Yǒu kǎchē lái jiē wǒmen. Nǐ yàoshi bú jièyì de huà, kěyǐ zuò kǎchē yíkuàir zǒu.
(_____. Un camión viene a recogernos. Si no tienes inconveniente, puedes venir con nosotros.)

April: _____!
(_____!)

Pasajero A: _____. Bǎ tā dàishang ba.
(_____. Por favor, déjala subir.)

Truck driver: _____.
(_____.)

Pasajero A: Nín zuò jiàshǐshì ba!
(¡Siéntate en la cabina!)

April: _____.
(_____.)

Pasajero B: _____!
(¡Vamos, súbete en la cabina!)

Pasajero A: Nín zuòdào jiàshǐshì ba! Nín shì yuǎn dào lái de kèren, _____.
(¡Siéntate en la cabina! Eres una invitada de muy lejos. No seas tan educada [ponte cómoda].)

April: _____!
(Te lo agradezco. ¡Muchas gracias!)

UNIDAD 18 UN PASO INCESANTE DE COCHES Y CABALLOS

18.4 请把西班牙文填进去。／請把西班牙文填進去。

a. Nà hái yuǎnzhe ne.	那还远着呢。／那還遠著呢。	_____
b. gōnggòng qìchē	公共汽车／公共汽車	_____
c. chángtúchē	长途车／長途車	_____
d. Chēzhàn zěnme zǒu?	车站怎么走？／車站怎麼走？	_____
e. cháo qián zǒu	朝前走	_____
f. jiù zài qiánfāng	就在前方	_____
g. méi duō yuǎn	没多远／沒多遠	_____
h. chēzhàn de biāozhì	车站的标志／車站的標誌	_____
i. kǎchē	卡车／卡車	_____
j. lái jiē wǒmen	来接我们／來接我們	_____
k. bú jièyì	不介意	_____
l. jiàshǐshì	驾驶室／駕駛室	_____
m. yuǎndào lái de kèren	远道来的客人／遠道來的客人	_____
n. bù hǎoyìsi	不好意思	_____

18.5 ¿Has hecho alguna vez autostop (搭便车／搭便車 dā biànchē)? Si es así, escribe algunos detalles. Por ejemplo, dónde, cuándo y por qué lo hiciste. 请写拼音或者汉字。／請寫拼音或者漢字。

_____

_____

_____

18.6 Trabajo en parejas: *Preparad una 小品 en la que uno pregunta y el otro ofrece indicaciones para llegar a un lugar que se encuentra lejos de donde os encontráis. Ensayad hasta que no necesitéis consultar las notas y representadla para otra pareja de compañeros o la clase entera. A continuación, se incluye un resumen de expresiones que pueden seros útiles.*

> Qǐngwèn, dào _____ zěnme zǒu?
> Yìzhí wǎng qián zǒu jiù dào le.
> Guò liǎng gè lùkǒu jiù dào le.
> Xiàng yòu guǎi jiù dào le.
> Lí zhèr yuǎn bu yuǎn?
> Hěn yuǎn. Zǒulù zǒu bu dào. Děi zuò chē.
>
> Chēzhàn ne?
> Yào zuò nǎ lù chē?
> Děi zuò jǐ zhàn?
> Kěyǐ qí zìxíngchē qù ma?
> Bù yuǎn, jiù zài qiánmiàn. Kànjiàn le ma?
> Wǒ kěyǐ dā nǐ de biànchē ma?

___
___
___
___
___
___
___

Encuentro 2 — Montar en bicicleta

18.7 Preparación: *Si alguien te pregunta si usas la bicicleta por placer o como medio de transporte, ¿qué responderías?* 用西班牙文写一些笔记。／用西班牙文寫一些筆記。

___
___
___

UNIDAD 18 UN PASO INCESANTE DE COCHES Y CABALLOS

 18.8 *Mira y escucha el fragmento de video "Stephen Tschui y Shū Níng (舒宁／舒寧) hablan sobre montar en bicicleta". Indica quién de ellos dice las oraciones siguientes y después rellena los espacios en blanco de las oraciones en español según las palabras chinas marcadas en rojo.*

	Stephen	宁／寧
a. Wǒ hěn shǎo qí zìxíngchē. (Monto _____ en bicicleta.)	☐	☐
b. Wǒ yīnggāi duō qí zìxíngchē. (_____ montar en bicicleta más a menudo.)	☐	☐
c. Wǒ juéde rúguǒ nǐ qù Běijīng de huà, nǐ yīnggāi zài Běijīng qíqi zìxíngchē gǎnshòu yíxià. (Creo que _____ vas a Beijing, debes montar en bicicleta y probar qué se siente.)	☐	☐
d. À, zhèr yǒu yìxiē zìxíngchē shì diàndòng de. Duì bu duì? (Ah, aquí hay algunas bicicletas que son _____. ¿Correcto?)	☐	☐
e. Duì, xiànzài diàndòng zìxíngchē yuèláiyuè duō le. (Correcto. Hay _____ bicicletas eléctricas actualmente.)	☐	☐
f. Yīnwèi mótuōchē, zài Běijīng qí mótuōchē shì bú tài róngyì de. (Porque _____ motocicletas en Beijing no es fácil.)	☐	☐
g. Nǐ xūyào kǎo yí gè mótuōchē de zhèng. (_____ examinarse para obtener un permiso de motocicletas.)	☐	☐
h. Dànshì diàndòng zìxíngchē jiù bú yòng le. (_____ para llevar bicicletas eléctricas no es necesario.)	☐	☐
i. Suǒyǐ hěn duō rén dōu xuǎnzé diàndòng zìxíngchē. (Por eso mucha gente _____ las bicicletas eléctricas.)	☐	☐
j. Ò, yuánlái zhèyàng. (Oh, resulta que es así.)	☐	☐
k. Nǐ kàn, zài Běijīng yǒu zhuānmén de zìxíngchē dào. (¡Mira! En Beijing hay _____ especiales.)	☐	☐
l. Zhèyàng bǐjiào fāngbiàn, yě bǐjiào ānquán. (De esta forma es más _____ y bastante seguro.)	☐	☐

18.9 *¿Cuáles son tus costumbres al usar la bicicleta? ¿Lo haces para desplazarte, por placer o por otras razones? Comprueba si alguna de las afirmaciones siguientes se corresponde con tus hábitos. Si no es así, pide ayuda a tu profesor para describir tu caso.*

☐ Wǒ měi tiān qí zìxíngchē shàngbān huòzhě shàngxué.

我每天骑自行车上班或者上学。／
我每天騎自行車上班或者上學。

☐ Wǒ ǒu'ěr *(ocasionalmente)* qí. Wǒ qí zìxíngchē shì wèile duànliàn shēntǐ huòzhě yúlè.

我偶尔骑。我骑自行车是为了锻炼身体或者娱乐。／
我偶爾騎。我騎自行車是為了鍛煉身體或者娛樂。

☐ Wǒ xǐhuan qí zìxíngchē, kěshì xiànzài wǒ méiyǒu zìxíngchē.

我喜欢骑自行车，可是现在我没有自行车。／
我喜歡騎自行車，可是現在我沒有自行車。

☐ Wǒ xǐhuan qí zìxíngchē, kěshì xiànzài méiyǒu jīhuì qí.

我喜欢骑自行车，可是现在没有机会骑。／
我喜歡騎自行車，可是現在沒有機會騎。

☐ Wǒ hái méi xuéhuì qí zìxíngchē.

我还没学会骑自行车。／
我還沒學會騎自行車。

☐ Wǒ huì qí zìxíngchē, kěshì bù xǐhuan qí.

我会骑自行车，可是不喜欢骑。／
我會騎自行車，可是不喜歡騎。

☐ Wǒ juéde qí zìxíngchē tài wēixiǎn le.

我觉得骑自行车太危险了。／
我覺得騎自行車太危險了。

☐ _____

[tu propio caso]

UNIDAD 18 UN PASO INCESANTE DE COCHES Y CABALLOS

18.10 Haz conversación: *Muévete por el aula y pregunta a tus compañeros* 你常骑自行车吗？／你常騎自行車嗎？ Nǐ cháng qí zìxíngchē ma? *Haz una encuesta de sus respuestas y escribe sus nombres en la tabla siguiente.*

Monta diaria/frecuentemente para ir al trabajo o a la escuela.	
Monta a veces para hacer ejercicio o por placer.	
No tiene bicicleta o no tiene oportunidad de montar.	
No sabe montar en bicicleta.	
No le gusta montar en bicicleta o piensa que es peligroso.	
Otras respuestas:	

Encuentro 3   Viajar en autobús

18.11 Preparación: *¿Cómo indicarías una dirección a alguien o cómo tomarías el autobús en tu ciudad?* 用西班牙文写一些笔记。／用西班牙文寫一些筆記。

_____
_____

 18.12 *Mira y escucha el fragmento de video "Stephen Tschudi y Shu Ning hablan sobre viajar en autobús".* 请用西班牙文回答下列问题／請用西班牙文回答下列問題 Qǐng yòng Xībānyáwén huídá xiàliè wèntí *(Por favor, responde en español las siguientes preguntas).*

a. ¿Dónde están estas personas? ¿Qué están haciendo?
_____

b. Cuando el autobús llega a una parada, ¿cómo saben los pasajeros que han llegado?
_____

c. ¿Dónde suben y bajan del autobús las personas?
_____

d. ¿Cómo pagan los pasajeros el billete de autobús?

18.13 请再看一次录像片断。然后请把拼音填进去。／請再看一次錄像片斷。然後請把拼音填進去。

a. Zhèxiē rén _____ gōnggòng qìchē.
   (Estas personas están esperando el autobús.)

b. Zài gōnggòng qìchē _____.
   ([Están] en la parada del autobús.)

c. Nà tā _____ de shíhou, huì bu huì yǒu shēngyīn zài _____ nǐ tā dàole shénme _____ ne?
   (Entonces, cuando se acerca una parada ¿hay una voz que dice a qué parada has llegado?)

d. Huì yǒu. Huì gàosu nǐ, shénme shénme zhàn dào le. _____.
   (La hay. Te dice que has llegado a tal o cúal parada y que por favor salgas del autobús.)

e. Nǐ kàn, dàjiā dōu shì cóng qián mén _____, hòu mén _____.
   (Mira, todos suben por la puerta delantera y salen por la puerta trasera.)

f. Nà qián mén shàngqù yǐhòu, yào mǎshàng _____ ma?
   (Entonces, cuando subes por la puerta delantera ¿tienes que pagar inmediatamente?)

g. Yào _____?
   (¿Hay que validar una tarjeta?)

h. Zài Běijīng, xiànzài, dàjiā chángcháng yòng _____. Yīnwèi zhèyàng, yí gè bǐjiào _____, èr bǐjiào _____.
   (En Beijing, ahora normalmente todos usan una tarjeta de transporte público. Porque de esta forma, primero, es bastante conveniente y, segundo, es más barato.)

i. Chē shang bù néng mǎi. Nǐ děi qù bǐjiào dà de _____, huòzhě shì dìtiězhàn, nǐ _____.
   (No puedes comprarla a bordo. Tienes que ir a una parada bastante grande o a una estación de metro y allí puedes comprarla.)

j. Rúguǒ shì yí gè hěn _____ de chē, yǒu sān gè mén de huà, _____ shì _____ shàng chē, qián-hòu mén xià chē.
   (Si se trata de un autobús muy largo con tres puertas, normalmente se sube por la puerta central y se baja por la delantera o la trasera.)

k. Dànshì wǒ _____ rúguǒ nǐ qù Běijīng de huà, nǐ _____ dàbùfen rén zǒu jiù _____.

(Pero pienso que, si vas a Beijing, será suficiente con que sigas a la mayoría de la gente.)

l. Tāmen _____, wǒ jiù _____.

(Lo que ellos hagan, haré yo también.)

m. Nèi ge rén zài ná kǎ. Tā _____ yǒu kǎ.

(Esa persona lleva una tarjeta. Tiene una tarjeta en la mano.)

n. Ò, bú shì, tā huì gēnjù nǐ de _____ de _____ lái suàn nǐ děi fù _____.

(Oh, no es así. Se calcula cuánto dinero tienes que pagar en función de la distancia de tu viaje.)

o. Nà tā shì yí gè hěn _____ de kǎ.

(Entonces es una tarjeta muy inteligente.)

18.14 *Revisión y ampliación de vocabulario:* 请把西班牙文填进去，或者选一个答案。／請把西班牙文填進去，或者選一個答案。 Qǐng bǎ Xībānyáwén tián jìnqù, huòzhě xuǎn yí gè dá'àn.

a. gōnggòng qìchē	公共汽车／公共汽車		_____
b. gōnggòng qìchēzhàn	公共汽车站／公共汽車站		_____
c. shàng chē	上车／上車		_____
d. xià chē	下车／下車		_____
e. chēpiào	车票／車票		_____
f. qián, zhōng, hòu mén	前、中、后门／前、中、後門		_____
g. shíjiānbiǎo	时间表／時間表	☐ *horario* ☐ *reloj*	
h. gōngjiāokǎ	公交卡		_____
i. shuā kǎ	刷卡		_____

j. lùchéng	路程	
k. lùxiàn	路线／路線	☐ carretera ☐ línea
l. Jǐ lù chē?	几路车？／幾路車？	☐ ¿Qué número (línea) de autobús? ☐ ¿Cuántos autobuses hay en la carretera?
m. liù lù chē	六路车／六路車	☐ Autobús N.6 ☐ seis autobuses
n. yì bān chē	一班车／一班車	☐ un turno ☐ un tipo de autobús
o. zhuǎn chē	转车／轉車	☐ gira el autobús ☐ cambiar de autobús

INFO 供你参考

Olvida el automóvil; toma el autobús

La vida en nuestra sociedad gira en torno al automóvil. Si tienes que ir a alguna parte, salta en tu automóvil y ponte en marcha. Como ya se dijo en la Unidad 10 del Libro 1 (ver página 261), la vida en China también se está volviendo más orientada al uso del automóvil. Sin embargo, tomar el autobús sigue siendo la primera opción para la mayoría de las personas —por buenas razones—, porque llegan prácticamente a todas partes. En desplazamientos de larga distancia (长途旅行／長途旅行 *chángtú lǚxíng*), los billetes de autobús son normalmente más baratos que los billetes de tren, y mucho más fáciles de adquirir. Busca los autobuses extranjeros más nuevos y lujosos, aunque montar en los viejos y desvencijados autobuses chinos pueden ser más beneficiosos para tu chino. Igual que en los trenes, hay "autobuses cama" para viajar a lugares lejanos y minibuses para ir a lugares cerca de casa. Usar la red local de autobuses en combinación con el metro (en grandes ciudades) es la forma más barata y conveniente de desplazarse de un lugar a otro, con excepción de la bicicleta, por supuesto.

Pero, ¿y si te gusta conducir? Bien, las guías de viaje dirán que estás loco. ¿Por qué? En primer lugar, porque tendrás que hacer el examen de conducir y pasar una revisión médica, y normalmente son más estrictos que en otros países. El proceso toma varias semanas y te costará dinero. Y lo que es más importante, los conductores chinos a menudo ignoran los reglamentos de tráfico. Ahórrate preocupaciones: llama al autobús o hincha las ruedas de tu bicicleta. Estarás mejor, tu chino probablemente mejorará y es muy posible que hagas nuevos e interesantes amigos.

18.15 Trabajo en parejas: *Haz como que recibes una llamada de teléfono o un e-mail con el siguiente mensaje transcrito en* 拼音 *y* 汉字／漢字. *Sigue este modelo y trabaja con un compañero para elaborar instrucciones sobre cómo ir en autobús desde donde os encontráis ahora hasta un* 购物中心／購物中心 gòuwù zhōngxīn *de vuestra elección, situado a unos kilómetros de distancia.*

Cóng wǒmen zhèr zuò gōnggòng qìchē dào gòuwù zhōngxīn fēicháng róngyì. Chēzhàn jiù zài wǒmen lóu wàimiàn. Nǐ kěyǐ zuò liù lù huò sì lù gōnggòng qìchē. Liù lù chē kěyǐ zhíjiē dào gòuwù zhōngxīn, Zhōuyī dào Zhōuwǔ, měi èrshí fēnzhōng yì bān. Sì lù chē gèng duō: měi shí fēnzhōng yì bān, kěshì děi zhuǎn chē. Xiān zuòdào yóujú nàr xià chē, zài zhuǎn shíwǔ lù. Shíwǔ lù yě hěn duō, dàgài měi shí fēnzhōng yì bān. Yìbān shì cóng qián mén shàng chē, hòu mén xià chē. Shàng chē yào mǎi piào, chē piào shì liǎng kuài qián yí gè rén, bìxū gěi xiànjīn, yě bù néng zhǎoqián. Zhuǎn chē bú yòng zài gěi qián; gēn sījī ná yì zhāng zhuǎn chē piào jiù kěyǐ le. Lùchéng dàgài xūyào shíwǔ fēnzhōng.

从我们这儿坐公共汽车到购物中心非常容易。车站就在我们楼外面。你可以坐六路或四路公共汽车。六路车可以直接到购物中心，周一到周五，每二十分钟一班。四路车更多：每十分钟一班，可是得转车。先坐到邮局那儿下车，再转十五路。十五路也很多，大概每十分钟一班。一般是从前门上车，后门下车。上车要买票，车票是两块钱一个人，必须给现金，也不能找钱。转车不用再给钱，跟司机拿一张转车票就可以了。路程大概需要十五分钟。

從我們這兒坐公共汽車到購物中心非常容易。車站就在我們樓外面。你可以坐六路或四路公共汽車。六路車可以直接到購物中心，週一到週五，每二十分鐘一班。四路車更多：每十分鐘一班，可是得轉車。先坐到郵局那兒下車，再轉十五路。十五路也很多，大概每十分鐘一班。一般是從前門上車，後門下車。上車要買票，車票是兩塊錢一個人，必須給現金，也不能找錢。轉車不用再給錢，跟司機拿一張轉車票就可以了。路程大概需要十五分鐘。

Vuestra descripción:

___
___
___
___
___

Ahora cambia de pareja y lee tu descripción a tu nuevo compañero. Comprueba si él o ella puede adivinar correctamente el 购物中心／購物中心 gòuwù zhōngxīn *que habéis indicado.*

Un poco de gramática 语法点滴

Expresar antes y ahora

Hasta el momento hemos aprendido a usar 了 *le* y 过／過 *guo* para expresar algo sobre acciones que han ocurrido.

了 *le*

- Puede indicar que una acción se ha completado.
  Wǒ chīle liǎng wǎn fàn. 我吃了两碗饭。／我吃了兩碗飯。 *(Comí dos cuencos de arroz.)*

- Puede indicar que cuando una acción se ha completado otra va a comenzar.
  Wǒ chīle fàn jiù zǒu. 我吃了饭就走。／我吃了飯就走。 *(Me marcharé cuando termine de comer.)*

- Puede indicar un cambio de una vieja situación a una nueva.
  Tā yǐqián hěn pàng, xiànzài shòu le. 他以前很胖，现在瘦了。／他以前很胖，現在瘦了。 *(Antes estaba gordo pero ahora ha adelgazado.)*

(Mira la sección "Un poco de gramática" de la Unidad 11 (página 5) para más información sobre 了.)

过／過 *guo*, cuando va junto al verbo, indica una experiencia pasada.

Wǒ qùguo Zhōngguó. 我去过中国。／我去過中國。 *(He estado en China)*

(Mira la sección "Un poco de gramática" de la Unidad 4 del Libro 1 (página 101) para más información sobre 过／過.)

Ahora algunas más.

- Usa 在 *zài* antes del verbo para expresar una acción en progreso. En los siguientes ejemplos, 在 *zài* está marcado en rojo y los verbos en azul.
  Tā bú shì zài xuéxí, tā zài huàhuàr. 她不是在学习，她在画画儿。／她不是在學習，她在畫畫兒。 *(Ella no está estudiando, está pintando.)*

Nǐ jìnlái zài zuò shénme? 你近来在做什么？／你近來在做甚麼？ *(¿Qué estás haciendo últimamente?)*

Nǐ zài shuō shénme ya? 你在说什么呀？／你在說甚麼呀？ *(¿De qué estás hablando?)*

- Añade 呢 *ne* para enfatizar que la acción está ocurriendo en este momento.

  Lǎo Lǐ zài lóushàng shuìjiào ne. 老李在楼上睡觉呢。／老李在樓上睡覺呢。 *(Lao Li está arriba durmiendo.)*

- Usa 正在 *zhèngzài* en lugar de 在 para hacer mayor énfasis en que la acción está ocurriendo en este mismo momento.

  Tā zhèngzài dǎ diànhuà (ne). 她正在打电话(呢)。／她正在打電話(呢)。 *(Está haciendo una llamada en este momento.)*

Encuentro 4 Viajar en tren interurbano o metro

18.16 *Preparación: ¿Has viajado alguna vez en un tren interurbano o metro? Anota brevemente tu experiencia. Si no lo has hecho nunca, usa tu imaginación.* 请写西班牙文。／請寫西班牙文。

_____

_____

_____

 18.17 *Mira y escucha el fragmento de video "Stephen Tschudi y Shu Ning hablan sobre viajar en tren urbano o en metro".* 请回答下列问题。请用拼音填空。／請回答下列問題。請用拼音填空。

a. Q: ¿Qué hacen esas personas?

   A: Tāmen zài páiduì _____.

b. Q: ¿Cuál es la diferencia entre *chéngtiě* y *dìtiě*?

   A: Chéngtiě chángcháng shì zài _____ de, dìtiě chángcháng shì zài _____ de.

c. Q: ¿Qué dos ciudades se mencionan?

   A: _____ hé _____.

d. Q: ¿Qué deben hacer los pasajeros para entrar en la estación?

   A: Tāmen yào _____ jìnzhàn.

e. Q: En Shanghai, ¿cómo se determinan los precios del *chéngtiě*?

   A: Dōu shì gēnjù _____ de chángduǎn suàn de.

f. Q: ¿Suele viajar mucha gente en *chéngtiě*?

   A: Shì de. Chéngtiě li chángcháng huì yǒu hěn duō rén, hěn _____.

g. Q: ¿Por qué todo el mundo espera dentro de la línea blanca?

   A: Yīnwèi zài báisè de xiàn _____ bǐjiào _____.

18.18 请把拼音填进去。／請把拼音填進去。

a. hacer cola para comprar billetes	排队买票／排隊買票	_____
b. viajar en tren interurbano	坐城铁／坐城鐵	_____
c. viajar en metro	坐地铁／坐地鐵	_____
d. bajo tierra	地下	_____
e. sobre tierra	地上	_____
f. validar la tarjeta	刷卡	_____
g. entrar a la estación	进站／進站	_____
h. el precio del billete es alto	票价很高／票價很高	_____
i. el precio del billete es bajo	票价很低／票價很低	_____
j. subir al tren	上车／上車	_____
k. bajar del tren	下车／下車	_____
l. Hay mucha gente, está abarrotado.	人很多，很挤。／人很多，很擠。	_____

> ### INFO 供你参考
>
> #### Cultura y comportamiento: hacer cola
>
> Más allá del refugio seguro de las grandes ciudades como Beijing o Shanghai, los viajeros a veces tienen la impresión de que siempre hay presente una masa impaciente de personas donde y cuando se necesita comprar billetes o acceder a otro servicio. En ciertas circunstancias cómo comprar billetes o subir al tren o al autobús —especialmente en ciudades pequeñas o en las zonas rurales—, y hacer cola educadamente puede parecer la excepción en vez de la norma.
>
> De hecho, excepto en determinadas circunstancias especiales o fechas del año (como el Año Nuevo Chino), muchos chinos, especialmente en las grandes ciudades, esperan que todos respeten hacer cola educadamente. Muchas veces lo hacen en colas increíblemente largas —como es de esperar en un país con una población tan grande como la china—, No obstante, si un día te encuentras en una situación en la que te has puesto en cola, pero de pronto aparece una masa indisciplinada de personas ante ti, lo único que tienes que hacer es sumergirte en ella y olvidar las formas momentáneamente. Sigue el ejemplo de la gente a tu alrededor: presiona, empuja, grita, agita tu dinero y olvida evitar el contacto físico. Por el momento, haz lo mismo que los demás si deseas llegar adonde quieres ir.

18.19 *Escribe dos o tres oraciones describiendo el sistema de tren interurbano o de metro que más conoces. En el caso de que nunca lo hayas utilizado, describe el sistema que viste en el video de esta unidad.*

_____

_____

18.20 *Trabajo en parejas: Pregunta a tu compañero* 你坐过城铁或者地铁吗？你觉得坐城铁或者地铁怎么样？／你坐過城鐵或者地鐵嗎？你覺得坐城鐵或者地鐵怎麼樣？ *Nǐ zuòguo chéngtiě huòzhě dìtiě ma? Nǐ juéde zuò chéngtiě huòzhě dìtiě zěnmeyàng? Cuando te corresponda, usa lo que escribiste en el Ejercicio 18.19.*

> ## Un poco de gramática 语法点滴
>
> ### Pon a prueba tu habilidad con las oraciones
>
> ¿Has intentado unir dos o tres ideas seguidas en chino? ¿Recuerdas las reglas de la gramática española? A continuación, se incluyen algunas de las formas que tiene el chino para vincular ideas. Algunas ya las has visto y otras son nuevas. Todas te van a resultar muy útiles.
>
> ■ **Expresar causa/razón y efecto**
>
> 因为／因為___所以___; yīnwèi ___ suǒyǐ ___ (*porque ___, por lo tanto ___*)
>
> Usar 因为／因為 *yīnwèi* y 所以 *suǒyǐ* juntos sirve para enfatizar una relación causal (porque X, por lo tanto Y). En el habla coloquial, 因为／因為 puede ser omitido.

(Yīnwèi) nǐ qù, suǒyǐ wǒ yě qù.

（因为）你去，所以我也去。／（因為）你去，所以我也去。

([Porque] Tú vas, por eso yo también voy.)

(Yīnwèi) tāmen méi mǎi dìtú, suǒyǐ mílù le.

（因为）他们没买地图，所以迷路了。／（因為）他們没買地圖，所以迷路了。

([Porque] No compraron un mapa, por eso se perdieron.)

■ Expresar suposición

如果___就___; rúguǒ ___ jiù ___ (si)

要是___就___; yàoshi ___ jiù ___ (si)

Nǐ rúguǒ qù, wǒ yě jiù qù, nǐ rúguǒ bú qù, wǒ yě jiù bú qù.

你如果去，我也就去，你如果不去，我也就不去。

(Si tú vas, yo también iré. Si tú no vas, yo tampoco iré.)

Yàoshi tāmen mǎile dìtú, jiù bú huì mílù le.

要是他们买了地图，就不会迷路了。／要是他們買了地圖，就不會迷路了。

(Si hubieran comprado un mapa, no se habrían perdido)

■ Expresar una condición (1)

只要___就___; zhǐyào ___ jiù ___ (en el caso de que ___, entonces ___)

Zhǐyào nǐ qù, wǒ yě jiù qù.

只要你去，我也就去。
(En el caso de que tú vayas, yo también iré.)

Zhǐyào nǐ yǒu dìtú, nǐ jiù bú huì mílù.

只要你有地图，你就不会迷路。／只要你有地圖，你就不會迷路。
(En el caso de que tengas un mapa, entonces no te perderás.)

■ Expresar una condición (2)

只有___才___; zhǐyǒu ___ cái ___ (solo si ___, entonces ___)

Zhǐyǒu nǐ qù wǒ cái qù.

只有你去我才去。
(Solo iré si tú vas.)

Zhǐyǒu yǒu dìtú, nǐmen cái bú huì mílù.

只有有地图，你们才不会迷路。／只有有地圖，你們才不會迷路。
(Solo si tienes un mapa no te perderás) [Tienes que tener un mapa o de lo contrario te perderás.]

Expresar que ocurre algo contrario a lo esperado

虽然／雖然＿＿可是＿＿; suīrán ＿＿ kěshì ＿＿ (aunque ＿＿, pero, sin embargo)

Suīrán tiānqì bú tài hǎo, kěshì wǒ háishi qù le.
虽然天气不太好，可是我还是去了。／
雖然天氣不太好，可是我還是去了。
([Aunque] Hacía mal tiempo, pero fui de todas formas.)

Suīrán méiyǒu dìtú, kěshì wǒmen méiyǒu mílù.
虽然没有地图，可是我们没有迷路。／
雖然沒有地圖，可是我們沒有迷路。
(Aunque no teníamos un mapa, [sin embargo] no nos perdimos.)

Expresar determinación

不管＿＿还是／還是＿＿; bùguǎn ＿＿ háishi ＿＿ (no importa ＿＿)

无论／無論＿＿还是／還是＿＿; wúlùn ＿＿ háishi ＿＿ (no importa ＿＿)

Wúlùn zěnyàng, wǒ háishi yào qù.
无论怎样，我还是要去。／無論怎樣，我還是要去。
(No importa lo que pase, iré de todas formas)

Bùguǎn nǐ qù bu qù, wǒ háishi huì qù de.
不管你去不去，我还是会去的。／不管你去不去，我還是會去的。
(No importa si tú vas o no, iré de todas formas)

Expresar secuencia temporal

- 一＿＿就＿＿; yì ＿＿ jiù ＿＿ (en cuanto ＿＿, entonces ＿＿)

    Wǒ yì shuō, tā jiù dǒng le.
    我一说，他就懂了。／我一説，他就懂了。
    (En cuanto hablé, él entendió [lo que dije].)

- ＿＿的时候／時候＿＿; ＿＿ de shíhou ＿＿ (＿＿ cuando/durante ＿＿)

    Nǐ qù mǎi piào de shíhou, bié wàngle gěi wǒ mǎi yì zhāng.
    你去买票的时候，别忘了给我买一张。／你去買票的時候，別忘了給我買一張。
    (Cuando vayas a comprar billetes, no olvides comparme uno.)

- ＿＿以后／以後; ＿＿ yǐhòu (después)

    Nǐ dàole yǐhòu, bié wàngle gěi wǒ dǎ diànhuà.
    你到了以后，别忘了给我打电话。／你到了以後，別忘了給我打電話。
    (Después de llegar, no olvides llamarme.)

- 先___后／後___; xiān ___ hòu ___

    先___然后／然後___; xiān ___ ránhòu ___ (primero ___, después ___)

    Qǐchuáng yǐhòu, wǒ xiān shuā yá, hòu chīfàn. Wǒ xiānsheng xǐhuan xiān chīfàn, hòu shuā yá.

    起床以后，我先刷牙，后吃饭。我先生喜欢先吃饭，后刷牙。／起床以後，我先刷牙，後吃飯。我先生喜歡先吃飯，後刷牙。
    (Después de levantarme, primero me lavo los dientes y después desayuno. A mi marido le gusta desayunar primero y lavarse los dientes después.)

    Nǐ xiān zuò gōngkè, ránhòu zài qù xǐzǎo.

    你先做功课，然后再去洗澡。／你先做功課，然後再去洗澡。
    (Primero haz las tareas y después ve a ducharte.)

- 才 cái *(entonces y solo entonces)*

    Nǐ zuòwán gōngkè cái kěyǐ kàn diànshì.

    你做完功课才可以看电视。／你做完功課才可以看電視。
    (Termina tus tareas; entonces [y solo entonces] puedes ver la TV.) [Solo puedes ver la TV cuando termines tus tareas.]

■ Expresar finalidad

为了／為了 wèile *(para/con el fin de)*

Wèile xuéhǎo Zhōngwén, wǒ yídìng yào dào Zhōngguó qù.

为了学好中文，我一定要到中国去。／為了學好中文，我一定要到中國去。
(Para aprender bien chino, tengo que ir a China.)

■ Añadir características

又___又___又___; yòu ___ yòu ___ yòu ___ (y ___ y ___ y ___)

Zuò Běijīng de dìtiě yòu kuài yòu shūfu yòu piányi.

坐北京的地铁又快又舒服又便宜。／坐北京的地鐵又快又舒服又便宜。
(Tomar el metro en Beijing es rápido, conveniente y barato.)

■ Preguntar cuál

(是)___还是／還是___; (shì) ___ háishi ___ *(Es A ___ o es B ___?)*

(Shì) zuò dìtiě fāngbiàn háishi zuò gōnggòng qìchē fāngbiàn?

(是)坐地铁方便还是坐公共汽车方便？／(是)坐地鐵方便還是坐公共汽車方便？
(¿Es más conveniente tomar el metro o el autobús?)

Todas estas construcciones son útiles. Trata de identificar algunas en los textos siguientes.

UNIDAD 18 UN PASO INCESANTE DE COCHES Y CABALLOS

18.21 *Revisión y ampliación de vocabulario: Formas de desplazarse* 请用西班牙文填空。／請用西班牙文填空。 *Después indica con qué frecuencia usas cada forma o modo de transporte para desplazarte por la ciudad.*

	每天 měi tiān **cada día**	一周好几次／ 一週好幾次 yì zhōu hǎo jǐ cì **varias veces por semana**	很少 hěn shǎo **poco**	从来不／ 從來不 cónglái bù **nunca**
a. 走路 zǒulù _____	☐	☐	☐	☐
b. 过马路／過馬路 guò mǎlù _____	☐	☐	☐	☐
c. 走过街天桥／走過街天橋 zǒu guòjiē tiānqiáo _____	☐	☐	☐	☐
d. 走地下通道 zǒu dìxià tōngdào _____	☐	☐	☐	☐
e. 在十字路口走人行横道 zài shízì lùkǒu zǒu rénxíng héngdào _____	☐	☐	☐	☐

	每天 měi tiān cada día	一周好几次／ 一週好幾次 yì zhōu hǎo jǐ cì varias veces por semana	很少 hěn shǎo poco	从来不／ 從來不 cónglái bù nunca
f. 开车／開車 kāichē	☐	☐	☐	☐
g. 骑自行车／騎自行車 qí zìxíngchē	☐	☐	☐	☐
h. 骑摩托车／騎摩托車 qí mótuōchē	☐	☐	☐	☐
i. 坐公共汽车／坐公共汽車 zuò gōnggòng qìchē	☐	☐	☐	☐
j. 坐地铁或城铁／坐地鐵或城鐵 zuò dìtiě huò chéngtiě	☐	☐	☐	☐
k. 坐火车／坐火車 zuò huǒchē	☐	☐	☐	☐

	每天 měi tiān **cada día**	一周好几次／ 一週好幾次 yì zhōu hǎo jǐ cì **varias veces por semana**	很少 hěn shǎo **poco**	从来不／ 從來不 cónglái bù **nunca**
l. 打的 dǎdí	☐	☐	☐	☐
m. 搭渡轮／搭渡輪 dā dùlún	☐	☐	☐	☐

Rap de la Unidad

Visita la página web de Encuentros www.EncountersChinese.com.cn y escucha la canción para repasar las expresiones estudiadas en la Unidad 18. ¡Escúchala de nuevo y canta al mismo tiempo!

Encuentro 5 Lectura y escritura

Lectura de oraciones familiares en caracteres chinos

18.22 *Trabajo en parejas: Lee en voz alta junto a un compañero los siguientes textos (escritos en caracteres simplificados) usando el español como guía. Podéis leer las frases de forma alternativa; si uno de los dos no puede leer algún carácter, ayudaos mutuamente.*

1 April想离开西安，到青海湖去找亲戚。她不知道怎么走，问了路以后有人告诉她，青海湖离那儿很远，她得坐长途车去。另外一个人说他们也去青海湖，有卡车很快就要来接他们，请April坐他们的车一起去。April一听就很高兴，虽然不认识那些人她也不怕(pà – tener miedo)。卡车来了她就跟他们上车一起走了。那些人一路上都对April很客气。 *(April quiere dejar Xi'an e ir al lago Qinghai para visitar a sus familiares. No sabe cómo llegar, pero después de preguntar, una persona le dice que el lago Qinghai está muy lejos y que tiene que tomar un autobús de larga distancia. Otra persona dice que ellos también van al lago Qinghai, que un camión vendrá a recogerlos pronto, e invitan a April a ir con ellos. Al oír esto, April se pone muy contenta. Aunque no conoce a estas personas, no* *tiene miedo. Cuando el camión llega, April sube y se va con ellos. Durante el trayecto, estas personas son muy amables con April.)*

2 Stephen Tschudi 的中文名字叫唐润(Táng Rùn)。他是大学中文老师。唐老师和他的同事舒宁有一个星期六下午在舒宁家里一起聊天儿看电视。舒老师是中国北京人，也教中文。他们一边看电视，一边谈电视上的事情。 *(El nombre chino de Stephen Tschudi es Tang Run. Es profesor de chino en la universidad. Un sábado por la tarde, el profesor Tang y su colega Shu Ning estuvieron hablando y viendo la TV en casa de Shu Ning. La profesora Shu Ning es de Beijing. Ella también enseña chino. Los dos vieron la TV y al mismo tiempo comentaron lo que vieron.)*

3 在大城市里，行人从路面上过马路常常很危险。那是因为一，路上车太多了。二，很多大的十字路口没有人行横道。所以行人过马路通常走过街天桥或者地下通道。这两个，一个在空中，一个在地下，都很安全。可是，有的时候，有些行人还是喜欢试着从路面上过马路。这样很危险，行人真是不应该这样做。 *(En las grandes ciudades, a menudo para los peatones es muy peligroso cruzar la calle. Esto es porque, por un lado, hay muchos coches en la calle. En segundo lugar, en muchos cruces no hay pasos de peatones. Por eso, los peatones normalmente cruzan la calle por pasos elevados o subterráneos. Estos dos, uno está por encima del nivel del suelo y el otro por debajo. Ambos son muy seguros. Sin embargo, a veces algunas personas todavía prefieren cruzar las calles sin paso de peatones. Esto es bastante peligroso. Realmente los peatones no deberían hacerlo.)*

4 因为北京、西安、上海这样的大城市有专门给自行车设置的自行车道，所以骑自行车又方便、又省钱 (shěng qián – *ahorrativo, económico*)、又安全、又健康。以前在全中国，城里城外骑自行车的人多极了，但是汽车却很少，因为普通人买不起。因为自行车那么多，所以以前中国也叫"自行车王国"。可是近来因为人们赚的钱越来越多了，所以越来越多的人能买自己的汽车，不再骑自行车了。 *(Como las grandes ciudades como Beijing, Xi'an o Shanghai tienen carriles especiales para bicicletas, montar en bicicleta es conveniente, económico, seguro y saludable. En el pasado, en toda China había muchas personas que montaban en bicicleta dentro y fuera de las ciudades, pero había muy pocos coches porque la gente corriente no podía pagarlos. Como había tantas bicicletas, antes solía llamarse también a China el "Reino de las bicicletas". Sin embargo, como desde hace un tiempo los chinos cada vez ganan más dinero, más personas pueden comprar un coche y ya no montan en bicicleta.)*

5 在中国的大城市里，坐公共汽车的人非常非常多，公共汽车上不管哪天都很挤。虽然这样，因为公车票价非常便宜，挤不挤大部分人觉得没有什么大关系。还有，因为大城市里公共汽车都有专用的公车道，坐公共汽车有时候会比开自己的车或者打的还要快。 *(En las grandes ciudades de China, muchísimas personas toman los autobuses públicos, por lo que siempre están muy llenos todos los días. Pese a esto, como el precio del billete es muy barato, a la mayoría no le importa si los autobuses están abarrotados o no. Además, debido a que en las grandes ciudades hay carriles de autobús especiales, a veces tomar el autobús es más rápido que ir con el propio* *automóvil o en taxi.)*

6 坐公共汽车最好要有公交卡。这样上车以后刷卡就行，不用拿现金买票了。在北京用公交卡比用现金买票便宜得多。有些车是上车刷一次卡，下车再刷一次卡的，车费是根据路程的长短来算的。公交卡可以在地铁站或者其他地方买到。 *(Para tomar el autobús es mejor tener una tarjeta de transporte público. De esta forma, después de subir al autobús solo tienes que validar la tarjeta y no es necesario usar dinero efectivo para pagar el billete. En Beijing, usar la tarjeta de transporte público es mucho más barato que comprar un billete con efectivo. En algunos autobuses hay que validad la tarjeta al subir y otra vez al bajar. La tarifa de transporte se calcula según la distancia del viaje. Las tarjetas de transporte público pueden comprarse en las estaciones de metro o en otros lugares.)*

7 有人说：骑车累，打车贵，坐车慢，开车烦。那怎么办呢？有人觉得骑摩托车比什么都好，可是骑摩托车很危险。你想到一个比较近的地方可能最好还是走路。走路最方便、最安全、最省钱，对身体也好。可惜要是路远，那么走路去就不行了，只能骑车或坐车去。 *(Algunas personas dicen que montar en bicicleta es cansado, que tomar un taxi es caro, que ir en autobús es lento y que conducir es tedioso. ¿Qué hacer entonces? Algunos piensan que montar en motocicleta es la mejor opción, pero las motocicletas son peligrosas. Si quieres ir a un sitio que está cerca, andar probablemente es la mejor opción. Andar es lo más conveniente, seguro y económico. Además, es bueno para la salud. Lo malo es que andando no se puede ir muy lejos y tienes que ir en bicicleta o en autobús.)*

8 北京、上海这两个大城市都有城铁，也有地铁。城铁是在地面上走的，地铁是在地面下走的。你坐这两种铁路最好先买一张交通卡，刷卡后就可以进站。进了站以后可以坐你想坐的车。坐城铁、地铁都很方便、很快、很安全，可是上、下班的时候人非常多，车上非常挤。 *(Tanto Beijing como Shanghai tienen tren interurbano y metro. El tren interurbano circula por encima del suelo y el metro por debajo. Para tomar ambos es mejor comprar primero una tarjeta de transporte público. Después de validarla, puedes entrar a la estación y una vez dentro puedes tomar el tren que quieras. Tomar el tren urbano o el metro es conveniente, rápido y seguro. Sin embargo, en las horas de entrada y salida del trabajo hay muchísima gente y los trenes van abarrotados.)*

9 在中国南方，有河的城市常常有渡轮。不管你是走路还是骑自行车或者骑摩托车上船的，都是一个人一张票，票价都一样。虽然渡轮上座位很少，可是因为过河的时间很短，五六分钟就到了，所以大部分人也不介意座位不够。 *(En el sur de China, las ciudades con río suelen tener transbordadores. No importa si vas al bordo andando, en bicicleta o en motocicleta, cada persona compra un solo billete con el mismo precio. Aunque en el transbordador hay muy pocos asientos, como cruzar el río no cuesta más de cinco o seis minutos, a la mayoría no le importa que no haya asientos suficientes.)*

10 北京、西安的马路又多又宽(kuān – amplio)，可是因为车非常多，所以交通还是不好。私人汽车、公共汽车、出租车，都挤在路上。因为车太多，所以空气常常不太好。这对人们的身体很不好。晴(qíng – sunny)天的日子不多，可是还是会有的。天一晴，大家就都非常高兴，这时候城市各个地方看起来都很漂亮。 *(Beijing y Xi'an tienen muchas calles que son amplias. Sin embargo, como hay muchos vehículos, aún así el tráfico no es bueno. Automóviles privados, autobuses y taxis abarrotan las calles. Debido a que hay demasiados automóviles, a menudo el aire no es muy bueno. Esto es muy malo para la salud de las personas. No hay muchos días soleados, pero aún así hay algunos. Cuando está soleado, la gente se pone muy contenta. Esos días, todos los rincones de la ciudad son bonitos.)*

18.23 *Trabajo en parejas:* Leed los textos de nuevo, esta vez sin ayuda de español.

1 April想离开西安，到青海湖去找亲戚。她不知道怎么走，问了路以后有人告诉她，青海湖离那儿很远，她得坐长途车去。另外一个人说他们也去青海湖，有卡车很快就要来接他们，请April坐他们的车一起去。April一听就很高兴，虽然不认识那些人她也不怕。卡车来了她就跟他们上车一起走了。那些人一路上都对April很客气。

2 Stephen Tschudi 的中文名字叫唐润。他是大学中文老师。唐老师和他的同事舒宁有一个星期六下午在舒宁家里一起聊天儿看电视。舒老师是中国北京人，也教中文。他们一边看电视，一边谈电视上的事情。

3 在大城市里，行人从路面上过马路常常很危险。那是因为一，路上车太多了。二，很多大的十字路口没有人行横道。所以行人过马路通常走过街天桥或者地下通道。这两个，一个在空中，一个在地下，都很安全。可是，有的时候，有些行人还是喜欢试着从路面上过马路。这样很危险，行人真是不应该这样做。

4 因为北京、西安、上海这样的大城市有专门给自行车设置的自行车道，所以骑自行车又方便、又省钱、又安全、又健康。以前在全中国，城里城外骑自行车的人多极了，但是汽车却很少，因为普通人买不起。因为自行车那么多，所以以前中国也叫"自行车王国"。可是近来因为人们赚的钱越来越多了，所以越来越多的人能买自己的汽车，不再骑自行车了。

5 在中国的大城市里，坐公共汽车的人非常非常多，公共汽车上不管哪天都很挤。虽然这样，因为公车票价非常便宜，挤不挤大部分人觉得没有什么大关系。还有，因为大城市里公共汽车都有专用的公车道，坐公共汽车有时候会比开自己的车或者打的还要快。

6 坐公共汽车最好要有公交卡。这样上车以后刷卡就行，不用拿现金买票了。在北京用公交卡比用现金买票便宜得多。有些车是上车刷一次卡，下车再刷一次卡的，车费是根据路程的长短来算的。公交卡可以在地铁站或者其他地方买到。

7 有人说：骑车累，打车贵，坐车慢，开车烦。那怎么办呢？有人觉得骑摩托车比什么都好，可是骑摩托车很危险。你想到一个比较近的地方可能最好还是走路。走路最方便、最安全、最省钱，对身体也好。可惜要是路远，那么走路去就不行了，只能骑车或坐车去。

8 北京、上海这两个大城市都有城铁，也有地铁。城铁是在地面上走的，地铁是在地面下走的。你坐这两种铁路最好先买一张交通卡，刷卡后就可以进站。进了站以后可以坐你想坐的车。坐城铁、地铁都很方便、很快、很安全，可是上、下班的时候人非常多，车上非常挤。

9 在中国南方，有河的城市常常有渡轮。不管你是走路还是骑自行车或者骑摩托车上船的，都是一个人一张票，票价都一样。虽然渡轮上座位很少，可是因为过河的时间很短，五六分钟就到了，所以大部分人也不介意座位不够。

10 北京、西安的马路又多又宽，可是因为车非常多，所以交通还是不好。私人汽车、公共汽车、出租车，都挤在路上。因为车太多，所以空气常常不太好。这对人们的身体很不好。晴天的日子不多，可是还是会有的。天一晴，大家就都非常高兴，这时候城市各个地方看起来都很漂亮。

18.24 *Trabajo en parejas: Leed los textos una vez más, esta vez en chino tradicional.*

1 April想離開西安，到青海湖去找親戚。她不知道怎麼走，問了路以後有人告訴她，青海湖離那兒很遠，她得坐長途車去。另外一個人說他們也去青海湖，有卡車很快就要來接他們，請April坐他們的車一起去。April一聽就很高興，雖然不認識那些人她也不怕。卡車來了她就跟他們上車一起走了。那些人一路上都對April很客氣。

2 Stephen Tschudi 的中文名字叫唐潤。他是大學中文老師。唐老師和他的同事舒寧有一個星期六下午在舒寧家裡一起聊天兒看電視。舒老師是中國北京人，也教中文。他們一邊看電視，一邊談電視上的事情。

3 在大城市裡，行人從路面上過馬路常常很危險。那是因為一，路上車太多了。二，很多大的十字路口沒有人行橫道。所以行人過馬路通常走過街天橋或者地下通道。這兩個，一個在空中，一個在地下，都很安全。可是，有的時候，有些行人還是喜歡試著從路面上過馬路。這樣很危險，行人真是不應該這樣做。

4 因為北京、西安、上海這樣的大城市有專門給自行車設置的自行車道，所以騎自行車又方便、又省錢、又安全、又健康。以前在全中國，城裡城外騎自行車的人多極了，但是汽車卻很少，因為普通人買不起。因為自行車那麼多，所以以前中國也叫"自行車王國"。可是近來因為人們賺的錢越來越多了，所以越來越多的人能買自己的汽車，不再騎自行車了。

5 在中國的大城市裡，坐公共汽車的人非常非常多，公共汽車上不管哪天都很擠。雖然這樣，因為公車票價非常便宜，擠不擠大部分人覺得沒有甚麼大關係。還有，因為大城市裡公共汽車都有專用的公車道，坐公共汽車有時候會比開自己的車或者打的還要快。

6 坐公共汽車最好要有公交卡。這樣上車以後刷卡就行，不用拿現金買票了。在北京用公交卡比用現金買票便宜得多。有些車是上車刷一次卡，下車再刷一次卡的，車費是根據路程的長短來算的。公交卡可以在地鐵站或者其他地方買到。

7 有人說：騎車累，打車貴，坐車慢，開車煩。那怎麼辦呢？有人覺得騎摩托車比甚麼都好，可是騎摩托車很危險。你想到一個比較近的地方可能最好還是走路。走路最方便、最安全、最省錢，對身體也好。可惜要是路遠，那麼走路去就不行了，只能騎車或坐車去。

8 北京、上海這兩個大城市都有城鐵，也有地鐵。城鐵是在地面上走的，地鐵是在地面下走的。你坐這兩種鐵路最好先買一張交通卡，刷卡後就可以進站。進了站以後可以坐你想坐的車。坐城鐵、地鐵都很方便、很快、很安全，可是上、下班的時候人非常多，車上非常擠。

9 在中國南方，有河的城市常常有渡輪。不管你是走路還是騎自行車或者騎摩托車上船的，都是一個人一張票，票價都一樣。雖然渡輪上座位很少，可是因為過河的時間很短，五六分鐘就到了，所以大部分人也不介意座位不夠。

10 北京、西安的馬路又多又寬，可是因為車非常多，所以交通還是不好。私人汽車、公共汽車、出租車，都擠在路上。因為車太多，所以空氣常常不太好。這對人們的身體很不好。晴天的日子不多，可是還是會有的。天一晴，大家就都非常高興，這時候城市各個地方看起來都很漂亮。

Lectura de textos de la vida real

18.25 *En escritura oficial, los números se escriben en "mayúsculas" para evitar la falsificación (por ejemplo, añadiendo un trazo, el número en "minúsculas" 一 puede transformarse en 十). A continuación, se incluye la lista de los números chinos en "mayúscula". Trabaja con el resto de tus compañeros para encontrar reglas nemotécnicas (trucos para memorizar) que os ayuden a recordarlos todos y escribidlas en los espacios en blanco.*

壹（一） _____

贰／貳（二） _____

叁／參（三） _____

肆（四） _____

伍（五） _____

陆／陸（六） _____

柒（七） _____

捌（八） _____

玖（九） _____

拾（十） _____

佰（百） _____

仟（千） _____

18.26 *Mira el siguiente billete.*

a. ¿Dónde se usa esta moneda? _____

b. Señala los números en "mayúscula" para "100 yuanes" y márcalos como "1".

c. Señala la palabra *Zhōngguó Yínháng* (Banco de China) y márcalo como "2".

18.27 *Escribe todo lo que puedas sobre los siguientes billetes. Básate en lo que puedes leer de los caracteres chinos.*

a. _____

b. _____

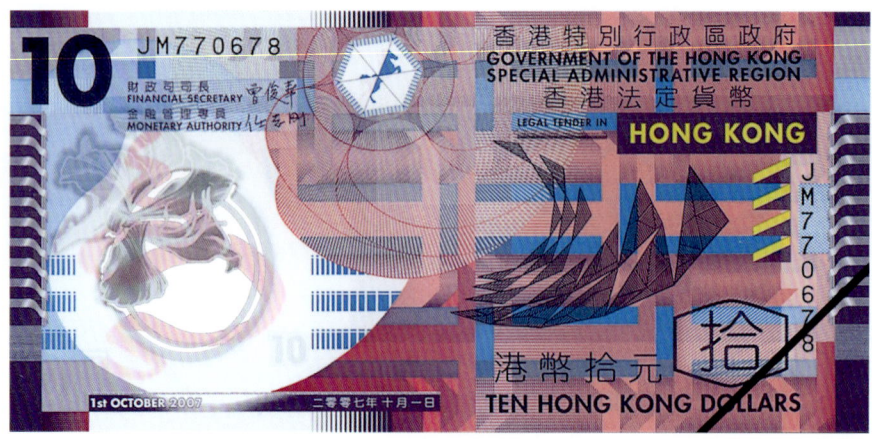

c. _____

18.28 *Mira las siguientes imágenes.* 请选一个答案，然后把西班牙文填进去。／請選一個答案，然後把西班牙文填進去。

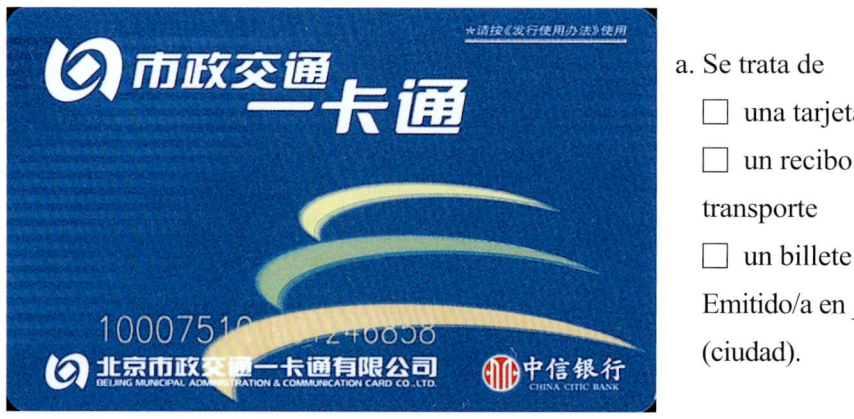

a. Se trata de

☐ una tarjeta de transporte

☐ un recibo de una tarjeta de transporte

☐ un billete de autobús

Emitido/a en _____ (ciudad).

b. Se trata de

☐ una tarjeta de transporte

☐ un recibo de una tarjeta de transporte

☐ un billete de autobús

Emitido/a en _____ (ciudad). Vale _____ ¥.

c. Se trata de

☐ una tarjeta de transporte

☐ un recibo de una tarjeta de transporte

☐ un billete de autobús

Emitido/a en _____ (ciudad).

(Señala los números en "mayúsculas" y márcalos como "3".)

18.29 *Esta tarjeta de transporte se usa en* 台北 Táiběi. 请把汉字、拼音和西班牙文对上。／請把漢字、拼音和西班牙文對上。

a. 台北智慧卡票證公司
b. 普通
c. 悠遊卡

1. Yōuyóukǎ
2. Táiběi Zhìhuìkǎ Piàozhèng Gōngsī
3. pǔtōng

A. *ordinario*
B. *tarjeta de viaje ocioso*
C. *Compañía de Tarjetas Inteligentes de Taipei*

18.30 *Estas dos imágenes son del metro de Shanghai.*

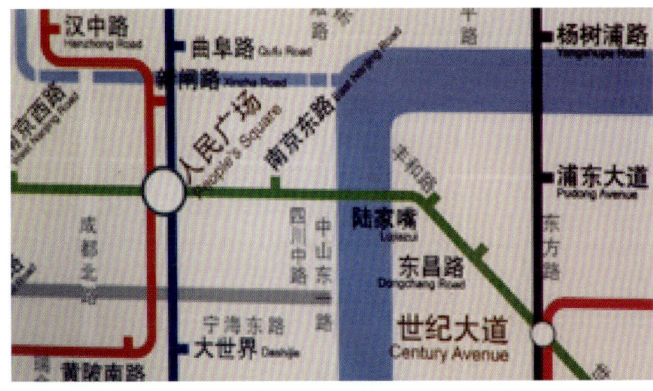

a.

b.

a. Para ir de 人民广场／人民廣場 Rénmín Guǎngchǎng hasta 世纪大道／世紀大道 Shìjì Dàdào, ¿cuál de las siguientes líneas debes tomar? Marca una.

☐ 黑线／黑線 (hēi xiàn) ☐ 绿线／綠線 (lǜ xiàn)

☐ 红线／紅線 (hóng xiàn) ☐ 蓝线／藍線 (lán xiàn)

b. 请写汉字和拼音。／請寫漢字和拼音。

	汉字／漢字	拼音
Line 3	_____	_____
Line 4	_____	_____

▶ Aprender a escribir caracteres

18.31 *Consulta el **Libro de ejercicios de escritura de caracteres** para saber más sobre el orden de trazos y otra información útil de cada uno de los caracteres de la unidad indicados a continuación. Elige entre carácter simplificado o tradicional y practica hasta que puedas escribirlos por ti mismo.*

聊，城，通，应／應，该／該，街，桥／橋，全，选／選，择／擇，危，险／險，骑／騎，行，越，共，汽，非，卡，票

▶ Escribir un texto descriptivo

18.32 *Escribe un texto a un amigo en el que describes cómo te mueves por la ciudad durante el día. —de y hasta la escuela o el trabajo—, por ocio y otros asuntos, los fines de semana, etc. Añade detalles donde puedas.*

Un poco de cultura 文化点滴

Desplazarse de un lugar a otro

Mira el fragmento de video "Desplazarse de un lugar a otro" y después comenta las siguientes cuestiones con tus compañeros y el profesor.

- ¿Cuál es la situación del transporte público y los automóviles privados en China? Resúmela y compárala con la situación en tu país.
- ¿Cuál es la historia y el estado actual de las bicicletas en China?
- ¿Qué atención debe tener en cuenta un peatón en China?
- ¿Qué atención deben tener en cuenta cuando se toma un taxi en China?

RESUMEN

Gramática

Expresar antes y ahora

- Usa 了 *le* para expresar la compleción de una acción o un cambio de estado.

    Wǒ zuòwán gōngkè le.
    我做完功课了。／我做完功課了。
    (He terminado mis tareas.)

    Wǒ è le.
    我饿了。／我餓了。
    (Tengo hambre ahora.)

- Usa 过／過 *guo* para indicar una experiencia.

    Nǐ dāguo Shànghǎi de chéngtiě ma?
    你搭过上海的城铁吗？／你搭過上海的城鐵嗎？
    (¿Has viajado alguna vez en el tren interurbano de Shanghai?)

- Usa 在 *zài* para expresar una acción en progreso. Añade 呢 *ne* para enfatizar. Usa 正在 *zhèngzài* para mayor énfasis.

    Wǒ bàba zài kàn diànshì, māma zài kàn shū.
    我爸爸在看电视，妈妈在看书。／我爸爸在看電視，媽媽在看書。
    (Mi padre está viendo la TV y mi madre leyendo.)

    Wǒ mèimei (zhèng)zài tīng yīnyuè (ne).
    我妹妹(正)在听音乐(呢)。／我妹妹(正)在聽音樂(呢)。
    (Mi hermana pequeña está escuchando música [en este momento].)

Otra mirada a los verbos

Una característica común de los verbos en chino es que no se conjugan para expresar tiempo; es decir, no cambian para indicar el tiempo de la acción. El chino usa expresiones de tiempo como 今天 *jīntiān* o 明天 *míngtiān* y marcadores como 了 *le* y 过／過 *guo* para cubrir un amplio rango de situaciones. A continuación, se incluye un resumen de algunas formas que ya has visto y que ya deben serte familiares.

- Acción habitual

    Wǒ tiāntiān kàn diànshì.
    我天天看电视。／我天天看電視。
    (Veo TV cada día.)

- Acción a largo plazo

    Wǒ xìn Fójiào.
    我信佛教。
    (Soy budista.) [Creo en el budismo.]

UNIDAD 18 UN PASO INCESANTE DE COCHES Y CABALLOS

- **Acción prevista**

    Jīntiān wǒ qù fànguǎnr chīfàn.
    今天我去饭馆儿吃饭。／
    今天我去飯館兒吃飯。
    (Hoy iré a comer al restaurante.)

- **Acción completada**

    Wǒ chīle sān wǎn fàn.
    我吃了三碗饭。／我吃了三碗飯。
    (He comido tres cuencos de arroz.)

- **Acción experimentada**

    Wǒ qùguo Zhōngguó, hěn xiǎng zài qù.
    我去过中国，很想再去。／
    我去過中國，很想再去。
    (He estado en China y me apetece mucho volver.)

- **Acción en curso**

    Tā zài kàn diànshì.
    她在看电视。／她在看電視。
    (Ella está viendo la TV.)

    Tā zhèngzài wàimiàn děng nǐ ne.
    他正在外面等你呢。
    (El está afuera ahora esperándote.)

- **Acción inminente**

    Tā de shēngrì kuài dào le.
    她的生日快到了。
    (Pronto será su cumpleaños.)

- **Acción minimizada**

    Wǒ bù zhīdào, nǐ wènwen Lǎo Zhāng ba.
    我不知道，你问问老张吧。／
    我不知道，你問問老張吧。
    (No lo sé, intenta preguntar a Lao Zhang.)

Vincular tus ideas

El chino tiene varias formas de vincular las ideas. A continuación, se incluyen algunas de las más comunes. Como repaso, trata de construir oraciones con ellas:

- **Dar una razón:**

    因为／因為……所以……; yīnwèi ... suǒyǐ ... *(porque ___, por lo tanto ___)*

- **Expresar suposición:**
    - 如果……就……; rúguǒ ... jiù ... *(si ___, entonces ___)*
    - 要是……就……; yàoshi ... jiù ... *(si ___, entonces ___)*

- **Expresar condición:**
    - 只有……才……; zhǐyǒu ... cái ... *(en el caso de que ___, entonces ___)*
    - 只要……就……; zhǐyào ... jiù ... *(solo si ___, entonces ___)*

- **Expresar contraste:**

    虽然／雖然……可是……; suīrán ... kěshì ... *(aunque ___, pero, sin embargo ___)*

- **Expresar finalidad:**

    为了／為了 wèile *(para/con el fin de)*

- **Expresar secuencia temporal:**
    - 先……然后／然後……; xiān ... ránhòu ... *(primero ___, después ___)*
    - ……的时候／時候; ... de shíhou *(cuando ___)*
    - ……以前; ... yǐqián *(antes)*
    - ……以后／以後; ... yǐhòu *(después)*
    - 一……就……; yì ... jiù ... *(en cuanto ___, entonces ___)*

- **Expresar "no importa":**
    - 不管……还是／還是……; bùguǎn ... háishi ...
    - 无论／無論……还是／還是……; wúlùn ... háishi ...

- **Expresar "entonces y solo entonces":**
    才 cái

- **Expresar varias cosas:**

    又……又……又……; yòu ... yòu ... yòu ... *(y ___ y ___ y ___)*

- **Expresar alternativas:**

    （是）……还是／還是……; (shì) ... háishi ... *(Es A ___ o es B ___?)*

Vocabulario

Sustantivos

biāozhì 标志／標誌 signo; marca; símbolo
chángduǎn 长短／長短 longitud
chángtú (qì)chē 长途(汽)车／長途(汽)車 autobús de larga distancia
chéngtiě 城铁／城鐵 tren Interurbano
chēzhàn 车站／車站 parada de metro/autobús
dà bùfen 大部分／大部份 la mayor parte
dìtiě 地铁／地鐵 metro
dìxià tōngdào 地下通道 paso peatonal subterráneo
dùlún 渡轮／渡輪 transbordador
gōnggòng qìchē 公共汽车／公共汽車 autobús público
gōngjiāokǎ 公交卡 tarjeta de transporte
guòjiē tiānqiáo 过街天桥／過街天橋 paso peatonal elevado
huǒchē 火车／火車 tren
jiàshǐshì 驾驶室／駕駛室 cabina de conducción
jīhuì 机会／機會 oportunidad
jùlí 距离／距離 distancia
kǎ 卡 tarjeta
kǎchē 卡车／卡車 camión
kèren 客人 invitado; pasajero visitante
lùchéng 路程 distancia de viaje; trayecto
mǎlù 马路／馬路 calle; carretera
mótuōchē 摩托车／摩托車 motocicleta
piào 票 billete
piào jià 票价／票價 precio del billete
qián-zhōng-hòu mén 前-中-后门／前-中-後門 Puerta delantera/central/trasera
Qīnghǎi Hú 青海湖 lago Qinghai (**Kokonor**) (en la provincia de Qinghai, el más grande de China)
rénxíng héngdào 人行横道 paso de peatones
shēngyīn 声音／聲音 sonido; voz
shénme shénme 什么什么／甚麼甚麼 tal o cuál
shíjiānbiǎo 时间表／時間表 horario (de trenes, autobuses, etc.)
shízì lùkǒu 十字路口 cruce
sījī 司机／司機 conductor
xiàn 线／線 línea
yuǎn dào 远道／遠道 largo camino; lejos
yúlè 娱乐／娛樂 diversión; placer
zhàn 站 estación; parada
zhèng 证／證 carnét; certificado
zìxíngchē 自行车／自行車 bicicleta
zìxíngchēdào 自行车道／自行車道 carril para bicicletas

Palabras de situación

dìshàng 地上 sobre tierra
dìxià 地下 bajo tierra
lǐmiàn 里面／裡面 dentro
qiánfāng 前方 al frente
qiánmiàn 前面 delante
wàimiàn 外面 afuera

Verbos

dā biànchē 搭便车／搭便車 hacer autostop
dǎdí 打的 tomar un taxi
dàishàng 带上／帶上 llevar; (**带**／**帶 dài**)
děng 等 esperar
diàndòng 电动／電動 eléctrico
duànliàn 锻炼／鍛煉 ejercicio; hacer ejercicios
fù (qián) 付(钱)／付(錢) pagar (dinero)
gǎnshòu 感受 experimentar; sentir
gàosu 告诉／告訴 decir; informar; hacer saber
gēnzhe 跟着／跟著 seguir
jiē 接 recibir; recoger
jièyì 介意 importar; sentirse ofendido
jìn zhàn 进站／進站 entrar en la estación
juéde 觉得／覺得 creer; pensar
kāichē 开车／開車 conducir
kàndào 看到 ver; darse cuenta
kǎo 考 hacer un examen
páiduì 排队／排隊 hacer cola
pǎo 跑 correr (*aquí:* "viajar en")
shàng chē 上车／上車 subir al automóvil, autobús, metro o tren
shuākǎ 刷卡 validar una tarjeta
xià chē 下车／下車 bajar del automóvil, autobús, metro o tren
xuǎnzé 选择／選擇 elegir; seleccionar
zhīdào 知道 saber; comprender
zhuǎn chē 转车／轉車 hacer trasbordo de autobús/tren; cambiar de autobús/tren
zǒulù 走路 andar

Verbos de estado

ānquán 安全 seguro; a salvo
cōngming 聪明／聰明 inteligente; listo

fāngbiàn 方便 conveniente
jǐ 挤／擠 lleno; abarrotado
róngyì 容易 fácil
wēixiǎn 危险／危險 peligroso
yuǎn 远／遠 lejos
zhuānmén 专门／專門 especial

Conjunciones

dànshì 但是 pero; aunque; sin embargo
rúguǒ ... de huà 如果……的话／如果……的話 si ___ entonces; en caso de
wèile 为了／為了 para; por; a fin de
yàoshi ... de huà 要是……的话／要是……的話 si ___ entonces; en caso de

Clasificadores

bān 班 (turnos de autobús)
dào 道 (puertas)
liàng 辆／輛 (automóviles)
lù 路 (líneas de autobús)
zhāng 张／張 (billetes, tarjetas)

Preposiciones

cháo 朝 en dirección a

gēnjù 根据／根據 según

Adverbios

dàgài 大概 aproximadamente
hěn shǎo 很少 raramente
kěnéng 可能 probablemente; quizás
mǎshàng 马上／馬上 enseguida; inmediatamente
ǒu'ěr 偶尔／偶爾 ocasionalmente
ránhòu 然后／然後 entonces; después
shǒu li 手里／手裡 en la mano;
yìbān 一般 generalmente
yīnggāi 应该／應該 deber de; tener que
yìzhí 一直 recto *(en relación a direcciones)*; siempre *(en relación al tiempo)*
zài 再 de nuevo; otra vez más; aún más
zhíjiē 直接 directamente

Frases

Bù hǎoyìsi. 不好意思。 disculpe; perdón; Estoy avergonzado.
Nà hái yuǎnzhe ne. 那还远着呢。／那還遠著呢。 Todavía está lejos.
Ò, yuánlái (shì) zhèyàng. 哦,原来(是)这样。／哦,原來(是)這樣。 Oh, ya veo que es así.
Tāmen (Biéren) zěnme zuò, wǒ jiù zěnme zuò. 他们(别人)怎么做,我就怎么做。／他們(別人)怎麼做,我就怎麼做。 Haré como ellos/otros hagan.
Yǒu duō yuǎn? 有多远？／有多遠？ ¿Cuán lejos está?
Zhēn de ma? 真的吗？／真的嗎？ ¿De verdad? ¿Es eso cierto?
... zěnme zǒu? ……怎么走？／……怎麼走？ ¿Cómo se llega a ___? (¿Cuál es el camino?)
... zěnme qù? ……怎么去？／……怎麼去？ ¿Cómo puedo ir ___? (¿Qué medios de transporte debo tomar?)

▶ Lista de lo aprendido

Tras completar esta unidad, deberías ser capaz de:

Escuchar y hablar

☐ Decir adónde quieres ir.
☐ Comprender explicaciones sencillas sobre direcciones.
☐ Preguntar por la disponibilidad de ciertos modos de transporte.
☐ Preguntar a alguien cómo llegar a cierto lugar.
☐ Expresar tu preferencia por un modo de transporte.
☐ Hacer preguntas básicas relacionadas con el transporte como el precio del billete, la ubicación de una estación o parada de autobús, dónde bajar, etc.
☐ Citar las ventajas de un tipo de transporte respecto a otro.

Lectura y escritura

☐ Leer textos sencillos sobre transporte.
☐ Comprender ciertas características del dinero impreso.
☐ Comprender algunas cosas escritas en billetes de transporte.
☐ Escribir textos sencillos sobre qué modo de transporte prefieres y por qué.

Entendimiento cultural

☐ Demostrar la comprensión de algunas de las características del transporte en China.

UNIDAD 19

"Tan ilimitado como el cielo y el mar"

海阔天空

Hǎikuò-tiānkōng

Planear escapadas

En esta unidad aprenderás a:

- Hablar sobre las estaciones y el tiempo.
- Planear una excursión de fin de semana para hacer senderismo.
- Hacer planes para disfrutar del sol y el agua.
- Hablar sobre viajar a otro país.
- Identificar información clave en anuncios de agencias de viajes.
- Escribir un texto sencillo sobre una excursión.

Visita la web de *Encuentros* www.EncountersChinese.com.cn. para consultar material de apoyo a la presente unidad.

UNIDAD 19 TAN ILIMITADO COMO EL CIELO Y EL MAR

Encuentro 1 — Hablar sobre las estaciones y el tiempo

19.1 Mira el Episodio 19 de la videoserie. No te preocupes si no entiendes completamente lo que se dice. ¡Míralo y disfruta!

19.2 Preparación: ¿Con qué frecuencia consultas el pronóstico del tiempo? ¿Cómo afecta el tiempo a tus actividades de fin de semana? 用西班牙文写一些笔记。／用西班牙文寫一些筆記。

_____
_____
_____

19.3 Mira y escucha el fragmento "Tiempo y planes de fin de semana" del episodio. 请用拼音填空。／請用拼音填空。

A: _____ dào le. Bù zhīdao _____ tiānqì huì _____?
(Ya ha llegado el fin de semana. ¿Que tiempo hará mañana?)

B: Kànkan _____.
(Mira el pronóstico del tiempo.)

A: Wa, míngtiān tiānqì _____. Zánmen qù _____ zǒuzou, fàngsōng fàngsōng ba.
(¡Guau! Mañana va a hacer un tiempo estupendo. ¿Qué te parece si vamos al campo a hacer senderismo y relajarnos?)

B: _____.
(OK.)

19.4 请把拼音、汉字和西班牙文对上。／請把拼音、漢字和西班牙文對上。

a. tiānqì	1. 走走	A. *relajarse*
b. tiānqì yùbào	2. 郊外	B. *pronóstico del tiempo*
c. jiāowài	3. 天气／天氣	C. *pasear; hacer senderismo*
d. zǒuzou	4. 放松／放鬆	D. *afueras; alrededores de la ciudad*
e. fàngsōng	5. 天气预报／天氣預報	E. *tiempo*

19.5 *Relaciona el pinyin y los caracteres de las cuatro estaciones y únelos con las fotos.*

a. 　　1. xià(tiān)　　A. 秋(天)

b. 　　2. dōng(tiān)　　B. 冬(天)

c. 　　3. chūn(tiān)　　C. 夏(天)

d. 　　4. qiū(tiān)　　D. 春(天)

UNIDAD 19 TAN ILIMITADO COMO EL CIELO Y EL MAR

19.6 Marca en las columnas apropiadas el tiempo de las cuatro estaciones del lugar donde vives. Puedes marcar más de una columna (o ninguna) para cada expresión. 然后请用西班牙文填空。／然後請用西班牙文填空。

	春天			夏天			秋天			冬天		
	常常	有的时候	从来不	常常	有的时候	从來不	常常	有的时候	从來不	常常	有的时候	从來不
chū tàiyáng 出太阳／出太陽	☐	☐	☐	☐	☐	☐	☐	☐	☐	☐	☐	☐
xiàyǔ 下雨	☐	☐	☐	☐	☐	☐	☐	☐	☐	☐	☐	☐
guāfēng 刮风／颱風	☐	☐	☐	☐	☐	☐	☐	☐	☐	☐	☐	☐
dǎléi 打雷	☐	☐	☐	☐	☐	☐	☐	☐	☐	☐	☐	☐
xiàxuě 下雪	☐	☐	☐	☐	☐	☐	☐	☐	☐	☐	☐	☐

	春天			夏天			秋天			冬天		
	常常	有的时候	从来不	常常	有的时候	从來不	常常	有的时候	从来不	常常	有的时候	从来不
hěn rè 很热／很熱	☐	☐	☐	☐	☐	☐	☐	☐	☐	☐	☐	☐
hěn nuǎnhuo 很暖和	☐	☐	☐	☐	☐	☐	☐	☐	☐	☐	☐	☐
hěn liángshuǎng 很凉爽／很涼爽 hěn liángkuai 很凉快／很涼快	☐	☐	☐	☐	☐	☐	☐	☐	☐	☐	☐	☐
hěn lěng 很冷	☐	☐	☐	☐	☐	☐	☐	☐	☐	☐	☐	☐

19.7 *Toma algunas notas sobre el clima (*气候／氣候 qìhòu*), las estaciones (*季节／季節 jìjié*), y el tiempo del lugar donde vives.* 请写拼音或者汉字。／請寫拼音或者漢字。

_____

_____

_____

UNIDAD 19 TAN ILIMITADO COMO EL CIELO Y EL MAR

19.8 Trabajo en parejas: *Explica a tu compañero cómo es el tiempo en el lugar donde vives. Si sois de un mismo lugar, compartid y comparad vuestras opiniones. Si venís de lugares diferentes, comparad y contrastad vuestras observaciones.*

_____
_____
_____

19.9 请把拼音、汉字和西班牙文对上。／請把拼音、漢字和西班牙文對上。

a.	qíng 晴	1. 阴	A. *nublado*
b.	duōyún 多雲	2. 阵雨	B. *tormenta*
c.	yīn 陰	3. 雷雨	C. *despejado*
d.	zhènyǔ 陣雨	4. 晴	D. *encapotado*
e.	léiyǔ 雷雨	5. 多云	E. *aguacero*

19.10 请填空。／請填空。

a. zuì gāo wēndù èrshíwǔ shèshìdù
最高温度25摄氏度／最高温度25攝氏度

   ([Temperatura] máxima 25 grados Celsius = _____ Fahrenheit*)

b. zuì dī wēndù shíwǔ shèshìdù
最低温度15摄氏度／最低温度15攝氏度

   ([Temperatura] mínima 15 grados Celsius = _____ Fahrenheit*)

* líng shèshìdù děngyú sānshí'èr huáshìdù
0摄氏度等于32华氏度／0攝氏度等於32華氏度

(Para convertir de Celsius a Fahrenheit multiplica la temperatura Celsius por 1,8 y súmale 32.)

19.11 Escucha el audio de un informe meteorológico y escribe en español lo que puedas identificar.

Mañana: _____

Tarde: _____

Noche: _____

Temp. máxima: _____

Temp. mínima: _____

19.12 Escribe algunos comentarios sobre el tiempo de hoy y sobre el tiempo que crees que hará mañana. 请写拼音或者汉字。／請寫拼音或者漢字。

_____
_____
_____

19.13 *Trabajo en parejas:* Pregunta a tu compañero 明天的天气会怎么样？／明天的天氣會怎麼樣？ Míngtiān de tiānqì huì zěnmeyàng? *Anota los comentarios de tu compañero. Cuando sea tu turno, responde con las notas que tomaste en el Ejercicio 19.12. Resumid vuestras predicciones a otra pareja o a la clase entera.*

_____
_____
_____

INFO 供你参考

El tiempo en China

Hasta ahora ya has seguido a las personas de **Encounters** de una punta a otra de China. China posee un vasto territorio con todo tipo de climas —desde un frío glacial a un calor abrasador. De forma general, el clima de China es bastante parecido al de EE.UU. En el norte, las temperaturas extremas de Beijing coinciden prácticamente con las de Boston, mientras que en el sur Guangzhou (conocida en el pasado como Cantón) tiene un clima bastante parecido al del sur de Florida. El sur de China tiene tifones en septiembre, igual que Florida, que es visitada por huracanas alrededor de esta misma época del año. En la China central (incluida Shanghai) los veranos son largos, cálidos y húmedos —tan cálidos que los chinos llaman a esta zona el "horno". Entonces, ¿cuándo ir a China? ¿Dónde ir al norte, al sur o al centro del país? Ve a donde te lleven tus intereses y cuando puedas. Algunos dicen que 春天最好 *chūntiān zuì hǎo*, mientras que otros prefieren los días claros y fríos de otoño. Muchos te aconsejarán que te mantengas lejos del Tíbet (西藏 *Xīzàng*) en invierno (brrrrr!), pero hay viajeros curtidos para los que no hay nada más inolvidable que respirar el aire glacial del Himalaya.

Encuentro 2 — Planear una excursión

19.14 *Preparación:* Si estuvieras preparando una excursión para hacer senderismo con un amigo, ¿qué aspectos comentarías? 用西班牙文写一些笔记。／用西班牙文寫一些筆記。

_____

_____

_____

19.15 Mira y escucha los fragmentos de video "Plan de fin de semana 1" y "Plan de fin de semana 2". Completa la tabla de la página siguiente. 请用拼音填空。／請用拼音填空。

	Plan de fin de semana 1	**Plan de fin de semana 2**
a. Tipo de excursión	hacer senderismo en la montaña (*literalmente*: escalar montañas) _____	hacer senderismo; salir de excursión _____
b. Destino	Colina fragante _____	Colina fragante _____
c. Razones para elegir el destino	paisaje bonito _____ aire fresco _____	todas las hojas se han vuelto rojas _____ el momento más bonito _____
d. Número de personas que participan	_____	_____
e. Cosas que llevar	agua _____ aperitivos _____	pan _____ salchichas _____ fruta _____ bebidas _____

INFO 供你参考

Incluye *Xiāngshān* en tu lista de cosas pendientes

Cuando llega el otoño en Beijing, no debes dejar de ir al parque de la Colina Fragante (香山公园／香山公園 *Xiāngshān Gōngyuán*). El espectacular paisaje natural se vuelve rojo intenso a medida que miles de árboles dan la bienvenida al otoño. El mejor momento para ir es noviembre (después de las primeras heladas), cuando se pueden disfrutar de las mejores escenas. Durante la temporada turística los visitantes pueden contarse por millones, superando incluso a los de la Gran Muralla (长城／長城 *Chángchéng*). Sin embargo, si estás de buena salud, puedes tomar senderos y trepar pendientes para escapar de las aglomeraciones y, quizás, encontrarte con los escaladores que aparecen en los videos de esta unidad.

19.16 *Mira y escucha de nuevo el fragmento de video "Plan de fin de semana 2".* 然后请用拼音和西班牙文填写以下的空格。／然後請用拼音和西班牙文填寫以下的空格。

a. Zhèi ge _____ wǒmen qù nǎr wár ne?
   (_____?)

b. Nà, wǒmen zhōumò jiù _____ qù Xiāngshān.
   (Entonces iremos _____ a Xiangshan este fin de semana.)

c. Zài jiào _____ ba.
   (Preguntemos a _____.)

d. Hǎo, nà jiù shì jiào _____, zài jiào . . .
   (OK , entonces preguntamos a _____ y también a . . .)

e. Jiào jǐ ge _____ zěnmeyàng?
   (¿Y si preguntamos a varios _____?)

f. Hǎo a, hǎo a. Tāmen kěyǐ _____ bēi dōngxi.
   (Bien, bien. Ellos pueden _____ para cargar cosas [sobre sus espaldas].)

g. Nà wǒmen hái yào dài yìdiǎn _____, _____, shénme de.
   (Entonces también debemos llevar algo _____, etc.)

h. Nà, wǒ gǎnjǐn _____.
   (Entonces voy a darme prisa para _____.)

i. Duì. Wǒmen Xīngqīliù yìzǎo chūfā. _____.
   (Sí. Saldremos el sábado a primera hora _____.)

Un poco de gramática 语法点滴

Cuándo 请/請 *qǐng* y cuándo 叫 *jiào*?

Ambos verbos significan "invitar (a alguien)", pero ¿cuándo es más apropiado uno y cuándo otro? Fíjate que en "Plan de fin de semana 2" las dos jóvenes quieren invitar a algunos estudiantes chicos, claramente para que les ayuden a llevar cosas. Se trata de un caso en el que gente joven invita a gente también joven, todos del mismo nivel social, por lo que 叫 *jiào* es apropiado. Pensemos ahora en una situación en la que la gente joven quiere invitar a profesores, padres u otras personas de mayor edad o de una posición social más alta. En este caso, la palabra utilizada para "invitar" cambia a 请/請 *qǐng*. Así, podemos considerar 请/請 *qǐng* como "invitar educadamente" y 叫 *jiào* como "pedir o hacer que alguien haga algo". 叫几个男生来，好不好？／叫幾個男生來，好不好？ *Jiào jǐ ge nánshēng lái, hǎo bu hǎo?* puede traducirse como: "Llamemos a varios chicos para que vengan con nosotras, ¿vale?". Ya has visto este tipo de distinción en chino antes. ¿Recuerdas la diferencia entre 你 *nǐ* y 您 *nín*? Por último, recuerda que 叫 *jiào* tiene otros significados también: 你叫什么名字？／你叫甚麼名字？

19.17 请把拼音、西班牙文和汉字对上。／請把拼音、西班牙文和漢字對上。

a. pá shān	1. *pronto por la mañana; al amanecer*	A. 一大早（一早）
b. fēngjǐng hěn měi	2. *partir; iniciar un viaje*	B. 空气新鲜／空氣新鮮
c. kōngqì xīnxiān	3. *darse prisa en hacer algo*	C. 郊游／郊遊
d. língshí	4. *hacer senderismo en la montaña*	D. 背东西／背東西
e. xiāngcháng	5. *aperitivo*	E. 香肠／香腸
f. yí dà zǎo (yìzǎo)	6. *el aire es fresco*	F. 风景很美／風景很美
g. chūfā	7. *el paisaje es muy hermoso*	G. 零食
h. jiāoyóu	8. *hacer una excursión*	H. 树叶都红了／樹葉都紅了
i. shùyè dōu hóng le	9. *las hojas se han vuelto rojas*	I. 出发／出發
j. bēi dōngxi	10. *llevar cosas a la espalda*	J. 赶紧／趕緊
k. gǎnjǐn	11. *salchicha*	K. 爬山

19.18 *Para practicar la lectura y familiarizarte aún más con la conversación de "Plan de fin de semana 1", lee la siguiente trascripción en caracteres simplificados, tradicionales, o ambos. Si te apetece, mira el video de nuevo y lee al mismo tiempo.*

甲：周末到了。不知道明天天气会怎么样？
乙：看看天气预报。
甲：哇，明天天气很好。咱们去郊外走走，放松放松吧。
乙：好啊！
甲：那我们去爬山？
乙：去哪儿爬山？
甲：我建议去香山。
乙：好啊！
甲：那儿风景很美，空气新鲜，可是好远哦！
乙：需要带什么呢？
甲：每个人都需要带水，一些零食。

甲：週末到了。不知道明天天氣會怎麼樣？
乙：看看天氣預報。
甲：哇，明天天氣很好。咱們去郊外走走，放鬆放鬆吧。
乙：好啊！
甲：那我們去爬山？
乙：去哪兒爬山？
甲：我建議去香山。
乙：好啊！
甲：那兒風景很美，空氣新鮮，可是好遠哦！
乙：需要帶甚麼呢？
甲：每個人都需要帶水，一些零食。

19.19 Trabajo en parejas: *Planea una excursión de fin de semana para hacer senderismo con tu compañero.* 先写拼音。／先寫拼音。

到哪儿去／到哪兒去: _____

为什么去／為甚麼去: _____

什么时候去／甚麼時候去: _____

出发时间／出發時間: _____

怎么去／怎麼去: _____

和谁去／和誰去: _____

要带什么／要帶甚麼: _____

Ahora escribe el borrador de la conversación que tendrías con tu compañero para planear la excursión.

Por último, escenificad la conversación con otra pareja o con toda la clase. Si os apetece, tú y tu compañero podéis planear y llevar a cabo la excursión en la realidad.

INFO 供你参考

En contacto con la naturaleza

Los periódicos de todo el mundo informan de cómo la prosperidad se propaga como el fuego por toda China. De la mano de la prosperidad, la tradicional pasión por el aire libre sigue muy viva entre los chinos. De una punta a otra del país, millones de chinos salen a pasear diariamente por la naturaleza. La cercanía y afinidad con la naturaleza ha jugado un papel destacado en la cultura china. Los chinos creen tradicionalmente que las montañas están imbuidas de poder sagrado, manifestación de la fuerza de la naturaleza —el 气／氣 *qi*—, La historia y las leyendas chinas están repletas de historias en las que las personas se adentran en las montañas buscando la purificación, la inmortalidad y otros efectos benéficos. En la naturaleza, el poeta encontraba inspiración, el santo alcanzaba la divinidad, el monje construía su templo y el hombre común obtenía consuelo. Cada uno encontraba lo que buscaba. Por eso, los personajes de nuestro video no dudaron en hacer una excursión para 爬山 *pá shān*, explorar la montaña y disfrutar a cambio de nada.

UNIDAD 19 TAN ILIMITADO COMO EL CIELO Y EL MAR

Encuentro 3 | Ir a la playa

19.20 Preparación: ¿Cómo planearías una excursión a la playa (en el mar, un lago o un río)? (Si no tienes cerca una playa, ¡considera una excursión a una piscina!) 用西班牙文写一些笔记。／用西班牙文寫一些筆記。

_____

_____

_____

19.21 Mira y escucha el fragmento de video "Excursión a la playa" en el que Li Yatu habla de ir a la playa. Elige las palabras en 拼音 del recuadro para completar la transcripción correctamente. Después completa la versión en español según las palabras en 拼音 marcadas en rojo.

| shātān páiqiú | hǎi biān | tàiyáng |
| Hālì Bōtè | hǎitān | shài |

Zhèi ge Zhōuliù wǒ huì hé tóngxué qù _____ wán, huì zài _____ yóuyǒng, háiyǒu hé tóngxuémen wánr _____. Yīnwèi hǎi biān bǐjiǎo _____, suǒyǐ yào zhǔnbèi hěn duō dōngxi, xiàng fángshàishuāng, hái yǒu sǎn, lái dǎng _____.

Qùwán hǎi biān huì qù kàn diànyǐng. Yīnwèi zuìjìn xīn chūle _____ 7, suǒyǐ huì qù kàn diànyǐng.

Este sábado, iré con mis _____ a pasarlo bien en la playa; _____ en la orilla, y jugaré al voleibol con _____. Como el _____ será bastante soleado, debemos preparar _____, como crema solar y una sombrilla para evitar el sol.

Después de la playa, veremos una _____. Como recientemente han estrenado Harry Potter 7, iremos al cine.

19.22 请用西班牙文填空。／請用西班牙文填空。

a. hǎi biān   海边／海邊   _____
b. tàiyáng   太阳／太陽   _____
c. hǎitān   海滩／海灘   _____
d. shātān   沙滩／沙灘   _____
e. shài   晒／曬   _____
f. fángshàishuāng   防晒霜／防曬霜   _____
g. sǎn   伞／傘   _____
h. páiqiú   排球   _____

 19.23 *Ampliación de vocabulario:* Más palabras relacionadas con el agua. Escribe el tono correspondiente de las sílabas de 拼音 de las siguientes palabras basándote en el audio de la grabación. 然后用西班牙文填空。／然後用西班牙文填空。

hu bian
湖边／湖邊
_____

he bian
河边／河邊
_____

hua chuan
划船
_____

diao yu
钓鱼／釣魚
_____

hua dumuzhou
划独木舟／
划獨木舟
_____

huashui
滑水
_____

chonglang
冲浪／衝浪
_____

UNIDAD 19 TAN ILIMITADO COMO EL CIELO Y EL MAR

19.24 *Escribe algunas oraciones describiendo una excursión relacionada con el agua o el sol a la que te gustaría ir.* 请写拼音。／請寫拼音。

_____
_____
_____
_____

19.25 *Trabajo en parejas: Pregunta a tu compañero si le apetece ir a la excursión que describiste en el Ejercicio 19.24. Tomad notas de vuestro intercambio y después haced un resumen a otra pareja o a la clase entera.*

_____
_____
_____
_____

INFO 供你参考

China en movimiento

Sin duda ya habrás llegado a la conclusión de que China es un lugar muy diferente de lo que era hace unos pocos años, por no decir una generación. Uno de los mayores cambios ocurridos en muchos jóvenes chinos es que sus prioridades son a menudo muy diferentes de las de sus padres o abuelos. El continuo desarrollo y crecimiento de la clase media china (que dispone de más ingresos disponibles que nunca), junto con la mejora del sistema de transporte y las relativamente escasas restricciones del gobierno a los viajes, han dado como resultado un aumento del turismo doméstico e internacional.

Hoy, chinos de todos los estratos sociales viajan en cantidades sin precedentes a más destinos que nunca. En 2010, cada uno de los 1.300 millones de chinos realizó una media de 1,3 viajes al año, y se espera que esta cifra se triplicara en 2015. De hecho, los viajes en China están creciendo a pasos agigantados —al mayor ritmo del mundo, igual que muchos otros indicadores de crecimiento del país. Un factor fundamental de este crecimiento es la participación del gobierno, que está ansioso por promover el turismo, especialmente a destinos nacionales (la idea es mantener el dinero en casa).

La razón por la que el turismo ha despegado en los últimos años se debe principalmente a los cambios del mercado laboral chino. Los salarios están subiendo, las personas disfrutan de una mejor y más estable situación económica y cada vez gastan más dinero en actividades de ocio como los viajes. Como todo apunta a que China va a seguir creciendo económicamente, en el futuro el número de viajeros chinos (tanto viajar en China como al extranjero) no puede sino aumentar.

Adaptación de "Preparándonos para el boom del turismo chino", de Alan Wheatley/Reuters, diciembre de 2010.

Encuentro 4 Viajar al extranjero

19.26 Preparación: *¿Has viajado alguna vez a otro país? ¿Dónde fuiste? ¿Dónde te gustaría ir?* 用西班牙文写一些笔记。／用西班牙文寫一些筆記。

_____

_____

_____

19.27 *Mira y escucha el fragmento de video "Viajar" en el que* 唐远／唐遠 *y Lynn hablan sobre viajes.* 请用拼音填空。／請用拼音填空。

a. Escribe las cuatro ciudades que 唐远／唐遠 dice que ha visitado.

_____   _____   _____   _____

b. Escribe cuatro ciudades chinas que no haya mencionado 唐远／唐遠 (si lo necesitas, pide ayuda o busca en Internet).

_____   _____   _____   _____

c. Escribe los cuatro continentes que Lynn dice que ha visitado.

Europa: _____

Sudamérica: _____

Asia: _____

África: _____

d. Ahora escribe en español el nombre de los tres continentes restantes.

Àozhōu 澳洲   _____

Běi Měizhōu 北美洲   _____

Nánjízhōu 南极洲／南極洲 _____

UNIDAD 19 TAN ILIMITADO COMO EL CIELO Y EL MAR

19.28 *Mira la oración en español de abajo y a continuación usa las palabras apropiadas del recuadro para completar la traducción al chino.*

> 北半球　　　　地球　　　　南半球　　　　赤道 *(chìdào)*

"El mundo se divide en el hemisferio norte y el hemisferio sur, con el Ecuador en medio".

"_____ 分成 _____ 和_____。中间／中間是_____。"

请用拼音和西班牙文填空。／請用拼音和西班牙文填空。

	拼音	西班牙文
a. 北半球	_____	_____
b. 地球	_____	_____
c. 南半球	_____	_____
d. 赤道	_____	_____

19.29 *Clasifica cada uno de los lugares siguientes según el hemisferio en el que se encuentran.*

	北半球	南半球
a. Àodàlìyà (Àozhōu) 澳大利亚／澳大利亞（澳洲）	☐	☐
b. Bāxī 巴西	☐	☐
c. Běi Měizhōu 北美洲	☐	☐
d. Dōngnányà 东南亚／東南亞	☐	☐
e. Éluósī 俄罗斯／俄羅斯	☐	☐
f. Fēizhōu 非洲	☐	☐
g. Jiānádà 加拿大	☐	☐
h. Mòxīgē 墨西哥	☐	☐
i. Nánjízhōu 南极洲／南極洲	☐	☐
j. Nán Měizhōu 南美洲	☐	☐

	北半球	南半球
k. Ōuzhōu 欧洲／歐洲	☐	☐
l. Xībānyá 西班牙	☐	☐
m. Xīnxīlán 新西兰／新西蘭	☐	☐
n. Yìndù 印度	☐	☐
o. Yīngguó 英国／英國	☐	☐

INFO 供你参考

Éxitos populares

En la actualidad, famosas películas y programas televisivos de Occidente han empezado a hacerse populares en China. 哈利•波特 *Hālì Bōtè* (Harry Potter) aprende magia en 霍格华兹魔法与巫术学校／霍格華茲魔法與巫術學校 *Huògéhuázī Mófǎ yǔ Wūshù Xuéxiào* (Escuela Hogwarts de magia y hechicería) y lucha contra el malvado 伏地魔 *Fúdìmó* (Voldemort). (Voldemort). El concurso *American Idol* tiene su equivalente en 选秀赛／選秀賽 *xuǎn xiù sài* (concursos de talento) de éxito como el concurso de cantantes femeninas 超级女声／超級女聲 *Chāojí Nǚshēng* (Supergirl) originado en Hunan, o la serie de programas 星光大道 *Xīngguāng Dàdào* (Camino a las estrellas) de la Televisión Central de China (CCTV). Si buscas el nombre de estos programas en www.tudou.com o www.youku.com (el equivalente chino de YouTube), podrás hacerte una idea de ellos y compararlos con sus equivalentes occidentales que probablemente conoces mejor.

También hay canciones populares como "A los ratones les gusta el arroz" (老鼠爱大米／老鼠愛大米 *Lǎoshǔ Ài Dàmǐ*), que es la canción que Tang Yuan canta al principio del fragmento de video "Viajar" de este Encuentro. Busca en YouTube el hilarante video musical de 王启文／王啟文 *Wáng Qǐwén* para esta canción. Busca también otras versiones para hacerte una idea de lo popular que es esta canción en Asia. Busca también 中国话／中國話 *Zhōngguóhuà*, una animada canción del trío femenino S.H.E sobre extranjeros que aprenden chino.

19.30 *¿Dónde has viajado al extranjero y dónde te gustaría viajar? Rellena la tabla.* 请写拼音。／請寫拼音。 *Si lo necesitas, pregunta a tu profesor, consulta un diccionario o mira la web de* **Encuentros** *para conocer los nombres de los países.*

我去过……／我去過……	我想去……

19.31 Trabajo en parejas: *Pregunta a un compañero* 你都去过哪些地方？你想去哪些地方？／你都去過哪些地方？你想去哪些地方？ *Nǐ dōu qùguo nǎxiē dìfang? Nǐ xiǎng qù nǎxiē dìfang? Toma notas de su respuesta y cuando sea tu turno responde lo que escribiste en el Ejercicio 19.30. Resumid vuestro intercambio y contadlo a otra pareja o a la clase entera.*

___

___

___

Un poco de gramática 语法点滴

Mostrar tu "actitud" usando verbos modales

Ya has estudiado varios "verbos modales" a lo largo de tu experiencia en **Encuentros**. Recuerda que los verbos modales son verbos auxiliares que expresan distintas "actitudes"; modifican a los verbos principales y normalmente son negados con *bù*, no *méiyǒu*. La lista siguiente es un resumen básico de varios verbos modales acompañado con oraciones de ejemplo. Presta mucha atención a los ejemplos, ya que un mismo verbo modal puede expresar más de una "actitud".

- **Permiso con** 可以 *kěyǐ* y 能 *néng*

  Nǐ kěyǐ huíjiā le.
  你可以回家了。
  (Ya puedes volver a casa.)

  Néng bu néng zài zhèr tíngchē?
  能不能在这儿停车？／能不能在這兒停車？
  (¿Puedo aparcar aquí?)

- **Posibilidad con** 能 *néng*

  Nǐ néng bāng wǒ ná dōngxi ma?
  你能帮我拿东西吗？／你能幫我拿東西嗎？
  (¿Puedes ayudarme a llevar unas cosas?)

- **Probabilidad con** 会／會 *huì* y 会……的／會……的 *huì… de*

  Tā huì lái de.
  他会来的。／他會來的。
  (Él vendrá.)

  [Cuando se usa otra partícula como *ma* o *le*, no se usa *de*.]
  Míngtiān huì xiàyǔ ma?
  明天会下雨吗？／明天會下雨嗎？
  (¿Lloverá mañana?)

- **Habilidad o destreza con** 能 *néng* **y** 会／會 *huì*

    [*Néng* indica habilidad física.]
    Wǒ néng bēi hěn zhòng de dōngxi.
    我能背很重的东西。／我能背很重的東西。
    (Puedo llevar cosas muy pesadas.)

    Tā néng pǎo de hěn kuài.
    他能跑得很快。
    (Él puede correr muy rápido.)

    [*Huì* indica una capacidad o destreza aprendida.]
    Tā huì dǎ tàijíquán, dǎ de hěn búcuò.
    他会打太极拳，打得很不错。／他會打太極拳，打得很不錯。
    (Él sabe Taichí y es muy bueno en ello.)

    Wǒ huì Zhōngwén.
    我会中文。／我會中文。
    (Sé chino.)

- **Obligación moral con** 应该／應該 *yīnggāi* **y** 应当／應當 *yīngdāng*

    [*Yīngdāng* es un poco más enfático que *yīnggāi*.]
    Tā shì nǐ de péngyou, nǐ yīnggāi qù kàn tā.
    她是你的朋友，你应该去看她。／她是你的朋友，你應該去看她。
    (Ella es tu amiga, debes ir a verla.)

    Zhèi jiàn shì nǐ bù yīngdāng gàosu tā.
    这件事你不应当告诉他。／這件事你不應當告訴他。
    (No debes decirle esto.)

- **Necesidad con** 得 *děi*

    [Para negar 得 *děi*, usa 不必 *búbì* (no hace falta que).]
    Duìbuqǐ, wǒ děi zǒu le.
    对不起，我得走了。／對不起，我得走了。
    (Lo siento, pero debo irme.)

    Wǒ zìjǐ qù, nǐ búbì péi wǒ qù.
    我自己去，你不必陪我去。
    (Iré solo, no hace falta que me acompañes.)

- **Intención con** 想 *xiǎng* **y** 不要 *búyào*

    (suave) Jīntiān wǒ xiǎng chī Zhōngguó fàn.
    今天我想吃中国饭。／今天我想吃中國飯。
    (Hoy me apetece comer comida china.)

    (fuerte) Nǐ qù. Wǒ búyào qù.
    你去。我不要去。
    (Ve tú. Yo no quiero ir.)

19.32 ¿Qué debes obtener para viajar al extranjero? Enumera algunas cosas. 请写西班牙文。／請寫西班牙文。

_____

_____

_____

19.33 Escucha el siguiente vocabulario. 请用拼音填空。／請用拼音填空。

护照／護照   签证／簽證   飞机票／飛機票

行李   外币／外幣   旅游指南／旅遊指南

19.34 Lee el texto siguiente y después usa los verbos correspondientes del recuadro para rellenar los espacios en blanco (en chino simplificado, tradicional o ambos).

shēnqǐng	mǎi	dìng	huàn
申请／申請	买／買	订／訂	换／換
solicitar	comprar	reservar	cambiar

因为我想去外国旅行，所以我需要做很多事情。第一，我得去 _____ 护照。我想去的国家，有些需要签证。所以拿到了护照以后，我得去 _____ 这些国家的签证。同时，我得去 _____ 机票。我也需要 _____ 一些地图。早晚我得 _____ 一些外币，可是我觉得到国外去 _____ 比较好。

因為我想去外國旅行，所以我需要做很多事情。第一，我得去 _____ 護照。我想去的國家，有些需要簽證。所以拿到了護照以後，我得去 _____ 這些國家的簽證。同時，我得去 _____ 機票。我也需要 _____ 一些地圖。早晚我得 _____ 一些外幣，可是我覺得到國外去 _____ 比較好。

19.35 *Imagina que vas a hacer un viaje el mes que viene. Escribe tres países que te gustaría visitar.* 请写拼音或者汉字。／請寫拼音或者漢字。

_____

_____

Completa la siguiente oración con tu propia información. Escribe el país correspondiente.

Wǒ ná _____ hùzhào.
我拿 _____ 护照。／我拿 _____ 護照。
(Tengo pasaporte de _____.)

Investiga en Internet (o pregunta a alguien de confianza) para comprobar si los países a los que quieres viajar exigen visado. Ten en cuenta que los ciudadanos de algunos países necesitan visados, mientras que otros no. Presta atención a las normas del país del que eres ciudadano. Señala los países que requieren visado en la lista que has escrito antes.

Por último, escribe un texto (de al menos cuatro oraciones) que incluya todo lo que necesitas hacer antes de viajar a esos países. Sigue el modelo del Ejercicio 19.34. 请写拼音或者汉字。／請寫拼音或者漢字。

_____

_____

_____

19.36 *Trabajo en parejas: Comparte con un compañero el texto que escribiste en el Ejercicio 19.35.* 请写拼音或者汉字。／請寫拼音或者漢字。 *Tomad notas y comparad vuestros planes. Comentad vuestras diferencias con otra pareja o con la clase entera.*

Wǒ xiǎng qù Zhōngguó, Rìběn hé Yìndù lǚxíng. Wǒ ná de shì Měiguó hùzhào, qù Rìběn bù xūyào qiānzhèng, kěshì wǒ děi shēnqǐng Zhōngguó hé Yìndù de qiānzhèng. Xiǎo Lǐ ná de shì Yīngguó hùzhào. Tā xiǎng qù Àodàlìyà, Xīnxīlán hé Jiānádà lǚxíng. Qù zhè sān gè guójiā tā dōu bù xūyào qiānzhèng. Ránhòu wǒ xūyào mǎi dìtú. Tā yǐjīng yǒu dìtú le, tā bù xūyào mǎi.

> 我想去中国、日本和印度旅行。我拿的是美国护照，去日本不需要签证，可是我得申请中国和印度的签证。小李拿的是英国护照。他想去澳大利亚、新西兰和加拿大旅行。去这三个国家他都不需要签证。然后我需要买地图。他已经有地图了，他不需要买。

> 我想去中國、日本和印度旅行。我拿的是美國護照，去日本不需要簽證，可是我得申請中國和印度的簽證。小李拿的是英國護照。他想去澳大利亞、新西蘭和加拿大旅行。去這三個國家他都不需要簽證。然後我需要買地圖。他已經有地圖了，他不需要買。

_____

_____

_____

_____

♪ Rap de la Unidad

Visita la página web de **Encuentros** *www.EncountersChinese.com.cn y escucha la canción para repasar las expresiones estudiadas en la Unidad 19. ¡Escúchala de nuevo y canta al mismo tiempo!*

Encuentro 5 Lectura y escritura

▶ Lectura de oraciones familiares en caracteres chinos

19.37 *Trabajo en parejas: Lee en voz alta junto a un compañero los siguientes textos (escritos en caracteres simplificados) usando el español como guía. Podéis leer las frases de forma alternativa; si uno de los dos no puede leer algún carácter, ayudaos mutuamente.*

1 北京一年有四个季节：春、夏、秋、冬。春天常刮风；夏天很热；秋天很凉爽；冬天很冷，有的时候会下雪。澳大利亚的悉尼(Xīní – Sydney)也是一年四季，可是那儿的季节跟北京相反(xiāngfǎn – opuesto)：北京的春天是悉尼的秋天，北京的夏天是悉尼的冬天，北京的秋天是悉尼的春天，北京的冬天是悉尼的夏天。所以，北京人冬天觉得天气太冷太冷的时候，可以去悉尼暖和暖和。悉尼的人夏天觉得天气太热太热的时候，也可以去北京凉快凉快。那，什么地方天气最好？有人说夏威夷最好：一年四季都是夏天。夏威夷的夏天还不热，舒服极了。 *(Beijing tiene cuatro estaciones todos los años: primavera, verano, otoño e invierno. En primavera suele hacer viento; en verano mucho calor; el otoño es agradable y fresco y el invierno muy frío —a veces nieva—. Sydney, en Australia, también tiene cuatro estaciones, pero allí es al contrario que en Beijing: la primavera de Beijing es el otoño de Sydney, el vernao de Beijing es el invierno de Sydney, el otoño de Beijing es la primavera de Sydney y el invierno de Beijing es el verano de Sydney. Por eso, cuando los habitantes de Beijing tienen mucho mucho frío en invierno, pueden ir a Sydney a calentarse. Igualmente, cuando los habitantes de Sydney tienen mucho calor en verano, pueden ir a Beijing para refrescarse. Entonces, ¿qué lugar tiene el mejor tiempo? Algunos dicen que Hawai: todas las estaciones del año son verano. Además, el verano de Hawai no es muy caluroso; es extremadamente agradable.)*

2 有一天下午，小毛在公司工作的时候，听见他的两个同事在谈(tán – hablar de algo)周末出去郊游的事情。他们看了天气预报以后，知道第二天的天气会很好，所以他们决定去爬香山，说那儿的风景又美，空气又新鲜，带一点水跟零食就可以了。 *(Una tarde, mientras trabajaba en su oficina, Xiao Mao oyó a dos colegas hablando de hacer una excursión al campo el fin de semana. Miraron el pronóstico meteorológico y vieron que al día siguiente haría muy buen tiempo, por lo que decidieron ir a hacer senderismo a las Colinas Fragantes. Decían que allí el paisaje es muy bonito y que el aire es muy fresco, y que sería suficiente con llevar un poco de agua y algunos aperitivos.)*

3 有两位女老师想周末出去玩儿。她们决定去郊游。因为那时候，香山的树叶都变(biàn – *volverse, cambiar*)红了，非常漂亮，所以她们想去香山爬山。她们想多叫几个人一起去，那会比较好玩儿，尤其是(yóuqí shì – *especialmente*)叫上一些男生，可以帮忙(bāngmáng – *ayudar*)背东西！她们要带上一些吃的、喝的，比如说面包、香肠、水果还有饮料等。她们想一大早出发，坐公共汽车去香山。 (*Dos profesoras quieren hacer una excursión el fin de semana y deciden ir al campo. Como las hojas de los árboles de las Colinas Fragantes se han vuelto rojas y son muy bonitas, quieren ir a las Colinas Fragantes para hacer senderismo. Piensan invitar a más gente para ir juntos porque será más divertido, especialmente a chicos para que ayuden a llevar [a sus espaldas] cosas. Llevarán algo de comer y de beber como pan, salchichas, frutas, refrescos, etc. Quieren salir muy pronto por la mañana y tomar el autobús que va a la Colina Fragante.*)

4 一般人们最喜欢的天气是不冷不热的晴天。春天和秋天的时候晴天最多，天气最舒服。人人都喜欢到外头去玩儿。夏天天气很热的时候，太阳要是很晒的话，很多中国女孩子喜欢打着伞走路(dǎzhe sǎn zǒulù – *pasear protegiéndose del sol con un paraguas*)。到了冬天，天气冷了，人们就不爱出门了。大家通常喜欢留在家里，暖和暖和。可是也有一些人喜欢冬天出门去滑雪(huáxuě – *esquiar*)。 (*Normalmente, la gente prefiere especialmente los días claros no muy calurosos ni muy fríos. En primavera y otoño es cuando más días claros hay y cuando el tiempo es más agradable. A todos les gusta pasar tiempo al aire libre. Cuando hace mucho calor en verano, si el sol es muy fuerte, a muchas jóvenes chinas les gusta pasear con un paraguas abierto. Cuando llega el invierno y el tiempo se vuelve frío, a la gente no le gusta salir. A todos generalmente les gusta quedarse en casa para estar calentitos. Pero a algunos les gusta ir a esquiar en invierno.*)

5 忙了一个星期，到了周末，大家都会想放松放松，出去走走，找一些风景漂亮、空气新鲜的地方活动活动(huódòng – *be active*)。要是天气好、不下雨的话，很多人会想到外面去，爬山呀、划船呀，或者去野餐。要是天气不好，比如刮风、下雨、下雪的话，当然大家就不想出门，只想留在家里看书、看电视、上网，等等。 (*Después de trabajar toda la semana, cuando llega el fin de semana todos quieren relajarse, salir a dar una vuelta y buscar lugares con bonitos paisajes y aire fresco para hacer alguna actividad. Si el tiempo es bueno y no llueve, la mayoría de la gente piensa en salir al aire libre para hacer senderismo, pasear en barca o hacer un picnic. Si el tiempo no es bueno, por ejemplo, si hace viento, llueve o nieva, naturalmente la gente no quiere salir y solo quiere quedarse en casa leyendo, viendo la TV, navegando en Internet, etc.*)

6 有一个高中生叫李雅图，英文名字叫Matthew，是北京人，现在住在夏威夷。他和几个朋友周六常常去海边玩。因为夏威夷一年四季太阳都很晒，所以他们会带上很多东西来防晒(fáng shài – *protegerse del sol*)，比如防晒霜、伞，等等。他们在海边玩过以后还会去看电影。这样，一个星期六很快就过去了！星期天他们都要留在家里读书，因为星期一就得上课了。 *(Un estudiante de bachillerato llamado Li Yatu, o Matthew en inglés, es de Beijing y ahora vive en Hawai. Él y varios amigos los sábados van a menudo a la playa. Como el sol de Hawai es fuerte durante las cuatro estaciones del año, suelen llevar muchas cosas para protegerse como crema solar, sombrillas, etc. Después de pasar un rato en la playa van a ver una película. De esta forma, el sábado pasa muy rápido. El domingo se quedan en casa y estudian, porque el lunes tienen que ir a clase.)*

7 要是你家附近有海的话，你就可以做很多活动，比如冲浪、滑水、划独木舟、游泳，等等。要是你家附近没有大海可是有湖、有河，你还可以去游泳、滑水、划船、划独木舟，等等。要是你家附近又没有海又没有河又没有湖，那你只好到游泳池里去游泳，然后在电视上看别人冲浪、滑水、划船什么的！ *(Si hay mar cerca de casa, puedes hacer muchas actividades como practicar surf, esquí acuático, piragüismo, natación, etc. Si no hay mar cerca, pero sí un río o un lago, todavía puedes practicar natación, esquí acuático, remo, piragüismo, etc. Si cerca de casa no hay mar ni un río o un lago, entonces solo puedes ir a nadar en una piscina y ver a otros practicar surf, esquí acuático o remo en la TV.)*

8 Lynn老师以前去过很多国家。可是到了中国以后她不想再去旅行，不想离开阳朔，因为她很喜欢她的工作，也很喜欢她学校里的孩子们。唐远和她不一样。他没出过国，也不想出国，他以前只去过国内(guó nèi – *nacional*)的几个大城市。唐远非常喜欢阳朔的山水、阳朔的人。阳朔是他的家乡(jiāxiāng – *pueblo natal*)，他每次出去旅行的时候，都非常想念他的家乡。 *(La profesora Lynn ha estado en muchos países. Pero después de llegar a China, ya no le apetece viajar; no quiere irse de Yangshuo porque le gustan su trabajo y los niños de la escuela. Tang Yuan no es igual que ella. Él nunca ha salido del país y tampoco quiere hacerlo. En el pasado solo ha viajado a algunas grandes ciudades nacionales. A Tang Yuan le gusta mucho el paisaje y la gente de Yangshuo. Yangshuo es su tierra natal y cada vez que viaja la echa mucho de menos.)*

9 在暑假(shǔjià – vacaciones de verano)或者毕业以后，同学们也许会有机会到国外去旅行。这样的话，第一要有护照，第二也许得去申请签证。要是拿美国护照，去加拿大、澳大利亚、新西兰、日本或者很多的欧洲国家都不需要签证。去中国和很多其他的亚洲国家、还有非洲所有的国家，一般都需要申请签证。 *(Durante las vacaciones de verano o después de graduarse, los estudiantes tienen la oportunidad de viajar al extranjero. En este caso, en primer lugar se necesita un pasaporte y, en segundo lugar, es posible que sea necesario solicitar un visado. Si tienes pasaporte de los Estados Unidos, no necesitas visado para ir a Canadá, Australia, Nueva Zelanda, Japón o muchos países de Europa. Si vas a China y muchos otros países de Asia o cualquier país de África, generalmente necesitarás solicitar un visado.)*

10 去国外旅行非常有意思。可以看到很多在家里看不到的风景，吃到很多家里吃不到的东西，听到家里不说的语言，还可以认识很多和自己不太一样的新朋友。中国人常说，走一千里路就像(xiàng – ser como)读一万(wàn – diez mil)本书一样。这句话的意思是，旅行可以让我们学到很多新的东西。 *(Viajar al extranjero es muy interesante. Puedes ver muchos paisajes que no puedes ver en casa, comer muchas comidas que no puedes comer en casa, escuchar idiomas que no se hablan en casa e incluso conocer a muchas personas bastante diferentes a ti. Los chinos suelen decir: "Viajar diez mil kilómetros es como leer diez mil libros". Este dicho quiere decir que viajando es posible aprender muchas cosas nuevas.)*

Un poco de gramática 语法点滴

Dos acciones verbales al mismo tiempo

En las lecturas hemos visto la costumbre de las jóvenes chinas de salir a pasear con un paraguas para protegerse del sol. En chino se dice: 打着伞走路／打著傘走路 *dǎzhe sǎn zǒulù*. Esta construcción gramatical expresa que la acción principal (走路 *zǒulù*) se realiza bajo la condición de la acción acompañante (打着伞／打著傘 *dǎzhe sǎn*). La estructura es: verbo acompañante + *zhe* + verbo principal. A continuación, se incluyen algunos ejemplos (el verbo principal está subrayado).

Tāmen zhànzhe <u>tánhuà</u>.
他们站着谈话。／他們站著談話。
(<u>Conversaron</u> de pie.)

Lǎoshī xiàozhe <u>shuō</u>: "Duì le!"
老师笑着说："对了！"／老師笑著說："對了！"
(Sonriendo, el profesor <u>dijo</u>, "¡Correcto!")

Lù bù yuǎn, nǐ kěyǐ zǒuzhe qù.
路不远，你可以走着去。／路不遠，你可以走著去。
(*No está lejos, puedes ir andando.*)

Nǐ zěnme yí gè rén guānzhe mén chī dōngxi?
你怎么一个人关着门吃东西？／你怎麽一個人關著門吃東西？
(*¿Cómo es que estás comiendo solo con la puerta cerrada?*)

Nǐ zuòzhe xiě zì ba!
你坐着写字吧！／你坐著寫字吧！
(*¡Escribe sentado!*)

Si, sin embargo, quieres describir dos acciones paralelas que ocurren al mismo tiempo, usa la estructura *yìbiān* (一边／一邊) + V1 + *yìbiān* (一边／一邊) + V2.

Wǒ chángcháng yìbiān chīfàn yìbiān kàn diànshì.
我常常一边吃饭一边看电视。／我常常一邊吃飯一邊看電視。
(*A menudo como y veo la TV al mismo tiempo.*)

Nǐ néng yìbiān shuōhuà yìbiān kàn shū ma?
你能一边说话一边看书吗？／你能一邊說話一邊看書嗎？
(*¿Puedes hablar y leer al mismo tiempo*)

Nǐ bié xiǎng yìbiān kàn diànshì yìbiān xiě zuòyè!
你别想一边看电视一边写作业！／你別想一邊看電視一邊寫作業！
(*¡No pienses en ver la TV y hacer tus tareas al mismo tiempo!*)

Ejercicio: Traduce al español las oraciones siguientes (哭 *kū* [llorar]).

1. Tā kūzhe shuō: "Duìbuqǐ."
   他哭着说："对不起。"／他哭著說："對不起。"
   _____

2. Tā yìbiān kū yìbiān xiào.
   他一边哭一边笑。／他一邊哭一邊笑。
   _____

19.38 Trabajo en parejas: *Leed los textos de nuevo, esta vez sin ayuda de español.*

❶ 北京一年有四个季节：春、夏、秋、冬。春天常刮风；夏天很热；秋天很凉爽；冬天很冷，有的时候会下雪。澳大利亚的悉尼也是一年四季，可是那儿的季节跟北京相反：北京的春天是悉尼的秋天，北京的夏天是悉尼的冬天，北京的秋天是悉尼的春天，北京的冬天是悉尼的夏天。所以，北京人冬天觉得天气太冷太冷的时候，可以去悉尼暖和暖和。悉尼的人夏天觉得天气太热太热的时候，也可以去北京凉快凉快。那，什么地方天气最好？有人说夏威夷最好：一年四季都是夏天。夏威夷的夏天还不热，舒服极了。

2 有一天下午，小毛在公司工作的时候，听见他的两个同事在谈周末出去郊游的事情。他们看了天气预报以后，知道第二天的天气会很好，所以他们决定去爬香山，说那儿的风景又美，空气又新鲜，带一点水跟零食就可以了。

3 有两位女老师想周末出去玩儿。她们决定去郊游。因为那时候，香山的树叶都变红了，非常漂亮，所以她们想去香山爬山。她们想多叫几个人一起去，那会比较好玩儿，尤其是叫上一些男生，可以帮忙背东西！她们要带上一些吃的、喝的，比如说面包、香肠、水果还有饮料等。她们想一大早出发，坐公共汽车去香山。

4 一般人们最喜欢的天气是不冷不热的晴天。春天和秋天的时候晴天最多，天气最舒服。人人都喜欢到外头去玩儿。夏天天气很热的时候，太阳要是很晒的话，很多中国女孩子喜欢打着伞走路。到了冬天，天气冷了，人们就不爱出门了。大家通常喜欢留在家里，暖和暖和。可是也有一些人喜欢冬天出门去滑雪。

5 忙了一个星期，到了周末，大家都会想放松放松，出去走走，找一些风景漂亮、空气新鲜的地方活动活动。要是天气好、不下雨的话，很多人会想到外面去，爬山呀、划船呀，或者去野餐。要是天气不好，比如刮风、下雨、下雪的话，当然大家就不想出门，只想留在家里看书、看电视、上网，等等。

6 有一个高中生叫李雅图，英文名字叫Matthew，是北京人，现在住在夏威夷。他和几个朋友周六常常去海边玩。因为夏威夷一年四季太阳都很晒，所以他们会带上很多东西来防晒，比如防晒霜、伞，等等。他们在海边玩过以后还会去看电影。这样，一个星期六很快就过去了！星期天他们都要留在家里读书，因为星期一就得上课了。

7 要是你家附近有海的话，你就可以做很多活动，比如冲浪、滑水、划独木舟、游泳，等等。要是你家附近没有大海可是有湖、有河，你还可以去游泳、滑水、划船、划独木舟，等等。要是你家附近又没有海又没有河又没有湖，那你只好到游泳池里去游泳，然后在电视上看别人冲浪、滑水、划船什么的！

8 Lynn老师以前去过很多国家。可是到了中国以后她不想再去旅行，不想离开阳朔，因为她很喜欢她的工作，也很喜欢她学校里的孩子们。唐远和她不一样。他没出过国，也不想出国，他以前只去过国内的几个大城市。唐远非常喜欢阳朔的山水、阳朔的人。阳朔是他的家乡，他每次出去旅行的时候，都非常想念他的家乡。

9 在暑假或者毕业以后，同学们也许会有机会到国外去旅行。这样的话，第一要有护照，第二也许得去申请签证。要是拿美国护照，去加拿大、澳大利亚、新西兰、日本或者很多的欧洲国家都不需要签证。去中国和很多其他的亚洲国家、还有非洲所有的国家，一般都需要申请签证。

10 去国外旅行非常有意思。可以看到很多在家里看不到的风景，吃到很多家里吃不到的东西，听到家里不说的语言，还可以认识很多和自己不太一样的新朋友。中国人常说，走一千里路就像读一万本书一样。这句话的意思是，旅行可以让我们学到很多新的东西。

19.39 *Trabajo en parejas: Leed los textos una vez más, esta vez en chino tradicional.*

1 北京一年有四個季節：春、夏、秋、冬。春天常颳風；夏天很熱；秋天很涼爽；冬天很冷，有的時候會下雪。澳大利亞的悉尼也是一年四季，可是那兒的季節跟北京相反：北京的春天是悉尼的秋天，北京的夏天是悉尼的冬天，北京的秋天是悉尼的春天，北京的冬天是悉尼的夏天。所以，北京人冬天覺得天氣太冷太冷的時候，可以去悉尼暖和暖和。悉尼的人夏天覺得天氣太熱太熱的時候，也可以去北京涼快涼快。那，甚麼地方天氣最好？有人說夏威夷最好：一年四季都是夏天。夏威夷的夏天還不熱，舒服極了。

2 有一天下午，小毛在公司工作的時候，聽見他的兩個同事在談週末出去郊遊的事情。他們看了天氣預報以後，知道第二天的天氣會很好，所以他們決定去爬香山，說那兒的風景又美，空氣又新鮮，帶一點水跟零食就可以了。

3 有兩位女老師想週末出去玩兒。她們決定去郊遊。因為那時候，香山的樹葉都變紅了，非常漂亮，所以她們想去香山爬山。她們想多叫幾個人一起去，那會比較好玩兒，尤其是叫上一些男生，可以幫忙背東西！她們要帶上一些吃的、喝的，比如說麵包、香腸、水果還有飲料等。她們想一大早出發，坐公共汽車去香山。

4 一般人們最喜歡的天氣是不冷不熱的晴天。春天和秋天的時候晴天最多，天氣最舒服。人人都喜歡到外頭去玩兒。夏天天氣很熱的時候，太陽要是很曬的話，很多中國女孩子喜歡打著傘走路。到了冬天，天氣冷了，人們就不愛出門了。大家通常喜歡留在家裡，暖和暖和。可是也有一些人喜歡冬天出門去滑雪。

5 忙了一個星期，到了週末，大家都會想放鬆放鬆，出去走走，找一些風景漂亮、空氣新鮮的地方活動活動。要是天氣好、不下雨的話，很多人會想到外面去，爬山呀、划船呀，或者去野餐。要是天氣不好，比如颱風、下雨、下雪的話，當然大家就不想出門，只想留在家裡看書、看電視、上網，等等。

6 有一個高中生叫李雅圖，英文名字叫Matthew，是北京人，現在住在夏威夷。他和幾個朋友週六常常去海邊玩。因為夏威夷一年四季太陽都很曬，所以他們會帶上很多東西來防曬，比如防曬霜、傘，等等。他們在海邊玩過以後還會去看電影。這樣，一個星期六很快就過去了！星期天他們都要留在家裡讀書，因為星期一就得上課了。

7 要是你家附近有海的話，你就可以做很多活動，比如衝浪、滑水、划獨木舟、游泳，等等。要是你家附近沒有大海可是有湖、有河，你還可以去游泳、滑水、划船、划獨木舟，等等。要是你家附近又沒有海又沒有河又沒有湖，那你只好到游泳池裡去游泳，然後在電視上看別人衝浪、滑水、划船甚麼的！

8 Lynn老師以前去過很多國家。可是到了中國以後她不想再去旅行，不想離開陽朔，因為她很喜歡她的工作，也很喜歡她學校裡的孩子們。唐遠和她不一樣。他沒出過國，也不想出國，他以前只去過國內的幾個大城市。唐遠非常喜歡陽朔的山水、陽朔的人。陽朔是他的家鄉，他每次出去旅行的時候，都非常想念他的家鄉。

9 在暑假或者畢業以後，同學們也許會有機會到國外去旅行。這樣的話，第一要有護照，第二也許得去申請簽證。要是拿美國護照，去加拿大、澳大利亞、新西蘭、日本或者很多的歐洲國家都不需要簽證。去中國和很多其他的亞洲國家、還有非洲所有的國家，一般都需要申請簽證。

10 去國外旅行非常有意思。可以看到很多在家裡看不到的風景，吃到很多家裡吃不到的東西，聽到家裡不說的語言，還可以認識很多和自己不太一樣的新朋友。中國人常說，走一千里路就像讀一萬本書一樣。這句話的意思是，旅行可以讓我們學到很多新的東西。

Lectura de textos de la vida real

19.40 *La imagen inferior es de una atracción de esquí de Beijing.*

a. *Hay cuatro categorías de precios; marca que incluye cada nivel de precio.*

	99元	100元	139元	150元
Entre semana	☐	☐	☐	☐
Fin de semana	☐	☐	☐	☐
Acceso al resort	☐	☐	☐	☐
Pase de esquí de un día	☐	☐	☐	☐
Pase de esquí de cuatro horas	☐	☐	☐	☐
Autobús de ida y vuelta desde la ciudad	☐	☐	☐	☐
Desplazamiento al resort con vehículo propio	☐	☐	☐	☐

b. *Señala y marca con el número adecuado los caracteres de las siguientes frases.*

1. yúkuài yángguāng de shēnghuó *(1. vida feliz bajo el sol)*
2. Gèng duō yōuhuì qǐng zhìdiàn huò dēnglù Yúyáng guān wǎng. *(2. Llama por teléfono o visita la web oficial de Yuyuan para obtener más descuentos.)*
3. yùdìng diànhuà *(3. teléfono para reservas)*
4. Yúyáng huáxuě zhítōngchē kāitōng la. *(4. Ya funciona el servicio de autobús directo al campo de esquí Yuyang.)*
5. Wèile bǎozhèng nín de chéngchē zuòwèi, qǐng nín wùbì tíqián yì tiān yùdìng. *(5. Para asegurarte un asiento en el autobús, reserva con un día de antelación.)*

c. *Escribe el* 汉字／漢字 *de las siguientes expresiones.*

1. *reservar* — yùdìng — _____
2. *entre semana* — píngrì — _____
3. *paquete* — tàocān — _____
4. *incluye* — hán — _____
5. *billete de entrada* — ménpiào — _____
6. *todo el día* — quán tiān — _____
7. *ida y vuelta* — wǎngfǎn — _____
8. *servicio de autobús* — bānchē — _____

19.41 *Abajo se incluyen tres anuncios de viajes desde Beijing a otras partes del mundo.*

澳新

(NO. 3312) 澳航品质澳一地凯恩斯9日 — 17800元起 — 1月11日发团
(NO. 3306) 东航品质澳新12日 — 16800元起 — 1月18日发团
(NO. 3307) 澳航品质澳新凯恩斯12日 — 19800元起 — 1月21、24日发团
(NO. 4474) 澳大利亚凯恩斯大堡礁亲子游10日 — 19800元起 — 1月21日发团

欧洲

(NO. 5114) 捷奥德法意瑞6国13日 — 13300元起 — 1月15、17、29日发团
海航直飞；全国联运优惠；
到访捷克首都布拉格；德国首都柏林。
(NO. 5010) 法意瑞10日 — 14000元起 — 1月20、27、2月1、3日发团
(NO. 3986) 英国一地7日 — 14900元起 — 1月18、30日、2月1、3日发团
(NO. 5126) 英法瑞3国11日 — 17900元起 — 2月1日发团

美洲

(NO. 5663) 特价美国西岸8日 — 10800元起 — 1月11、21日发团
环球影城制片厂，让您一探电影拍摄的奥秘；
世界闻名的拉斯维加斯。
(NO. 5682) 夏威夷半自由行6日 — 11800元起 — 2月3日发团
(NO. 5664) 美国东西海岸14日 — 16800元起 — 1月12日、2月16日发团
(NO. 5681) 美国加拿大16日 — 19500元起 — 2月24日发团

a. *Marca los países visitados en cada uno de los cuatro viajes incluidos en el segundo anuncio de la página 278.*

	13300元起	14000元起	14900元起	17900元起
Austria 奥地利 Àodìlì	☐	☐	☐	☐
República Checa 捷克 Jiékè	☐	☐	☐	☐
Gran Bretaña 英国／英國 Yīngguó	☐	☐	☐	☐
Francia 法国／法國 Fǎguó	☐	☐	☐	☐
Alemania 德国／德國 Déguó	☐	☐	☐	☐
Italia 意大利 Yìdàlì	☐	☐	☐	☐
Suiza 瑞士 Ruìshì	☐	☐	☐	☐

b. 请用西班牙文回答下列问题。／請用西班牙文回答下列問題。

1. 1.¿Cuál es el destino y la duración del viaje del paquete N.º 3306?

   _____ y _____, durante _____ días

2. ¿Cuál es el destino y la duración del viaje del paquete N.º 5664?

   Costa de _____, _____, durante _____ días

3. ¿Cuál es el destino y la duración del viaje del paquete N.º 5681?

   _____ y _____, durante _____ días

c. *Escribe el* 汉字／漢字 *de las siguientes expresiones.*

1. *A partir de X yuan RMB*   X yuán qǐ   _____
2. *tres países y once días*   3 guó 11 rì   _____
3. *salida del grupo el 3 de febrero* Èryuè sān rì fā tuán   _____

▶ Aprender a escribir caracteres

19.42 *Consulta el **Libro de ejercicios de escritura de caracteres** para saber más sobre el orden de trazos y otra información útil de cada uno de los caracteres de la unidad indicados a continuación. Elige entre carácter simplificado o tradicional y practica hasta que puedas escribirlos por ti mismo.*

春，夏，秋，冬，阳／陽，雨，雪，如，晴，晒／曬，伞／傘，决／決，定，风／風，景，内

▶ Escribir un texto descriptivo

19.43 *Escribe un e-mail a un amigo chino y proponle una excursión a otra ciudad u otro país. Especifica algunos detalles como dónde, cuándo y cómo viajar, quién va a viajar y qué es necesario llevar.*

Un poco de cultura 文化点滴

Excursión de fin de semana

Mira el fragmento de video "Excursión de fin de semana" y después comenta las cuestiones siguientes con el profesor y tus compañeros.

- ¿Pondrías un anuncio para buscar gente con la que hacer un viaje largo o una excursión? ¿Por qué? ¿Por qué no?
- ¿Qué afectaría la población de China a tus planes de viaje?
- Nombra varios lugares de China que te gustaría visitar. Ofrece detalles e investiga un poco si es posible.
- ¿Qué otros lugares cercanos a China te gustaría visitar?

RESUMEN

Gramática

Mostrar tu "actitud" usando verbos modales

Los verbos modales son verbos auxiliares que modifican a los verbos principales. Expresan obligación, necesidad, permiso, posibilidad, capacidad y deseo. Se niegan con 不 *bù*. En las páginas 264-265 hay más ejemplos, pero aquí te ofrecemos un par de recordatorios. Responde cada una de las preguntas repitiendo el verbo modal (que está subrayado) para responder afirmativamente, o añadiendo 不 *bù* al verbo modal para responder negativamente.

Nǐ <u>xiǎng</u> xué Zhōngwén ma?
你想学中文吗？／你想學中文嗎？

Nǐ <u>huì</u> shuō Rìyǔ ma?
你会说日语吗？／你會說日語嗎？

Nǐ xǐ bu <u>xǐhuan</u> chī Sìchuān cài?
你喜不喜欢吃四川菜？／
你喜不喜歡吃四川菜？

Nǐ <u>néng</u> chī là de ma?
你能吃辣的吗？／你能吃辣的嗎？

Míngtiān <u>huì</u> xiàyǔ ma?
明天会下雨吗？／明天會下雨嗎？

Expresar dos acciones al mismo tiempo

Usa la construcción "verbo + 着／著 *zhe* + verbo" para señalar que una acción principal (expresada por el verbo final) ocurre bajo la condición de una acción acompañante.

Zhōngguórén xǐhuan dǎzhe sǎn zǒulù.
中国人喜欢打着伞走路。／
中國人喜歡打著傘走路。
(A los chinos les gusta pasear con un paraguas abierto.)

Nǐ zěnme chuānzhe yīfu shuìjiào?
你怎么穿着衣服睡觉？／
你怎麼穿著衣服睡覺？
(¿Cómo es que estás durmiendo con la ropa puesta?)

Para describir dos acciones paralelas (no una subordinada a otra como en el caso anterior) que ocurren simultáneamente, usa *yìbiān* (一边／一邊) + V$_1$ + *yìbiān* (一边／一邊) + V$_2$.

Tāmen zài fànguǎnr li yìbiān chīfàn yìbiān liáotiānr.
他们在饭馆儿里一边吃饭一边聊天儿。／
他們在飯館兒裡一邊吃飯一邊聊天兒。
(Están comiendo y charlando en un restaurante.)

Vocabulario

Adverbios

gǎnjǐn 赶紧／趕緊 rápidamente; inmediatamente; sin perder tiempo
yí dà zǎo (yì zǎo) 一大早（一早） muy pronto; al amanecer
zhènghǎo (shì) 正好（是） justamente (ocurre que)

Verbos de estado

měi 美 hermoso
piàoliang 漂亮 lindo; bonito; atractivo
shài 晒／曬 fuerte (el sol)
xīnxiān 新鲜／新鮮 fresco (el aire, las frutas, etc.)

Verbos

bēi 背 llevar a la espalda
chūfā 出发／出發 salir; iniciar un viaje
dài 带／帶 traer; llevar
dìng 订／訂 reservar
fàngsōng 放松／放鬆 relajarse;
hán 含 incluir (solo en chino escrito)
huàn 换／換 intercambiar; cambiar
jiào 叫 pedir o hacer que alguien haga algo
pá 爬 escalar
shēnqǐng 申请／申請 solicitar
xiàng 像 parecer
yùdìng 预订／預訂 reservar con antelación

Sustantivos

bānchē 班车／班車 servicio de autobús
fángshàishuāng 防晒霜／防曬霜 crema contra el rayo solar
fēijī piào 飞机票／飛機票 billete de avión
fēngjǐng 风景／風景 paisaje
hùzhào 护照／護照 pasaporte
jiāowài 郊外 afueras
jiāoyóu 郊游／郊遊 salida; excursión
jìjié 季节／季節 estación
kōngqì 空气／空氣 aire; atmósfera
língshí 零食 aperitivo; tentempié
lǚyóu zhǐnán 旅游指南／旅遊指南 guía de viajes
ménpiào 门票／門票 billete de entrada
miànbāo 面包／麵包 pan
nánshēng 男生 muchacho; chico
píngrì 平日 entre semana
qiānzhèng 签证／簽證 visado
quán tiān 全天 todo el día
sǎn 伞／傘 paraguas
shǔjià 暑假 vacaciones de verano
shùyè 树叶／樹葉 hojas (de árbol)
sùshè 宿舍 dormitorio
tàocān 套餐 paquete (literalmente: comida preparada)
tàiyáng 太阳／太陽 sol
wàibì 外币／外幣 moneda extranjera; divisa
wǎngfǎn 往返 ida y vuelta
xiāngcháng 香肠／香腸 salchicha
xíngli 行李 equipaje
yǐnliào 饮料／飲料 refrescos

Expresiones sobre el tiempo

chū tàiyáng 出太阳／出太陽 sale el sol; soleado
dǎléi 打雷 tronar
dù 度 grado(s) (temperatura)
duōyún 多云／多雲 nublado
guāfēng 刮风／颱風 hacer viento; ventoso
huáshìdù 华氏度／華氏度 Grados Fahrenheit
léiyǔ 雷雨 tormenta
lěng 冷 frío
liángkuai 凉快／涼快 fresco
liángshuǎng 凉爽／涼爽 refrescante
nuǎnhuo 暖和 cálido
qìhòu 气候／氣候 clima
qíng 晴 buen (tiempo)
rè 热／熱 cálido
shèshìdù 摄氏度／攝氏度 grados Celsius
tiānqì 天气／天氣 tiempo
tiānqì yùbào 天气预报／天氣預報 pronóstico del tiempo
wēndù 温度／溫度 temperatura
xiàxuě 下雪 nieve
xiàyǔ 下雨 llover
yīn 阴／陰 encapotado
yùbào 预报／預報 pronóstico
zhènyǔ 阵雨／陣雨 lluvioso; chubascos

Estaciones

chūn-xià-qiū-dōng 春—夏—秋—冬 primavera, verano, otoño, invierno
chūntiān 春天 primavera
dōngtiān 冬天 invierno
qiūtiān 秋天 otoño
xiàtiān 夏天 verano

Cosas que hacer/Lugares a los que ir

chōnglàng 冲浪／衝浪 hacer surf
dǎ páiqiú 打排球 jugar al voleibol
diào yú 钓鱼／釣魚 pescar
hǎi biān 海边／海邊 orilla del mar
hǎitān 海滩／海灘 playa

hé biān 河边／河邊 orilla del río
huá chuán 划船 hacer remo; navegar en barca
huá dúmùzhōu 划独木舟／划獨木舟 hacer piragüismo
huáshuǐ 滑水 hacer esquí acuático
hú biān 湖边／湖邊 orilla del lago
kàn diànyǐng 看电影／看電影 ver una película
pá shān 爬山 escalar montañas; senderismo

shài tàiyáng 晒太阳／曬太陽 tomar el sol
shātān 沙滩／沙灘 playa de arena
Xiāngshān 香山 Colina Fragante (parque)
yóuyǒng 游泳 nadar

La Tierra y los continentes

Àozhōu 澳洲 Australia
běibànqiú 北半球 hemisferio norte
Běi Měizhōu 北美洲 América del Norte
chìdào 赤道 ecuador
dìqiú 地球 la Tierra
Fēizhōu 非洲 África
nánbànqiú 南半球 hemisferio sur
Nánjízhōu 南极洲／南極洲 Antártida
Nán Měizhōu 南美洲 América del Sur
Ōuzhōu 欧洲／歐洲 Europa
Yàzhōu 亚洲／亞洲 Asia

▶ Lista de lo aprendido

Tras completar esta unidad, deberías ser capaz de:

Escuchar y hablar

☐ Hacer y responder preguntas sobre el tiempo actual y futuro.
☐ Sugerir lugares a los que ir para divertirse y plantear qué hacer allí.
☐ Enumerar cosas necesarias para ir de excursión.
☐ Sugerir a quién invitar a un viaje, cómo llegar allí y a qué hora salir.
☐ Dar razones para ir de excursión a un lugar determinado.
☐ Hablar sobre viajes que has hecho anteriormente y que quieres hacer en el futuro.

Lectura y escritura

☐ Leer textos sencillos sobre planes de viaje, preparativos para un viaje o viajes pasados.
☐ Descifrar información importante de anuncios de agencias de viajes.
☐ Escribir una breve propuesta de excursión para el fin de semana siguiente que incluye algunos detalles sobre quién va, dónde iréis, cómo ir, etc.

Entendimiento cultural

☐ Comentar las principales diferencias entre las preferencias de los chinos al viajar y las tuyas.

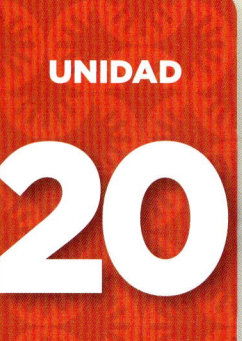

UNIDAD 20

"Un siglo vivirás, un siglo aprenderás"

活到老，学到老

Huódào lǎo, xuédào lǎo

Aprender chino: Experiencias pasadas y consejos para el futuro

Los ejemplos en esa unidad son tomados con ejemplos del inglés.

En esta unidad aprenderás a:

- Hablar sobre qué es difícil y qué es fácil al aprender chino.
- Hablar sobre cómo los chinos aprenden su propio idioma.
- Explicar cómo seguir aprendiendo y practicando chino.
- Buscar un carácter que no conoces en un diccionario bilingüe de chino.
- Escribir textos sencillos sobre cómo practicas chino.

Visita la web de *Encuentros* www.EncountersChinese.com.cn. para consultar material de apoyo a la presente unidad.

Encuentro 1   ¿Es difícil aprender chino?

 20.1 *Mira el Episodio 20 de la videoserie. No te preocupes si no entiendes completamente lo que se dice. ¡Míralo y disfruta!*

20.2 *Preparación: Si alguien te preguntara qué es lo más difícil de aprender chino, ¿qué contestarías?* 用西班牙语写一些笔记。／用西班牙語寫一些筆記。

_____

_____

_____

 20.3 *Mira y escucha el fragmento de video "El chino es difícil". En este video* 张静／張靜 Zhāng Jìng *y* 唐宇宁／唐宇寧 Táng Yǔníng *hablan sobre cuáles son generalmente los aspectos más difíciles del chino para los estudiantes extranjeros.* 然后用西班牙语回答下列问题。／然後用西班牙語回答下列問題。

a. ¿Qué piensa 唐宇宁／唐宇寧 (derecha) qué es difícil?

_____

b. ¿Y 张静／張靜 (izquierda)?

_____

 20.4   请再看一次录像片断。／請再看一次錄像片斷。 *Lee la transcripción de la página siguiente (en caracteres simplificados o tradicionales) al mismo tiempo que miras el video.* 然后把汉字、拼音和西班牙语对上。／然後把漢字、拼音和西班牙語對上。

张：我们都是汉语老师。你觉得外国学生学汉语的时候，什么难？什么很难？
唐：我觉得他们经常说，声调很难。因为汉语有四个声调：一声、二声、三声、四声。很多语言都没有声调。所以他们会觉得声调非常难。他们很难掌握。他们很难区分二声、三声或者二声和四声之间的区别。
张：对，对，对。
唐：那你觉得什么对他们来说最难？
张：学生觉得什么都难。
唐：对，没错。
张：我觉得汉字确实很难。

张：我們都是漢語老師。你覺得外國學生學漢語的時候，甚麼難？甚麼很難？
唐：我覺得他們經常說，聲調很難。因為漢語有四個聲調：一聲、二聲、三聲、四聲。很多語言都沒有聲調。所以他們會覺得聲調非常難。他們很難掌握。他們很難區分二聲、三聲或者二聲和四聲之間的區別。
張：對，對，對。
唐：那你覺得甚麼對他們來說最難？
張：學生覺得甚麼都難。
唐：對，沒錯。
張：我覺得漢字確實很難。

a. 汉语老师／漢語老師
b. 经常说／經常說
c. 声调／聲調
d. 掌握
e. 区分／區分
f. 区别／區別
g. 什么都难／甚麼都難
h. 确实／確實

1. qūfēn
2. shēngdiào
3. jīngcháng shuō
4. quèshí
5. Hànyǔ lǎoshī
6. zhǎngwò
7. qūbié
8. shénme dōu nán

A. *decir a menudo*
B. *professor de chino*
C. *dominar*
D. *diferenciar*
E. *tonos*
F. *distinguir*
G. *realmente*
H. *todo es difícil*

20.5 ¿Qué desafíos pueden surgir al aprender chino? Escucha las expresiones y añade las marcas de tono al pinyin según lo que escuchas. 然后把拼音、汉字和西班牙语对上。／然後把拼音、漢字和西班牙語對上。

a. tīngdǒng lǎoshī de huà
b. gēn biérén shuōhuà
c. jì shēngcí
d. dú Hànzì
e. xiě Hànzì
f. zhǎngwò sìshēng

1. 读汉字／讀漢字
2. 掌握四声／掌握四聲
3. 听懂老师的话／聽懂老師的話
4. 记生词／記生詞
5. 跟别人说话／跟別人說話
6. 写汉字／寫漢字

A. hablar con otros
B. escribir caracteres
C. leer caracteres
D. dominar los cuatro tonos
E. memorizar vocabulario
F. comprender al profesor

20.6 Escribe algunas oraciones explicando los desafíos que has encontrado personalmente al aprender chino. 请写汉字或者拼音。／請寫漢字或者拼音。

_____
_____
_____

20.7 Trabajo en parejas: Pregunta a tu compañero 你觉得学中文什么最难？／你覺得學中文甚麼最難？ Toma notas de sus comentarios. Cuando sea tu turno, responde con lo que escribiste en el Ejercicio 20.6. Resumid vuestro intercambio a otra pareja o a la clase entera.

_____
_____
_____

Encuentro 2 ¿Es fácil aprender chino?

20.8 Preparación: Si tuvieras que explicar a alguien el aspecto más fácil o divertido de aprender chino, ¿qué dirías? 用西班牙语写一些笔记。／用西班牙語寫一些筆記。

_____
_____
_____

20.9 *Mira y escucha el fragmento de video "¡El chino es fácil!". En este fragmento Cynthia Ning (任友梅 Rén Yǒuméi) sugiere que el chino es fácil.*

20.10 任老师／任老師 *Rén lǎoshī señala dos razones por las que piensa que el chino no es difícil. ¿Cuáles son?* 请写西班牙语。／請寫西班牙語。

a. _____

b. _____

 20.11 请再看一次录像片断。／請再看一次錄像片斷。 *Lee la transcripción y la traducción de abajo.* 然后用拼音和西班牙语填空。／然後用拼音和西班牙语填空。

a. Jīngguò yì nián de _____, nǐmen yěxǔ yǐjīng fāxiàn le, xué Zhōngwén qíshí bìng méiyǒu _____ nán.
   (Después de _____ de estudio, ya habrás descubierto que _____ realmente no es tan _____.)

b. Suīrán Zhōngwén lǐtou yǒu _____, kěshì zhèi sì gè shēngdiào zài qítā yǔyán lǐtou yě cúnzài. Bǐrú _____ de "yes?" hé "yes!" jiù shì Zhōngwén de dì-èr shēng hé dì-_____.
   (Aunque _____ tiene cuatro tonos, estos _____ existen en otros idiomas también. _____ "¿sí?" y "¡sí!" en español corresponden al _____ y cuarto tono del chino.)

c. Měiguó cháng shuō de "uh-huh" _____ Zhōngwén de dì-_____ hé dì-èr shēng.
   (El "A-já" usado habitualmente en inglés _____ equivale al tercer y el _____ tono del chino.)

d. _____ shǔ shùr shíhou shuō de "one, two, three, four, five, six, seven, eight, nine, ten" qiánmiàn dōu shì dì-_____, ránhòu zuìhòu de "ten" shì dì-sì shēng. _____ nǐ zhǐyào zhùyì dào, ránhòu xíguàn yòngshàng, yě jiù _____ le.
   (Cuando los niños cuentan "one, two, three, four, five, six, seven, eight, nive, ten" los números del _____ están todos primer tono, pero "ten" al _____ está en _____ tono. Con los cuatro tonos, si prestas atención y te acostumbras a usarlos, es suficiente.)

e. Érqiě, Zhōngwén de yǔfǎ gēn qítā yǔyán xiāngbǐ zhī xià, _____ méiyǒu nàme nán.
   (Además, cuando comparas la gramática del chino con la de otros idiomas, no es tan _____.)

288 UNIDAD 20 UN SIGLO VIVIRÁS, UN SIGLO APRENDERÁS

f. Bǐrú Zhōngwén de dòngcí hé míngcí jīběnshàng bú biàn. _____; wǒ qù, nǐ qù, tā qù. Wǒ zuótiān qù le, nǐ jīntiān qù, tā míngtiān yào qù. Yí gè rén, liǎng gè rén, sān gè rén. Shì jiù shì shì, qù jiù shì qù, _____. (_____ los verbos y los nombres del chino básicamente no cambian. Yo (ser), tú (ser), él o ella (ser); yo (ir), tú (ir), él o ella (ir). Yo (ir) ayer, tú (ir) hoy, él o ella _____. Una (persona), dos (personas), tres (personas). "Ser" es "ser", "ir" es "ir", "persona" es "persona".)

g. Bú xiàng _____ de "I am, you are, he is; I go, he went, she has gone; one person, two people". Suǒyǐ qǐmǎ cóng kǒuyǔ shang lái jiǎng, _____ bìng méiyǒu nàme nán.
([El chino] a diferencia del inglés "I am, you are, he is; I go, he went, she has gone; one person, two people". Por lo que, al menos el chino hablado _____.)

h. Zài shuō, Zhōngwén de yuèdú hé xiězuò wǒmen kěyǐ zuòwéi yì zhǒng tiǎozhàn. Rénshēng dōu _____ de ma!
(Además, Podemos considerar la lectura y la _____ del chino como una especie de desafío. ¡Todos necesitamos desafíos en la vida!)

i. _____, "Huódào lǎo, xuédào lǎo." Xué wàiyǔ, kǒuyǔ zuì zhòngyào. Yuèdú hé xiězuò kěyǐ yǐhòu zài xué, mànman de lái.
(Los chinos dicen: "Si un siglo vivirás, un siglo aprenderás". Cuando se estudia un idioma extranjero _____. La lectura y la escritura puedes aprenderla después, _____.)

j. _____. Dàjiā _____!
(Muy bien. ¡Ánimo todos!)

20.12 Ahora lee la siguiente transcripción de los comentarios de 任老师／任老師. (Fíjate que el nuevo vocabulario está en rojo.) 然后用拼音和西班牙语填空。／然後用拼音和西班牙語填空。

经过一年的学习，你们也许已经发现了，学中文其实并没有那么难。虽然中文里头有四声，可是这四个声调在其他语言里头也存在。比如英语的yes?和yes!就是中文的第二声和第四声。美国常说的uh-huh就是中文的第三声和第二声。小孩儿数数儿时候说的one, two, three, four, five, six, seven, eight, nine, ten前面的都是第一声，然后最后的ten是第四声。四声你只要注意到，然后习惯用上，也就可以了。

而且，中文的语法跟其他语言相比之下，并没有那么难。比如中文的动词和名词基本上不变。我是，你是，他是；我去，你去，他去；我昨天去了，你今天去，他明天要去。一个人，两个人，三个人。是就是是，去就是去，人就是人。不像英语里头的I am, you are, he is; I go, he went, she has gone; one person, two people.

所以起码从口语上来讲，中文并没有那么难。

再说，中文的阅读和写作我们可以作为一种挑战。人生都要有挑战的嘛！中国人常说，活到老，学到老。学外语，口语最重要。阅读和写作可以以后再学，慢慢地来。

好吧。大家加油吧！

經過一年的學習，你們也許已經發現了，學中文其實並沒有那麼難。雖然中文裡頭有四聲，可是這四個聲調在其他語言裡頭也存在。比如英語的yes?和yes!就是中文的第二聲和第四聲。美國常說的uh-huh就是中文的第三聲和第二聲。小孩兒數數兒時候說的one, two, three, four, five, six, seven, eight, nine, ten前面的都是第一聲，然後最後的ten是第四聲。四聲你只要注意到，然後習慣用上，也就可以了。

而且，中文的語法跟其他語言相比之下，並沒有那麼難。比如中文的動詞和名詞基本上不變。我是，你是，他是；我去，你去，他去；我昨天去了，你今天去，他明天要去。一個人，兩個人，三個人。是就是是，去就是去，人就是人。不像英語裡頭的I am, you are, he is; I go, he went, she has gone; one person, two people.

所以起碼從口語上來講，中文並沒有那麼難。

再說，中文的閱讀和寫作我們可以作為一種挑戰。人生都要有挑戰的嘛！中國人常說，活到老，學到老。學外語，口語最重要。閱讀和寫作可以以後再學，慢慢地來。

好吧。大家加油吧！

UNIDAD 20 UN SIGLO VIVIRÁS, UN SIGLO APRENDERÁS

汉字／漢字	拼音	英文
a. 经过／經過	jīngguò	después (de un periodo de tiempo) [literalmente: atravesar]
b. 也许／也許		quizás, tal vez
c. 已经／已經		
d. 发现／發現	fāxiàn	descubrir
e. 其实／其實		de hecho, en realidad
f. 虽然／雖然		
g. 存在	cúnzài	
h. 数数儿／數數兒	shǔ shùr	contar (números)
i. 注意到		darse cuenta
j. 习惯／習慣		
k. 语法／語法		gramática
l. 动词／動詞	dòngcí	
m. 名词／名詞		
n. 基本上	jīběnshàng	básicamente, en general
o. 不变／不變		
p. 作为／作為		tomarse como
q. 挑战／挑戰	tiǎozhàn	

20.13 *Escribe una o dos oraciones sobre lo que te parece más fácil o no tan complicado como esperabas de estudiar chino.* 请写汉字或者拼音。／請寫漢字或者拼音。

_____

_____

20.14 *Trabajo en parejas: Pregunta a tu compañero* 你觉得学中文哪方面最容易？／你覺得學中文哪方面(fāngmiàn – aspecto)最容易？ *Toma notas de sus comentarios. Cuando sea tu turno, responde con lo que escribiste en el Ejercicio 20.13. Resumid vuestro intercambio a otra pareja o a la clase entera. Para practicar aún más, mueves por el aula y comentad esta cuestión con el mayor número posible de compañeros en el tiempo de que disponéis.*

> **INFO** 供你参考
>
> **Aprendizaje del chino en el pasado, el presente y el futuro**
>
> La primera descripción de extranjeros en el aprendizaje de chino es de principios del siglo XVII, cuando Matteo Ricci, un misionero jesuita italiano en China, logró hablar chino con fluidez, dominó el chino clásico (古文 *gǔwén*), tradujo los clásicos chinos al latín y recopiló el primer diccionario bilingüe de chino. Ricci adquirió tal comprensión del chino que el emperador de China lo invitó a trabajar como consejero de la corte. En siglos posteriores, siguiendo el ejemplo de Ricci, otros recopilaron diccionarios bilingües de distintos idiomas para ayudar a sus compatriotas a aprender chino.
>
> Hasta la II Guerra Mundial, aprender chino interesaba principalmente a misioneros, académicos y unos pocos excéntricos. La guerra, sin embargo, lo cambió todo. De repente EE.UU. tuvo una urgente necesidad por conseguir intérpretes y traductores. La Universidad de Yale y otras universidades crearon centros para enseñar chino y japonés a personal militar, y se recopilaron numerosos libros de texto y otros materiales. John DeFrancis publicó su monumental y ampliamente usada serie de 12 libros de texto a principios de los sesenta. Algunos de estos libros se pueden comprar hoy todavía en las ediciones de Yale University Press.
>
> En los últimos años, el estudio del chino se ha convertido en un enorme negocio, y miles y miles de estudiantes de todo el mundo persiguen el sueño de hablar fluidamente este idioma. Está por ver si el mandarín logrará alcanzar la popularidad del inglés. Algunos piensan que así será. Es indudable que entender y hablar chino abrirá oportunidades para trabajar, vivir, comunicarse y estudiar en un país y una cultura que es (y seguirá siendo) enormemente importante. Por eso, todos 加点儿油！学中文！／加點兒油！學中文！ *Jiā diǎnr yóu! Xué Zhōngwén!*

Encuentro 3   Cómo los chinos aprenden chino

20.15 *Preparación: ¿Como piensas que los chinos estudian su propio idioma?* 用西班牙语写一些笔记。／用西班牙語寫一些筆記。

_____

_____

_____

20.16 *Mira y escucha el fragmento de video "Aprendiendo chino a la manera china" en el que Li Yatu habla sobre cómo estudió chino en la escuela.* 然后请用拼音填空。／然後請用拼音填空。

a. Wǒ yuánlái xué Yǔwén de shíhou lǎoshī měi tiān huì _____.
Yǒu _____ ràng wǒmen _____. Yǒude kèwén,
_____, shì yào _____ de.
(Cuando estudié lengua [chino], el profesor dedicaba tiempo todos los días a explicar el texto de la lección. Había vocabulario que debíamos copiar. Algunos textos y párrafos debíamos memorizarlos y recitarlos en voz alta.)

b. Zhèixiē suàn bǐjiào jiǎndān de. Yǒude shíhou yào xué _____,
wényánwén, bǐjiào nán. Yào quánwén bèisòng, hái yào bǎ _____ de
shíhou de yìsi zhuǎnbiàn chéng _____ de yìsi.
(Estos eran bastante sencillos. A veces teníamos que aprender chino antiguo; era muy difícil. Debíamos memorizar el texto entero y convertir el significado antiguo en su significado moderno.)

c. Yǒude shíhou lǎoshī ràng wǒmen xiě _____, yào xiě 600 gè zì
_____. Hái yào xiě de yǒu _____, duànluò yào
_____, ránhòu _____ yào xiě de _____.
(A veces el profesor nos hacía escribir ensayos; debíamos escribir alrededor de 600 caracteres. Además, debían tener un comienzo, los párrafos estar separados y el final tenía que estar bastante bien escrito.)

d. Hái yǒu, yǒu de shíhou huì chāo yìxiē dāncí, bú rènshi de zì, rúguǒ xiě-
_____ de huà yě huì bèi _____. Tīngxiě, _____
de shíhou xiěcuò huì bèi fá.
(También, a veces debíamos copiar algunas palabras con caracteres que no conocíamos; si los escribíamos mal, nos penalizaban. En los dictados, si los escribíamos mal en los dictados, éramos penalizados.)

Un poco de gramática 语法点滴

La voz pasiva en chino

Estos son tres tipos de oraciones. Las dos primeras ya las has visto, pero la tercera es nueva.

1. 谁偷了我的照相机？／誰偷了我的照相機？ Shéi tōule wǒ de zhàoxiàngjī? (¿Quién ha robado mi cámara?)

   El tipo de oración 1 es narrativa directa —el sujeto ("alguien") hizo una acción ("robó mi cámara"). Este es el tipo de oración más común del chino. Recuerda que las palabras interrogativas (como 誰／谁 shéi) indican una cantidad o identidad ("alguien") indefinida cuando se usan de modo afirmativo.

2. 谁把我的照相机偷走了？／誰把我的照相機偷走了？ Shéi bǎ wǒ de zhàoxiàngjī tōuzǒu le? (¿Quién ha robado y se ha llevado mi cámara?)

   El tipo de oración 2 usa la construcción 把 bǎ para decir que el sujeto ("alguien") hizo algo ("robó y se llevó") a un objeto específico ("mi cámara"). Esta es también un tipo de oración bastante común. (Para repasar la construcción 把 bǎ consulta la sección "Un poco de gramática" de la Unidad 12 en las páginas 56-57 y la Unidad 17 en la página 192).

3. 我的照相机被谁给偷走了？／我的照相機被誰給偷走了？ Wǒ de zhàoxiàngjī bèi shéi gěi tōuzǒu le? (¿Por quién ha sido robada mi cámara?)

   El tipo de oración 3 está en voz pasiva. Esta construcción normalmente sugiere un hecho desafortunado. El agente de la acción es indicado por el coverbo 被 bèi y a menudo es apoyado po 给／給 gěi. Las oraciones pasivas solían ser poco comunes en chino, pero ahora están ganando cada vez más "popularidad" bajo la influencia de otros idiomas, especialmente el inglés, que usa la pasiva con mayor frecuencia. Ya has visto la pasiva cuando Li Yatu dice: "En los dictados, si los escribíamos mal en los dictados, éramos penalizados". Busca y señalá esta frase del Ejercicio 20.16 y presta atención a su estructura.

   Fíjate en que la afirmación de Li Yatu no indica el agente (presumiblemente 老师／老師 lǎoshī) de la acción (罚／罰 fá). 被 bèi a menudo omite el agente. La oración 3 sin el agente sería:

   > 我的照相机被偷了。／我的照相機被偷了。
   > Wǒ de zhàoxiàngjī bèi tōu le. (Mi cámara ha sido robada.)

   Hay otros dos coverbos, 叫 jiào and 让／讓 ràng, que también pueden usarse para indicar la voz pasiva. Puede que te encuentres con ellos en el futuro; fíjate en que normalmente van seguidos por el agente de la acción, mientras que 被 bèi, como has visto, puede funcionar sin el agente.

Ejercicio:

1. Marca cuál de las siguientes situaciones te ha pasado alguna vez.

   ☐ Wǒ bèi mà le. 我被骂了。／我被罵了。 (Fui insultado.)

   ☐ Wǒ bèi piàn le. 我被骗了。／我被騙了。 (Fui timado.)

☐ Wǒ bèi qīfu le. 我被欺负了。／我被欺負了。 *(Fui intimidado / maltratado.)*

☐ Wǒ de dōngxi bèi tōu le. 我的东西被偷了。／我的東西被偷了。
(Mis cosas fueron robadas)

☐ Wǒ de chē bèi zhuàng le. 我的车被撞了。／我的車被撞了。
(Mi carro fue golpeado.)

2. Si pudieras reprender a las personas que no fueron amables contigo, ¿en qué orden darías las órdenes siguientes? Enuméralas desde la más urgente (1) a la menos urgente (6).

—— Bié mà wǒ! 别骂我！／別罵我！

—— Bié piàn wǒ! 别骗我！／別騙我！

—— Bié qīfu wǒ! 别欺负我！／別欺負我！

—— Bié dòng wǒ de dōngxi! 别动我的东西！／別動我的東西！
(动／動 dòng *tocar/mover*)

—— Bié zhuàngdào wǒ de chē! 别撞到我的车！／別撞到我的車！

El imperativo en chino

No mires ahora, pero haciendo el ejercicio de arriba has expresado el imperativo en chino —más concretamente el imperativo negativo—. En otras palabras, has dado una orden para que no se haga algo. Presta atención también a las siguientes amonestaciones comunes:

Bié kū! 别哭！ *(¡No llores!)*

Bié xiào! 别笑！ *(¡No te rías!)*

Bié wàngle suǒ mén! 别忘了锁门！／別忘了鎖門！ *(¡No olvides cerrar la puerta!)*

Bié chōu yān! 别抽烟！／別抽煙！ *(¡No fumes!)*

Bié hē jiǔ! 别喝酒！ *(¡No bebas!)*

Bié zài cǎodì shang zǒu! 别在草地上走！ *(¡No camines por la hierba!)*

Por supuesto, también puedes dar órdenes afirmativas; simplemente no uses 别 *bié*. Estos son algunos ejemplos:

Chī! 吃！ *[El más básico de todos: usa simplemente el verbo.]*

Kuài yìdiǎnr! 快一点儿！／快一點兒！ *[Otro tipo: verbo + 一点儿／一點兒.]*

Yì bēi chá! 一杯茶！ *[Se dice cuando se pide té en una tetería; no es descortés.]*

Nǐ kuài qù shuìjiào! 你快去睡觉！／你快去睡覺！ *[Se añade el sujeto nǐ al imperativo.]*

Nǐ qǐng zuò! 你请坐！／你請坐！ *[La orden es suavizada con 請／请.]*

Wǒmen shuō Zhōngwén ba. 我们说中文吧。／我們說中文吧。 *[Al usar 吧 se solicita aprobación para hacer algo, transformando la orden en una sugerencia.]*

20.17 *Repaso de vocabulario*: 请用西班牙语填空。／請用西班牙語填空。

a. 语文／語文	yǔwén	
b. 讲课文／講課文	jiǎng kèwén	
c. 单词／單詞	dāncí	
d. 抄	chāo	
e. 段落	duànluò	
f. 背诵／背誦	bèisòng	
g. 算	suàn	
h. 古文	gǔwén	
i. 文言文	wényánwén	
j. 全文	quánwén	
k. 古代	gǔdài	
l. 转变成／轉變成	zhuǎnbiàn chéng	
m. 现代／現代	xiàndài	
n. 作文	zuòwén	
o. 左右	zuǒyòu	
p. 开头／開頭	kāitóu	
q. 清晰	qīngxī	
r. 结尾／結尾	jiéwěi	
s. 被	bèi	
t. 罚／罰	fá	
u. 听写／聽寫	tīngxiě	

20.18 *Compara las formas de estudiar que cita Li Yatu con las que tú has usado para estudiar chino. Marca las actividades que has realizado en tus clases de chino.*

☐ xué dāncí 学单词／學單詞 *(aprender palabras)*

☐ bèisòng kèwén 背诵课文／背誦課文 *(recitar textos en voz alta)*

☐ xué yǔfǎ 学语法／學語法 *(aprender gramática)*

☐ tīngxiě 听写／聽寫 *(hacer dictados)*

☐ kàn diànyǐng piànduàn 看电影片断／看電影片斷 *(ver fragmentos de películas)*

☐ kàn lùxiàng 看录像／看錄像 *(ver videos)*

☐ tīng lùyīn 听录音／聽錄音 *(escuchar grabaciones)*

☐ xiě zuòwén 写作文／寫作文 *(escribir textos)*

☐ biǎoyǎn xiǎopǐn 表演小品 *(representar escenas)*

☐ duìzi huódòng 对子活动／對子活動 *(trabajar en parejas)*

☐ xiǎozǔ huódòng 小组活动／小組活動 *(trabajar en grupo)*

☐ xiántán huódòng 闲谈活动／閒談活動 *(hacer actividades de conversación)*

☐ qítā huódòng 其他活动／其他活動 *(otras actividades)*

什么活动？请写西班牙语。／甚麼活動？請寫西班牙語。

_____

20.19 *Escribe una o dos oraciones incluyendo actividades que te parecen importantes para aprender chino.* 请写汉字或者拼音。／請寫漢字或者拼音。

_____

_____

20.20 *Trabajo en parejas: Pregunta a tu compañero* 你觉得对学中文来说，哪些活动最重要？／你覺得對學中文來説，哪些活動最重要？ *Toma notas de sus comentarios. Cuando sea tu turno, responde con lo que escribiste en el Ejercicio 20.19. Resumid vuestro intercambio a otra pareja o a la clase entera.*

_____

_____

Encuentro 4   Consejos para seguir estudiando chino

20.21 *Preparación:* *¿Qué cosas deberías hacer para continuar estudiando chino?* 用西班牙语写一些笔记。／用西班牙語寫一些筆記。

_____

_____

 20.22 *Mira y escucha el fragmento de video "Consejos para seguir aprendiendo" en el que el profesor Daozhong (Ted) Yao (姚道中 Yáo Dàozhōng) da consejos para aprender chino. Numera las imágenes en el orden en que el profesor recomienda estas actividades.*

a. _____

b. _____

c. _____

d. _____

e. _____

f. _____

g. _____

h. _____

i. _____

20.23 *Ahora escribe el* 拼音 *de cada una de las actividades.*

a. 继续在学校里面学中文／繼續在學校裡面學中文 _____

b. 跟中国朋友聊天／跟中國朋友聊天 _____

c. 跟中国朋友一起出去玩儿／
   跟中國朋友一起出去玩兒 _____

d. 跟中国朋友通过电邮聊天／
   跟中國朋友通過電郵聊天 _____

e. 在中国饭馆里用中文点菜／
   在中國飯館裡用中文點菜 _____

f. 在中国城里买东西，用中文跟店员交谈／
   在中國城裡買東西，用中文跟店員交談 _____

g. 看中国的电视节目／看中國的電視節目 _____

h. 看中文报纸／看中文報紙 _____

i. 每天用中文写日记／每天用中文寫日記 _____

j. 尽量找机会用中文／盡量找機會用中文 _____
   (Buscar por todo lo posible oportunidad de usar el chino)

k. 慢慢的，你的中文会越来越进步／
   慢慢的，你的中文會越來越進步 _____
   (Lentamente, tu chino mejorará cada vez más.)

 20.24 *Las siguientes son algunas ideas más sobre cómo puedes practicar chino. Escribe el tono adecuado de las sílabas de* 拼音 *según lo que escuchas en la grabación.* 然后用西班牙语填空。／然後用西班牙語填空。

a. shang Zhongwen
de wangzhan
上中文的网站／
上中文的網站

_____

b. kan Zhongguo
dianying
看中国电影／
看中國電影

_____

c. ting Zhongwen
yanjiang
听中文演讲／
聽中文演講

_____

d. lian wushu
练武术／練武術
_____

e. xue wu shi
学舞狮／學舞獅
_____

f. xue zuo Zhongguocai
学做中国菜／
學做中國菜
_____

g. lian shufa
练书法／練書法
_____

h. jiaru majiang julebu
(xue da majiang)
加入麻将俱乐部
(学打麻将)／
加入麻將俱樂部
(學打麻將)
_____

i. dao Zhongguo liuxue
到中国留学／
到中國留學
_____

20.25 *¿Tienes otras ideas sobre cómo podrías practicar chino? ¿Cuáles son? Escríbelas en español y después pide ayuda para expresarlas en chino.*

西班牙语：_____

中文：_____

20.26 *Haz conversación: Muévete por el aula y escucha las ideas de tus compañeros para practicar chino. Pregunta* 你将来会怎么练习中文？／你將來會怎麼練習中文？ *Nǐ jiānglái huì zěnme liànxí Zhōngwén? Toma notas de sus comentarios. Cuando sea tu turno, responde con lo que escribiste en el Ejercicio 20.25. o con las actividades que más te gustan de las sugeridas por tus compañeros.*

_____
_____
_____
_____

20.27 *Escribe un breve texto sobre qué deberías elegir para practicar chino. Incluye al menos tres actividades y da detalles como cuándo, dónde y con quién practicarías.* 请写拼音或者汉字。／請寫拼音或者漢字。

_____
_____
_____
_____

20.28 *Comparte el texto del Ejercicio 20.27 con uno o más compañeros. Comenta las ventajas y desventajas de las actividades sugeridas por cada uno.*

🎵 Rap de la Unidad

*Visita la página web de **Encuentros** www.EncountersChinese.com.cn y escucha la canción para repasar las expresiones estudiadas en la Unidad 19. ¡Escúchala de nuevo y canta al mismo tiempo!*

Encuentro 5 Lectura y escritura

▶ Lectura de oraciones familiares en caracteres chinos

20.29 *Trabajo en parejas: Lee en voz alta junto a un compañero los siguientes textos (escritos en caracteres simplificados) usando el español como guía. Podéis leer las frases de forma alternativa; si uno de los dos no puede leer algún carácter, ayudaos mutuamente.*

① 有两位中文老师在谈论(tánlùn – *discutir, charlar*)中文教学。唐老师说学生们觉得学中文的声调很难。学生常常分不出第二声和第四声，或者第二声和第三声。因为很多语言没有声调，所以学生觉得中文的声调很难学。还有呢，汉字也非常地难学。因为每一个字都不同，所以要学很多很多字。不像

西方语言只要学会不到三十个字母(zìmǔ – letras del alfabeto)就可以拼出很多字了，比学中文汉字简单得多。 *(Dos profesores de chino están hablando sobre enseñar chino. El profesor dice que para los estudiantes es difícil aprender los tonos del chino. A menudo los estudiantes no pueden distinguir entre el segundo y el cuarto tono o entre el segundo y el tercer tono. Como muchos idiomas no tienen tonos, para los estudiantes es difícil aprender los tonos del chino. Además, los caracteres chinos son difíciles de aprender. Como cada carácter es diferente, hay que aprender muchísimos caracteres. No es como los idiomas occidentales, que tienen menos de 30 letras que pueden formar muchas palabras. Esto es mucho más sencillo que los caracteres chinos.)*

2 另外一位老师说，她认为中文其实并没有那么难。中文的四声在其他语言里也有，只不过不叫"声调"。比如说英语的yes?和yes!就是中文的第二和第四声。用中文时要习惯每个字都要加上声调，这点是要练习的。而且中文的语法比其他外语的语法简单得多。所以说中文并不难。中文的读和写可以慢慢地学，因为人们要是能活到老就要学到老。 *(Otra profesora dice que para ella el chino en realidad no es tan difícil. Los cuatro tonos del chino existen en otros idiomas, solo que no son llamados "tonos". Por ejemplo, el "¿sí?" y el "¡sí!" del español son el segundo y el cuarto tono del chino. Al hablar chino, es necesario acostumbrarse a la idea de que cada palabra tiene un tono; esto necesita práctica. Además, la gramática china es mucho más sencilla que la de otros idiomas. Por eso, hablar chino no es tan difícil. Leer y escribir chino se puede aprender poco a poco, porque si las personas pueden llegar a la vejez, entonces deben estudiar hasta la vejez.)*

3 李雅图是个高中生。他记得小的时候在中国学语文，上课时老师会先讲课文，然后老师要学生背课文，再把每课的生词都要抄写下来好几次，有的时候还要考听写。学生要是字写错了，老师就要罚他们重写(chóng xiě – reescribir)。中国的学生跟外国学生一样，都得非常用功学习才会有好成绩(chéngjì – notas)。 *(Li Yatu es un estudiante de bachillerato. Él recuerda que cuando estudiaba lengua de pequeño en China, el profesor explicaba primero el texto de la lección y después hacía que los estudiantes lo memorizaran y copiaran el vocabulario varias veces. A veces también hacían dictados. Si los estudiantes escribían mal los caracteres, el profesor los penalizaba y les hacía escribir los caracteres de nuevo. Los estudiantes chinos son iguales que los extranjeros en el sentido de que ambos deben estudiar mucho para obtener buenas notas.)*

4 李雅图还记得，在学古文（也就是文言文）的时候，老师会叫学生把文言文翻译成(fānyì chéng – traducir al)白话文（就是现代话）。比如说，"其乃吾儿也（qí nǎi wú ér yě）"这句文言文翻译成白话文就是"这个人就是我的儿子"。文言文的句子比较短所以有时候很难懂。很多人觉得，文言文特别的美。 *(Li Yatu también recuerda que, cuando estudiaba lengua antigua [chino clásico], el profesor pedía a los estudiantes que tradujeran la lengua clásica a la lengua vernácula [chino moderno]. Por ejemplo, "En verdad, ser el mío hijo" se traduce a lengua vernácula como "Él es mi hijo". En chino clásico las oraciones son más cortas, y por eso más difíciles de comprender. Para muchos, el chino clásico es muy hermoso.)*

5 中国的小学生和中学生学中文（叫作"语文"）的时候，要背诵很多东西。生词要背，课文通常也要背。中国学生学英语的时候也常常是靠(kào – apoyarse en)背的。西方学生学中文是不怎么背的。学了生词以后，西方学生通常会想想自己会不会用上这些生词，然后怎么去用。用不上的生词就决定不去记(jì – memorizar)了。 *(Cuando los estudiantes chinos de primaria y secundaria estudian chino [llamado "arte del lenguaje"], tienen que memorizar muchas cosas. El vocabulario debe memorizarse, y a menudo el texto de la lección también debe memorizarse para recitarlo en voz alta. Cuando los estudiantes chinos aprenden inglés, muchas veces también se apoyan en la memorización. Cuando los estudiantes occidentales estudian chino, no memorizan de esta manera. Después de aprender el vocabulario, los estudiantes occidentales generalmente consideran si es probable que usen este vocabulario y cómo deben usarlo. Así, deciden no memorizar el vocabulario que probablemente no vayan a usar.)*

6 姚道中(Yáo Dàozhōng)老师给同学们出了很多学习中文的好主意。他先说学生们当然可以在学校里学习中文。很多美国学校已经开了中文课，还有一些大学都开四年以上(yǐshàng – por encima de)的中文课。大城市里头常常会有中文学校，学生可以在晚上或者周末的时候学中文。所以现在学中文的机会越来越多了。 *(El profesor Yao Daozhong da a los estudiantes muchas buenas ideas para estudiar chino. Primero dice a los estudiantes que, por supuesto, pueden continuar estudiando chino en la escuela. Muchas escuelas de EE.UU. han creado clases de chino, y algunas universidades ofrecen cursos de chino de cuatro años o más. En muchas grandes ciudades hay academias de chino donde se puede estudiar por las noches o los fines de semana. Por eso, hoy en día cada vez hay más oportunidades para estudiar chino.)*

7 姚老师劝(quàn – recomendar, aconsejar)同学们多跟中国朋友聊天或者一起出去玩儿。聊天儿当然是面对面(miàn duì miàn – cara a cara)最好。但是如果不能在一起的话，也可以给中国朋友们打电话、写信、写电邮或者用Facebook保持联系(bǎochí liánxì – mantener el contacto)。跟中国朋友聊天儿、出去玩儿、打电话、用电邮的时候当然要用中文说，用中文写，这样可以多练习中国话。 *(El profesor Yao Daozhong aconseja a los estudiantes que queden con amigos chinos para charlar o salir juntos. Por supuesto, lo mejor es charlar cara a cara. Pero si no es posible quedar, también es posible llamar por teléfono, escribir cartas o e-mails o usar Facebook para mantener el contacto. Al charlar, salir, llamar por teléfono o escribir cartas o e-mails a amigos chinos, por supuesto hay que hablar o escribir en chino; de esta forma se puede practicar más el chino.)*

8 姚老师又说，要是同学们住的地方离一个唐人街不远，可以常常到唐人街去看看，买菜、买日用品、吃饭什么的。在饭店里也可以用中文点菜，或者跟说中文的店员聊天儿。在唐人街同学们还可以看到以前没有看到过的中国东西，比方说，从中国来的书、衣服、蔬菜、水果、玩意儿 (wányìr – *juguetes, cosas*)，等等(děngděng – *etc.*)。这样可以学点儿中文，也可以学点儿文化，对学生来说非常有意思，非常有用。 *(El profesor Yao Daozhong dice que si no muy lejos de donde vives hay un barrio chino, puedes ir a menudo a dar una vuelta, comprar verduras u otros productos cotidianos, comer, etc. Puedes hablar en chino al pedir platos en un restaurante o conversar con los tenderos que hablan chino. En los barrios chinos puedes encontrar objetos que no has visto antes como libros en chino, ropa, verduras, frutas, juguetes, etc. De esta forma puedes aprender un poco de chino y aprender algo de la cultura china. Esto es algo muy interesante y útil.)*

9 姚老师还劝同学们多看中文报纸，多看中文的电视节目。不能完全(wánquán – *completamente*)都看得懂都听得懂也没有关系，能看懂多少就算多少。只能看懂一点也有用。只要多看、多听的话，中文就会越来越好。 *(El profesor Yao Daozhong también recomienda a los estudiantes leer más periódicos en chino y ver más programas de televisión en chino. No importa si no puedes entender todo lo que lees o escuchas; lo que puedas entender es suficiente. Comprender, aunque sea un poco, puede ser útil. Mientras sigas leyendo y escuchando, tu chino será cada vez mejor.)*

10 最后，姚老师叫大家要用中文写日记。每天都要写。不用写太多，几句话就够了。把自己那天做了什么、想了什么、买了什么、见了谁、去哪儿等等的事情简简单单地写下来。能写汉字的话就写汉字，不能写汉字就写拼音。姚老师还说，如果这样做，时间长了以后，同学们的中文句子就会越来越长，用上的中文词汇(cíhuì – *vocabulario*)也就会越来越多。 *(Por último, el profesor Yao Daozhong pide a todos que escriban un diario en chino. Hay que escribir todos los días. No es necesario escribir mucho, unas pocas oraciones son suficientes. Escribe simplemente lo que hiciste durante el día, lo que pensaste, lo que compraste, lo que viste, dónde fuiste, etc. Si puedes escribir caracteres, escribe en caracteres. Si no puedes, escribe en pinyin. El profesor Yao también dice que, si haces esto, con el tiempo tus oraciones en chino serán cada vez más largas y serás capaz de usar cada vez más vocabulario.)*

20.30 *Trabajo en parejas:* Leed los textos de nuevo, esta vez sin ayuda de español.

1 有两位中文老师在谈论中文教学。唐老师说学生们觉得学中文的声调很难。学生常常分不出第二声和第四声，或者第二声和第三声。因为很多语言没有声调，所以学生觉得中文的声调很难学。还有呢，汉字也非常地难学。因为每一个字都不同，所以要学很多很多字。不像西方语言只要学会不到三十个字母就可以拼出很多字了，比学中文汉字简单得多。

2 另外一位老师说，她认为中文其实并没有那么难。中文的四声在其他语言里也有，只不过不叫"声调"。比如说英语的yes?和yes!就是中文的第二和第四声。用中文时要习惯每个字都要加上声调，这点是要练习的。而且中文的语法比其他外语的语法简单得多。所以说中文并不难。中文的读和写可以慢慢地学，因为人们要是能活到老就要学到老。

3 李雅图是个高中生。他记得小的时候在中国学语文，上课时老师会先讲课文，然后老师要学生背课文，再把每课的生词都要抄写下来好几次，有的时候还要考听写。学生要是字写错了，老师就要罚他们重写。中国的学生跟外国学生一样，都得非常用功学习才会有好成绩。

4 李雅图还记得，在学古文（也就是文言文）的时候，老师会叫学生把文言文翻译成白话文（就是现代话）。比如说，"其乃吾儿也"这句文言文翻译成白话文就是"这个人就是我的儿子"。文言文的句子比较短所以有时候很难懂。很多人觉得，文言文特别的美。

5 中国的小学生和中学生学中文（叫作"语文"）的时候，要背诵很多东西。生词要背，课文通常也要背。中国学生学英语的时候也常常是靠背的。西方学生学中文是不怎么背的。学了生词以后，西方学生通常会想想自己会不会用上这些生词，然后怎么去用。用不上的生词就决定不去记了。

6 姚道中老师给同学们出了很多学习中文的好主意。他先说学生们当然可以在学校里学习中文。很多美国学校已经开了中文课，还有一些大学都开四年以上的中文课。大城市里头常常会有中文学校，学生可以在晚上或者周末的时候学中文。所以现在学中文的机会越来越多了。

7 姚老师劝同学们多跟中国朋友聊天或者一起出去玩儿。聊天儿当然是面对面最好。但是如果不能在一起的话，也可以给中国朋友们打电话、写信、写电邮或者用Facebook保持联系。跟中国朋友聊天儿、出去玩儿、打电话、用电邮的时候当然要用中文说，用中文写，这样可以多练习中国话。

8 姚老师又说，要是同学们住的地方离一个唐人街不远，可以常常到唐人街去看看，买菜、买日用品、吃饭什么的。在饭店里也可以用中文点菜，或者跟说中文的店员聊天儿。在唐人街同学们还可以看到以前没有看到过的中国东西，比方说，从中国来的书、衣服、蔬菜、水果、玩意儿，等等。这样可以学点儿中文，也可以学点儿文化，对学生来说非常有意思，非常有用。

9 姚老师还劝同学们多看中文报纸，多看中文的电视节目。不能完全都看得懂都听得懂也没有关系，能看懂多少就算多少。只能看懂一点也有用。只要多看、多听的话，中文就会越来越好。

10 最后，姚老师叫大家要用中文写日记。每天都要写。不用写太多，几句话就够了。把自己那天做了什么、想了什么、买了什么、见了谁、去哪儿等等的事情简简单单地写下来。能写汉字的话就写汉字，不能写汉字就写拼音。姚老师还说，如果这样做，时间长了以后，同学们的中文句子就会越来越长，用上的中文词汇也就会越来越多。

20.31 *Trabajo en parejas:* Leed los textos una vez más, esta vez en chino tradicional.

1 有兩位中文老師在談論中文教學。唐老師說學生們覺得學中文的聲調很難。學生常常分不出第二聲和第四聲，或者第二聲和第三聲。因為很多語言沒有聲調，所以學生覺得中文的聲調很難學。還有呢，漢字也非常地難學。因為每一個字都不同，所以要學很多很多字。不像西方語言只要學會不到三十個字母就可以拼出很多字了，比學中文漢字簡單得多。

2 另外一位老師說，她認為中文其實並沒有那麼難。中文的四聲在其他語言裡也有，只不過不叫"聲調"。比如說英語的yes?和yes!就是中文的第二和第四聲。用中文時要習慣每個字都要加上聲調，這點是要練習的。而且中文的語法比其他外語的語法簡單得多。所以說中文並不難。可以慢慢地學，因為人們要是能活到老就要學到老。

3 李雅圖是個高中生。他記得小的時候在中國學語文，上課時老師會先講課文，然後老師要學生背課文，再把每課的生詞都要抄寫下來好幾次，有的時候還要考聽寫。學生要是字寫錯了，老師就要罰他們重寫。中國的學生跟外國學生一樣，都得非常用功學習才會有好成績。

4 李雅圖還記得，在學古文（也就是文言文）的時候，老師會叫學生把文言文翻譯成白話文（就是現代話）。比如說，"其乃吾兒也"這句文言文翻譯成白話文就是"這個人就是我的兒子"。文言文的句子比較短所以有時候很難懂。很多人覺得，文言文特別的美。

5 中國的小學生和中學生學中文（叫作"語文"）的時候，要背誦很多東西。生詞要背，課文通常也要背。中國學生學英語的時候也常常是靠背的。西方學生學中文是不怎麼背的。學了生詞以後，西方學生通常會想想自己會不會用上這些生詞，然後怎麼去用。用不上的生詞就決定不去記了。

6 姚道中老師給同學們出了很多學習中文的好主意。他先說學生們當然可以在學校裡學習中文。很多美國學校已經開了中文課，還有一些大學都開四年以上的中文課。大城市裡頭常常會有中文學校，學生可以在晚上或者週末的時候學中文。所以現在學中文的機會越來越多了。

7 姚老師勸同學們多跟中國朋友聊天或者一起出去玩兒。聊天兒當然是面對面最好。但是如果不能在一起的話，也可以給中國朋友們打電話、寫信、寫電郵或者用Facebook保持聯繫。跟中國朋友聊天兒、出去玩兒、打電話、用電郵的時候當然要用中文說，用中文寫，這樣可以多練習中國話。

8 姚老師又說，要是同學們住的地方離一個唐人街不遠，可以常常到唐人街去看看，買菜、買日用品、吃飯甚麼的。在飯店裡也可以用中文點菜，或者跟說中文的店員聊天兒。在唐人街同學們還可以看到以前沒有看到過的中國東西，比方說，從中國來的書、衣服、蔬菜、水果、玩意兒，等等。這樣可以學點兒中文，也可以學點兒文化，對學生來說非常有意思，非常有用。

9 姚老師還勸同學們多看中文報紙，多看中文的電視節目。不能完全都看得懂都聽得懂也沒有關係，能看懂多少就算多少。只能看懂一點也有用。只要多看、多聽的話，中文就會越來越好。

10 最後，姚老師叫大家要用中文寫日記。每天都要寫。不用寫太多，幾句話就夠了。把自己那天做了甚麼、想了甚麼、買了甚麼、見了誰、去哪兒等等的事情簡簡單單地寫下來。能寫漢字的話就寫漢字，不能寫漢字就寫拼音。姚老師還說，如果這樣做，時間長了以後，同學們的中文句子就會越來越長，用上的中文詞彙也就會越來越多。

Lectura de textos de la vida real

20.32 *El diccionario ABC Inglés-Chino, Chino-Inglés editado por John DeFrancis y Zhang Yanyin (University of Hawai'i Press, 2010) es actualmente el mejor diccionario disponible para estudiantes de chino de habla española. Las entradas están ordenadas alfabéticamente según el pinyin. Esta disposición ofrece al estudiante la forma más sencilla y rápida de encontrar una palabra de la que se conoce su pronunciación. Imagina que estás en Beijing y escuchas una palabra que no entiendes. Por ejemplo,* qìchē. *Una búsqueda rápida en el ABC tendrá como resultado lo siguiente (p.839):*

qìchē 汽车 [一車] •N. motor vehicle, auto M: liàng 辆

Como puedes ver, la entrada incluye la pronunciación en pinyin, los caracteres en chino simplificado con el equivalente en chino tradicional entre corchetes, categoría gramatical, significado en inglés y, para los sustantivos que no usan el clasificador genérico 个／個, el clasificador conveniente (一辆汽车／一輛汽車) y se pone en el diccionario su pronunciación.

Pero, ¿qué pasa si encuentras 汽 en, por ejemplo, un texto o un letrero, y no sabes cómo se lee? En este caso, deberás, como hicieron antes miles de estudiantes de chino, tanto chinos como extranjeros, buscar el carácter primero por su radical y después por el número de trazos restantes del carácter, lo que te llevará a la página del diccionario en la que se encuentra. Esta es una tarea bastante más complicada que la descrita antes, pero es fundamental que la domines para tu futuro estudio del chino. Por supuesto, la tecnología cambia todo el tiempo y debes estar atento a nuevos productos que automatizarán este proceso (por ejemplo, permitiéndote tomar una foto del carácter para buscarlo en un diccionario online). Visita la página web de **Encuentros** *para encontrar más información sobre recursos de aprendizaje del chino.*

En la página siguiente se incluye el Gráfico General de Radicales del diccionario ABC. Fiel al espíritu de este diccionario, el gráfico es "general". A diferencia de otras tablas similares, incluye radicales que han sido simplificados, como el radical 钅 jīn (metal) situado en el lado izquierdo de 钱 qián, así como radicales que han conservado su forma tradicional —de nuevo el radical 金 en el lado izquierdo de 錢 qián. También contiene radicales que cambian de forma según su contexto, como el radical "agua de tres gotas" en el lado izquierdo de 法 fǎ, y el radical "completo" de agua (水 shuǐ) en la parte inferior de 浆／漿 jiāng.

Ahora vamos a buscar 汽 qì. Fíjate en la estructura de 汽 y pregúntate: ¿cuál es su radical? Piensa en lo que has aprendido sobre radicales en este libro y en el "Libro de ejercicios de escritura de caracteres". Esperamos que hayas dicho "agua" o 水 shuǐ— específicamente, el radical "agua de tres gotas" en el lado izquierdo de 汽. Ahora cuenta el número de trazos del radical. Obtendrás tres, por supuesto. Ve al apartado marcado "3" del gráfico de la página siguiente y señala el radical.

Gráfico general de radicales

❶	一	丨	丿	丶	乙	乚	一	❷	二	十	厂	匚	匸	刂
	㊀1	①2	⑺6	⑷4	⑸3		⑺5		㊀7	24	27	22	23	①18

卜	冂	亻	人	入	八	儿	几	匕	勹	亠	冫	冖	讠	凵
25	13	⑺9	9	11	12	10	16	21	20	⑸8	15	12	14	149	⑺17

卩	(right) 阝	(left) 阝	力	刀	又	厶	廴	巳	❸	干	土	士	工
26	163	170	19	18	29	28	54	26		㊀51	32	33	48

扌	艹	寸	开	廾	大	尢	弋	小	口	囗	山	巾	川	彳	彡
64	140	41	43	55	37	43	56	①42	30	31	46	50	⑺47	60	59

犭	夂	夊	夕	饣	丬	广	门	氵	忄	宀	辶	彐	尸
94	34	35	36	184	⑸90	53	169	85	61	40	162	⑺58	44

己	已	巳	弓	子	屮	女	飞	互	纟	马	幺	乆	巛	❹	王
49		57	39	45	38	183	58	120	187	52	54	47			㊀96

无	韦	耂	木	支	犬	歹	车	牙	戈	比	旡	瓦	止	攴	小
71	178	125	75	65	94	78	159	92	62	81	71	98	①77	66	61

日	曰	水	贝	见	内	手	牛	毛	气	生	夂	长	片	斤	爪
72	73	85	154	147	114	⑺64	93	82	84	93	66	168	91	69	87

戶	父	爻	爫	月	氏	欠	风	殳	文	方	火	斗	灬	户
63	88	89	87	74, 130	83	76	182	79	⑸67	70	86	68	86	63

礻	心	聿	爿	毋	❺	玉	示	瓦	甘	石	龙	步	氺	目	田
113	61	⑺129	90	80		㊀96	113	98	99	112	212	①78	85	109	102

冂	皿	罒	钅	生	矢	禾	白	瓜	用	鸟	疒	立	玄	穴
114	108	109, 122	⑺167	100	111	115	106	97	101	196	⑸104	117	95	116

衤	疋	皮	癶	矛	母	❻	耒	老	耳	臣	覀	西	而	页	至
145	⑺103	107	105	110	80		㊀127	125	128	131	146	146	126	181	133

虍	虫	网	肉	缶	舌	竹	臼	自	血	行	舟	舛	色	齐	衣
①141	142	122	130	⑺121	135	118	134	132	143	144	137	136	139	⑸210	145

羊	米	聿	艮	艸	羽	糸	❼	麦	镸	走	赤	車	豆	酉	辰
123	119	⑺129	138	140	124	120		㊀199	168	156	155	159	151	164	161

豕	卤	貝	見	里	足	邑	身	辵	釆	谷	豸	龟	角	言	辛
152	①197	154	147	166	157	163	⑺158	162	165	150	153	213	148	⑸149	160

❽	青	長	雨	非	齿	門	黾	隹	金	食	阜	鱼	隶	❾	革
	㊀174	168	173	①175	211	169	205	⑺172	167	184	170	195	⑺171		㊀177

頁	面	韭	骨	香	鬼	食	風	音	首	韋	飛	❿	髟	馬	鬲
181	176	①179	188	⑺186	194	184	182	⑸180	185	⑺178	183		㊀190	187	193

鬥	骨	鬼	鬯	高	⓫	黃	麥	鹵	鳥	魚	麻	鹿	⓬	黃	黹
①191	188	⑺194	192	⑸189		㊀201	199	⑺197	⑺196	195	⑸200	198		201	204

鼎	黑	黍	⓭	鼓	鼎	鼠	鼠	⓮	鼻	齊	⓯+	齒	龜	龍	龠
206	203	202		207	206	205	208		209	210		211	213	212	214

Esta página muestra los 214 radicales por su número de trazos. Los radicales con el mismo número de trazos están ordenados por su trazo inicial, de acuerdo a los cinco tipos de trazos ㊀ ① ⑺ ⑸ y ⑺. Las diferentes formas del mismo radical aparecen separadamente según su respectivo número de trazos. Por ejemplo, el radical 64 ("mano") está en el apartado de tres trazos como 扌 y en el de cuatro como 手.

㊀ 一 héng horizontal o ㇀ tí ascendente
① 丨 shù vertical o 亅 shùgōu con gancho a izquierda
⑺ 丿 piě descendente a izquierda
⑸ 丶 diǎn punto o ㇏ nà descendente a derecha
⑺ 乙 乚 ㇆ zhé curva

Índice de caracteres por radical: pág. 1169
Índice de caracteres por orden de trazos: pág. 1122

¿Cuál es el número del radical que has señalado? Esperamos que sea el 85. Ahora busca el 85 en el Índice de Radicales incluido en las páginas siguientes (páginas 1195-1196 del diccionario).

Señala el encabezado de "radical de agua" (N.85). Ahora cuenta el número restante de trazos del carácter 汽, sin incluir el radical. ¿Cuántos son?

Escribe el número aquí: _____.

En la parte izquierda de la lista verás números. Encuentra el número que has escrito arriba y señala el carácter 汽. Ahora ya conoces la pronunciación del carácter y puedes buscarlo en el diccionario. Tras encontrar con éxito 汽, ya conoces todos los pasos para encontrar cualquier carácter en la mayoría de diccionarios de chino. Es un proceso de varios pasos, pero esencial para aprender con éxito chino.

20.33 ***Trabajo en parejas:*** *Trabaja con un compañero. Mirad de nuevo la lista de radicales y señalad al menos 20 radicales más que podáis identificar. Decid qué significan.*

20.34 *Encuentra las formas simplificada y tradicional del radical 门／門 mén (puerta). ¿Qué número de radical es?*

Escribe el número aquí: _____.

¿Puedes encontrar en la lista otros radicales escritos en su forma simplificada y tradicional?

Escríbelos aquí: _____ _____ _____

¿Cuál es el número total de caracteres del chino? _____

20.35 *Mira de nuevo la página 1195 del diccionario ABC. Señala y marca los radicales de 母 mǔ (madre), 比 bǐ (comparar) y 毛 máo (vello). Fíjate cómo la posición del radical cambia en los distintos caracteres. Ahora señala y marca el carácter 每 měi (cada).*

En el apartado del radical N.84, señala el componente radical de cada uno de los caracteres que aparecen. Trata de contar los trazos de la parte que no es radical para comprobar que corresponden al número que se indica. Estas palabras significan lo siguiente:

气 qì *(simplificado) aire, vapor, energía vital*

氛 fēn *atmósfera*

氟 fú *flúor*

氢 qīng *(simplificado) hidrógeno*

氧 yǎng *oxígeno*

氣 qì *(tradicional) aire, vapor, energía vital*

氨 ān *amonio*

氫 qīng *(tradicional) hidrógeno*

氮 dàn *nitrógeno*

氯 lǜ *cloro*

C-E Appendix XI 1195 Radical Index: 76–85

		4
欠 76	心戈户手支支文斗斤方无日曰月木	
止 77		
歹 78		
殳 79		
毋 80		
比 81		
毛 82		
氏 83		
气 84		
水 85	火爪父爻爿片牙牛犬	

欠

- 歡 ³qiàn
- 11 歐 ·Ōu
- 17 歡 ·huān

77 止

- 止 ⁴zhǐ
- 1 正 ¹zhèng / ⁶zhēng
- 2 此 cǐ
- 3 步 ³bù
- 4 武 ³wǔ
- 歧 ⁸qí
- 5 歪 wāi
- 9 歲 ¹suì
- 12 歷 ⁶lì
- 14 歸 ¹guī

78 歹 歺

- 歹 ²dǎi
- 2 死 sǐ
- 3 歼 ⁶jiān
- 5 残 ²cán
- 殃 ³yāng
- 6 殊 ⁷shū
- 殉 ³xùn
- 7 殓 ⁵liàn
- 8 殖 ⁷zhí
- 殘 ²cán
- 10 殡 ³bìn
- 13 殮 ⁵liàn
- 14 殯 ³bìn
- 17 殲 ⁶jiān

79 殳

- 4 殴 ³ōu
- 5 段 ¹duàn
- 6 殷 ⁴yīn
- 殺 ¹shā
- 8 殼 ¹ké / ³qiào
- 殽 xiáo
- 9 縠 ⁹gū
- 毁 ¹huǐ
- 毀 ¹huǐ
- 殿 ¹⁰diàn
- 11 穀 ⁵gǔ
- 毆 ³ōu
- 毅 ¹⁷yì
- 13 轂 ⁹gū

80 毋 母

- 母 ¹mǔ
- 毋 ³wú
- 2 每 ¹měi
- 4 毒 ²dú

81 比

- 比 ¹bǐ
- 2 毕 ⁸bì
- 5 毗 ⁴pí
- 毖 ¹⁹bì
- 6 毙 ¹¹bì

82 毛

- 毛 ¹máo
- 5 毡 ³zhān
- 7 毫 háo
- 8 毯 ¹tǎn
- 毽 ¹⁸jiàn
- 11 氂 ⁶máo
- 13 氈 ³zhān

83 氏

- 氏 ¹³shì
- 1 民 mín
- 4 氓 ⁵máng

84 气

- 气 ¹qì
- 4 氛 ⁵fēn
- 5 氟 ⁶fú
- 氢 ⁴qīng
- 6 氧 ³yǎng
- 氤 ¹qì
- 氨 ³ān
- 7 氫 ⁴qīng
- 8 氮 ⁶dàn
- 氯 ⁴lǜ

85 水 氵

- 水 shuǐ
- 1 永 ²yǒng
- 2 汁 ⁷zhī
- 求 ¹qiú
- 汇 ²huì
- 匯 ³huì
- 汉 Hàn
- 3 汗 ⁴hàn
- 汗 ¹hàn
- 污 ²wū
- 江 ²jiāng
- 汞 ²gǒng
- 汔 ³qì
- 汐 ²²xī
- 汲 ¹²jí
- 汛 ⁷xùn
- 池 ²chí
- 汤 ¹tāng

❹	4	汪 wāng		泝 ⁸sù		洋 ²yáng	
心戈户手支攴文斗斤方无日曰月木欠止歹殳毋比毛氏气		沐 ¹⁰mù		泺 ⁴pō		⁵yāng	
		沛 ³pèi		沿 ¹yán		洲 ¹zhōu	
		沔 ⁶miǎn		泡 ²pào		浑 ²hún	
		汰 ⁴tài		²pāo		浓 ¹nóng	
		沤 ¹òu		注 ⁵zhù		津 ⁸jīn	
		⁴ōu		⁶zhù	7	涛 ³tāo	
		沥 ¹⁵lì		泣 ⁶qì		浙 Zhè	
		沌 ⁶dùn		泞 ⁴nìng		涝 ³lào	
		沏 ⁵qī		沱 ⁶tuó		酒 ²jiǔ	
		沙 ²shā		泻 ⁵xiè		浃 ⁸jiā	
		沓 ⁵tà		泌 ⁵mì		涟 ⁸lián	
		冲 ¹chōng		泳 ⁶yǒng		泾 Jīng	
		²chōng		泥 ¹ní		涉 ⁵shè	
85【水】		汽 ³qì		⁴nì		消 ¹xiāo	
		沃 ³wò		泯 ⁴mǐn		涅 ⁶niè	
		沦 ²lún		沸 ⁵fèi		涓 ³juān	
		汹 ⁴xiōng		沼 ³zhǎo		涡 ²wō	
		泛 ³fàn		波 ³bō		淼 ⁵miǎo	
		沧 ⁴cāng		泼 ³pō		浩 ⁴hào	
		没 ¹méi		泽 ⁴zé		海 hǎi	
		⁵mò		泾 Jīng		浜 ⁴bāng	
		没 ¹méi		治 ⁴zhì		涂 ²tú	
		⁵mò	6	洼 ⁴wā		³tú	
		沟 ¹gōu		洁 ⁷jié		⁴tū	
		沉 ¹chén		洪 ³hóng		浴 ¹⁹yù	
火爪父爻爿片牙牛犬		沈 ³shěn		洒 ¹sǎ		浮 ¹fú	
		决 ¹jué		浃 ⁸jiā		涣 ⁷huàn	
	5	泰 ³tài		洟 ⁵tì		涤 ⁵dí	
		沫 ⁹mò		浇 ³jiāo		流 ¹liú	
		浅 ¹qiǎn		浊 ⁵zhuó		润 ¹rùn	
		法 ¹fǎ		洞 ²dòng		涧 ¹³jiàn	
		泄 ⁶xiè		测 ³cè		涕 ⁵tì	
		沽 ⁶gū		洗 ¹xǐ		浣 ⁹huàn	
		河 ²hé		活 ¹huó		浪 làng	
		泵 ³bèng		涎 ⁶xián		浸 ⁵jìn	
		沾 ¹zhān		派 ¹pài		涨 ²zhǎng	
		泪 ⁴lèi		洽 ²qià		⁶zhàng	
		沮 ³jǔ		洵 ⁴xiōng		涩 ²sè	
		油 ²yóu		洛 Luò		涌 ¹yǒng	
		况 ⁵kuàng		浆 ⁵jiāng		浚 ⁷jùn	
		泗 ³qiú		⁷jiàng	8	清 ²qīng	
		沲 ⁶tuó		浏 ⁷liú		渍 ⁴zì	
		泉 ⁴quán		济 ¹⁷jì		添 ²tiān	
		泊 ⁹bó		⁶jǐ		淇 Qí	
		⁴pō					

¡Es fácil ver la conexión que todas estas palabras tienen con el significado "aire" y el radical de aire! El componente fonético de estos caracteres da una pista sobre su pronunciación también. Por ejemplo, escribe el pinyin de los siguientes caracteres y a continuación copia el carácter (de la lista de la página 309) para el que sirve como parte fonética.

	拼音	caracteres desde arriba
a. 分	_____	_____
b. 羊	_____	_____
c. 安	_____	_____

> **INFO** 供你参考
>
> ### Diccionarios de chino
>
> Hoy en día existen muchísimos diccionarios de caracteres chinos. Además del *ABC*, otro diccionario a tener en cuenta es 现代汉语词典 *Xiàndài Hànyǔ Cídiǎn* (Foreign Language Teaching and Research Press, 2002). Aunque el diccionario *ABC* es el más sencillo de usar para palabras de las que conoces su pronunciación, este otro diccionario puede ser más útil para palabras que no sabes cómo se pronuncian, ya que sus entradas se organizan por el carácter inicial más que por la pronunciación. Si no conoces la pronunciación de ninguno de los caracteres en una palabra de dos caracteres, solo necesitas averiguar la pronunciación del primero, pues la palabra que buscas aparecerá bajo ese carácter; esto te ahorrará tener que buscar también la pronunciación del segundo.
>
> Por supuesto, en la era de Internet, los diccionarios online son quizás el recurso más atractivo de todos. La serie de diccionarios *ABC* ha sido incluida en la base de datos online de un programa llamado Wen/in, que tiene la capacidad de buscar palabra por palabra en textos completos casi instantáneamente. Además, también puedes buscar en Internet diccionarios gratuitos y programas de traducción que se adapten a tus necesidades.

20.36 *Trabajo en parejas:* Si quieres, observa la página 1196 del diccionario *ABC* junto a un compañero. Tomad notas de lo que os llama la atención (o de lo que podéis descifrar) y compartid vuestras observaciones con otros compañeros.

_____
_____
_____

Aprender a escribir caracteres

20.37 *Consulta el **Libro de ejercicios de escritura de caracteres** para saber más sobre el orden de trazos y otra información útil de cada uno de los caracteres de la unidad indicados a continuación. Elige entre carácter simplificado o tradicional y practica hasta que puedas escribirlos por ti mismo.*

难／難，所，汉／漢，言，习／習，惯／慣，慢，背，
抄，把，错／錯，罚／罰，古，懂，拼，长／長，句，接

Júntate con un compañero para identificar los radicales de agua, corazón, mano y metal de los caracteres de arriba. Intentad relacionar el radical con el significado del carácter.

Recuerda que a veces el radical ayuda a comprender el carácter, ¡pero no siempre! Fíjate en la pronunciación de 背, 把, y 抄 en relación a su componente fonético. ¿Es fiable el aspecto fonético? ¿Ayuda de alguna manera?

Escribir un texto descriptivo

20.38 *Escribe una nota a un amigo chino explicándole qué piensas de estudiar chino y cómo piensas seguir mejorándolo.*

Un poco de cultura 文化点滴

Aprender chino

Mira el fragmento de video "Aprender chino" y después comenta las cuestiones siguientes con tus compañeros y el profesor.

- ¿Qué importancia tienen los tonos en el chino?
- ¿Qué importancia tienen los caracteres chinos?
- ¿Qué importancia tienen el vocabulario y la gramática en el chino?
- ¿Qué importancia tiene asumir riesgos al practicar chino?
- ¿Cuál es la mejor manera de comunicarse en chino?
- ¿Cuál es la mejor manera de aprender chino?
- ¿Qué consejos darías a otros que quieren aprender chino?

RESUMEN

Gramática

Más tipos de oraciones del chino

A continuación, se presentan algunos tipos comunes de oraciones del chino que incluyen muchos rasgos gramaticales que has practicado en *Encuentros*.

■ **Hacer una afirmación**

Wǒmen zài Běijīng Dàxué niànle yì nián de Zhōngwén.

我们在北京大学念了一年的中文。／
我們在北京大學念了一年的中文。

(Estudiamos un año de chino en la Universidad de Beijing.)

Měi tiān wǎnshang, zuòwán gōngkè yǐhòu, wǒmen huì shàngwǎng wán diànzǐ yóuxì.

每天晚上，做完功课以后，我们会上网玩电子游戏。／每天晚上，做完功課以後，我們會上網玩電子遊戲。

(Todas las noches, tras terminar [nuestras] tareas, navegamos en Internet y jugamos a videojuegos.)

Ejercicio: Haz una declaración diciendo lo que estudiaste el año pasado. Haz otra explicando qué es lo que haces una noche cualquiera.

■ **Hacer una pregunta**

Nǐ néng bu néng bǎ gǔwén fānchéng báihuàwén?

你能不能把古文翻成白话文？／
你能不能把古文翻成白話文？

(¿Puedes traducir el chino clásico a chino coloquial?)

Xiǎo Lǐ, nǐ bìyèle yǐhòu xiǎng qù nǎr, zuò shénme?

小李，你毕业了以后想去哪儿，做什么？／小李，你畢業了以後想去哪兒，做甚麼？

(Xiao Li, ¿dónde piensas ir y qué piensas hacer cuando te gradúes?)

Ejercicio: Pregunta a un compañero sobre si puede o no hacer algo. Pregúntale también sobre qué planes tiene después de graduarse.

■ **Dar un consejo o una orden**

Shàngkè de shíhou bié yòng shǒujī!

上课的时候别用手机！／
上課的時候別用手機！

(¡No usen el teléfono móvil en clase!)

Bù zǎo le, nǐ kuài qù shuìjiào ba!

不早了，你快去睡觉吧！／
不早了，你快去睡覺吧！

(Es tarde, ¡ve a dormir enseguida!)

Ejercicio: Júntate con un compañero y haced como que sois padres o profesores que dan órdenes o consejos.

■ **Decir lo que alguien hizo o hará sobre algo**

Wǒ bǎ nǐ de zìdiǎn jiègěi Lǎo Wáng le.

我把你的字典借给老王了。／
我把你的字典借給老王了。

(He prestado tu diccionario a Lao Wang.)

Xiǎo Lǐ, kuài diǎnr bǎ zhèixiē dōngxi nádào fángzi wàitou qù.

小李，快点儿把这些东西拿到房子外头去。／小李，快點兒把這些東西拿到房子外頭去。

(Xiao Li, date prisa y lleva estas cosas fuera de la casa.)

Ejercicio: Haz como que alguien te pregunta "¿Qué has hecho con mi coche? Responde utilizando la construcción 把 *bǎ*. Empieza con 我把你的车……／我把你的車…… *Wǒ bǎ nǐ de chē...*, y termina con un componente verbal que contenga al menos dos caracteres.

RESUMEN

■ **Decir qué ha ocurrido (normalmente desafortunado) a algo**

Rúguǒ wǒmen de huà ràng tā gěi tīngjiàn le, nà zhēnshi bù hǎo.

如果我们的话让他给听见了，那真是不好。／
如果我們的話讓他給聽見了，那真是不好。

(si nuestra conversación fue oída por él, sería mal.)

Wǒ zuótiān mǎi de táng dōu jiào háizi gěi chī le.

我昨天买的糖都叫孩子给吃了。／
我昨天買的糖都叫孩子給吃了。

(Todos los caramelos que compré ayer han sido comidos por los niños.)

Wǒ de chē yòu bèi zhuàng le.

我的车又被撞了。／我的車又被撞了。

(Mi coche ha sido golpeado de nuevo.)

Ejercicio: ¿Que dirías si cuando llegas a tu destino encuentras que tu equipaje (行李 *xíngli*) ha sido robado (偷了 *tōule*)?

▶ Vocabulario

Verbos y frases verbales

bèi 背 memorizar
bèisòng 背诵／背誦 recitar; repetir de memoria
biàn 变／變 cambiar; transformar; modificar
biǎoyǎn 表演 actuar
chāo 抄 copiar; transcribir
cúnzài 存在 existir
dǒng 懂 comprender
fá 罚／罰 castigar
fāxiàn 发现／發現 descubrir; encontrar
jì 记／記 memorizar
jiǎndān 简单／簡單 simple; sencillo
jiǎng 讲／講 explicar; aclarar hablar; conferenciar
jiāotán 交谈／交談 charlar; conversar
jìnbù 进步／進步 hacer progresos; progresar; avanzar; mejorar; (N) progreso
jìxù 继续／繼續 seguir; continuar
liànxí 练习／練習 practicar
liúxué 留学／留學 estudiar en el extranjero
nán 难／難 difícil
qīngxī 清晰 claro; nítido
qūfēn 区分／區分 diferenciar; distinguir
shǔ shù(r) 数数(儿)／數數(兒) contar números
suàn 算 ver como; considerar
tīngxiě 听写／聽寫 hacer un dictado; (N) dictado
wǔ shī 舞狮／舞獅 danza de león
xiàng 像 parecer; ser como
xíguàn 习惯／習慣 acostumbrarse a; tener costumbre de; (N) hábito
xiězuò 写作／寫作 escrito; composición
xuéxí 学习／學習 estudiar; aprender
yòngshàng 用上 dar uso
zhǎngwò 掌握 comprender; dominar
zhuǎnbiàn chéng 转变成／轉變成 transformarse en
zhùyì 注意 prestar atención; fijarse en
zuòwéi 作为／作為 ver como; mirar como

Preposición

jīngguò 经过／經過 después; a través; como resultado

Nombres y frases nominales

bào(zhǐ) 报(纸)／報(紙) periódico
dāncí 单词／單詞 palabra
diànshì jiémù 电视节目／電視節目 programa de TV
diànyǐng piànduàn 电影片断／電影片斷 fragmento de película
diànyóu 电邮／電郵 e-mail
diànyuán 店员／店員 vendedor; dependiente; camarero
dì-yī/dì-èr/dì-sān/dì-sì shēng 第一／第二／第三／第四声 ‖ 第一／第二／第三／第四聲 primer/segundo/tercero/cuarto tono
dòngcí 动词／動詞 verbo
duànluò 段落 párrafo
duìzi huódòng 对子活动／對

子活動 actividad/trabajo en pareja
gǔdài 古代 antiguo (tiempo, era); antigüedad
gǔwén 古文 chino clásico (prosa)
Hànyǔ 汉语／漢語 el idioma chino
Hànzì 汉字／漢字 carácter chino
huódòng 活动／活動 actividad
jiéwěi 结尾／結尾 final
jīhuì 机会／機會 oportunidad posibilidad
jùlèbù 俱乐部／俱樂部 club (asociación)
kāitóu 开头／開頭 comienzo
kèwén 课文／課文 texto (de la lección)
kǒuyǔ 口语／口語 lenguaje oral
lùxiàng 录像／錄像 video
lùyīn 录音／錄音 grabación de audio
míngcí 名词／名詞 nombre
quánwén 全文 texto completo
qūbié 区别／區別 diferencia; distinción
rìjì 日记／日記 diario; agenda
shēngcí 生词／生詞 nueva palabra; vocabulario
shēngdiào 声调／聲調 tono
shūfǎ 书法／書法 caligrafía
sìshēng 四声／四聲 los cuatro tonos
tiǎozhàn 挑战／挑戰 desafío; reto
wàiyǔ 外语／外語 idioma extranjero
wǎngzhàn 网站／網站 página web
wényánwén 文言文 estilo clásico de escritura
wǔshù 武术／武術 artes marciales
xiàndài 现代／現代 tiempos modernos
xiántán huódòng 闲谈活动／閒談活動 actividad de conversación
xiǎopǐn 小品 escena
xiǎozǔ huódòng 小组活动／小組活動 actividad en grupos pequeños
yǎnjiǎng 演讲／演講 conferencia; charla
yìsi 意思 sentido; idea
yuèdú 阅读／閱讀 lectura
yǔfǎ 语法／語法 gramática sintaxis
yǔwén 语文／語文 arte del lenguaje; lengua y literatura
yǔyán 语言／語言 idioma
zuòwén 作文 composición escrita; ensayo

Adverbios y frases adverbiales

bìng bù/méi 并不／没 ‖ 並不／沒 en realidad no; no realmente (并／並 bìng es un intensificador usado antes de partículas negativas)
jīběnshàng 基本上 básicamente; fundamentalmente; en general
jīngcháng 经常／經常 frecuentemente; constantemente; regularmente; a menudo
jǐnliàng 尽量／盡量 hacer lo máximo posible
qíshí 其实／其實 de hecho; en realidad
quèshí 确实／確實 realmente; verdaderamente; ciertamente; en efecto
yěxǔ 也许／也許 quizás; tal vez; podría ser
yǐjīng 已经／已經 ya
yuánlái 原来／原來 originalmente; primero; en la práctica

Otras palabras y expresiones

bǐrú (shuō) 比如(说)／比如(說) por ejemplo
cóng ... lái jiǎng 从……来讲／從……來講 hablando desde el punto de vista de ___
duì ... lái shuō 对……来说／對……來説 para ___; en relación a ___; hablando de ___
érqiě 而且 además
Huódào lǎo, xuédào lǎo. 活到老，学到老。／活到老，學到老。 "La búsqueda de conocimiento no termina nunca."
Jiāyóu! 加油！ ¡Ánimo! (literalmente: añade más gasolina; pisa el acelerador)
méicuò 没错／没錯 cierto; correcto
qǐmǎ 起码／起碼 al menos
qítā 其他 otro
ràng 让／讓 permitir; dejar; por
suīrán ... kěshì 虽然……可是／雖然……可是 aunque ___, pero; sin embargo
xiāng bǐ zhī xià 相比之下 en comparación; por contraste
zàishuō 再说／再説 además; por otra parte; adicionalmente
... zhījiān ……之间／……之間 entre; en medio de
zuǒyòu 左右 (después de un número) aproximadamente

▶ Lista de lo aprendido

Tras completar esta unidad, deberías ser capaz de:

Escuchar y hablar

- ☐ Decir que estudias chino y explicar qué es lo más difícil de ello.
- ☐ Explicar la parte más fácil o divertida de estudiar chino.
- ☐ Hablar de algunas características especiales del chino hablado.
- ☐ Hacer alguna afirmación sobre la gramática china.
- ☐ Comparar tu método de estudio con el de los estudiantes chinos.
- ☐ Decir tres cosas que harás para continuar estudiando chino.

Lectura y escritura

- ☐ Leer textos sencillos sobre el estudio del chino.
- ☐ Buscar un caracter que no conoces usando un diccionario bilingüe de chino.
- ☐ Escribir tres cosas que harás para mejorar tu chino.

Entendimiento cultural

- ☐ Demostrar que comprendes por qué es importante estudiar un idioma extranjero.
- ☐ Aconsejar a un amigo sobre cómo estudiar un idioma extranjero.

参考材料
REFERENCIAS

- 汉西对照词汇表 **Vocabulario chino-español**

- 西汉对照词汇表 **Vocabulario español-chino**

- 量词词汇表 **Lista de clasificadores**

- 索引 **Índice alfabético**

- 鸣谢 **Agradecimientos**

- 中国地名 **Nombres de lugares chinos**

词汇表 Vocabulario

汉西、西汉对照词汇表包括《环球汉语》（1和2两册）中的词汇，还包括一些对初学者有用的补充词汇。本词汇表可作为小词典使用。词汇表中的大部分名词都附有可与之搭配的量词（在方括号内注明）；此外，你还可以查询R-43页的量词词汇表。各词条均给出简、繁体字。

El vocabulario chino-español y español-chino recoge las palabras presentadas en los libros 1 y 2 de *Encuentros*, y palabras adicionales que son útiles para el estudiante principiante. Considera esta sección como una especie de mini diccionario. En el vocabulario, la mayoría de los sustantivos están acompañados de sus clasificadores correspondientes en corchetes —puedes consultar la lista de clasificadores a partir de la página R-43—. Los caracteres simplificados para cada palabra aparecen primero, seguidos de su versión tradicional.

词汇表中使用的词性缩略语如下：

En el vocabulario se usan las siguientes abreviaturas gramaticales:

A	adverbio 副词		PI	palabra interrogativa 疑问词
AT	atributivo 定语		PL	palabra de lugar 地名
C	conjunción 连词		PR	pronombre 代词
CF	clasificador 量词		PREF	prefijo 前缀
CV	coverbo		PT	palabra de tiempo 时间词
EI	expresión idiomática 成语性词语		S	sufijo 后缀
EP	especificador 限定词，限定成分		S	sustantivo 名词
FN	frase nominal 名词短语		V	verbo 动词
FR	frase 短语		VA	verbo auxiliar 助动词
FV	frase verbal 动词短语		VE	verbo de estado 静态动词
I	interjección 感叹词		VQ	verbo equitativo 等价动词
NUM	número 数字		VO	verbo objeto 动宾结构
P	partícula 助词		VR	verbo de resultado 结果动词

汉西对照词汇表
Vocabulario chino-español

A

ǎi bajo (*altura o estatura*) 矮 VE
ài amor; gustar 爱／愛 V
àiren cónyuge 爱人／愛人 S
āiyā oh; ¡Oh dios mío! 哎呀 I
àn oscuro; tenue; opaco 暗 VE
ānpái organizar, planificar, preparar; arreglos; planes 安排 V/S
ānquán seguro; a salvo; seguridad 安全 VE/S
Àodàlìyà Australia 澳大利亚／澳大利亞 PL
Àomén Macao 澳门／澳門 PL
Àomén yuan pataca de Macao (*moneda*) 澳门元／澳門元 S
Àozhōu Australia 澳洲 PL
Àoyuán dólar australiano 澳元 S
āyí tía (*hermana de la madre*) 阿姨 S

B

ba (*partícula de sugerencia*) 吧 P
bā ocho 八 NUM
bàba papa; padre 爸爸 S
báicài col china 白菜 S
bǎihuò shāngdiàn tienda de departamentos 百货商店／百貨商店 S
báisè blanco 白色 S
bān (*clasificador para turnos de autobús*) 班 CF
bāng ayudar; asistir 帮／幫 V
bàn gè zhōngtóu media hora 半个钟头／半個鐘頭 PT
bàngōnglóu edificio de oficinas 办公楼／辦公樓 S
bāngzhù ayudar; asistir 帮助／幫助 V
bànyè medianoche 半夜 PT
bǎo lleno; no tener más hambre 饱／飽 VE
bào(zhǐ) [fèn] periódico 报(纸)[份]／報(紙)[份] S
bāoxīncài col 包心菜 S
bāshí ochenta 八十 NUM
bāshì autobús 巴士 S
Bāyuè agosto 八月 S
(yì) bēi … una taza; un vaso de (一)杯…… S/CF
bēi cargar a la espalda 背 V
bèi memorizar; aprender de memoria 背 V
běibànqiú hemisferio norte 北半球 PL
běibian(r) norte (*lado, dirección*) 北边(儿)／北邊(兒) PL
Běijīng Beijing 北京 PL
Běijīngcài cocina/comida de Beijing 北京菜 S
Běi Měizhōu América del Norte 北美洲 PL
bèisòng recitar; repetir de memoria 背诵／背誦 V
bēizi [gè] vaso; taza 杯子[个]／杯子[個] S

běnkē curso universitario regular 本科 S
běnkēshēng estudiante del curso universitario regular 本科生 S
bǐ comparado con; en comparación 比 CV
bǐ [zhī] bolígrafo; pluma 笔[支]／筆[支] S
biàn cambiar; alterar; transformar 变／變 V
biān(r) lado (*izquierda, derecha, norte, etc.*) 边(儿)／邊(兒) PL
biǎo [kuài] reloj 表[块]／錶[塊] S
biǎoyǎn actuar; actuación 表演 V/S
biāozhì signo; marca; símbolo 标志／標誌 S
bié no (*imperativo*) 别 A
biéde otro; diferente 别的 EP
bié kèqi de nada; no seas tan educado 别客气／別客氣 EI
biéren otras personas; otros 别人 S
bǐjiào comparativamente; relativamente; bastante 比较／比較 A
bǐjìběn [běn] cuaderno 笔记本[本]／筆記本[本] S
bìng enfermar; enfermedad; dolencia 病 V/S
bìng (bù/méi) en realidad (no); verdaderamente (no) (*intensificador antes de negaciones*) 并（不／没）／並（不／没） A
bìng le ponerse enfermo 病了 FV
bīngqílín helado 冰淇淋 S
bīngshuǐ agua helada 冰水 S
bǐrú (shuō) por ejemplo 比如（说）／比如（說） FV
bìxū deber (*obligación*) 必须／必須 VA
bìyè graduarse; finalizar la escuela 毕业／畢業 VO
bìyèshēng graduado 毕业生／畢業生 S
bóbo tío (*hermano mayor del padre*) 伯伯 S
bōcài espinaca 菠菜 S
bōluó piña 菠萝／菠蘿 S
bómǔ tía (*mujer del hermano mayor del padre*) 伯母 S
bóshì doctorado 博士 S
bóshìshēng estudiante de doctorado 博士生 S
bówùguǎn museo 博物馆／博物館 S
bù no 不 A
bù cháng raramente; no a menudo 不常 A
búcuò nada mal; bastante bien 不错／不錯 VE
bú dào … menos que (*seguido de una expresión de número*) 不到…… FV
bù hǎoyìsi sentirse avergonzado; encontrar embarazoso (*hacer algo*) 不好意思 VE
bú shì no; ese no es el caso 不是 VE
bù shūfu un poco enfermo; incómodo 不舒服 VE
búyào no; no querer 不要 V/VA
búyòng no hace falta 不用 A
búyòng xiè de nada 不用谢／不用謝 EI

VOCABULARIO CHINO-ESPAÑOL

C

cái entonces; no hasta; hasta 才 A

cài plato (*de comida*); plato de un menú; comida (*en general*) 菜 S

cāicai kàn adivinar 猜猜看 FV

càidān(r) menú; carta 菜单(儿)／菜單(兒) S

càihuā(r) coliflor 菜花(儿)／菜花(兒) S

càishì(chǎng) mercado de verduras (*frescas*) 菜市(场)／菜市(場) S

cānguǎn(r) restaurante 餐馆(儿)／餐館(兒) S

cāntīng cafetería 餐厅／餐廳 S

cǎo hierba 草 S

cāochǎng campo de deportes 操场／場 S

cǎoméi zhī zumo de fresa 草莓汁 S

céng planta (*en un edificio*) 层／層 CF

cèsuǒ baño; aseo 厕所／廁所 S

chá mirar (*examinar*) 查 V

chá [bēi] té [taza de] 茶[杯] S

chà faltar (*"para las (hora)"*) 差 V

chà inferior; pobre; estar corto de; faltar 差 VE/V

chàbuduō más o menos; casi lo mismo 差不多 A/VE

cháng largo (*contrario de corto*) 长／長 VE

cháng probar 尝／嚐 V

chàng cantar 唱 V

chángcháng a menudo; frecuentemente 常常 A

chángduǎn longitud 长短／長短 S

chàng gē(r) cantar una canción 唱歌(儿)／唱歌(兒) VO

chángjiàn visto comúnmente; común 常见／常見 VE

Cháng Jiāng río Yangtsé 长江／長江 PL

chàng kǎlā OK cantar karaoke 唱卡拉OK VO

chángkù [tiáo] pantalones 长裤[条]／長褲[條] S

chángtú (qì)chē [liàng] autobús de larga distancia 长途(汽)车／長途(汽)車 [辆／輛] S

cháng yi cháng probar un poco 尝一尝／嚐一嚐 FV

chāo copiar; transcribir 抄 V

cháo hacia; en dirección a 朝 CV

chǎo salteado 炒 V

chǎo fàn arroz sofrito 炒饭／炒飯 S

chǎo làròu tocino salteado 炒腊肉／炒臘肉 S

chǎomiàn tallarines sofritos 炒面／炒麵 S

chāoshì supermercado 超市 S

cháshuǐ agua para té; infusión ligera de té 茶水 S

chē [liàng] vehículo; automóvil 车[辆]／車[輛] S

chēng lleno hasta reventar 撑／撐 V

chéng li dentro de la ciudad 城里／城裡 PL

chéngtiě tren interurbano 城铁／城鐵 S

chènshān [jiàn] camisa; blusa 衬衫[件]／襯衫[件] S

chēzhàn estación de autobús 车站／車站 S

chī comer 吃 V

chībǎo comer hasta llenarse 吃饱／吃飽 VR

chībǎole haber comido hasta llenarse; lleno; saciado 吃饱了／吃飽了 FV

chī bú xià (le) no poder comer ni un bocado más 吃不下 FV

chìdào ecuador 赤道 S

chīfàn comer una comida; comer 吃饭／吃飯 V／VO

chīnì (le) cansado de comer (*algo*) 吃腻(了)／吃膩(了) FV

chuān vestir; llevar; ponerse ropa 穿 V

chuán [tiáo] embarcación; barco 船[条]／船[條] S

chuàn ir de un lugar a otro; corretear 串 V

Chuāncài cocina de Sichuan 川菜 S

chuáng [zhāng] cama 床[张]／床[張] S

chuántǒng tradición; convención 传统／傳統 S

chuān yīfu vestir; llevar; ponerse ropa 穿衣服 V／VO

chúfáng cocina 厨房／廚房 S

chūguó salir del país 出国／出國 VO

chūmén salir; salir de 出门／出門 VO

chūn, xià, qiū, dōng primavera, verano, otoño e invierno (*orden habitual de las estaciones en chino*) 春, 夏, 秋, 冬 S

chūntiān primavera 春天 S

chūqù salir 出去 V

chūqù wánr salir a divertirse 出去玩儿／出去玩兒 FV

chūshēng zài nacido en 出生在 FV

chū tàiyáng salir el sol; soleado 出太阳／出太陽 VO

chūzhōng curso secundario, bachillerato intermedio 初中 S

chūzhōngshēng estudiante del curso secundario, estudiante del bachillerato intermedio 初中生 S

chūzū qìchē [liàng] taxi 出租汽车[辆]／出租汽車[輛] S

cì veces; ocasiones 次 CF

cóng desde (*un lugar, un tiempo, etc.*) 从／從 CV

cóng ... lái venir de ... 从……来／從……來 FV

cóng ... lái jiǎng/shuō hablando del punto de vista de ... 从……来讲／说 ǁ 從……來講／說 FV

cónglái bù/méi nunca 从来不／没 ǁ 從來不／没 A

cōngming inteligente; listo 聪明／聰明 VE

cúnzài existir 存在 V

D

dǎ jugar (*a juegos de pelota*) 打 V

dà grande; mayor (*edad*) 大 VE

dà (érzi, n)'ér (*hijo, hija*) mayor 大(儿子,女儿)／大(兒子,女兒) S

dà bùfen la mayor parte 大部分／大部份 S

dǎdí tomar un taxi 打的 VO

dǎ diànhuà llamar por teléfono; telefonear 打电话／打電話 VO

dǎgōng trabajar a tiempo parcial; hacer trabajos ocasionales 打工 VO

dàhào grande (*talla de ropa, etc.*) 大号／大號 S

dài traer; llevar consigo; tomar; incluir; venir con 带／帶 V

dài llevar (*sombrero, gafas, etc.*) 戴 V

dāi zài quedarse (*en*) 待在 FV

dāi zài jiā li quedarse/permanecer en casa 待在家里／待在家裡 FV

dàizi [ge] bolsa 袋子[个]／袋子[個] S

dàjiā todos 大家 S

dǎjiǎo	molestar; incomodar; importunar	打搅／打擾	V		diànzǐ yóuxì [gè]	videojuego	电子游戏[个]／電子遊戲[個]	S
dǎléi	tronar	打雷	VO		diàoyú	pescar	钓鱼／釣魚	VO
dàn	soso	淡	VE		dì-bā (ge)	octavo	第八(个)／第八(個)	S/NUM
dāncí	palabra	单词／單詞	S		dìdi	hermano pequeño	弟弟	S
dāng	ser; actuar como; funcionar como; servir de	当／當	V		dì-èr (ge)	segundo	第二(个)／第二(個)	S/NUM
dàngāo [kuài]	pastel [un trozo]	蛋糕[块]／蛋糕[塊]	S		dìfang [gè]	lugar; sitio	地方[个]／地方[個]	S
dāngrán	por supuesto; naturalmente	当然／當然	A		dì-jiǔ (ge)	noveno	第九(个)／第九(個)	S/NUM
dāngzhōng	entre	当中／當中	A		dìlǐ	geografía	地理	S
dànshì	pero; no obstante; sin embargo	但是	C		dì-liù (ge)	sexto	第六(个)／第六(個)	S/NUM
dàntà	tartaleta de crema	蛋挞	S		dǐng	muy; más; extremadamente	顶／頂	A
dào	(clasificador para puertas)	道	CF		dǐnglóu	planta superior; buhardilla	顶楼／頂樓	S
dào	llegar (a un lugar o un tiempo)	到	CV		dì-qī (ge)	séptimo	第七(个)／第七(個)	S/NUM
dào ... qù	ir a ... (un lugar)	到……去	FV		dìqiú	la Tierra; el mundo	地球	S
dāo gōng	técnica de corte (comida para cocinar)	刀功	S		dìsān (ge)	tercero	第三(个)／第三(個)	S/NUM
dàole	haber llegado	到了	FV		dì-shí (ge)	décimo	第十(个)／第十(個)	S/NUM
dàoguo	haber estado (en un lugar)	到过／到過	V		dìèshí'èr (ge)	duodécimo	第十二(个)／第十二(個)	S/NUM
dǎ qiú	jugar a deportes de pelota	打球	VO		dì-shíyī (ge)	undécimo	第十一(个)／第十一(個)	S/NUM
dàshà	edificio	大厦／大廈	S		dì-sì (ge)	cuarto	第四(个)／第四(個)	S/NUM
dàxué	universidad	大学／大學	S		dìtiě	metro	地铁／地鐵	S
dàxuéshēng	estudiante universitario	大学生／大學生	S		dìtiězhàn	parada/estación de metro	地铁站／地鐵站	S
dāying	estar de acuerdo; aceptar	答应／答應	V		dìtú [zhāng]	mapa	地图[张]／地圖[張]	S
dǎzhé	hacer un descuento	打折	VO		dìshàng	sobre tierra	地上	PL
Déguó	Alemania	德国／德國	PL		dìèwǔ (ge)	quinto	第五(个)／第五(個)	S/NUM
Déguóhuà	alemán (idioma)	德国话／德國話	S		dǐxia	abajo; debajo; bajo	底下	PL
Déguórén	alemán (persona)	德国人／德國人	S		dìxià	subterráneo; bajo tierra	地下	PL
děi	deber; tener que	得	VA		dì-yī (ge)	primero	第一(个)／第一(個)	S/NUM
děng	esperar; aguardar	等	V		dì-yī / dì-èr / dì-sān / dì-sì shēng	primer/segundo/tercer/cuarto tono	第一／第二／第三／第四声‖第一／第二／第三／第四聲	S
děngyú	equivaler a	等于／等於	V		dìzhǐ	dirección; ubicación; dirección postal	地址	S
de shíhou	cuando (en el momento de)	的时候／的時候	PT		dǒng	comprender	懂	V
Déwén	alemán (idioma)	德文	S		dōngběibiān(r)	noreste	东北边(儿)／東北邊(兒)	PL
Déyǔ	alemán (idioma)	德语／德語	S		dōngbiān(r)	este (lugar, dirección)	东边(儿)／東邊(兒)	PL
dì	(prefijo ordinal)	第	PREF		dòngcí	verbo	动词／動詞	S
diǎn	encender	点／點	V		dōngnán	sureste	东南／東南	PL
diàn	electricidad	电／電	S		dōngtiān	invierno	冬天	S
diǎn cài	pedir platos de un menú	点菜／點菜	VO		dōngxi [gè]	objeto; cosa	东西[个]／東西[個]	S
diǎn (zhōng)	en punto; hora en un reloj	点(钟)／點(鐘)	CF		dōu	todo; ambos	都	A
diàndòng	eléctrico	电动／電動	AT		dòufu	tofu	豆腐	S
diànhuà [gè]	teléfono	电话[个]／電話[個]	S		dú	estudiar; ir a la escuela; tomar un curso; leer en voz alta	读／讀	V
diànhuà hàomǎ	número de teléfono	电话号码／電話號碼	S		duǎn	corto (longitud)	短	VE
diànnǎo [tái]	computadora	电脑[台]／電腦[台]	S		duǎnkù [tiáo]	pantalones cortos [par]	短裤[条]／短褲[條]	S
diànnǎo kēxué	ciencias informáticas	电脑科学／電腦科學	S		duànliàn	practicar ejercicio físico; forjar	锻炼／鍛煉	V
diànshì [tái]	televisión; TV	电视[台]／電視[台]	S		duànluò	párrafo	段落	S
diànshì jiémù	programa de TV	电视节目／電視節目	S		dú bóshì xuéwèi	estudiar un doctorado	读博士学位／讀博士學位	FV
diàntī	elevador; ascensor	电梯／電梯	S		duì	acertado; correcto	對／对	VE
diànyǐng [bù]	película	电影[部]／電影[部]	S		duìbuqǐ	lo siento; disculpe; lo lamento	对不起／對不起	EI
diànyǐngyuàn	sala de cine	电影院／電影院	S					
diànyóu	e-mail	电邮／電郵	S					
diànyuán	dependiente; empleado/mesero de restaurante	店员／店員	S					

VOCABULARIO CHINO-ESPAÑOL

duìle   sí; es correcto   对了／對了   EI
dúlì de   privado; independiente (*como baños, etc.*)   独立的／獨立的   VE
dùn   (*clasificador para comidas*)   顿／頓   CF
duō   cómo; hasta qué punto   多   A
duō   mucho; numeroso   多   VE
duōshao   cuántos (*más de diez*)   多少   PI
duōyún   nubes y claros   多云／多雲   FV
dúshēngnǚ   hija única   独生女／獨生女   S
dúshēngzǐ   hijo único   独生子／獨生子   S
dúshū   estudiar; ir a la escuela   读书／讀書   VO
dú shuòshì xuéwèi   estudiar un máster   读硕士学位／讀硕士學位   FV
dú xuéshì xuéwèi   estudiar un grado   读学士学位／讀學士學位   FV

E

è   tener hambre   饿／餓   VE
Éluósī   Rusia   俄罗斯／俄羅斯   PL
Éluósīhuà   ruso (*idioma*)   俄罗斯话／俄羅斯話   S
Éluósīrén   ruso (*persona*)   俄罗斯人／俄羅斯人   S
èr   dos   二   NUM
érqiě   además; y   而且   C
èrshí   veinte   二十   NUM
èrshíyī   veintiuno   二十一   NUM
Èryuè   febrero   二月   S
érzi   hijo (*varón*)   儿子／兒子   S
Éwén   ruso (*idioma*)   俄文   S
Éyǔ   ruso (*idioma*)   俄语／俄語   S

F

fá   castigar   罚／罰   V
Fǎguó   Francia   法国／法國   PL
Fǎguóhuà   francés (*idioma*)   法国话／法國話   S
Fǎguórén   francés (*persona*)   法国人／法國人   S
fǎlǜ   ley   法律   S
fàn [wǎn]   comida [cuenco]   饭[碗]／飯[碗]   S
fāngbiàn   conveniente   方便   VE
fàngjià   tener o estar de vacaciones   放假   VO
fángjiān [gè]   habitación   房间[个]／房間[個]   S
fàngsōng   relajarse   放松／放鬆   V
fànguǎn(r)   restaurante   饭馆(儿)／飯館(兒)   S
fāngxiàng   dirección   方向   S
fàngxué   salir de la escuela; abandonar la escuela   放学／放學   VO
fángzi [dòng]   casa   房子[栋]／房子[棟]   S
fántǐzì   carácter tradicional   繁体字／繁體字   S
fāshāo   tener fiebre   发烧／發燒   VO
Fǎwén   francés (*idioma*)   法文   S
fāxiàn   descubrir; encontrar   发现／發現   V
Fǎyǔ   francés (*idioma*)   法语／法語   S

fēicháng   extremadamente; muy; más bien; bastante   非常   A
fēijī [jià]   avión   飞机[架]／飛機[架]   S
féizào [kuài]   jabón [pastilla]   肥皂[块]／肥皂[塊]   S
Fēizhōu   África   非洲   PL
Fēizhōurén   africano (*persona*)   非洲人   S
fēn   1/100 de una unidad monetaria; céntimo   分   CF
fēn   minuto (*horas*)   分   CF
fēngfù   rico; abundante; pleno   丰富／豐富   VE
fēnggé   estilo; escuela   风格／風格   S
fēngjǐng   paisaje   风景／風景   S
fěnhóngsè   rosa   粉红色／粉紅色   S
fù   pagar (*dinero*)   付   V
fùjìn   cercanías; vecindad; inmediaciones   附近   S
fùkē   materia secundaria; asignatura opcional   副科   S
fùmǔ   padres   父母   S
fù qián   pagar dinero   付钱／付錢   VO
fùqin   padre   父亲／父親   S
fúshǒu diàntī   escaleras mecánicas   扶手电梯／扶手電梯   S
fúwùyuán   camarero; mesero; persona de servicio; asistente; empleado de ventas   服务员／服務員   S
fù xiànjīn   pagar en efectivo   付现金／付现金   VO

G

gǎitiān   otro día   改天   A
gānbēi   de golpe; salud (*en un brindis*)   干杯／乾杯   EI
gāng   hace un momento; justo ahora   刚／剛   A
Gǎngbì   dólar de Hong Kong   港币／港幣   S
gāngcái   hace un momento; justo ahora   刚才／剛才   A
gǎnjǐn   con rapidez; inmediatamente; sin perder tiempo   赶紧／趕緊   A
gǎnshòu   sentir; experimentar   感受   V
gāo   alto; (*también un apellido*)   高   VE
gāogēnxié [shuāng]   zapatos de tacón alto [par]   高跟鞋[双]／高跟鞋[雙]   S
gāo lóu   edificio alto   高楼／高樓   S
gàosu   decir; informar   告诉／告訴   V
gāoxìng   feliz; encantado   高兴／高興   VE
gāozhōng   bachillerato superior   高中   S
gāozhōngshēng   estudiante del bachillerato superior   高中生   S
gē cǎo   cortar la hierba   割草   VO
gēge   hermano mayor   哥哥   S
gěi   para (en beneficio de); a   给／給   CV
gěi   dar   给／給   V
gējù   ópera   歌剧／歌劇   S
gēn   con; y   跟   C
gèng   todavía; aún más (*en comparaciones*)   更   A
gēnjù   según; en base a; base; cimiento; fundación   根据／根據   CV/S
gēnjù ... lái suàn   considerar en base a ...   根据……来算／根據……來算   FV
gēxīng   cantante famoso   歌星   S

VOCABULARIO CHINO-ESPAÑOL

gè zhǒng distintas clases/tipos/categorías 各种／各種 S
gōngbǎojīdīng cuadritos de pollo kungpao 宫保鸡丁／宮保雞丁 S
gōngchē [liàng] autobús público 公车[辆]／公車[輛] S
gōngchéng ingeniería 工程 S
gōngchéngshī ingeniero 工程师／工程師 S
gōnggòng público; común; comunal 公共 AT
gōnggòng cèsuǒ baño público 公共厕所／公共廁所 S
gōnggòng qìchē [liàng] autobús 公共汽车[辆]／公共汽車[輛] S
gōngjiāokǎ tarjeta de transporte (recargable) 公交卡 S
gōngkè tareas escolares; deberes; tarea 功课／功課 S
gōngrén trabajador; obrero 工人 S
gōngyòng compartido; común; de uso público 公用 AT
gōngyù apartamentos; viviendas públicas 公寓 S
gōngyuán(r) parque público 公园(儿)／公園(兒) S
gōngzuò trabajo 工作 S/V
gǒu perro (zodiaco chino) 狗 S
gòuwù zhōngxīn centro comercial 购物中心／購物中心 S
guā fēng hacer viento/soplar el viento 刮风／刮風 VO
guā húzi afeitarse 刮胡子／刮鬍子 VO
guǎi girar (en una dirección) 拐 V
guàng bówùguǎn visitar un museo 逛博物馆／逛博物館 VO
guàng jiē ir de compras 逛街 VO
guàng shāngchǎng ir al centro comercial 逛商场／逛商場 VO
Guǎngzhōu Cantón (antiguo nombre de Guangzhou) 广州／廣州 PL
guǎnzi restaurante 馆子／館子 S
gǔdài tiempos antiguos; antigüedad 古代 S
gūgu tía (hermana del padre) 姑姑 S
guì caro; costoso 贵／貴 VE
Guìlín Guilin (ciudad del suroeste China) 桂林 PL
guìxìng cuál es tu apellido 贵姓／貴姓 EI
gǔlǎo antiguo; viejo 古老 VE
guò (sufijo verbal para experiencias) 过／過 S
guó país (sufijo para nombres de países) 国／國 S/S
guò exceder; sobrepasar (cierta hora) 过／過 V
guò pasar (de camino) 过／過 V
guòlái venir (aquí) 过来／過來 V
guò yíhuìr un rato después 过一会儿／過一會兒 FV
guǒzhī zumo de frutas 果汁 S
gǔwén literatura china clásica 古文 S

h

hái todavía; aún 还／還 A
hài ¡Hola! 嗨 I
hǎibiān playa 海边／海邊 S
hái hǎo estoy bien; no estoy mal 还好／還好 EI
hái méi todavía no (en negaciones) 还没／還沒 A
háishi o (al ofrecer alternativas) 还是／還是 C
háishi todavía; aún 还是／還是 A
hǎitān playa 海滩／海灘 S
hǎixiān marisco 海鲜／海鮮 S
hái yǒu además; adicionalmente; y lo que es más 还有／還有 C
háizi niño; chico 孩子 S
háizimen niños 孩子们／孩子們 S
Hālì Bōtè Harry Potter 哈利·波特 S
hāmìguā melón 哈密瓜 S
hànbǎobāo [gè] hamburguesa 汉堡包[个]／漢堡包[個] S
Hánguó Corea del Sur 韩国／韓國 PL
Hánguóhuà coreano (idioma) 韩国话／韓國話 S
Hánguórén coreano (persona) 韩国人／韓國人 S
Hánwén coreano (idioma) 韩文／韓文 S
Hányǔ coreano (idioma) 韩语／韓語 S
Hànyǔ chino (idioma) 汉语／漢語 S
Hànzì carácter chino 汉字／漢字 S
hǎo bien; vale; de acuerdo 好 VE
hǎo bastante; muy 好 A
hào día del mes 号／號 CF
hào número (de una serie) 号／號 CF
hào talla (pequeña, mediana, grande, etc.) 号／號 CF
hǎo chī rico; sabroso; delicioso 好吃 VE
hǎojiǔ durante mucho tiempo 好久 A
hǎokàn atractivo; bonito; guapo 好看 VE
hàomǎ número (de teléfono, etc.) 号码／號碼 S
hē beber 喝 V
hé con (en compañía); y 和 C
hēisè negro 黑色 S
hěn muy (normalmente leve) 很 A
hěn gāoxìng rènshi nǐ (nín) encantado de conocerte(le) 很高兴认识你(您)／很高興認識你(您) EI
hěn shǎo pocas veces; raramente 很少 A
hóngdēng semáforo rojo (tráfico) 红灯／紅燈 S
hónglǜdēng semáforo 红绿灯／紅綠燈 S
hóngsè rojo 红色／紅色 S
hóu mono (zodiaco chino) 猴 S
hòubian(r) detrás; atrás; a espaldas 后边(儿)／後邊(兒) PL
hòumiàn detrás; atrás; a espaldas 后面／後面 PL
hòunián el año después de que viene 后年／後年 PL
hòutiān pasado mañana 后天／後天 PT
hòuyuàn patio trasero 后院／後院 S
hǔ tigre (zodiaco chino) 虎 S
hù (clasificador para familias, casas, etc.) 户／戶 CF
huā gastar (dinero) 花 V
huā(r) flor 花(儿)／花(兒) S
huà palabras; discurso 话／話 S
huáchuán remar en barca 划船 VO
huàjiā pintor; artista 画家／畫家 S
huàn cambiar; intercambiar 换／換 V
huángguā pepino 黄瓜 S
Huáng Hé río Amarillo 黄河 PL
huángsè amarillo 黄色 S

huànqián cambiar moneda 换钱／換錢 VO
huānyíng dar la bienvenida; saludar 欢迎／歡迎 V
huāqián gastar dinero 花钱／花錢 V/VO
huàxué química 化学／化學 S
huàzhuāng maquillarse 化妆／化妝 VO
huàzhuāngpǐn maquillaje 化妆品／化妝品 S
huàzhuāngshì sala de maquillaje 化妆室／化妝室 S
hùfàsù [píng] acondicionador (para el pelo) [botella] 护发素[瓶]／護髮素[瓶] S
huí volver (a un lugar) 回 V
huì poder; saber (cómo hacer) 会／會 V
huì probablemente; es probable; con seguridad 会／會 VA
Huīcài cocina de Anhui 徽菜 S
huídá contestar; responder 回答 V
huíjiā ir/volver a casa 回家 VO
huílái volver; regresar 回来／回來 V
huíqù volver 回去 V
huīsè gris 灰色 S
hùlǐ cuidado; atención 护理／護理 S
húluóbo zanahoria 胡萝卜／胡蘿蔔 S
huǒchē [liàng] tren 火车[辆]／火車[輛] S
Huódào lǎo xuédào lǎo. La búsqueda de conocimiento no termina nunca. 活到老学到老。／活到老學到老。 EI
huódòng actividad 活动／活動 S
huǒhou control del fuego al cocinar 火候 S
huòzhě o (en afirmaciones) 或者 C
hùshi enfermero(a) 护士／護士 S
húzi barba 胡子／鬍子 S

J

jī gallo; pollo (zodiaco chino) 鸡／雞 S
jī(ròu) pollo (carne) 鸡(肉)／雞(肉) S
jǐ lleno de gente; abarrotado 挤／擠 VE
jǐ varios; unos pocos (seguido siempre del clasificador adecuado) 几／幾 CF
jǐ (ge) cuántos (menos de diez) 几(个)／幾(個) PI
jì memorizar 记／記 V
jiā más; añadir 加 V
jiā (qǐlái) sumar (en total/juntos) 加(起来)／加(起來) V
jiā casa; familia 家 CF/S
jiācháng-biànfàn comida casera; comida sencilla 家常便饭／家常便飯 S
jiācháng cài cocina/comida casera 家常菜 S
jiā dàhào tamaño extra grande 加大号／加大號 S
jiákè [jiàn] chaqueta 夹克[件]／夾克[件] S
jiā li rén miembros de la familia 家里人／家裡人 S
jiān (clasificador para habitaciones) 间／間 CF
jiān hacer a la plancha; freír 煎 V
jiǎn restar 减／減 V
jiàn ver a/encontrarse con (alguien) 见／見 V
Jiānádà Canadá 加拿大 PL
Jiānádàrén canadiense (persona) 加拿大人 S
Jiānádàyuán dólar canadiense 加拿大元 S
jiǎndān simple; sencillo 简单／簡單 VE
jiǎng explicar; aclarar; conferenciar 讲／講 V
jiǎngjià regatear (para obtener descuento) 讲价／講價 VO
jiǎngjiu dar importancia; prestar atención 讲究／講究 VE
jiānglái futuro; en el futuro 将来／將來 PT/S
jiǎn jià bajar el precio 减价／減價 VO
jiànshēnfáng gimnasio 健身房 S
jiǎntǐzì carácter simplificado 简体字／簡體字 S
jiànzhù arquitectura; edificio 建筑／建築 S
jiànzhùshī arquitecto 建筑师／建築師 S
jiāo enseñar 教 V
jiǎo 1/10 de la unidad monetaria (escrito); diez céntimos 角 CF
jiào llamado; ser llamado (por el nombre) 叫 VE
jiào decir (a alguien que haga algo) 叫 V
jiāo péngyou hacer (nuevos) amigos 交朋友 VO
jiàoshòu [wèi] profesor 教授[位]／教授[位] S
jiāoshū enseñar; dar clase 教书／教書 VO
jiāotán hablar; conversar 交谈／交談 V
jiāowài afueras de la ciudad 郊外 PL
jiàoxuélóu aulario 教学楼／教學樓 S
jiāoyóu salir de excursión 郊游／郊遊 S
jiàqian precio 价钱／價錢 S
jiārù unirse; incorporar 加入 V
jiàshǐshì cabina del conductor (en un camión) 驾驶室／駕駛室 S
jiātíng jùhuì reunión familiar 家庭聚会／家庭聚會 S
jiāwù tareas de la casa 家务／家務 S
jiā xiǎohào tamaño extra pequeño 加小号／加小號 S
Jiāyóu! (al animar) ¡Vamos!; ¡Ánimo! (lit. "añadir gasolina") 加油 EI
Jiāzhōu California 加州 PL
jīběnshàng fundamentalmente; básicamente; en general; principalmente 基本上 A
jīdàn huevos (de gallina) 鸡蛋／雞蛋 S
jìde recordar 记得／記得 V
jiē reunirse con; recoger (a alguien) 接 V
jiē [tiáo] calle 街[条]／街[條] S
jié (clasificador para periodos de clase) 节／節 CF
jiějie hermana mayor 姐姐 S
jièlánniúròu ternera con brócoli 芥兰牛肉／芥蘭牛肉 S
jiěmèi hermanas 姐妹 S
jièshào presentar 介绍／介紹 V
jiēshòu aceptar 接受 V
jiéwěi final 结尾／結尾 S
jièyì importar; sentirse ofendido 介意 V
jiézhàng pagar la cuenta; liquidar cuentas 结账／結賬 VO
jiēzhe + verbo seguir; continuar ... (gerundio) 接着／接著 A
jìfù padrastro 继父／繼父 S
jīhuì oportunidad; ocasión 机会／機會 S

VOCABULARIO CHINO-ESPAÑOL

jíle (hǎojíle, kuàijíle ...) extremadamente (*bueno, rápido, etc.*) 极了(好极了,快极了……)／極了(好極了,快極了……) S
jìmǔ madrastra 继母／繼母 S
jìn cerca 近 VE
jìnbù hacer progresos; progresar; avanzar; mejorar 进步／進步 V/S
jǐngchá agente de policía 警察 S
jīngcháng frecuentemente; constantemente; regularmente; a menudo 经常／經常 A
jīngguò después; a través; como resultado 经过／經過 V
jīnglǐ director (*en empresas, etc.*) 经理／經理 S
jìniànpǐn [gè] souvenir; recuerdo 纪念品[个]／紀念品[個] S
jǐnliàng hacer lo máximo posible 尽量／盡量 A
jīnnián este año 今年 PT
jìnqù entrar 进去／進去 V
jīnróng finanzas 金融 S
jīnsè dorado (*color*) 金色 S
jīntiān hoy 今天 PT
jīntiān wǎnshang esta noche 今天晚上 PT
jìqiǎo técnica; habilidad 技巧 S
jìsuànjī zhōngxīn centro de informática 计算机中心／計算機中心 S
jítǐ sùshè dormitorio colectivo (*viviendas para no estudiantes*) 集体宿舍／集體宿舍 S
jiǔ nueve 九 NUM
jiǔ alcohol; bebida alcohólica 酒 S
jiù solo; exactamente; precisamente; entonces 就 A
jiǔbā bar/pub 酒吧 S
jiǔcài cebollino de ajo chino 韭菜 S
jiùhuǒyuán bombero 救火员／救火員 S
jiùjiu tío (*hermano de la madre*) 舅舅 S
Jiǔyuè septiembre 九月 S
jìxù seguir; continuar 继续／繼續 V
jīyāyúròu pollo, pato, pescados y carnes (*normalmente cerdo*) 鸡鸭鱼肉／雞鴨魚肉 EI
jìyì memoria 记忆／記憶 S
juéde creer; pensar que 觉得／覺得 V
júhóngsè naranja (*color*) 橘红色／橘紅色 S
jùhuì reunión; encuentro 聚会／聚會 S
jùlèbù club (asociación) 俱乐部／俱樂部 S
jūnrén soldado 军人／軍人 S
jùyuàn teatro 剧院／劇院 S
júzi zhī zumo de naranja 橘子汁 S

K

kǎ [zhāng] tarjeta 卡[张]／卡[張] S
kǎchē [liàng] camión 卡车[辆]／卡車[輛] S
kāfēi [bēi] café [taza] 咖啡[杯] S
kāfēisè color café 咖啡色 S
kāichē conducir; ir en automóvil 开车／開車 VO
kāishǐ empezar; comenzar 开始／開始 V
kāitóu comienzo 开头／開頭 S
kàn leer (*un libro, etc.*) 看 V
kàn mirar; ver (*una película, etc.*) 看 V
kànbào leer un periódico 看报／看報 VO
kàn bú jiàn no poder ver 看不见／看不見 VR
kàndào ver; darse cuenta 看到 VR
kàn diànshì ver la TV 看电视／看電視 VO
kàn diànyǐng ver una película 看电影／看電影 VO
kànjiàn ver; percibir 看见／看見 V
kàn (yi) kàn mirar; echar un vistazo 看(一)看 FV
kànlái parece como si; al parecer 看来／看來 A
kàn shū leer; leer un libro; lectura 看书／看書 VO/S
kàn xì ver una obra de teatro 看戏／看戲 VO
kǎo hacer/tomar una prueba 考 V
kǎo hornear; tostar 烤 V
kǎoshì examen; hacer/tomar un examen 考试／考試 S/V
kǎoyā pato asado 烤鸭／烤鴨 S
kě sediento 渴 VE
kè (*clasificador para clases*) 课／課 CF
kè [mén] materia; asignatura 课[门]／課[門] S
kè [táng] clase; periodo de clase (*escuela o universidad*) 课[堂]／課[堂] S
kèchéng curso; currículo 课程／課程 S
kělè refresco de cola 可乐／可樂 S
kěn estar dispuesto a 肯 VA
kěnéng probablemente; quizás 可能 A
kèqi educado 客气／客氣 VE
kèren [gè] [wèi] invitado; pasajero; visitante; cliente 客人[个][位]／客人[個][位] S
kěshì pero; no obstante 可是 C
kètīng salón; sala de estar 客厅／客廳 S
kèwài extracurricular; fuera de clase; después de clase 课外／課外 S
kèwài shū libros extracurriculares 课外书／課外書 S
kèwén texto (*de una lección*) 课文／課文 S
kěyǐ poder; ser posible (*permiso*) 可以 VA
kòng(r) tiempo libre 空(儿)／空(兒) S
kōngqì aire; atmósfera 空气／空氣 S
kǒu boca (*radical*) 口 S
kǒuyǔ lengua oral 口语／口語 S
kǔ amargo 苦 VE
kuài unidad monetaria (*coloquial*) 块／塊 CF
kuài rápido; rápidamente 快 VE/A
kuàijì contabilidad 会计／會計 S
Kuài jìnlái ba. ¡Entra! 快进来吧。／快進來吧。 FV
kuàijìshī contable 会计师／會計師 S
kuài yào + *verbo* pronto; a punto de 快要 A
kuàizi [shuāng] palillos [par] 筷子[双]／筷子[雙] S
kuānchang amplio; espacioso 宽敞／寬敞 VE
kuàngquánshuǐ agua mineral 矿泉水／礦泉水 S
kǔguā pepino amargo 苦瓜 S
kùn somnoliento; cansado 困／睏 VE
kùzi [tiáo] pantalones [par] 裤子[条]／褲子[條] S

L

là 辣 picante; especiado VE
lái aproximadamente; más de 来／來 P
lái venir 来／來 V
lái diǎnr ... ¿quieres un poco más de X? (*dicho en la mesa por el anfitrión*); Tomaré más X (*dicho al pedir más comida o bebida*) 来点儿……／來點兒…… FV
lánqiú baloncesto 篮球／籃球 S
lánsè azul 蓝色／藍色 S
lánzi cesta 篮子／籃子 S
lǎo viejo; anticuado; pasado de moda; mayor en términos de edad 老 VE
lǎodà hijo más mayor; primogénito 老大 S
lǎo èr segundo hijo (*de una familia*) 老二 S
lǎogōng marido; esposo 老公 S
lǎolao abuela materna 姥姥 S
lǎopo mujer; esposa 老婆 S
lǎoshī [wèi] profesor 老师[位]／老師[位] S
Lǎoshǔ ài dàmǐ "A los ratones les gusta el arroz" (*canción china famosa*) 老鼠爱大米／老鼠愛大米 S
lǎo xiǎo hijo pequeño 老小 S
lǎo yāo hijo más pequeño; benjamín 老幺／老么 S
lǎoye abuelo paterno 姥爷／姥爺 S
lèi cansado; fatigado 累 VE
léiyǔ tormenta 雷雨 S
lěng frío (*temperatura*) 冷 VE
lí desde (*distancia de*) 离／離 CV
lí pera 梨 S
(yì) lǐ (*un li equivale a 500 metros*) (一)里 S/CF
liàn practicar 练／練 V
liǎng (gè) dos; un par 两(个)／兩(個) NUM
liǎng céng lóu edificio de dos plantas 两层楼／兩層樓 S
liángkuai fresco; refrescante 凉快／涼快 VE
liǎng shì yī tīng un salón y dos dormitorios 两室一厅／兩室一廳 S
liángshuǎng agradablemente fresco 凉爽／涼爽 VE
liángxié [shuāng] sandalias [par] 凉鞋[双]／涼鞋[雙] S
liáotiān(r) conversar 聊天(儿)／聊天(兒) VO
lǐbian(r) dentro; interior 里边(儿)／裡邊(兒) PL
lǐkē ciencias 理科 S
líng cero 零 NUM
língshí snacks; aperitivos 零食 S
línjū vecino 邻居／鄰居 S
lìshǐ historia 历史／歷史 S
liù seis 六 NUM
liùshí sesenta 六十 NUM
liúxué estudiar en el extranjero 留学／留學 V
Liùyuè junio 六月 S
lǐwù regalo; obsequio 礼物／禮物 S
lóng dragón (*zodiaco chino*) 龙／龍 S
lóu planta (*en un edificio*) 楼／樓 CF
lóu [dòng] edificio (*de varias plantas*) 楼[栋]／樓[棟] S
lóufáng edificio de dos o más plantas 楼房／樓房 S
lóushàng en la planta de arriba 楼上／樓上 PL
lóuxià en la planta de abajo 楼下／樓下 PL
lù (*clasificador para rutas de autobús*) 路 CF
lù [tiáo] camino; carretera 路[条]／路[條] S
Lúbǐ rupia (*moneda de India y Paquistán*) 卢比／盧比 S
Lǔcài cocina de Shandong 鲁菜／魯菜 S
lùchéng distancia de viaje; trayecto 路程 S
lǜdēng semáforo verde (*tráfico*) 绿灯／綠燈 S
luóbo nabo; rábano 萝卜／蘿蔔 S
Luòshānjī Los Ángeles 洛杉矶／洛杉磯 PL
lǜsè verde 绿色／綠色 S
lǜshī abogado 律师／律師 S
lúsǔn espárrago 芦笋／蘆筍 S
lǚxíng viajar 旅行 V
lǚyóu viajar; hacer turismo 旅游／旅遊 V

M

ma (*partícula interrogativa*) 吗／嗎 P
mā mama; madre 妈／媽 S
mǎ caballo (*zodiaco chino*) 马／馬 S
máfan molestar (*a alguien*) V; molesto; problemático; inconveniente VE; molestia S 麻烦／麻煩
mǎi comprar 买／買 V
mài vender 卖／賣 V
mǎi dōngxi comprar cosas 买东西／買東西 VO
májiàng mahjong 麻将／麻將 S
málà adormecedor y picante 麻辣 VE
mǎlù [tiáo] calle; carretera 马路[条]／馬路[條] S
māma mama; madre 妈妈／媽媽 S
mǎmǎhūhū regular; pasable; descuidado 马马虎虎／馬馬虎虎 EI
màn lento 慢 VE
máng ocupado; tener qué hacer 忙 VE
mángguǒ mango 芒果 S
mángguǒ bùdīng pudín de mango 芒果布丁 S
máo 1/10 de la unidad monetaria (*coloquial*); diez céntimos 毛 CF
máobǐ [zhī] pincel de escritura 毛笔[支]／毛筆[支] S
máojīn [tiáo] toalla 毛巾[条]／毛巾[條] S
máoyī [jiàn] suéter 毛衣[件] S
màozi [dǐng] sombrero; gorro; gorra 帽子[顶]／帽子[頂] S
mápódòufu tofu mapo (*estofado de tofu con carne picada*) 麻婆豆腐 S
mǎshàng enseguida; inmediatamente 马上／馬上 A
méi (*negación para* **yǒu** [有]) 没 A
měi bello; hermoso 美 VE
měi (ge) cada 每(个)／每(個) PR
méicuò Estoy seguro; puedes confiar que es así; correcto; cierto 没错／没錯 VO
měi ge rén cada uno 每个人／每個人 S
méi guānxi está bien; no te preocupes 没关系／没關

VOCABULARIO CHINO-ESPAÑOL

系 EI
Měiguó Estados Unidos 美国／美國 PL
Měiguórén estadounidense (*persona*) 美国人／美國人 S
měi jiā měi hù cada familia y hogar 每家每户／每家每戶 EI
Měijīn dólar estadounidense 美金 S
mèimei hermana pequeña 妹妹 S
méi shì(r) estar libre; no estar ocupado; no tener nada que hacer; no es nada; no preocuparse 没事(儿)／没事(兒) EI
Měishì zúqiú fútbol americano 美式足球 S
měishù bellas artes 美术／美術 S
měi tiān cada día; diariamente 每天 PT
méi yìsi sin interés; aburrido 没意思 VE
méiyǒu no tener; sin 没有 V
méiyóudēng lámpara de queroseno 煤油灯／煤油燈 S
mǐ metro (*unidad de longitud*) 米 S/CF
miànbāo [piàn/tiáo] pan [rebanada/barra] 面包[片／条]／麵包[片／條] S
miàntiáo tallarines 面条／麵條 S
mǐfàn [wǎn] arroz hervido [cuenco] 米饭[碗]／米飯[碗] S
míhóutáo kiwi 猕猴桃／獼猴桃 S
Mǐncài cocina de Fujian 闽菜／閩菜 S
míngcí sustantivo 名词／名詞 S
míngnián el año que viene 明年 PT
míngtiān mañana 明天 PT
míngxìnpiàn [zhāng] postal 明信片[张]／明信片[張] S
míngzi [gè] nombre; nombre propio 名字[个]／名字[個] S
mǐsè beige 米色 S
mìshu secretario(a) 秘书／秘書 S
mótuōchē [liàng] motocicleta 摩托车[辆]／摩托車[輛] S
mù madera (*radical*); árbol 木 S
mù lóu edificio de madera 木楼／木樓 S
mǔqin madre 母亲／母親 S
mǔxiào alma mater 母校 S

N

ná tomar; sostener; obtener 拿 V
nà en ese caso; entonces 那 C
nà ese; aquel 那 PR/EP
nádào obtener; lograr 拿到 VR
nǎichá té con leche 奶茶 S
nǎinai abuela paterna 奶奶 S
nǎixī batido de leche 奶昔 S
nàlǐ ahí; allí 那里／那裡 PL
nǎlǐ, nǎlǐ (*rechazo educado de un cumplido*) 哪里, 哪里／哪裡, 哪裡 EI
nàme en ese caso; entonces 那么／那麼 C
nán difícil 难／難 VE
nánbànqiú hemisferio sur 南半球 PL
nánbian(r) sur (*lado/dirección*) 南边(儿)／南邊(兒) PL
nánháir chico 男孩儿／男孩兒 S
nán háizi chico 男孩子 S
Nánjízhōu Antártida 南极洲／南極洲 PL
Nán Měizhōu América del sur 南美洲 PL
nán péngyou novio 男朋友 S
nánshēng muchacho; chico 男生 S
nǎr dónde 哪儿／哪兒 PI
nàr ahí; allí 那儿／那兒 PL
ne ¿y X? 呢 P
něi cuál 哪 PI
nèi ese; aquel 那 PR/EP
nèi ge ese; aquel 那个／那個 PR/EP
néng ser capaz; poder (*si las circunstancias lo permiten*) 能 VA
nǐ tú/usted (*informal*) 你 PR
nián año 年 S/CF
niàn estudiar un curso/materia; leer; leer en voz alta 念 V
niánjí año (*escuela*); curso 年级／年級 S
niànshū ir a la escuela; estudiar; leer libros 念书／念書 VO
nǐ de tu(s); tuyo(s) 你的 PR
Nǐ duō dà? ¿Cuántos años tienes? 你多大 FR
nǐ hǎo hola; ¿qué tal? 你好 EI
Nǐ jǐ suì? ¿Cuántos años tienes? 你几岁／你幾歲 FR
Nǐ kàn! ¡Mira! 你看！ FR
nǐmen vosotros/ustedes 你们／你們 PR
nǐmen zìjǐ vosotros/ustedes mismos 你们自己／你們自己 PR
nín usted (*formal*) 您 PR
níngméng limón 柠檬／檸檬 S
Nín guìxìng? ¿Cuál es su (*honorable*) apellido? 您贵姓？／您貴姓？ EI
Nín hǎo! hola; ¿cómo está usted? 您好！ EI
Nín zǎo! ¡Buenos días! 您早！ EI
niú buey (*zodiaco chino*) 牛 S
niú(ròu) carne de ternera 牛(肉) S
niúnǎi [bēi/píng] leche [vaso/botella] 牛奶[杯／瓶] S
Niǔyuē Nueva York 纽约／紐約 PL
niúzǎikù [tiáo] pantalones vaqueros 牛仔裤[条]／牛仔褲[條] S
Nǐ zǎo! buenos días 你早！ EI
nǐ zìjǐ tú/usted mismo 你自己 PR
nòng hacer; cocinar 弄 V
nóngcūn pueblo; zona rural; campo 农村／農村 S
nóngmín campesino 农民／農民 S
nóngtián campo de cultivo 农田／農田 S
nuǎnhuo cálido 暖和 VE
nǚ'ér hija 女儿／女兒 S
nǚháir chica 女孩儿／女孩兒 S
nǚ háizi chica 女孩子／女孩子 S
nǚ péngyou novia 女朋友 S

O

ò oh! (*comprensión repentina*) 噢 I
ǒu'ěr ocasionalmente 偶尔／偶爾 A
Ōuyuán euro (*moneda*) 欧元／歐元 S
Ōuzhōu Europa 欧洲／歐洲 PL
Ōuzhōurén europeo (*persona*) 欧洲人／歐洲人 S

P

pá escalar; trepar 爬 V
pái (*clasificador para filas, líneas, pasillos*) 排 CF
páiduì hacer cola 排队／排隊 VO
páiqiú voleibol 排球 S
pàng gordo; grueso 胖 VE
pǎo correr 跑 V
pǎobù correr; hacer footing 跑步 VO
pá shān hacer senderismo; escalar montañas 爬山 VO/S
péi acompañar (*a alguien*) 陪 V
pēng hervir; cocinar 烹 V
péngyou amigo 朋友 S
pénjǐng bonsái 盆景 S
piányi barato; no caro 便宜 VE
piào jià precio de etiqueta 票价／票價 S
piàoliang lindo; bonito; atractivo 漂亮 VE
píjiǔ [píng] cerveza [botella] 啤酒[瓶] S
píngzi botella 瓶子 S
píngcháng habitualmente; generalmente 平常 A
píngfáng casa de una sola 平房 S
píngfāngmǐ metro cuadrado 平方米 S
píngguǒ manzana 苹果／蘋果 S
pīngpāngqiú ping-pong 乒乓球 S
pīnyīn pinyin 拼音 S
píxié [shuāng] zapatos de cuero [par] 皮鞋[双]／皮鞋[雙] S
pūkèpái póker 扑克牌／撲克牌 S
pútao uva 葡萄 S
pútao zhī zumo de uva 葡萄汁 S
Pǔtōnghuà mandarín estándar 普通话／普通話 S

Q

qī siete 七 NUM
qí montar (*en bicicleta, a caballo, etc.*) 骑／騎 V
qǐ levantarse (*de la cama*); levantar 起 V
qián [kuài] dinero 钱[块]／錢[塊] S
qián(bian) frente; enfrente 前(边)／前(邊) PL
qiánfāng delante 前方 PL
qiángxiàng punto fuerte; fortaleza 强项／強項 S
qián mén / zhōng mén / hòu mén puerta delantera/central/trasera 前门／中门／后门 || 前門／中門／後門 S
qiánmiàn frente; enfrente 前面 PL
qiánnián el año anterior al año pasado 前年 PT

qiántiān antesdeayer 前天 PT
qiányuàn(r) patio delantero 前院(儿) S
qìchē [liàng] automóvil; coche; carro 汽车[辆]／汽車[輛] S
qǐchuáng levantarse de la cama 起床 VO
qiézi berenjena 茄子 S
qìhòu clima 气候／氣候 S
qǐmǎ al menos; como mínimo 起码／起碼 A/VE
qíncài apio 芹菜 S
qíng soleado; despejado (*tiempo*) 晴 VE
qǐng por favor (*al pedir educadamente*) 请／請 V
qǐng invitar; invitar a comer 请／請 V
qīngdàn sabor suave 清淡 VE
Qīnghǎi Hú lago Qinghai (*oeste de China*) 青海湖 S
qīngjiāo pimiento verde 青椒 S
Qǐng jìn! ¡Entra por favor! 请进!／請進! EI
qīngnián rén joven; jóvenes 青年人 S
qíngtiān día soleado 晴天 S
qǐngwèn disculpe (*seguido de una pregunta*) 请问／請問 EI
qīngxī claro; definido 清晰 VE
Qǐng zuò! ¡Siéntate por favor! 请坐!／請坐! EI
qīnqi familiar(es) 亲戚／親戚 S
qīshí setenta 七十 NUM
qíshí de hecho; en realidad 其实／其實 A
qítā (de) otros (*el resto, lo que sobra*) 其他(的) PR
qiú [gè] pelota 球[个]／球[個] S
qiúchǎng pista/campo de juego (*pelota*) 球场／球場 S
qiūtiān otoño 秋天 S
Qīyuè julio 七月 S
qízhōng entre (*ello, ellos, los cuales, etc.*) 其中 PL
qīzi mujer; esposa 妻子 S
qí zìxíngchē montar en bicicleta 骑自行车／騎自行車 VO
qù ir 去 V
quán completamente; totalmente; en su totalidad 全 A
quánbù todo; completo; total 全部 S
quánwén texto entero/completo 全文 S
qūbié distinguir, diferenciar; distinción, diferencia 区别／區別 V/S
qù dōufēng pasear en automóvil 去兜风／去兜風 FV
quèshí realmente; ciertamente; en efecto 确实／確實 A
qūfēn diferenciar; distinguir 区分／區分 V
qùguo haber estado en 去过／去過 FV
qù lǚxíng salir de viaje 去旅行 FV
qù mǎi dōngxi ir a comprar cosas 去买东西／去買東西 FV
qùnián el año pasado 去年 PT
qúnzi [tiáo] falda 裙子[条]／裙子[條] S
qù sànsan bù salir a pasear 去散散步 FV
qù wánr salir a divertirse 去玩儿／去玩兒 FV

VOCABULARIO CHINO-ESPAÑOL

R

ràng	permitir, dejar; por	让／讓	V/CV
ránhòu	después; luego; entonces	然后／然後	PT
rè	caliente (*temperatura*)	热／熱	VE
règǒu [gè]	perrito caliente	热狗[个]／熱狗[個]	S
rén [gè]	persona	人[个]／人[個]	S
rénjiā	familia; casa; hogar	人家	S
Rénmínbì [kuài]	renminbi	人民币[块]／人民幣[塊]	S
rènshi	conocer a una persona	认识／認識	V
rènshi (zì)	reconocer, conocer los caracteres chinos; saber leer y escribir	认识(字)／認識(字)	VO
rì	sol; día (*radical*)	日	S
Rìběn	Japón	日本	PL
Rìběnhuà	japonés (*idioma*)	日本话／日本話	S
Rìběnrén	japonés (*persona*)	日本人	S
rìjì	diario (*escrito*)	日记／日記	S
Rìwén	japonés (*idioma*)	日文	S
rìyòngpǐn	artículos de uso diario	日用品	S
Rìyǔ	japonés (*idioma*)	日语／日語	S
Rìyuán	yen japonés	日元	S
róngyì	fácil	容易	VE
ròu [kuài]	carne (*habitualmente de cerdo*)	肉[块]／肉[塊]	S
rúguǒ	si (*condicional*)	如果	C

S

sān	tres	三	NUM
sànbù	dar un paseo	散步	VO
sānshí	treinta	三十	NUM
Sānyuè	marzo	三月	S
sè xiāng wèi	color, aroma, y sabor (*de la comida*)	色香味	EI
shài	tomar el sol; fuerte (*dicho del sol*)	晒／曬	V/VE
shài tàiyáng	tomar el sol; broncearse	晒太阳／曬太陽	FV
shālā	ensalada	沙拉	S
shān [zuò]	montaña	山[座]	S
shàng	ir a; atender (*a la escuela*)	上	V
shàngbān (r)	ir a trabajar/la oficina	上班(儿)／上班(兒)	VO
shàngbian (r)	arriba; sobre	上边(儿)／上邊(兒)	PL
shàng cèsuǒ	ir al baño	上厕所／上廁所	VO
shāngchǎng	centro comercial; mercado; bazar	商场／商場	S
shāngdiàn [gè]	tienda; almacén	商店[个]／商店[個]	S
shàng ge yuè	el mes pasado	上个月／上個月	PT
Shànghǎi	Shanghai	上海	PL
shàngkè	ir a clase; tener clase; empezar la clase	上课／上課	VO
shàngmiàn	arriba; sobre	上面	PL
shàngwǎng	navegar en Internet	上网／上網	VO
shàngwǔ	mañana (*desde las 10 a.m. hasta mediodía*)	上午	PL
shàng xīngqī	la semana pasada	上星期	PT
shāngxué	negocios (*estudios*)	商学／商學	S
shàngxué	ir a la escuela	上学／上學	VO
shàng zhuō	sentarse a la mesa (*para comer*)	上桌	FV
shānqū	región montañosa	山区／山區	S
shāo	un poco; ligeramente; un momento	稍	A
shǎo	poco (*en cantidad*)	少	VE
shātān	playa de arena	沙滩／沙灘	S
shé	serpiente (*zodiaco chino*)	蛇	S
shèhuìxué	sociología	社会学／社會學	S
shéi	quién	谁／誰	PI
shēng	nacer; dar nacimiento	生	V
shēng	sin cocinar; crudo; inmaduro	生	VE
shēngcài	lechuga	生菜	S
shēngcí	nueva palabra; ítem de vocabulario	生词／生詞	S
shēngdiào	tono (*en idiomas, como los cuatro tonos del chino*)	声调／聲調	S
shēngfù	padre biológico	生父	S
shēng háizi	dar a luz	生孩子	VO
shēnghuó	vida; existencia	生活	S/V
shēnghuó fāngshì	estilo de vida	生活方式	S
shēngmǔ	madre biológica	生母	S
shēngqì	enfadado; enojado; contrariado	生气／生氣	VE
shēngrì	cumpleaños	生日	S
shēngwù	biología	生物	S
shēngyīn	sonido; voz	声音／聲音	S
shēng zài	nacido en	生在	FV
shénme	qué	什么／甚麼	PI
shénme de	y algo por el estilo; etc.	什么的／甚麼的	
shénme shíhou	cuándo	什么时候／甚麼時候	PI
shèshìdù	grados Celsius	摄氏度／攝氏度	S
shí	diez	十	NUM
shì	ser	是	VE
shì	estancia (*como los espacios de un apartamento*)	室	S
shì [jiàn]	cosa; asunto	事[件]	S
shì de	sí; es correcto	是的	EI
shí'èr	doce	十二	NUM
shí'èr shēngxiào	los doce animales del zodiaco chino	十二生肖	S
Shí'èryuè	diciembre	十二月	S
shīfu	maestro; trabajador cualificado	师傅／師傅	S
shíhou	tiempo; momento	时候／時候	S
shíjiān	tiempo	时间／時間	S
shíjiān biǎo	horario (*de trenes, autobuses, etc.*)	时间表／時間表	S
shíjǐndòufu	tofu con carne y verduras	什锦豆腐／什錦豆腐	S
shíliu	granada	石榴	S
shìqing [jiàn]	asunto; cuestión	事情[件]	S
shīqù	perder	失去	V
shítáng	comedor; cantina	食堂	S
shíyī	once	十一	NUM

VOCABULARIO CHINO-ESPAÑOL

Shíyīyuè noviembre 十一月 S
shìyǒu compañero de habitación/piso 室友 S
Shíyuè octubre 十月 S
shízài realmente; de hecho 实在／實在 A
shóu cocinado; maduro (*también pronunciado shú*) 熟 VE
shòu delgado; fino 瘦 VE
shǒubiǎo [kuài] reloj de pulsera 手表[块]／手錶[塊] S
shòuhuòyuán vendedor(a) 售货员／售貨員 S
shǒujī [gè] teléfono móvil 手机[个]／手機[個] S
shǒujī hàomǎ número de teléfono móvil 手机号码／手機號碼 S
shǒu li en la mano 手里／手裡 PL
shū [běn] libro 书[本]／書[本] S
shǔ pertenecer a un signo zodiacal 属／屬 V
shǔ ratón (*zodiaco chino*) 鼠 S
shuài lindo 帅／帥 VE
shuākǎ validar una tarjeta; usar una tarjeta de crédito 刷卡 VO
shuāng un par (*de algo*) 双／雙 CF
shuāyá lavarse los dientes 刷牙 VO
shūbāo [gè] mochila (*de libros*) 书包[个]／書包[個] S
shūcài verduras; vegetales 蔬菜 S
shūdiàn librería 书店／書店 S
shūfǎ caligrafía 书法／書法 S
shūfu cómodo; confortable 舒服 VE
shuǐ [bēi/píng] agua [vaso/botella] 水[杯／瓶] S
shuì dormir; ir a dormir 睡 V/VO
shuǐguǒ fruta 水果 S
shuǐguǒ pīnpán plato de frutas 水果拼盘／水果拼盤 S
shuìjiào dormir; ir a dormir 睡觉／睡覺 VO
shuì lǎnjiào dormir hasta tarde 睡懒觉／睡懶覺 VO
shuǐní cemento 水泥 S
shuō hablar; decir 说／說 V/VO
shuōhuà hablar; decir 说话／說話 VO
shuō Zhōngguóhuà hablar chino 说中国话／說中國話 FV
shūshu tío (*hermano pequeño del padre*) 叔叔 S
shǔ shù (r) contar (números) 数数(儿)／數數(兒) VO
shū tóufa peinarse 梳头发／梳頭髮 VO
shùxué matemáticas 数学／數學 S
shùyè hojas (*de los árboles*) 树叶／樹葉 S
shūzi [bǎ] peine 梳子[把] S
sì cuatro 四 NUM
sījī conductor; chófer 司机／司機 S
sìshēng los cuatro tonos 四声／四聲 S
Sìyuè abril 四月 S
sòng dar como regalo 送 V
sōngshǔyú pescado agridulce con forma de ardilla 松鼠鱼／松鼠魚 S
suān ácido; agrio 酸 VE
suàn considerar/ver como 算 V
suànróngbōcài espinacas con ajo 蒜蓉菠菜 S
Sūcài cocina de Jiangsu 苏菜／蘇菜 S
suì (*clasificador para años de edad*) 岁／歲 CF
suíbiàn como a uno le apetece; hacer lo que uno quiere 随便／隨便 A
Suíbiàn zuò. ¡Siéntese donde quiera! (*en una mesa o en un restaurante*) 随便坐。／隨便坐。 EI
suīrán ... kěshì aunque ... pero/sin embargo/no obstante 虽然……可是／雖然……可是 C
suìshu edad 岁数／歲數 S
suíyì (*hacer*) como a uno le apetece 随意／隨意 A
suǒyǐ por eso; por lo tanto 所以 C
suǒyǒu de todos 所有的 AT
sùshè dormitorio; residencia 宿舍 S
Sūzhōu Suzhou (*ciudad del este de China*) 苏州／蘇州 PL

T

tā él 他 PR
tā ello (*a menudo no se traduce*) 它 PR
tā ella 她 PR
tài ... (*a menudo acompañado de le*) demasiado; en extremo; extremadamente 太……(了) A
Táiběi Taipei 台北 PL
Tàiguó Tailandia 泰国／泰國 PL
Tàiguórén tailandés (*persona*) 泰国人／泰國人 S
tàijíquán taichí (*arte marcial chino*) 太极拳／太極拳 S
táiqiú billar 台球 S
tàitai mujer; esposa (*formal*) 太太 S
Táiwān Taiwan 台湾／台灣 PL
tàiyáng el sol 太阳／太陽 S
tāmen ellos (*as*) 他们；她们；它们／他們；她們；它們 PR
táng [kuài] caramelo [pieza] 糖[块]／糖[塊] S
tào (*clasificador para conjuntos, series*) 套 CF
táozi melocotón 桃子 S
tiān día 天 S/CF
tián dulce 甜 VE
Tiān a! ¡Dios mío! 天啊！ EI
tiándiǎn postre; pastel; dulce 甜点／甜點 S
tiānqì tiempo 天气／天氣 S
tiānqì yùbào pronóstico del tiempo 天气预报／天氣預報 S
tiāntiān todos los días; diariamente 天天 PT
tiáojiàn condición(es) 条件／條件 S
tiǎozhàn desafiar (*a combatir*); desafío; reto 挑战／挑戰 VO/S
tīng escuchar 听／聽 V
tǐng muy; más bien; bastante 挺 A
tīng yīnyuè escuchar música 听音乐／聽音樂 VO
tǐyù educación física 体育／體育 S
tǐyùguǎn gimnasio 体育馆／體育館 S
tī zúqiú jugar al fútbol 踢足球 VO
tōngcháng habitualmente 通常 A
(tóng fù) yì mǔ de xiōngdìjiěmèi hermanastro (*a*) (*mismo*

VOCABULARIO CHINO-ESPAÑOL

padre) (同父)异母的兄弟姐妹／(同父)異母的兄弟姐妹 S

(**tóng mǔ**) **yì fù de xiōngdìjiěmèi** hermanastro (*a*) (*misma madre*) (同母)异父的兄弟姐妹／(同母)異父的兄弟姐妹 S

tóngshì colega; compañero de trabajo 同事 S

tóngshìmen colegas; compañeros de trabajo 同事们／同事們 S

tóngxué compañero de clase 同学／同學 S

tóngxuémen compañeros de clase 同学们／同學們 S

tǒngzilóu bloque de viviendas 筒子楼／筒子樓 S

tóufa pelo (*de la cabeza*) 头发／頭髮 S

tóu téng doler la cabeza 头疼／頭疼 VO

tǔ tierra; suelo 土 S

tù conejo (*zodiaco chino*) 兔 S

tǔdòu (r) patata 土豆[儿]／土豆(兒) S

tuīchē carrito de la compra 推车／推車 S

tuō'érsuǒ guardería infantil 托儿所／托兒所 S

tuōxié [shuāng] pantuflas [par] 拖鞋[双]／拖鞋[雙] S

túshūguǎn [gè] biblioteca 图书馆[个]／圖書館[個] S

T-xù shān [jiàn] camiseta de manga corta T-恤衫[件] S

W

wā ¡Guau!; ¡Hala! 哇 I

wǎ fáng casa con tejado de tejas 瓦房 S

wàigōng abuelo materno 外公 S

wàiguó país extranjero 外国／外國 S

wàiguóhuà idioma extranjero 外国话／外國話 S

wàiguórén extranjero 外国人／外國人 S

wàipó abuela materna 外婆 S

wàitào [jiàn] chaqueta; abrigo 外套[件] S

wàiyǔ idioma extranjero 外语／外語 S

wǎn cuenco; bol 碗 S/CF

wǎn tarde 晚 VE

wǎncān cena 晚餐 S

wāndòu guisante 豌豆 S

wǎnfàn cena 晚饭／晚飯 S

wǎng hacia 往 CV

wǎng … guǎi girar (*en dirección a*) 往……拐 FV

wàngle haber olvidado 忘了 FV

wǎng qián zǒu seguir recto 往前走 FV

wǎngqiú tenis 网球／網球 S

wán (r) jugar; pasarlo bien; divertirse 玩(儿)／玩(兒) V

wán (r) diànzǐ yóuxì jugar a videojuegos 玩(儿)电子游戏／玩(兒)電子遊戲 FV

wǎngzhàn página web 网站／網站 S

wǎnshang tarde; noche (*desde las 6 p.m. hasta medianoche*) 晚上 PT

wǎn shuì wǎn qǐ "acostarse y levantarse tarde" 晚睡晚起 EI

wàzi [shuāng] calcetines [par] 袜子[双]／襪子[雙] S

wèi (*clasificador formal para personas*) 位 CF

wèidào olor; sabor 味道 S

wèile para; por; a fin de 为了／爲了 C

wèishēngjiān baño; aseo 卫生间／衛生間 S

wèishēngzhǐ papel higiénico 卫生纸／衛生紙 S

wèishénme por qué 为什么／爲甚麼 PI

wèizhì lugar; ubicación 位置 S

wèn preguntar 问／問 V

wēndù temperatura 温度／溫度 S

wénjù [xiē] material de papelería 文具[些] S

wénkē humanidades 文科 S

wèntí [gè] pregunta; problema 问题[个]／問題[個] S

wènwen preguntar 问问／問問 V

wénxué literatura 文学／文學 S

wényánwén escritura clásica 文言文 S

wǒ yo 我 PR

wǒ de mi(*s*); mío (*s*) 我的 PR

Wǒ lǎo yàngzi. Estoy como siempre. 我老样子／我老樣子 FR

wǒmen nosotros 我们／我們 PR

wǒmen de nuestro (*s*) 我们的／我們的 PR

wòshì dormitorio 卧室／臥室 S

wǔ cinco 五 NUM

wǔcān almuerzo; comida 午餐 S

wǔdǎo bailar 舞蹈 VO

wǔdǎo biǎoyǎn actuación de danza 舞蹈表演 S

wǔfàn almuerzo; comida 午饭／午飯 S

wǔjiào siesta 午觉／午覺 S

wùlǐ física 物理 S

wúliáo aburrido 无聊／無聊 VE

wǔ shī danza de león 舞狮／舞獅 S

wǔshù artes marciales 武术／武術 S

wǔshuì siesta; dormir una siesta 午睡 S/V

Wǔyuè mayo 五月 S

X

xǐ lavar 洗 V

xiā gamba 虾／蝦 S

xià (chē, huǒchē …) bajar (*del autobús, el tren, etc.*) 下(车,火车……)／下(車,火車……) V

xiàbān salir del trabajo 下班 VO

xiàcì la próxima vez 下次 S

xià (ge) siguiente (*en una serie*) 下(个)／下(個) EP

xià (ge) xīngqī la semana que viene 下(个)星期／下(個)星期 PT

xià ge yuè el mes que viene 下个月／下個月 PT

xiàkè salir de clase 下课／下課 VO

xiàmiàn debajo; abajo 下面 PL

xiān primero; en primer lugar 先 A

xián (*a menudo seguido de* **zhe** 着／著) tener tiempo libre; estar desocupado 闲／閒 V

xián salado 咸／鹹 VE

xiàndài tiempo moderno 现代／現代 S

xiāng aromático; sabroso; apetitoso 香 VE

xiǎng pensar; querer; tener ganas; tener intención 想 VA

VOCABULARIO CHINO-ESPAÑOL

xiàng ser como; parecerse 像 V
xiāng bǐ zhī xià en comparación; por contraste 相比之下 FV
Xiāngcài cocina de Hunan 湘菜 S
xiāngcháng salchicha 香肠／香腸 S
Xiānggǎng Hong Kong 香港 PL
xiānggū seta 香菇 S
xiāngjiāo plátano; banana 香蕉 S
Xiāngshān Colina Fragante (*parque*) 香山 PL
xiāngxia el campo 乡下／鄉下 S
xiànjīn dinero efectivo 现金／現金 S
xiānsheng caballero; Sr.; marido 先生 S
xián xiàlái de shíjiān tiempo libre (*de uno*) 闲下来的时间／閒下來的時間 FR
xiànzài ahora; en el presente; en este momento 现在／現在 PT
xiǎo pequeño; joven 小 VE
xiǎo háizi niño 小孩子 S
xiǎohào talla pequeña 小号／小號 S
xiǎojiě mujer joven; señorita 小姐 S
xiǎopǐn pequeña escena 小品 S
xiǎoxué escuela primaria 小学／小學 S
xiǎoxuéshēng estudiante de primaria 小学生／小學生 S
xiàozhǎng [wèi] director de escuela 校长[位]／校長[位] S
xiàtiān verano 夏天 S
xiàwǔ tarde 下午 PT
xiàxuě nevar 下雪 VO
xiàyǔ llover 下雨 VO
Xībānyá España 西班牙 PL
Xībānyáhuà español (*idioma*) 西班牙话／西班牙話 S
Xībānyárén español (*persona*) 西班牙人 S
Xībānyáwén español (*idioma*) 西班牙文 S
Xībānyáyǔ español (*idioma*) 西班牙语／西班牙語 S
xīběi noroeste 西北 PL
xībian (r) oeste (*lado; dirección*) 西边(儿)／西邊(兒) PL
xīcān comida/cocina occidental 西餐 S
xiē (*clasificador para pequeñas cantidades*) 些 CF
xié [shuāng] zapatos [par] 鞋[双]／鞋[雙] S
xiě escribir 写／寫 V
xiè agradecer; (*también un apellido*) 谢／謝 V/S
xièxie nǐ/nín gracias 谢谢你／您‖謝謝你／您 FR
xiě zì escribir 写字／寫字 VO
xiě zuòyè hacer las tareas para casa 写作业／寫作業 VO
xǐfàshuǐ [píng] champú [botella] 洗发水[瓶]／洗髮水[瓶] S
xīguā sandía 西瓜 S
xíguàn acostumbrarse a; tener costumbre de; hábito 习惯／習慣 V/S
xīhóngshì tomate 西红柿／西紅柿 S
xǐhuan gustar; preferir 喜欢／喜歡 V
xìjù teatro; obra teatral 戏剧／戲劇 S
xīlánhuā brócoli 西兰花／西蘭花 S
xǐ liǎn lavarse la cara 洗脸／洗臉 VO
xīmǐlù tapioca de melón 西米露 S
xīnán suroeste 西南 PL
xíng estar bien 行 V
xìng apellido; apellidarse 姓 S/V
xīngqī semana 星期 PT
Xīngqī'èr martes 星期二 PT
Xīngqīliù sábado 星期六 PT
Xīngqīrì domingo 星期日 PT
Xīngqīsān miércoles 星期三 PT
Xīngqīsì jueves 星期四 PT
Xīngqītiān domingo 星期天 PT
Xīngqīwǔ viernes 星期五 PT
Xīngqīyī lunes 星期一 PT
xìngréndòufu gelatina de almendra 杏仁豆腐 S
xīnlǐxué psicología 心理学／心理學 S
xīnqíng estado de ánimo 心情 S
xīnxiān fresco (*aire, fruta, etc.*) 新鲜／新鮮 VE
xìnyòngkǎ [zhāng] tarjeta de crédito 信用卡[张]／信用卡[張] S
xiōngdì hermanos 兄弟 S
xiōngdìjiěmèi hermanos y hermanas 兄弟姐妹 S
xīqíntángcùyú pescado agridulce con apio 西芹糖醋鱼／西芹糖醋魚 S
xǐshǒujiān aseo; baño 洗手间／洗手間 S
xiū xuéfēn cursar clases por créditos 修学分／修學分 VO
xiūxi descansar; tomar con calma 休息 V
xīwàng desear; deseo 希望 V/S
xǐ yīfu lavar la ropa 洗衣服 VO
xǐzǎo ducharse; bañarse 洗澡 VO
xuǎnzé elegir; seleccionar 选择／選擇 V
xué estudiar; aprender 学／學 V
xuéfēn créditos (de estudio) 学分／學分 S
xuéqī semestre (*de estudio*) 学期／學期 S
xuésheng estudiante 学生／學生 S
xuéshēng gōngyùlóu dormitorio de estudiantes (*lit. "edificio de apartamentos de estudiantes"*) 学生公寓楼／學生公寓樓 S
xuéwèi título/nivel académico 学位／學位 S
xuéxí estudiar; aprender 学习／學習 V
xuéxiào escuela 学校／學校 S
xūyào necesitar; ser necesario 需要 V

Y

yágāo [zhī] pasta de dientes [tubo] 牙膏[支] S
yáng cabra (*zodiaco chino*) 羊 S
yáng (ròu) oveja; cordero (*carne*) 羊(肉) S
yàng (*clasificador para tipo; clase; forma*) 样／樣 CF
yángcōng cebolla 洋葱／洋蔥 S
yǎngfù padre adoptivo 养父／養父 S
yǎngmǔ madre adoptiva 养母／養母 S
Yángshuò Yangshuo (*ciudad del sur de China*) 阳朔／陽朔

VOCABULARIO CHINO-ESPAÑOL

朔 PL
yǎnjiǎng conferencia; charla 演讲／演講 S
yánjiūshēng estudiante de máster 研究生 S
yánjiūshēng yuàn escuela de máster 研究生院 S
yánsè color 颜色／顏色 S
yǎnyuán actor 演员／演員 S
yào desear; querer; ir a; tener la voluntad de 要 VA
yào medicina 药／藥 S
yāoqǐng invitar 邀请／邀請 V/S
yàoshi si (condicional) 要是 C
yàowù medicamento 药物／藥物 S
yā (ròu) pato 鸭(肉)／鴨(肉) S
yáshuā [zhī] cepillo de dientes 牙刷[支] S
yáxiàn hilo dental 牙线／牙線 S
yáyī dentista 牙医／牙醫 S
Yàzhōu Asia 亚洲／亞洲 PL
Yàzhōurén asiático (persona) 亚洲人／亞洲人 S
yě también; además; asimismo 也 A
yěcān picnic 野餐 S
yèli por la noche; durante la noche; la noche 夜里／夜裡 PT/S
yěxǔ quizás; tal vez; a lo mejor 也许／也許 A
yéye abuelo paterno 爷爷／爺爺 S
yī uno (número) 一 NUM
yìbǎi, èrbǎi ... cien, doscientos, etc. 一百, 二百…… NUM
yìbān generalmente 一般 A
yìbān lái shuō generalmente hablando 一般来说／一般來说 FV
yí cì una vez 一次 NUM/CF
Yìdàlì Italia 意大利 PL
Yìdàlìhuà italiano (idioma) 意大利话／意大利話 S
Yìdàlìrén italiano (persona) 意大利人 S
Yìdàlìwén italiano (idioma) 意大利文 S
Yìdàlìyǔ italiano (idioma) 意大利语／意大利語 S
yí dà zǎo al amanecer; muy pronto 一大早 PT
yìdiǎnr un poco; algo 一点儿／一點兒 NUM/CF
yídìng seguro; ciertamente 一定 A
yídìng děi sin duda; debe 一定得 A/VA
yīfu [jiàn] ropa [prenda] 衣服[件] S
yí gè uno; un 一个／一個 NUM/CF
yí gè rén una persona; solo; por uno mismo 一个人／一個人 A
yígòng junto; en total 一共 A
yíhàn remordimiento; pena 遗憾／遺憾 S
yǐhòu después; más tarde 以后／以後 PT
yíhuìr un momento; en un momento 一会儿／一會兒 PT
yíhuìr jiàn nos vemos dentro de un momento 一会儿见／一會兒見 EI
yǐjīng ya 已经／已經 A
yí kèzhōng un cuarto de hora 一刻钟／一刻鐘 S
yíkuàir juntos 一块儿／一塊兒 A
yī lóu primera planta 一楼／一樓 S
yīn encapotado 阴／陰 VE
Yìndìhuà hindi (idioma) 印地话／印地話 S
Yìndìwén hindi (idioma) 印地文 S

Yìndìyǔ hindi (idioma) 印地语／印地語 S
Yìndù India 印度 PL
Yìndùrén indio (persona) 印度人 S
Yīngbàng libra británica 英镑／英鎊 S
yīnggāi deber de; deber 应该／應該 VA
Yīngguó Reino Unido; Inglaterra 英国／英國 PL
Yīngguórén inglés (persona) 英国人／英國人 S
yīngjùn lindo; guapo 英俊 VE
yīngtao cereza 樱桃／櫻桃 S
Yīngwén inglés (idioma) 英文 S
yíngyǎng nutritivo 营养／營養 S
Yīngyǔ inglés (idioma) 英语／英語 S
yínháng banco (institución) 银行／銀行 S
yǐnliào bebida; refresco 饮料／飲料 S
yínsè plata (color) 银色／銀色 S
yīnwèi por; debido a 因为／因爲 C
yīnyuè música 音乐／音樂 S
yīnyuèjiā músico 音乐家／音樂家 S
yìqǐ juntos 一起 A
yǐqián antes; previamente 以前 PT
yīshēng médico; doctor 医生／醫生 S
yìshùjiā artista 艺术家／藝術家 S
yìsi sentido; idea 意思 S
yì tiān liǎng cì dos veces al día 一天两次／一天兩次 PT
yìxiē unos pocos; varios; algunos 一些 NUM/CF
yīxué medicina 医学／醫學 S
yíyàng igual; lo mismo; idéntico 一样／一樣 VE
Yīyuè enero 一月 S
Yìzhí siempre; a lo largo de (el tiempo o el espacio) 一直 A
yìzhí zǒu seguir recto 一直走 FV
yì zhōu jǐ cì varias veces a la semana 一周几次／一週幾次 PT
yòng con; en (un idioma, etc.) 用 CV
yòng usar; utilizar; hacer uso de 用 V
yòngliào ingredientes 用料 S
yǒu hay; tener; poseer 有 V
yòu y; de nuevo 又 A
yòu ... yòu ambos ... y 又……又 C
yòubian (r) lado derecho 右边(儿)／右邊(兒) PL
yǒu de shíhou a veces 有的时候／有的時候 PT
yǒudiǎn (r) algo; más bien; un poco (solo en negativo) 有点(儿)／有點(兒) A
yòu'éryuán guardería infantil 幼儿园／幼兒園 S
yǒuhǎo amistoso; cordial 友好 VE
yǒu kòng (r) estar libre; tener tiempo libre 有空(儿)／有空(兒) VO
yǒu shì (r) estar ocupado; tener algo que hacer 有事(儿) VO
yǒu yìsi interesante; divertido 有意思 VE
yóuyǒng nadar 游泳 V
yǒu yòng útil 有用 VE
yú [tiáo] pez 鱼[条]／魚[條] S
yǔ lluvia 雨 S

yuán unidad monetaria (*escrito*) 元 CF
yuǎn lejos 远／遠 VE
yuǎndào (r) un largo camino; lejos 远道(儿)／遠道(兒) S
yuánlái originalmente; primero 原来／原來 A
yuànzi patio 院子 S
yùbào pronóstico; previsión 预报／預報 S
yuē concertar una cita; solicitar; invitar 约／約 V
yuè mes (*en los nombres de los meses*) 月 S
Yuècài cocina cantonesa 粤菜／粵菜 S
yuèdú lectura 阅读／閱讀 S
yǔfǎ gramática 语法／語法 S
yújiā yoga 瑜珈 S
yǔmáoqiú bádminton 羽毛球 S
yùndòng deporte 运动／運動 S
yùndòngfú [jiàn] ropa de deporte 运动服／運動服 [件] S
yùndòngxié [shuāng] zapatillas de deporte [par] 运动鞋[双]／運動鞋[雙] S
yùndòngyuán atleta 运动员／運動員 S
yǔwén arte del lenguaje (*lengua y literatura china*) 语文／語文 S
yúxiāngqiézi berenjenas con salsa de ajo 鱼香茄子／魚香茄子 S
yúxiāngròusī tiras de cerdo con salsa de ajo 鱼香肉丝／魚香肉絲 S
yǔyán idioma 语言／語言 S
yǔyánxué lingüística 语言学／語言學 S

Z

zài (*indica que una acción verbal está ocurriendo*) 在 P
zài en; estar situado en 在 V
zài más; de nuevo; entonces 再 A
zài ... de shíhou durante 在……的时候／在……的時候 PT
zàijiàn adiós; hasta luego 再见／再見 EI
Zài lái (yì) diǎnrí ¡Un poco más! 再来(一)点儿!／再來(一)點兒!
zài shuō dejar algo para más tarde; por otra parte; adicionalmente 再说／再說
zài shuō yí cì repetir lo dicho 再说一次／再說一次 FV
zài wàibian afuera 在外边／在外邊 FV/PL
zánmen nosotros (*tú y yo*) 咱们／咱們 P
zǎo pronto 早 VE
zǎo buenos días (*como saludo*) 早 EI
zǎocān desayuno 早餐 S
zǎocāo ejercicios matutinos 早操 S
zǎodiǎn desayuno 早点／早點 S
zǎofàn desayuno 早饭／早飯 S
zǎoshang mañana (*hasta las 9–10 a.m.*) 早上 PT
zǎoshang hǎo buenos días 早上好 EI
zǎo shuì zǎo qǐ "acostarse y levantarse temprano" 早睡早起 EI

zěnme cómo; cómo es que 怎么／怎麼 PI
zěnme le qué pasa; cuál es el problema 怎么了／怎麼了 FV
zěnmeyàng qué te parece (*después de un consejo*) 怎么样／怎麼樣 PI
zěnmeyàng qué tal 怎么样／怎麼樣 EI
zhá freír a profundo 炸 V
zhàn [gè] estación/parada (*de autobús, tren, etc.*) 站[个]／站[個] S
zhǎngdà crecer 长大／長大 V
zhàngfu marido 丈夫 S
zhǎngwò comprender; dominar 掌握 V
zhǎo buscar 找 V
zháojí preocupado; nervioso; ansioso 着急／著急 V
zhǎoqián cambiar dinero; dar las vueltas 找钱／找錢 VO
zhàoyàng como siempre; igual que antes 照样／照樣 A
zhè este; esta; esto 这／這 PR/EP
Zhècài cocina de Zhejiang 浙菜 S
zhège este; esta; esto 这个／這個 PR/EP
zhèi este; esta; esto 这／這 PR/EP
zhèige este; esta; esto 这个／這個 PR/EP
zhèlǐ aquí 这里／這裡 PL
zhème tan; hasta ese punto 这么／這麼 A
zhēn de verdad; verdaderamente; en efecto 真 A
zhēndema ¿de verdad? 真的吗／真的嗎 EI
zhēng vapor 蒸 V
zhèng carnét; certificado 证／證 S
zhènghǎo justamente; justo en el momento 正好 FV
zhèngzhìxué estudios de ciencias políticas 政治学／政治學 S
zhènyǔ chubascos; lluvia intermitente 阵雨／陣雨 S
zhèr aquí 这儿／這兒 PL
zhèxiē estos(*as*) 这些／這些 PR
zhèyàng entonces; de esta forma 这样／這樣 A
zhǐ solo 只 A
zhǐ [zhāng] papel [hoja] 纸[张]／紙[張] S
zhīdao saber (*tener conocimiento de*) 知道 V
zhījiān entre 之间／之間 S
zhíjiē directamente 直接 A
zhīmaqiú bolas fritas rellenas de pasta de sésamo 芝麻球 S
zhǒng (*clasificador para tipos/clases/variedades*) 种／種 CF
zhòng plantar; cultivar 种／種 V
zhōngcān comida/cocina china 中餐 S
zhōngfàn almuerzo; comida 中饭／中飯 S
Zhōngguó China 中国／中國 PL
Zhōngguócài comida/cocina china 中国菜／中國菜 S
Zhōngguóhuà chino (*idioma*) 中国话／中國話 S
Zhōngguórén chino (*persona*) 中国人／中國人 S
zhōnghào talla mediana 中号／中號 S
zhōngjiānr entre; en el centro; en medio 中间儿／中間

	兒		PL	
zhǒnglèi	tipos; clases; variedades	种类／種類	S	
zhōngtóu [gè]	hora	钟头[个]／鐘頭[個]	S	
Zhōngwén	chino (*idioma*)	中文	S	
zhōngwǔ	mediodía	中午	PT	
zhōngxué	escuela secundaria	中学／中學	S	
zhōngxuéshēng	estudiante de secundaria	中学生／中學生	S	
zhōumò	fin de semana	周末／週末	S	
Zhōurì	domingo	周日／週日	PT	
zhōuwéi	vecindad; alrededores	周围／周圍	PL	
zhū	cerdo (*zodiaco chino*)	猪／豬	S	
zhǔ	hervir; cocer	煮	V	
zhù	vivir; residir; alojarse	住	V	
zhuǎn	girar (*en cierta dirección*)	转／轉	V	
zhuǎnbiàn chéng	transformarse en	转变成／轉變成	VR	
zhuǎn chē	cambiar de tren/autobús	转车／轉車	VO	
zhuāngxiū	reformar; renovar	装修／裝修	V	
zhuānmén	especial	专门／專門	VE	
zhuànqián	ganar dinero	赚钱／賺錢	VO	
zhuānyè	especialidad (*estudios*)	专业／專業	S	
zhǔkē	materia principal; asignatura obligatoria	主科	S	
zhuōzi [zhāng]	mesa	桌子[张]／桌子[張]	S	
zhū (ròu)	cerdo	猪(肉)／豬(肉)	S	
zhǔshí	alimento básico	主食	S	
zhǔ xiū	especializarse en	主修	V	
zhǔyi	idea; plan	主意	S	
zhùyì	prestar atención; tomar nota de	注意	V	
zhù zài	vivir (*en*)	住在	FV	
zì [gè]	carácter; palabra	字[个]／字[個]	S	
zìdiǎn [běn]	diccionario	字典[本]	S	
zìjǐ	yo mismo; por mí mismo; uno mismo	自己	PR	
zìláishuǐ	agua corriente	自来水／自來水	S	
zǐsè	violeta (*color*)	紫色	S	
zìxíngchē [liàng]	bicicleta	自行车[辆]／自行車[輛]	S	
zìxíngchē dào	carril para bicicletas	自行车道／自行车道	S	
zǒu	andar; ir por medio de	走	V	
zǒu	marcharse (*irse de un lugar*)	走	V	
zǒuláng	corredor	走廊	S	
zǒulù	andar; andar por la calle	走路	VO	
zuì	el/la/lo más; extremadamente (*prefijo superlativo*)	最	A/PREF	
zuìhǎo	mejor	最好	VE	
zuìhòu	finalmente; al final	最后／最後	A	
zuìjìn	últimamente; recientemente	最近	PT	
zuò	hacer; cocinar; participar en	做	V	
zuò	viajar en; ir en; tomar (*u autobús, tren, etc.*)	坐	V/CV	
zuǒbian (r)	lado izquierdo	左边(儿)／左邊(兒)	PL	
zuò dìtiě	tomar el metro	坐地铁／坐地鐵	VO	
zuòfàn	hacer la comida; cocinar	做饭／做飯	VO	
zuò gōngchē qù	ir en autobús	坐公车去／坐公車去	FV	
zuò gōngkè	hacer ejercicios	做功课／做功課	VO	
zuòhǎo	hacer bien	做好	VR	
zuòjiā	escritor	作家	S	
zuò jiāwù	hacer las tareas domésticas	做家务／做家務	VO	
zuòkè	ser un invitado	做客	VO	
zuótiān	ayer	昨天	PT	
zuò wǎnfàn	hacer la cena	做晚饭／做晚飯	VO	
zuòwéi	ver como; mirar como; tratar como	作为／作為	FV	
zuòyè	ejercicios; deberes	作业／作業	S	
zuǒyòu	(*después de un número*) aproximadamente	左右	S	
zuò yújiā	hacer yoga	做瑜伽	VO	
zuò zǎocāo	hacer ejercicio matutino	做早操	VO	
zuò zǎofàn	hacer el desayuno	做早饭／做早飯	VO	
zuò zhōngfàn	hacer el almuerzo	做中饭／做中飯	VO	

西汉对照词汇表
Vocabulario español-chino

A

a, para (*en beneficio de*) 给／給 gěi V
a continuación 然后／然後 ránhòu PT
a espaldas de 后面; 后边(儿)／後面; 後邊(兒) hòumiàn; hòubian(r) PL
a la plancha 煎 jiān V
a lo largo de (*en el tiempo o el espacio*) 一直 yìzhí A
a menos que 除非 chúfēi C
a menudo 经常; 常常／經常; 常常 jīngcháng; chángcháng A
a punto de (*hacer, etc.*) 刚要; 正好要／剛要; 正好要 gāng yào; zhènghǎo yào A
a salvo 安全 ānquán VE
a veces 有(的)时候／有(的)時候 yǒu(de) shíhou PT
a.m. 上午 shàngwǔ PT
abajo 下面 xiàmiàn PL
abandonar la escuela 放学／放學 fàngxué VO
abarrotado 挤／擠 jǐ VE
abogado 律师／律師 lǜshī S
abrigo 外套 [件] wàitào [jiàn] S
abril 四月 Sìyuè S
abuela (*materna*) 姥姥; 外婆 lǎolao; wàipó S
abuela (*paterna*) 奶奶 nǎinai S
abuelo (*materno*) 姥爷; 外公／姥爺; 外公 lǎoye; wàigōng S
abuelo (*paterno*) 爷爷／爺爺 yéye S
abundante 丰富／豐富 fēngfù A
aburrido de comer (*algo*) 吃腻(了)／吃膩(了) chīnì(le) VR
aburrido 没意思 méi yìsi VE
aceptar (*estar de acuerdo con*) 接受 jiēshòu V
ácido (*sabor*) 酸 suān VE
aclarar 说明; 讲／說明; 講 shuōmíng; jiǎng V
acompañar (*a alguien*) 陪 péi V
acondicionador [botella] (*para el pelo*) 护发素 [瓶]／護髮素[瓶] hùfàsù [píng] S
acostarse y levantarse temprano 早睡早起 zǎo shuì zǎo qǐ EI
acostarse y levantarse tarde 晚睡晚起 wǎn shuì wǎn qǐ EI
acostumbrado a 习惯／習慣 xíguàn V
actividad física 运动／運動 yùndòng S
actor 演员／演員 yǎnyuán S
actuación de danza 舞蹈表演 wǔdǎo biǎoyǎn S
actuar; actuación 表演 biǎoyǎn V/S
adecuado 好 hǎo VE
adelante 前方 qiánfāng PL
además 还有; 而且; 再说／還有; 而且; 再說 hái yǒu; érqiě; zài shuō C
adiós 再见／再見 zàijiàn EI
adquirir 买／買 mǎi V
adquirir cosas 买东西／買東西 mǎi dōngxi VO
adulto 大人 dàrén S
aeropuerto (飞)机场／(飛)機場 (fēi)jīchǎng S
afeitarse (*la barba*) 刮胡子／刮鬍子 guā húzi VO
África 非洲 Fēizhōu PL
africano (*persona*) 非洲人 Fēizhōurén S
afuera 在外边／在外邊 zài wàibian FV/PL
agosto 八月 Bāyuè S
agotado 累 lèi VE
agradar 喜欢／喜歡 xǐhuan V
agrio (*sabor*) 酸 suān VE
agua [vaso/botella] 水 [杯／瓶] shuǐ [bēi/píng] S
agua corriente 自来水／自來水 zìláishuǐ S
agua helada 冰水 bīngshuǐ S
agua mineral 矿泉水／礦泉水 kuàngquánshuǐ S
aguacero 阵雨／陣雨 zhènyǔ S
aguardar 等 děng V
ahí, allí (*lugar*) 那儿; 那里／那兒; 那裡 nàr; nàli PL
ahora 现在／現在 xiànzài PT
aire acondicionado 空调; 冷气／空調; 冷氣 kōngtiáo; lěngqì S
aire 空气／空氣 kōngqì S
ajo 蒜蓉 suànróng S
al amanecer 一大早 yí dà zǎo PT
al instante 马上／馬上 mǎshàng A
al lado 在……旁边／在……旁邊 zài ... pángbiān PL
al menos 起码／起碼 qǐmǎ A
al principio 原来／原來 yuánlái A
al vapor (*cocinar*) 蒸 zhēng V
alcohol; bebida alcohólica 酒 jiǔ S
alegre 高兴／高興 gāoxìng VE
alemán (*idioma*) 德国话; 德语; 德文／德國話; 德語; 德文 Déguóhuà; Déyǔ; Déwén S
alemán (*persona*) 德国人／德國人 Déguórén S
Alemania 德国／德國 Déguó PL
algo (*cierta cantidad*) 一些 yìxiē NUM/CF
algo (*un poco*) 稍 shāo A
algún otro día 改天 gǎitiān A
alguna vez (*"alguna vez" [sufijo verbal]...?*) 过／過 guò S
algunos 一些 yìxiē EP
algunos (*entre varios*) 有的 yǒude NUM
alimento 饭／飯 fàn S
alimentación 营养／營養 yíngyǎng S
alimento básico 主食 zhǔshí S
alma mater 母校 mǔxiào S

almuerzo, comida 午饭；午餐；中饭／午飯；午餐；中飯　wǔfàn; wǔcān; zhōngfàn　S
alocución 话／話　huà　S
alrededores 周围／周圍　zhōuwéi　PL
altamente 非常　fēicháng　A
alto 高　gāo　VE
alumbrar (*encender*) 点／點　diǎn　V
alumno 学生／學生　xuésheng　S
amar 爱／愛　ài　V
amargo 苦　kǔ　VE
amarillo 黄色　huángsè　S
ambos 都　dōu　A
ambos ... y 又……又　yòu ... yòu　C
América del Norte 北美洲　Běi Měizhōu　PL
América del Sur 南美洲　Nán Měizhōu　PL
amistoso 友好　yǒuhǎo　VE
amplio 宽敞／寬敞　kuānchang　VE
andar 走；走路　zǒu; zǒulù　V/VO
animal 动物／動物　dòngwù　S
¡Ánimo! (*lit. "añade gasolina"*) 加油！　Jiāyóu!　EI
antes (*con antelación*) 先　xiān　A
antes (*en el pasado*) 以前　yǐqián　PT
antes del mediodía 上午　shàngwǔ　PT
antesdeayer 前天　qiántiān　PT
anticuado 老　lǎo　VE
antigüedad (*tiempos, era*) 古代　gǔdài　S
antiguo 古老　gǔlǎo　VE
añadir 加　jiā　V
año 年　nián　S/CF
año escolar (*en la escuela*) 年级／年級　niánjí　S
año tras año 后年／後年　hòunián　PT
años (*edad*) 岁／歲　suì　CF
apagado (*color*) 暗　àn　VE
apartamento 公寓　gōngyù　S
apelativo 名字　míngzi　S
apellidarse 姓　xìng　V
apellido 姓　xìng　S
aperitivo 小吃；零食　xiǎochī; língshí　S
aperitivos dulces 甜点／甜點　tiándiǎn　S
apetitoso 香　xiāng　VE
apio 芹菜　qíncài　S
aprender de memoria 背　bèi　V
aprender 学；学习／學；學習　xué; xuéxí　V
apropiado 合适／合適　héshì　VE
aproximadamente 差不多　chàbuduō　A
aproximadamente; o más 来／來　lái　P
apuesto 英俊；帅／英俊；帥　yīngjùn; shuài　VE
aquel 那个／那個　nà ge/nèi ge　PR/EP
aquí 这儿；这里／這兒；這裡　zhèr; zhèlǐ　PL
arduo 难／難　nán　VE
área rural 农村／農村　nóngcūn　S
arquitecto 建筑师／建築師　jiànzhùshī　S
arquitectura 建筑学／建築學　jiànzhúxué　S
arreglar cuentas 结账／結賬　jiézhàng　VO
arrepentirse 遗憾／遺憾　yíhàn　V

arriba 上面；上边／上面；上邊　shàngmiàn; shàngbian　PL
arroz (*cocinado*) 米饭／米飯　mǐfàn　S
arroz sofrito 炒饭／炒飯　chǎo fàn　S
amigo 朋友　péngyou　S
arroz hervido 米饭／米飯　mǐfàn　S
arte del lenguaje (*lengua y literatura china*) 语文／語文　yǔwén　S
arte 艺术／藝術　yìshù　S
artículos de uso diario 日用品　rìyòngpǐn　S
artista 艺术家／藝術家　yìshùjiā　S
asar, hornear 烤　kǎo　V
ascensor 电梯／電梯　diàntī　S
aseo 厕所；洗手间／廁所；洗手間　cèsuǒ; xǐshǒujiān　S
así 这样／這樣　zhèyàng　PR
Asia 亚洲／亞洲　Yàzhōu　PL
asiático (*persona*) 亚洲人／亞洲人　Yàzhōurén　S
asignatura 课／課　kè　S
asignatura opcional 副课／副課　fùkè　S
asimismo 还有；而且；再说／還有；而且；再說　hái yǒu; érqiě; zài shuō　C
aspecto 样子／樣子　yàngzi　S
asunto (*hecho*) 事(情) [件]　shì(qing) [jiàn]　S
asunto (*cosa*) 东西／東西　dōngxi　S
atender a (*la escuela, clase*) 读；上／讀；上　dú; shàng　V
atestado 挤／擠　jǐ　VE
atleta 运动员／運動員　yùndòngyuán　S
atmósfera 空气／空氣　kōngqì　S
atractivo 好看；漂亮　hǎokàn; piàoliang　VE
atrás 后面；后边(儿)／後面；後邊(兒)　hòumiàn; hòubian(r)　PL
atravesar (*proceso*) 经过／經過　jīngguò　V
aulario 教学楼／教學樓　jiàoxuélóu　S
aún (*todavía*) 还；还是／還；還是　hái; háishi　A
aún más (*en comparaciones*) 更　gèng　A
aún no (*en una oración negativa*) 还没／還没　hái méi　A
aunque ... pero/sin embargo 虽然……可是／雖然……可是　suīrán ... kěshì　C
aunque 可是；但是　kěshì; dànshì　C
Australia 澳大利亚／澳大利亞　Àodàlìyà　PL
autobús de larga distancia 长途汽车；长途车／長途汽車；長途車　chángtú qìchē; chángtúchē　S
autobús público 公(共)(汽)车／公(共)(汽)車　gōng(gòng)(qì)chē　S
autobús 公(共)(汽)车；巴士／公(共)(汽)車；巴士　gōng(gòng)(qì)chē; bāshì　S
automóvil 汽车 [辆]／汽車 [輛]　qìchē [liàng]　S
autor 作家　zuòjiā　S
avanzar 进步／進步　jìnbù　V
avenida 大街　dàjiē　S
avergonzado 不好意思　bù hǎoyìsi　VE
¡Ay! (*indica aflicción o dolor*) 哎呀　āiyā　I

VOCABULARIO ESPAÑOL-CHINO

avión 飞机[架]／飛機[架] fēijī [jià] S
ayer 昨天 zuótiān PT
ayudar 帮; 帮助／幫; 幫助 bāng; bāngzhù V
azúcar 糖 táng S
azul 蓝色／藍色 lánsè S

B

bachillerato 高中 gāozhōng S
bádminton 羽毛球 yǔmáoqiú S
bailar 舞蹈 wǔdǎo V
bajar (*del autobús, el tren, etc.*) 下(车,火车……)／下(車,火車……) xià (chē, huǒchē ...) VO
bajar los precios 减价／減價 jiǎnjià VO
bajo (*ubicación*) 下面 xiàmiàn PL
bajo (*de altura o estatura*) 矮 ǎi VE
bajo tierra 地下 dìxià PL
baloncesto 篮球／籃球 lánqiú S
banana 香蕉 xiāngjiāo S
banco (*institución*) 银行／銀行 yínháng S
bandeja (*para comer*) 盘子／盤子 pánzi S
baño 厕所; 洗手间／廁所; 洗手間 cèsuǒ; xǐ shǒujiān S
baño público 公共厕所／公共廁所 gōnggòng cèsuǒ S
bar (*pub*) 酒吧 jiǔbā S
barato 便宜 piányi VE
barba 胡子／鬍子 húzi S
barco 船[条]／船[條] chuán [tiáo] S
base 根据／根據 gēnjù S
básicamente 基本上 jīběnshàng A
bastante (*comparativamente*) 比较／比較 bǐjiào A
bastante (*muy*) 挺 tǐng A
bastante (*suficiente*) 够／夠 gòu VE
batido de leche 奶昔 nǎixī S
bazar 商场／商場 shāngchǎng S
beber 喝 hē V
bebida 饮料／飲料 yǐnliào S
bebida de cola 可乐／可樂 kělè S
beige 米色 mǐsè S
Beijing 北京 Běijīng PL
béisbol 棒球 bàngqiú S
bellas artes 美术／美術 měishù S
berenjena 茄子 qiézi S
berenjenas con salsa de ajo 鱼香茄子／魚香茄子 yúxiāngqiézi S
biblioteca 图书馆[个]／圖書館[個] túshūguǎn [gè] S
bicicleta 自行车[辆]／自行車[輛] zìxíngchē [liàng] S
bien 好 hǎo VE
billar 台球 táiqiú S
biología 生物 shēngwù S
blanco 白色 báisè S

bloque de viviendas 筒子楼／筒子樓 tǒngzilóu S
blusa 衬衫[件]／襯衫[件] chènshān [jiàn] S
boca (*radical*) 口 kǒu S
bolas fritas rellanas de pasta de sésamo 芝麻球 zhīmaqiú S
bolsa 袋子[个]／袋子[個] dàizi [gè] S
bombero 救火员／救火員 jiùhuǒyuán S
bonita 漂亮; 美 piàoliang; měi VE
bonito 好看; 漂亮 hǎokàn; piàoliang VE
bonsái 盆景 pénjǐng S
botella de (*algo*) 一瓶…… yì píng ... S/CF
botella 瓶子 píngzi S
brindar 干杯／乾杯 gānbēi V
británico (*persona*) 英国人／英國人 Yīngguórén S
brócoli 西兰花／西蘭花 xīlánhuā S
broncearse 晒太阳／曬太陽 shài tàiyáng VO
buen (*tiempo*) 晴 qíng VE
bueno 好 hǎo VE
¡Buen día! 早 zǎo EI
¡Buenos días! 您／你早; 早上好 nín/nǐ zǎo; zǎoshang hǎo EI
buey (*zodiaco chino*) 牛 niú S
buscar 找 zhǎo V

C

caballo (*zodiaco chino*) 马／馬 mǎ S
cabina del conductor (*en un camión*) 驾驶室／駕駛室 jiàshǐshì S
cada (*con distintos clasificadores*) 每(个)／每(個) měi (ge) EP
cada (*día, semana, año, etc.*) 每 měi EP
cada año 每年 měi nián S
cada día 每天; 天天 měi tiān; tiāntiān PT
cada familia y hogar 每家每户／每家每戶 měi jiā měi hù EI
cada vez 每次 měi cì A
caer enfermo 病了 bìng le FV
café [taza] 咖啡[杯] kāfēi [bēi] S
cafetería 餐厅／餐廳 cāntīng S
calcetines [par] 袜子[双]／襪子[雙] wàzi [shuāng] S
cálido 暖和 nuǎnhuo VE
caliente (*temperatura*) 热／熱 rè VE
calificación (*de un examen, etc.*) 分数／分數 fēnshù S
California 加州 PL
calle 街[条]／街[條] jiē [tiáo] S
cama 床[张]／床[張] chuáng [zhāng] S
camarero, mesero 服务员／服務員 fúwùyuán S
cambiar (*algo por algo*) 换／換 huàn V
cambiar moneda 换钱／換錢 huànqián VO
cambiar 变／變 biàn V
camino 路[条]／路[條] lù [tiáo] S
camión 卡车[辆]／卡車[輛] kǎchē [liàng] S
camisa 衬衫[件]／襯衫[件] chènshān [jiàn] S

VOCABULARIO ESPAÑOL-CHINO

camiseta　T-恤衫 [件]　Tèxù shān [jiàn]　S
campesino　农民／農民　nóngmín　S
campo　农村; 乡下／農村; 鄉下　nóngcūn; xiāngxia　S
campo/pista de deportes de pelota　球场／球場　qiúchǎng　S
Canadá　加拿大　Jiānádà　PL
canadiense (*persona*)　加拿大人　Jiānádàrén　S
cansado　累　lèi　VE
cansado de comer (*algo*)　吃腻(了)／吃膩(了)　chīnì(le)　VR
cantante famoso　歌星　gēxīng　S
cantar　唱　chàng　V
cantar karaoke　唱卡拉OK　chàng kǎlā OK　VO
cantar una canción　唱歌(儿)／唱歌(兒)　chàng gē(r)　VO
cantina　食堂　shítáng　S
Cantón (*antiguo nombre de Guangzhou*)　广州／廣州　Guǎngzhōu　PL
capaz de　能; 会／能; 會　néng; huì　VA
carácter (*palabra china*)　字 [个]／字 [個]　zì [gè]　S
carácter chino simplificado　简体字／簡體字　jiǎntǐzì　S
caracter chino tradicional　繁体字／繁體字　fántǐzì　S
caramelo [pieza]　糖 [块]／糖 [塊]　táng [kuài]　S
cargar (*en una tarjeta de crédito*)　刷卡　shuākǎ　VO
cargar a la espalda　背　bēi　V
carne (*a menudo se refiere a cerdo*)　肉　ròu　S
carnero (*zodiaco chino*)　羊　yáng　S
caro　贵／貴　guì　VE
carretera　路; 马路 [条]／路; 馬路 [條]　lù; mǎlù [tiáo]　S
carril para bicicletas　自行车道／自行車道　zìxíngchē dào　S
carrito de la compra　推车／推車　tuīchē　S
carro　汽车 [辆]／汽車 [輛]　qìchē [liàng]　S
casa con tejado de tejas　瓦房　wǎ fáng　S
casa cuna　托儿所／托兒所　tuō'érsuǒ　S
casa　家　jiā　S
casa　房子 [栋]／房子 [棟]　fángzi [dòng]　S
casa de una planta　平房　píngfáng　S
casi lo mismo　差不多　chàbuduō　VE
casualmente resulta que　正好　zhènghǎo　A
causa (*razón*)　原因　yuányīn　S
cebolla　洋葱／洋蔥　yángcōng　S
cebollino de ajo chino　韭菜　jiǔcài　S
cemento　水泥　shuǐní　S
cena　晚饭; 晚餐／晚飯; 晚餐　wǎnfàn; wǎncān　S
céntimo　(一)分(钱)／(一)分(錢)　(yì) fēn (qián)　S
centro　中间儿／中間兒　zhōngjiānr　PL
centro comercial　商场／商場　shāngchǎng　S
centro de compras　购物中心／購物中心　gòuwù zhōngxīn　S
centro de informática　电脑中心; 计算机中心／電腦中心; 計算機中心　diànnǎo zhōngxīn; jìsuànjī zhōngxīn　S

cepillo de dientes　牙刷 [支]　yáshuā [zhī]　S
cerca　近　jìn　VE
cercanías　附近　fùjìn　S
cerdo (*carne*)　猪(肉)／豬(肉)　zhū(ròu)　S
cerdo (*zodiaco chino*)　猪／豬　zhū　S
cereza　樱桃／櫻桃　yīngtao　S
cero　零　líng　NUM
cerrar (*ventana, puerta*)　关; 关上／關; 關上　guān; guānshàng　V
certificado　证／證　zhèng　S
cerveza [botella]　啤酒 [瓶]　píjiǔ [píng]　S
césped　草; 草地　cǎo; cǎodì　S
cesta　篮子／籃子　lánzi　S
champú [botella]　洗发水 [瓶]／洗髮水 [瓶]　xǐfàshuǐ [píng]　S
chaqueta　夹克; 外套 [件]／夾克; 外套 [件]　jiákè; wàitào[jiàn]　S
chaquetón　外套 [件]; 夹克 [件]／外套 [件]; 夾克 [件]　wàitào[jiàn]; jiákè [jiàn]　S
charlar　聊天(儿)／聊天(兒)　liáotiān(r)　VO
chica　女孩子; 女孩儿／女孩子; 女孩兒　nǚ háizi; nǚ hái(r)　S
chicle　口香糖　kǒuxiāngtáng　S
chico　男孩儿; 男孩子／男孩兒; 男孩子　nánhái(r); nán háizi　S
chin chin (*en brindis*)　干杯／乾杯　gānbēi　V
China　中国／中國　Zhōngguó　PL
chino (*idioma*)　中国话; 中文; 汉语／中國話; 中文; 漢語　Zhōngguóhuà; Zhōngwén; Hànyǔ　S
chino (*persona*)　中国人／中國人　Zhōngguórén　S
chófer　司机／司機　sījī　S
chubasco　阵雨／陣雨　zhènyǔ　S
cielo　天　tiān　S
¡Cielos!　天啊　tiān a　EI
ciencias (*especialidad de estudio*)　理科　lǐkē　S
ciencias de la informática　电脑科学; 计算机科学／電腦科學; 計算機科學　diànnǎo kēxué; jìsuànjī kēxué　S
ciencias políticas　政治学／政治學　zhèngzhìxué　S
ciento (*cien, doscientos, etc.*)　(一)百, (二)百……　(yì) bǎi, (èr)bǎi …　NUM
cierto　对／對　duì　VE
ciertamente　一定　yídìng　A
cinco　五　wǔ　NUM
cine (*lugar*)　电影院／電影院　diànyǐngyuàn　S
cita (*para ver a alguien, etc.*)　约会／約會　yuēhuì　S
clase (*en la escuela*)　课／課　kè　S
clase　种／種　zhǒng　CF
clima　气候／氣候　qìhòu　S
cocina　厨房／廚房　chúfáng　S
cocina cantonesa　粤菜／粵菜　Yuècài　S
cocina de Anhui　徽菜　Huīcài　S
cocina de Fujian　闽菜／閩菜　Mǐncài　S
cocina de Hunan　湘菜　Xiāngcài　S
cocina de Jiangsu　苏菜／蘇菜　Sūcài　S
cocina de Shandong　鲁菜／魯菜　Lǔcài　S

cocina de Sichuan	川菜	Chuāncài	S	
cocina de Zhejiang	浙菜	Zhècài	S	
cocina/comida casera	家常菜	jiāchángcài	S	
cocina/comida de Beijing	北京菜	Běijīngcài	S	
cocinado (*también pronunciado shú*)	熟	shóu	VE	
cocinar	做饭／做飯	zuòfàn	VO	
cocinar a la plancha	煎; 炸	jiān; zhá	V	
col	包心菜	bāoxīncài	S	
como siempre	照样／照樣	zhàoyàng	A	
cómodo	舒服	shūfu	VE	
compañero de clase o estudios	同学／同學	tóngxué	S	
compañero de piso/habitación	室友	shìyǒu	S	
compañero de trabajo	同事	tóngshì	S	
compañeros de clase	同学们／同學們	tóngxuémen	S	
comparar	比	bǐ	CV	
comparativamente	比较／比較	bǐjiào	A	
compartido	公用(的)	gōngyòng (de)	AT	
completo	全; 全部	quán; quánbù	VE/S	
completo (*que tiene de todo*)	丰富／豐富	fēngfù	A	
comprar	买／買	mǎi	V	
comprar cosas	买东西／買東西	mǎi dōngxi	VO	
comprar en un centro comercial	逛商场／逛商場 guàng shāngchǎng	VO		
comprender	懂	dǒng	V	
computadora	电脑; 计算机 [台]／電腦; 計算機 [台] diànnǎo;jìsuànjī [tái]	S		
común	常见／常見	chángjiàn	VE	
comunal	公共	gōnggòng	AT	
con (*en compañía de*)	和; 跟	hé; gēn	C	
con (*una herramienta*)	用	yòng	CV	
con antelación	先	xiān	A	
con anterioridad	以前	yǐqián	PT	
con celeridad	赶紧／趕緊	gǎnjǐn	A	
con frecuencia	经常; 常常／經常; 常常	jīngcháng; chángcháng	A	
con seguridad	一定	yídìng	A	
concertar una cita	约／約	yuē	V	
condición	条件／條件	tiáojiàn	S	
conducir	开／開	kāi	V	
conducir un automóvil	开车／開車	kāichē	VO	
conductor	司机／司機	sījī	S	
conectarse a Internet	上网／上網	shàngwǎng	VO	
conejo (*zodiaco chino*)	兔	tù	S	
confortable	舒服	shūfu	VE	
conocer (*a alguien*)	认识／認識	rènshi	V	
conocer los caracteres chinos	认识字／認識字 rènshi zì			
conseguir	拿到	nádào	VR	
considerar como	算; 作为／算; 作為	suàn; zuòwéi	V	
considerar en base a ...	根据……来算／根據……來算 gēnjù ... lái suàn	FR		
considerar	觉得／覺得	juéde	V	
contabilidad	会计／會計	kuàijì	S	
contable	会计师／會計師	kuàijìshī	S	
contar (*números*)	数数(儿)／數數(兒)	shǔ shù(r)	V	
contento	高兴／高興	gāoxìng	VE	
contestar	回答	huídá	V	
conveniente	方便	fāngbiàn	VE	
conversar	交谈／交談	jiāotán	V	
convidar (*a alguien a comer, etc.*)	请／請	qǐng	V	
copa (*contenedor*)	杯子 [个]／杯子 [個]	bēizi [gè]	S	
copiar (*transcribir*)	抄	chāo	S	
cordero (*carne de*)	羊(肉)	yáng(ròu)	S	
Corea del Sur	韩国／韓國	Hánguó	PL	
coreano (*idioma*)	韩文; 韩语; 韩国话／韓文; 韓語; 韓國話 Hánwén; Hányǔ; Hánguóhuà	S		
coreano (*persona*)	韩国人／韓國人	Hánguórén	S	
correcto	对／對	duì	VE	
correr	跑; 跑步	pǎo; pǎobù	V/VO	
cortar la hierba, el césped	割草	gē cǎo	VO	
corto (*longitud*)	短	duǎn	VE	
cosa	东西／東西	dōngxi	S	
costoso	贵／貴	guì	VE	
crecer	长大／長大	zhǎngdà	V	
crédito académico	学分／學分	xuéfēn	S	
creer	相信	xiāngxìn	V	
crudo (*sin cocinar*)	生	shēng	VE	
cuaderno	笔记本 [本]／筆記本 [本]	bǐjìběn [běn]	S	
cuál	哪(个)／哪(個)	nǎ(ge); něi(ge)	PI	
¿Cuál es su (honorable) apellido?	您贵姓?／您貴姓? Nín guìxìng?	EI		
cuán (*en qué medida*)	多	duō	PI	
cuándo (*durante*)	……的时候／……的時候	... deshíhou	PT	
cuándo (*en qué momento*)	什么时候／甚麼時候	shénme shíhou	PI	
cuando ...	……的时候／……的時候	... de shíhou	PT	
cuando era pequeño	小时候／小時候	xiǎo shíhou	PT	
cuánto	多	duō	A	
cuántos (*más de diez*)	多少	duōshao (*normalmente sin clasificador*)	PI	
cuántos (*menos de diez*)	几(个)／幾(個)	jǐ (ge)	PI	
¿Cuántos años tienes?	你多大?; 你几岁?／你多大?; 你幾歲? Nǐ duō dà?; Nǐ jǐ suì?	FR		
cuarenta	四十	sìshí	NUM	
cuarto	第四(个)／第四(個)	dì-sì (ge)	S/NUM	
cuarto de aseo	厕所; 洗手间／廁所; 洗手間 cèsuǒ; xǐ shǒujiān	S		
cuatrimestre (*escolar*)	学期／學期	xuéqī	S	
cuatro	四	sì	NUM	
cuatro tonos (*del mandarín*)	四声／四聲	sìshēng	S	
cuenco	碗	wǎn	S/CF	
cuenco de (*algo*)	一碗……	yì wǎn ...	S/CF	
cuenta (*cantidad a pagar*)	账单／賬單	zhàngdān	S	
cuestión	问题 [个]／問題 [個]	wèntí [gè]	S	
cuidado	护理／護理	hùlǐ	S	
cuidadoso	讲究／講究	jiǎngjiu	VE	
cultivar	种／種	zhòng	V	
cumpleaños	生日	shēngrì	S	

VOCABULARIO ESPAÑOL-CHINO

currículo 课程／課程 kèchéng S
curso escolar (*nivel de estudios*) 年级／年级 niánjí S

D

dar a (*enfrentar*) 对／對 duì CV
dar a luz (*un bebé*) 生孩子 shēng háizi VO
dar clase 上课／上课 shàngkè VO
dar la bienvenida 欢迎／歡迎 huānyíng V
dar las gracias 谢谢／謝謝 xièxie V
dar las vueltas (*dinero*) 找钱／找錢 zhǎoqián VO
dar nacimiento 生 shēng V
dar un paseo 去散散步 qù sànsan bù FV
dar 给／給 gěi V
darse una ducha 洗澡 xǐzǎo VO
de acuerdo 好; 行 hǎo; xíng VE
de esta forma 这样／這樣 zhèyàng PR
de hecho 其实; 实在／其實; 實在 qíshí; shízài A
de igual estilo 一样／一樣 yíyàng VE
de la misma forma 照样／照樣 zhàoyàng A
de menor edad que 比……小 bǐ ... xiǎo FR
de nada 别客气; 不用谢／別客氣; 不用謝 bié kèqi; búyòng xiè EI
de niño 小时候／小時候 xiǎo shíhou PT
de nuevo 再; 又 zài; yòu A
de pequeño 小时候／小時候 xiǎo shíhou PT
de, desde (*lugar, tiempo, etc.*) 从／從 cóng CV
¿De verdad? (*¿Es verdad?*) 真的吗?／真的嗎? Zhēn de ma? EI
debajo 下面 xiàmiàn PL
deber de 得; 必须／得; 必須 děi; bìxū VA
deberes 功课; 作业／功課; 作業 gōngkè; zuòyè S
debido a 因为／因為 yīnwèi C
décimo 第十(个)／第十(個) dì-shí (ge) S/NUM
decir 说; 说话／說; 說話 shuō; shuōhuà V/VO
decir (*a alguien que haga algo*) 叫 jiào V
decir (*informar*) 告诉／告訴 gàosu V
dejar 让／讓 ràng CV
deficiente 差 chà VE
delante 前方 qiánfāng PL
delgado 瘦 shòu VE
delicioso 好吃 hǎo chī VE
demasiado 太……(了) tài ... (le) A
dentista 牙医／牙醫 yáyī S
dentro 里边儿／裡邊兒 lǐbianr PL
dentro (*de la ciudad*) 城里／城裡 chéng li S
dentro de un momento (过)一会儿／(過)一會兒 (guò) yíhuìr FR/PT
deporte 运动／運動 yùndòng S
derecha (*lado*) 右边(儿)／右邊(兒) yòubian(r) PL
desafiar (*a luchar/competir*) 挑战／挑戰 tiǎozhàn VO/S
desayuno 早饭; 早餐; 早点／早飯; 早餐; 早點 zǎofàn; zǎocān; zǎodiǎn S

descansar 休息 xiūxi V
descender (*de un tren, un automóvil, un autobús, etc.*) 下车／下車 xià chē VO
descubrir 发现／發現 fāxiàn V
desde (*distancia*) 离／離 lí CV
desde (*hace un tiempo*) 从……以来／從……以來 cóng ... yǐlái FV
desocupado 没事(儿); 闲; 闲着／沒事(兒); 閒; 閒著 méi shì(r); xián; xiánzhe V
despejado (*tiempo*) 晴 qíng VE
después 以后／以後 yǐhòu PT
después de clase (*extracurricular*) 课外／課外 kèwài S
detrás 后面; 后边(儿)／後面; 後邊(兒) hòumiàn; hòubian(r) PL
día del mes 号／號 hào CF
día 天 tiān S/CF
diariamente 每天; 天天 měi tiān; tiāntiān PT
diario (*escrito*) 日记／日記 rìjì S
dibujar 画画儿／畫畫兒 huàhuàr VO
dibujo 画儿 [张]／畫兒 [張] huàr [zhāng] S
diccionario 字典 [本] zìdiǎn [běn] S
dichoso 高兴／高興 gāoxìng VE
diciembre 十二月 Shí'èryuè S
dieciséis 十六 shíliù NUM
diecisiete 十七 shíqī NUM
diez 十 shí NUM
diferencia 差别; 区别／差別; 區別 chābié; qūbié S
diferenciar 区分／區分 qūfēn V
diferente 不同 bùtóng VE
difícil 难／難 nán VE
dinero 钱／錢 qián S
¡Dios mío! 天啊 tiān a EI
dirección 方向 fāngxiàng S
dirección de correo electrónico 电邮地址／電郵地址 diànyóu dìzhǐ S
dirección postal 地址 dìzhǐ S
directamente 直接 zhíjiē A
director (*de un negocio, etc.*) 经理／經理 jīnglǐ S
director de escuela 校长 [位]／校長 [位] xiàozhǎng [wèi] S
disculpe 对不起／對不起 duìbuqǐ EI
Disculpe ... (*preguntar educadamente*) 请问……／請問…… Qǐngwèn ... FV
discurso (*hablar*) 话／話 huà S
disponer 安排 ānpái V
distancia recorrida (*trayecto*) 路程 lùchéng S
distinguir 区分／區分 qūfēn V
distintos tipos 各种／各種 gèzhǒng AT
divertido 好玩儿; 有意思／好玩兒; 有意思 hǎowánr; yǒu yìsi VE
doce 十二 shí'èr NUM
doce animales del zodiaco 十二生肖 shí'èr shēngxiào S
doctor 医生／醫生 yīshēng S

doctor, doctorado 博士 bóshì S
dólar australiano 澳元 Àoyuán S
dólar canadiense 加拿大元 Jiānádàyuán S
dólar de Hong Kong 港币／港幣 Gǎngbì S
dólar estadounidense 美金; 美元 Měijīn; Měiyuán S
dolencia 病 bìng S
domicilio 地址 dìzhǐ S
dominar 掌握 zhǎngwò V
domingo 星期日; 星期天; 周日／星期日; 星期天; 週日 Xīngqīrì; Xīngqītiān; Zhōurì PT
dónde 哪儿; 哪里／哪兒; 哪裡 nǎr; nǎli PI
dorado (*color*) 金色 jīnsè S
dormir 睡; 睡觉／睡; 睡覺 shuì; shuìjiào V/VO
dormir hasta tarde 睡懒觉／睡懶覺 shuì lǎnjiào FV
dormir una siesta 午睡 wǔshuì V
dormitorio 宿舍 sùshè S
dormitorio (*estancia*) 卧室／臥室 wòshì S
dormitorio colectivo (*residencial, no universitario*) 集体宿舍／集體宿舍 jítǐ sùshè S
dormitorio de estudiantes 学生公寓楼／學生公寓樓 xuéshēnggōngyùlóu S
dos 二 èr NUM
dos (*un par*) 两(个)／兩(個) liǎng (gè) NUM
dos veces al día 一天两次／一天兩次 yì tiān liǎng cì PT
dragón (*zodiaco chino*) 龙／龍 lóng S
ducharse 洗澡 xǐzǎo VO
dulce 甜 tián VE
duodécimo 第十二(个)／第十二(個) dì-shí'èr (ge) S/NUM
durante ... 在……的时候／在……的時候 zài ... de shíhou FV
durante la noche 夜里; 晚上／夜裡; 晚上 yèli; wǎnshang PT

E

echar un vistazo 看(一)看 kàn (yi) kàn FV
económico 便宜 piányi VE
edad 岁; 岁数／歲; 歲數 suì; suìshu CF/S
edificio 大厦／大廈 dàshà S
edificio (*de varias plantas*) 楼; 楼房 [栋]／樓; 樓房 [棟] lóu; lóufáng [dòng] S
edificio alto 高楼／高樓 gāo lóu S
edificio de madera 木楼／木樓 mù lóu S
edificio de oficinas 办公楼／辦公樓 bàngōnglóu S
edificio de varias alturas 楼／樓 lóu CF
edificio de viviendas 公寓 gōngyù S
educación física 体育／體育 tǐyù S
educado 客气／客氣 kèqi VE
efectivo 现金／現金 xiànjīn S
ejercer (*un puesto*) 当／當 dāng V
ejercer (*una profesión*) 工作 gōngzuò V
ejercicio (*físico*) 锻炼／鍛煉 duànliàn S/V

ejercicios matutinos 早操 zǎocāo S
ejercitarse 锻炼／鍛煉 duànliàn V
el año anterior al año pasado 前年 qiánnián PT
el año pasado 去年 qùnián PT
el año que viene 明年 míngnián PT
el mes pasado 上个月／上個月 shàng ge yuè PT
el mes que viene 下个月／下個月 xià ge yuè PT
él 他 tā PR
el que más (*prefijo superlativo*) 最 zuì A/PREF
electricidad 电／電 diàn S
eléctrico 电动／電動 diàndòng AT
elegir 选择／選擇 xuǎnzé V
elevarse 起 qǐ V
ella 她 tā PR
ello (*a menudo no se traduce*) 它 tā P
ellos(as) 他们／他們 tāmen PR
ellos(os) mismos(as) 他们自己／他們自己 tāmen zìjǐ PR
e-mail 电邮／電郵 diànyóu S
embarcación 船 [条]／船 [條] chuán [tiáo] S
empezar 开始／開始 kāishǐ V
empezar la clase 上课／上課 shàngkè VO
empleado 服务员; 售货员／服務員; 售貨員 fúwùyuán; shòuhuòyuán S
en (*lugar*) 在 zài V
en (*un idioma, etc.*) 用 yòng CV
en caso 要是; 如果 yàoshi; rúguǒ C
en cierta manera 有点(儿)／有點(兒) yǒudiǎn(r) A
en comparación 比 bǐ CV
en efecto 确实／確實 quèshí A
en el futuro 将来／將來 jiānglái PT
en el interior 里边儿／裡邊兒 lǐbianr PL
en el momento que 在……的时候／在……的時候 zài ... de shíhou PT
en el piso de arriba 楼上／樓上 lóushàng PL
en ese caso 那; 那么／那; 那麼 nà; nàme C
en este momento (*ahora, a presente*) 现在／現在 xiànzài PT
en general 一般来说／一般來說 yìbān lái shuō A
en la mano 手里／手裡 shǒu li A
en la noche 夜里; 晚上／夜裡; 晚上 yèli; wǎnshang PT
en la planta de abajo 楼下／樓下 lóuxià PL
en medio 中间儿／中間兒 zhōngjiānr PL
en medio de 当中／當中 dāngzhōng PL
en punto ……点(钟)／……點(鐘) ... diǎn (zhōng) FR
en realidad 其实／其實 qíshí A
en total 一共 yígòng A
en un rato (过)一会儿／(過)一會兒 (guò) yíhuìr FR/PT
encantado de conocerte(lo) 很高兴认识你(您)／很高興認識你(您) hěn gāoxìng rènshi nǐ (nín) EI
encargado 服务员／服務員 fúwùyuán S
encender 点／點 diǎn V
encima 上边; 上面／上邊; 上面 shàngbian;

shàngmiàn PL
encontrar 发现／發現 fāxiàn V
encontrarse (*con alguien*) 见／見 jiàn V
enero 一月 Yīyuè S
enfadado 生气／生氣 shēngqì VE
enfermar; estar enfermo 病了 bìngle FV/VE
enfermedad 病 bìng S
enfermero(*a*) 护士／護士 hùshi S
enfrente 前面; 前边／前面; 前邊 qiánmiàn; qiánbian PL
enojado 生气／生氣 shēngqì VE
ensalada 沙拉 shālā S
enseguida 马上／馬上 mǎshàng A
enseñar 教; 教书／教; 教書 jiāo; jiāoshū V/VO
entender 掌握 zhǎngwò V
enteramente 一共 yígòng A
entonces (*después*) 然后／然後 ránhòu C
entonces (*en ese caso*) 那; 那么／那; 那麼 nà; nàme C
entonces (*introduce una acción subsiguiente*) 再; 就 zài; jiù A
entonces 这么; 这样／這麼; 這樣 zhème; zhèyàng A/PR
¡Entra! 快进来吧！／快進來吧！ Kuài jìnlái ba! FV
¡Entra por favor! 请进！／請進！ Qǐng jìn! EI
entrar 进去／進去 jìnqù V
entre 当中／當中 dāngzhōng PL
entre 在……之间／在……之間 zài ...zhījiān PL
entre (*los cuales*) 其中; 期间; 之中／其中; 期間; 之中 qízhōng/qījiān/zhīzhōng PL
equivaler 等于／等於 děngyú V
erróneo 不对／不對 bú duì VE
escalar montañas 爬山 pá shān VO
escalera mecánica 扶手电梯／扶手電梯 fúshǒu diàntī S
escribir 写; 写字／寫; 寫字 xiě; xiě zì V/VO
escritor 作家 zuòjiā S
escritura clásica 文言文 wényánwén S
escuchar 听／聽 tīng V
escuchar (*y oír*) 听见／聽見 tīngjiàn VR
escuchar música 听音乐／聽音樂 tīng yīnyuè VO
escuela 学校 [个]／學校 [個] xuéxiào [gè] S
escuela de máster 研究生院 yánjiūshēngyuàn S
escuela elemental 小学／小學 xiǎoxué S
escuela primaria 小学／小學 xiǎoxué S
escuela de primer ciclo de secundaria 初中 chūzhōng S
escuela secundaria 中学／中學 zhōngxué S
ese, aquel 那 nà/nèi PR/EP
esos, aquellos 那些 nàxiē/nèixiē PR/EP
espacio (*área de suelo*) 地方 dìfang S
espacioso 宽敞／寬敞 kuānchang VE
España 西班牙 Xībānyá PL
español (*idioma*) 西班牙话; 西班牙文; 西班牙语／西班牙話; 西班牙文; 西班牙語 Xībānyáhuà; Xībānyáwén; Xībānyáyǔ S
español (*persona*) 西班牙人 Xībānyárén S
espárrago 芦笋／蘆筍 lúsǔn S
especiado 辣 là VE
especial; especialmente 专门／專門 zhuānmén VE/A
especialidad (*de estudio*) 专业／專業 zhuānyè S
especialización (*objeto de estudio*) 专业／專業 zhuānyè S
especializado en 主修 zhǔxiū V
esperanza 希望 xīwàng S
esperar 等 děng V
esperar (*deseo*) 希望 xīwàng V
espinaca 菠菜 bōcài S
espinacas con ajo 蒜蓉菠菜 suànróngbōcài S
esposo, esposa 爱人／愛人 àiren S
está bien 好吧。 Hǎo ba. EI
esta noche 今天晚上 jīntiān wǎnshang PT
estación (*de autobús, tren, etc.*) 站 [个]／站 [個] zhàn [gè] S
estación de tren (火)车站／(火)車站 (huǒ)chēzhàn S
estado (*país*) 国家／國家 guójiā S
estado de ánimo 心情 xīnqíng S
Estados Unidos 美国／美國 Měiguó PL
estadounidense (*persona*) 美国人／美國人 Měiguórén S
estancia (*espacio de una vivienda*) 室 shì S
estar 在 zài V
estar de acuerdo 答应／答應 dāying V
estar de vacaciones 放假 fàngjià VO
estar desocupado 没事(儿); 闲; 闲着／没事(兒); 閒; 閒著 méi shì(r); xián; xiánzhe V
estar dispuesto 肯 kěn A
estar familiarizado 熟悉 shúxī V
estar libre (*tener tiempo*) 有空 yǒu kòng VO
estar lleno (*después de comer*) 饱了; 吃饱了／飽了; 吃飽了 bǎole; chībǎole FV/VR
estar lleno hasta reventar 撑／撐 chēng V
estar situado en 在 zài V
este (*lado, dirección*) 东边(儿)／東邊(兒) dōngbian(r)
este año 今年 jīnnián PT
este 这／這 zhè/zhèi PR/EP
este (*cierta cosa o persona*) 这个／這個 zhè ge/zhèi ge PR/EP
estilo (*de obras artísticas, literarias, etc.*) 风格／風格 fēnggé S
estilo de vida 生活方式 shēnghuó fāngshì S
estos 这些／這些 zhèxiē PR
estudiante (*varón*) 男生 nánshēng S
estudiante de bachillerato 高中生 gāozhōngshēng S
estudiante de doctorado 博士生 bóshìshēng S
estudiante de grado 本科生 běnkēshēng S
estudiante de máster 毕业生; 研究生／畢業生; 研究生 bìyèshēng; yánjiūshēng S
estudiante de primaria 小学生／小學生 xiǎoxuéshēng S
estudiante de primer ciclo de secundaria 初中生

chūzhōngshēng S
estudiante de secundaria 中学生／中學生 zhōngxuéshēng S
estudiante universitario 大学生／大學生 dàxuéshēng S
estudiante 学生／學生 xuésheng S
estudiar 念；学；学习／念；學；學習 niàn; xué; xuéxí V
estudiar regladamente 读书；念书／讀書；念書 dúshū; niànshū VO
estudiar un doctorado 读博士学位／讀博士學位 dú bóshì xuéwèi FV
estudiar un grado 读学士学位／讀學士學位 dú xuéshì xuéwèi FV
estudiar un máster 读硕士学位／讀碩士學位 dú shuòshì xuéwèi FV
estudios de bachiller 高中 gāozhōng S
estudios de grado 本科 běnkē S
euro (*moneda*) 欧元／歐元 Ōuyuán S
Europa 欧洲／歐洲 Ōuzhōu PL
europeo (*persona*) 欧洲人／歐洲人 Ōuzhōurén S
examen; examinar 考试／考試 kǎoshì S/V
examen parcial (*en la escuela*) 小考 xiǎokǎo S
existir 存在 cúnzài V
experimentar 感受 gǎnshòu V
explicar 说明；讲／說明；講 shuōmíng; jiǎng V
expresar 说；说话／說；說話 shuō; shuōhuà V/VO
extra grande (*talla de ropa, etc.*) 加大号／加大號 jiā dàhào S
extra pequeña (*talla de ropa, etc.*) 加小号／加小號 jiā xiǎohào S
extracurricular 课外／課外 kèwài S
extremadamente (*bueno, rápido, etc.*) 极了(好极了, 快极了……)／極了(好極了, 快極了……) jíle (hǎojíle, kuàijíle ...) S

F

fábrica 工厂／工廠 gōngchǎng S
fácil 容易 róngyì VE
falda 裙子[条]／裙子[條] qúnzi [tiáo] S
familia 家 jiā S
familia (*hogar*) 人家 rénjiā S
familiares 亲戚／親戚 qīnqi S
famoso 有名 yǒumíng VE
fármaco 药物／藥物 yàowù S
fastidiar (*a alguien*) 麻烦／麻煩 máfan V
febrero 二月 Èryuè S
feliz 高兴／高興 gāoxìng VE
feo 难看／難看 nánkàn VE
ferrocarril 铁路／鐵路 tiělù S
fila (*of something*) 排 pái CF
film 电影[部]／電影[部] diànyǐng [bù] S
fin de semana 周末／週末 zhōumò S
finalmente 最后／最後 zuìhòu A
finalmente 最后／最後 zuìhòu A
finanzas 金融 jīnróng S
fino 瘦 shòu VE
física 物理 wùlǐ S
flaco 瘦 shòu VE
flor 花(儿)／花(兒) huā(r) S
fortaleza 强项／強項 qiángxiàng S
francés (*idioma*) 法国话；法语；法文／法國話；法語；法文 Fǎguóhuà; Fǎyǔ; Fǎwén S
francés (*persona*) 法国人／法國人 Fǎguórén S
Francia 法国／法國 Fǎguó PL
frecuentemente 经常；常常／經常；常常 jīngcháng; changchang A
freír a profundo 炸 zhá V
frente 前面；前边／前面；前邊 qiánmiàn; qiánbian PL
fresa 草莓 cǎoméi S
fresco (*aire, fruta, etc.*) 新鲜／新鮮 xīnxiān VE
fresco (*confortable*) 凉爽；凉快／涼爽；涼快 liángshuǎng; liángkuai VE
frío (*temperatura*) 冷 lěng VE
fruta 水果 shuǐguǒ S
fuego (*tiempo e intensidad al cocinar*) 火候 huǒhou S
fuera de la ciudad 郊外 jiāowài S
fumar (*cigarrillos*) 吸烟／吸煙 xīyān VO
fundamentalmente 基本上 jīběnshàng A
fundamento 根据／根據 gēnjù S
fútbol americano 美式足球 Měishì zúqiú S
futuro 将来／將來 jiānglái PT/S

G

gallo (*zodiaco chino*) 鸡／雞 jī S
gamba 虾／蝦 xiā S
ganar dinero 赚钱／賺錢 zhuànqián VO
gastar (*dinero*) 花；花钱／花；花錢 huā; huāqián V/VO
gelatina de almendra 杏仁豆腐 xìngréndòufu S
generalmente 一般；平常 yìbān; píngcháng A
género (*variedad*) 种类／種類 zhǒnglèi S
gente 人[个]／人[個] rén [gè] S
geografía 地理 dìlǐ S
gimnasio 健身房 jiànshēnfáng S
girar a la izquierda 往左拐 wǎng zuǒ guǎi FV
golf 高尔夫球／高爾夫球 gāo'ěrfūqiú S
gordo 胖 pàng VE
gorro 帽子[顶]／帽子[頂] màozi [dǐng] S
gracias 谢谢(你／您) ‖ 謝謝(你／您) xièxie (nǐ/nín) EI
grado Celsius 摄氏度／攝氏度 shèshìdù S
graduarse 毕业／畢業 bìyè VO
gramática 语法／語法 yǔfǎ S
granada 石榴 shíliu S
grande 大 dà VE
grande (*talla de ropa, etc.*) 大号／大號 dàhào S

VOCABULARIO ESPAÑOL-CHINO

gris 灰色 huīsè S
guardar (*poner aparte, reservar*) 留 liú V
guardería infantil 幼儿园／幼兒園 yòu'éryuán S
Guilin (*ciudad del sur de China*) 桂林 Guìlín PL
guisante 豌豆 wāndòu S
gustar 喜欢／喜歡 xǐhuan VE

H

haber estado (*en un lugar*) 去过／去過 qùguo FV
haber llegado 到了 dào le FV
haber olvidado 忘了 wàngle FV
haber visitado (*en un lugar*) 到过; 去过／到過; 去過 dàoguò FV
habilidad 技巧 jìqiǎo S
habitación 房间 [个]／房間 [個] fángjiān [gè] S
hábito 习惯／習慣 xíguàn S
habitualmente 通常 tōngcháng A
hablando desde el punto de vista de... 从……来讲／说 ‖ 從……來講／說 cóng ... lái jiǎng/shuō EI
hablar 说; 说话／說; 說話 shuō; shuōhuà V/VO
hablar chino 说中国话／說中國話 shuō Zhōngguóhuà FV
hablar por teléfono 打电话／打電話 dǎ diànhuà VO
hace un momento 刚才／剛才 gāngcái A
hacer 做 zuò V
hacer (*cocinar*) 做; 弄 zuò; nòng V
hacer amigos 交朋友 jiāo péngyou VO
hacer bien 做好 zuòhǎo VR
hacer cola 排队／排隊 páiduì VO
hacer como uno prefiere 随便; 随意／隨便; 隨意 suíbiàn; suíyì A
hacer descuentos 减价／減價 jiǎnjià VO
hacer ejercicios matutinos 做早操 zuò zǎocāo VO
hacer el almuerzo/la comida 做中饭／做中飯 zuò zhōngfàn VO
hacer el desayuno 做早饭／做早飯 zuò zǎofàn VO
hacer corrida 跑步 pǎobù VO
hacer la cena 做晚饭／做晚飯 zuò wǎnfàn VO
hacer la comida 做饭／做飯 zuò fàn VO
hacer las tareas domésticas 做家务／做家務 zuò jiāwù VO
hacer ejercicios 做功课; 写作业／做功課; 寫作業 zuò gōngkè; xiě zuòyè VO
hacer rebajas 减价／減價 jiǎnjià VO
hacer satisfactoriamente 做好 zuòhǎo VR
hacer senderismo 爬山 pá shān VO
hacer turismo; turismo 旅游／旅遊 lǚyóu V/S
hacer un descuento 打折 dǎzhé VO
hacer un regalo 送 sòng V
hacer un trabajo ocasional 打工 dǎgōng VO
hacer una excursión 郊游／郊遊 jiāoyóu V
hacer una llamada de teléfono 打电话／打電話 dǎ diànhuà VO

hacer viento 刮风／刮風 guā fēng VO
hacer/tomar un examen 考试／考試 kǎoshì V
hacer/tomar una prueba 考 kǎo V
hacia (*en dirección a*) 朝; 往 cháo; wǎng CV
hacia (*enfrentar*) 对／對 duì CV
¡Hala! 哇 wā I
hambriento 饿／餓 è VE
hamburguesa 汉堡包 [个]／漢堡包 [個] hànbǎobāo [gè] S
Harry Potter 哈利·波特 Hālì bōtè S
hasta este punto 这么／這麼 zhème A
hasta qué punto 多 duō A
hay 有 yǒu V
hecho 事(情) [件] shì(qing) [jiàn] S
helado 冰淇淋 bīngqílín S
hermana (*mayor*) 姐姐 [个]／姐姐 [個] jiějie [gè] S
hermana (*menor*) 妹妹 [个]／妹妹 [個] mèimei [gè] S
hermanas 姐妹 jiěmèi S
hermanastro (*misma madre*) (同母)异父的兄弟姐妹／(同母)異父的兄弟姐妹 (tóng mǔ) yì fù de xiōngdì-jiěmèi S
hermanastro (*mismo padre*) (同父)异母的兄弟姐妹／(同父)異母的兄弟姐妹 (tóng fù) yì mǔ de xiōngdì-jiěmèi S
hermano (*mayor*) 哥哥 gēge S
hermano (*menor*) 弟弟 dìdi S
hermanos y hermanas 兄弟姐妹 xiōngdìjiěmèi S
hermanos 兄弟 xiōngdì S
hervir 烹; 煮 pēng; zhǔ V
¡Hi! 嗨 hāi I
hierba 草; 草地 cǎo; cǎodì S
hija 女儿／女兒 nǚ'ér S
hija única 独生女 [个]／獨生女 [個] dúshēngnǚ [gè] S
hijo mayor, primogénito 老大 lǎodà S
hijo pequeño, benjamín 老小; 老幺／老小; 老么 lǎo xiǎo; lǎo yāo S
hijo único 独生子 [个]／獨生子 [個] dúshēngzǐ [gè] S
hijo(a) mayor 大(儿子, 女儿……)／大(兒子, 女兒……) dà (érzi, nǚ'ér ...) S
hijo 儿子[个]／兒子[個] érzi [gè] S
hilo dental 牙线／牙線 yáxiàn S
hindi (*idioma*) 印地话; 印地文; 印地语／印地話; 印地文; 印地語 Yìndìhuà; Yìndìwén; Yìndìyǔ S
historia 历史／歷史 lìshǐ S
hogar 人家 rénjiā S
hoja (*de papel*) 纸 [张]／紙 [張] zhǐ [zhāng] S
hojas (*de los árboles*) 树叶／樹葉 shùyè S
hola 您／你好 nín/nǐ hǎo EI
Hong Kong 香港 Xiānggǎng PL
hora 钟头 [个]／鐘頭 [個] zhōngtóu [gè] S
horario (*de trenes, autobuses, etc.*) 时间表／時間表 shíjiānbiǎo S

hornear 烤 kǎo V
hoy 今天 jīntiān PT
hoy por la noche 今天晚上 jīntiān wǎnshang PT
huésped 客人 [个] [位] ／客人 [個] [位] kèren [gè] [wèi] S
huevo (*de gallina*) 鸡蛋／雞蛋 jīdàn S
humanidades 文科 wénkē S
humor (*estado de ánimo*) 心情 xīnqíng S

I

idea 主意 zhǔyi S
idéntico 一样／一樣 yíyàng VE
idioma 语言／語言 yǔyán S
idioma extranjero 外语; 外国话／外語; 外國話 wàiyǔ; wàiguóhuà S
idioma oral 口语／口語 kǒuyǔ S
igual 一样／一樣 yíyàng VE
igual que antes 照样／照樣 zhàoyàng A
igualmente 再说; 除了……以外／再説; 除了……以外 zài shuō; chúle ... yǐwài C
importante 重要 zhòngyào VE
importar (*ofenderse*) 介意 jièyì V
importunar 打搅／打擾 dǎjiǎo V
imposible 不可能 bù kěnéng V
incómodo (*sensación física*) 不舒服 bù shūfu VE
incómodo 不舒服 bù shūfu VE
incorporar 加入 jiārù V
incorrecto 不对／不對 bú duì VE
India 印度 Yìndù PL
indio (*persona*) 印度人 Yìndùrén S
infeliz 不高兴／不高興 bù gāoxìng VE
inferior 差 chà VE
ingeniería 工程 gōngchéng S
ingeniero 工程师／工程師 gōngchéngshī S
Inglaterra 英国／英國 Yīngguó PL
inglés (*idioma*) 英文; 英语／英文; 英語 Yīngwén; yingyu S
inglés (*persona*) 英国人／英國人 Yīngguórén S
ingredientes 用料 yòngliào S
inicialmente 原来／原來 yuánlái A
inmaduro 生 shēng VE
inmediatamente 马上／馬上 mǎshàng A
inquieto 着急／著急 zháojí VE
insulso 没意思; 无聊／没意思; 無聊 méiyìsi; wúliáo VE
inteligente 聪明／聰明 cōngming VE
intentar 试一试／試一試 shì yi shì V
intercambiar 换／換 huàn V
interesante 有意思 yǒu yìsi VE
interrogar 问; 问问／問; 問問 wèn; wènwen V
invierno 冬天 dōngtiān S
invitación 邀请／邀請 yāoqǐng S
invitado 客人 [个] [位] ／客人 [個] [位] kèren [gè] [wèi] S
invitar 请; 邀请／請; 邀請 qǐng; yāoqǐng V
ir 去 qù V
ir a (*un lugar*) 到……去; 去…… dào ... qù; qù ... FV
ir a (*voluntad*) 要; 会／要; 會 yào; huì VA
ir a clase 上课／上課 shàngkè VO
ir a divertirse 去玩儿／去玩兒 qù wánr FV
ir a dormir 睡觉／睡覺 shuìjiào VO
ir a la ciudad 进城／進城 jìn chéng VO
ir a la escuela 上学／上學 shàngxué VO
ir a la oficina 上班 shàngbān VO
ir a trabajar 上班 shàngbān VO
ir a un museo 逛博物馆／逛博物館 guàng bówùguǎn FV
ir al aseo 上厕所／上廁所 shàng cèsuǒ VO
ir al teatro 看戏／看戲 kàn xì VO
ir al trabajo 上班 shàngbān VO
ir de compras a un centro comercial 逛商场／逛商場 guàng shāngchǎng VO
ir de compras 去买东西; 逛街／去買東西; 逛街 qù mǎi dōngxi; guàng jiē FV
ir de excursión 郊游／郊遊 jiāoyóu V
ir de tiendas 逛街 guàng jiē VO
ir de un lugar a otro 串 chuàn V
ir de viaje 去旅行 qù lǚxíng FV
ir en autobús 坐公车去／坐公車去 zuò gōngchē qù FV
ir en automóvil 开车去／開車去 kāichē qù FV
irse 走 zǒu V
irse (*salir*) 出门／出門 chūmén VO
Italia 意大利 Yìdàlì PL
italiano (*idioma*) 意大利话; 意大利文; 意大利语／意大利話; 意大利文; 意大利語 Yìdàlìhuà; Yìdàlìwén; Yìdàlìyǔ S
italiano (*persona*) 意大利人 Yìdàlìrén S

J

jabón [pastilla] 肥皂 [块] ／肥皂 [塊] féizào [kuài] S
Japón 日本 Rìběn PL
japonés (*idioma*) 日本话; 日语; 日文／日本話; 日語; 日文 Rìběnhuà; Rìyǔ; Rìwén S
japonés (*persona*) 日本人 Rìběnrén S
jerséi de lana 毛衣 [件] máoyī [jiàn] S
joven 年轻／年輕 niánqīng VE
jóvenes 青年人 qīngnián rén S
jubilarse 退休 tuìxiū V
juego (*videojuego, etc.*) 游戏／遊戲 yóuxì S
jueves 星期四 Xīngqīsì PT
jugar 玩儿／玩兒 wánr V
jugar a videojuegos 玩儿电子游戏／玩兒電子遊戲 wánr diànzǐ yóuxì FV
jugar al baloncesto 打球 dǎ qiú VO
jugar al fútbol 踢足球 tī zúqiú VO

julio 七月　Qīyuè　S
junio 六月　Liùyuè　S
junto (*en total*)　一共　yígòng　A
junto a (*en compañía de*)　一块儿; 一起／一塊兒; 一起　yíkuàir; yìqǐ　A
junto con　一块(儿)／一塊(兒)　yíkuài(r)　A
justamente　正好　zhènghǎo　A
justo (*hace un momento*)　刚／剛　gāng　A
justo después (*presenta una acción subsecuente*)　就　jiù　A

K

karaoke　卡拉OK　kǎlā OK　S
kilogramo　公斤　gōngjīn　CF
kilómetro　公里　gōnglǐ　CF
kiwi　猕猴桃／獼猴桃　míhóutáo　S

L

la mayor parte　大部分／大部份　dà bùfen　S
la primera vez　第一次　dìyī cì　NUM/VE
la próxima vez　下次　xià cì　PT
la semana pasada　上星期　shàng xīngqī　PT
la semana que viene　下(个)星期／下(個)星期　xià (ge) xīngqī　PT
lado (*derecha, izquierda, norte, etc.*)　边(儿)／邊(兒)　bian(r)　PL
lado izquierdo　左边(儿)／左邊(兒)　zuǒbian(r)　PL
lago Qinghai　青海湖　Qīnghǎi Hú　S
lámpara de queroseno　煤油灯／煤油燈　méiyóudēng　S
lápiz　铅笔[支]／鉛筆[支]　qiānbǐ [zhī]　S
largo　长／長　cháng　VE
lavar　洗　xǐ　V
lavar la ropa　洗衣服　xǐ yīfu　VO
lavarse la cara　洗脸／洗臉　xǐ liǎn　VO
lavarse los dientes　刷牙　shuāyá　VO
lección　课／課　kè　S
leche　牛奶　niúnǎi　S
lechuga　生菜　shēngcài　S
lectura (*the act of reading*)　阅读／閱讀　yuèdú　S
leer　读／讀　dú　V
leer (*ver y entender*)　看　kàn　V
leer un libro　看书／看書　kàn shū　VO
leer un periódico　看报／看報　kàn bào　VO
lejanía　远道／遠道　yuǎndào　S
lejos　远／遠　yuǎn　VE
lengua hablada　口语／口語　kǒuyǔ　S
lento　慢　màn　VE
letrado　律师／律師　lùshī　S
levantarse (*de la cama*)　起床　qǐchuáng　VO
ley　法律　fǎlǜ　S

li (*medida equivalente a 500 metros*)　里　lǐ　S/CF
libra (*moneda británica*)　英镑／英鎊　Yīngbàng　S
librería　书店／書店　shūdiàn　S
libro　书 [本]／書 [本]　shū [běn]　S
libros extracurriculares　课外书／課外書　kèwài shū　S
ligeramente　稍　shāo　A
limón　柠檬／檸檬　níngméng　S
lindo　好看　hǎokàn　VE
lingüística　语言学／語言學　yǔyánxué　S
listo (*inteligente*)　聪明／聰明　cōngming　VE
literatura　文学／文學　wénxué　S
literatura china antigua　古文　gǔwén　S
llamado　叫　jiào　VE
llamado (*nombre propio*)　叫　jiào　VE
llamar por teléfono　打电话／打電話　dǎ diànhuà　VO
llave　钥匙 [把]／鑰匙 [把]　yàoshi [bǎ]　S
llegar (*a un lugar, una hora*)　到　dào　CV
llevar (*ropa*)　穿; 穿衣服　chuān; chuān yīfu　V/VO
llevar (*sombrero, gafas, etc.*)　戴　dài　V
llevar consigo　带／帶　dài　V
llevar; traer　带／帶　dài　V
llover　下雨　xiàyǔ　VO
lluvia　雨　yǔ　S
lo lamento　对不起／對不起　duìbuqǐ　EI
lo mejor que pueda　尽量／盡量　jǐnliàng　A
lo mejor　最好　zuìhǎo　VE
lo siento (*al disculparse*)　对不起／對不起　duìbuqǐ　EI
lo único que se puede hacer　只好　zhǐhǎo　A
localidad　地方 [个]／地方 [個]　dìfang [gè]　S
longitud　长短／長短　chángduǎn　S
Los Ángeles　洛杉矶／洛杉磯　Luòshānjī　PL
luego　然后／然後　ránhòu　C
lugar　地方 [个]／地方 [個]　dìfang [gè]　S
lunes　星期一　Xīngqīyī　PT

M

Macao　澳门／澳門　Àomén　PL
madera (*radical*)　木　mù　S
madrastra　继母／繼母　jìmǔ　S
madre　母亲／母親　mǔqin　S
madre adoptiva　养母／養母　yǎngmǔ　S
madre biológica　生母　shēngmǔ　S
maduro　熟　shóu (also pronounced shú)　VE
maestro artesano　师傅／師傅　shīfu　S
máfan　V
mahjong　麻将／麻將　májiàng　S
mal　不好　bù hǎo　V
mamá　妈; 妈妈／媽; 媽媽　mā; māma　S
mañana (*desde las 10 a.m. hasta medidodía*)　上午　shàngwǔ　PT
mañana (*el día de*)　明天　míngtiān　PT
mañana (*hasta las 9–10 a.m.*)　早上　zǎoshang　PT

mandarín (*chino estándar*) 普通话／普通話 pǔtōnghuà S
mango 芒果 mángguǒ S
manta 毯子 [条]／毯子 [條] tǎnzi [tiáo] S
mantequilla 黄油; 奶油 huángyóu; nǎiyóu S
manzana 苹果／蘋果 píngguǒ S
mapa 地图 [张]／地圖 [張] dìtú [zhāng] S
maquillaje (*cosméticos*) 化妆品／化妝品 huàzhuāngpǐn S
maquillarse 化妆／化妝 huàzhuāng VO
marca 标志／標誌 biāozhì S
marcharse (*partir de un lugar*) 走 zǒu V
marido 老公; 先生; 丈夫 lǎogōng; xiānsheng; zhàngfu S
marisco 海鲜／海鮮 hǎixiān S
marrón (*color café*) 咖啡色 kāfēisè S
martes 星期二 Xīngqī'èr PT
marzo 三月 Sānyuè S
más (*en número*) 多 duō VE
más bien 挺 tǐng A
más o menos 马马虎虎／馬馬虎虎 mǎmǎehūhū EI
más o menos (*aproximadamente*) 差不多 chàbuduō VE
más tarde 以后／以後 yǐhòu PT
matemáticas 数学／數學 shùxué S
materia (*estudios*) 课／課 kè S
materia obligatoria 主课／主課 zhǔkè S
material de oficina 文具 [些] wénjù [xiē] S
mayo 五月 Wǔyuè S
mayor 大 dà VE
me gustaría 想 xiǎng VA
media (*talla de ropa, etc.*) 中号／中號 zhōnghào S
media hora 半个钟头／半個鐘頭 bàn ge zhōngtóu S
medianoche 半夜 bànyè PT
medicina (*estudios*) 医学／醫學 yīxué S
medicamento 药／藥 yào S
médico 医生／醫生 yīshēng S
mediodía 中午 zhōngwǔ PT
mejor 好一点儿／好一點兒 hǎo yìdiǎnr VE
mejorar 进步／進步 jìnbù V
melocotón 桃子 táozi S
melón 哈密瓜 hāmìguā S
memoria 记忆／記憶 jìyì S
memorizar 背 bèi V
menor (*edad*) 小 xiǎo VE
menos (*en número*) 少 shǎo VE
menos de (*seguido de expresión numérica*) 不到 bú dào FV
menú, carta 菜单／菜單 càidān S
mercado 商场／商場 shāngchǎng S
mercado (*alimentos frescos*) 菜市(场)／菜市(場) càishì (chǎng) S
mes 月 [个]／月 [個] yuè [ge] PT
mesa 桌子 [张]／桌子 [張] zhuōzi [zhāng] S
mesa de estudio 书桌儿／書桌兒 shūzhuōr S
meterse 进去／進去 jìnqù V

metro 地铁／地鐵 dìtiě S
mi 我的 wǒ de PR
mí 我 wǒ PR
miembros de una familia 家里人／家裡人 jiā li rén S
mientras ……的时候／……的時候 ... deshíhou PT
miércoles 星期三 Xīngqīsān PT
mil 千 qiān NUM
minuto (一)分钟／(一)分鐘 (yì) fènzhōng S
mío 我的 wǒ de S
mirar 看 kàn V
mirar (*examinar*) 查 chá V
mirar la TV 看电视／看電視 kàn diànshì VO
mirar una película 看电影／看電影 kàn diànyǐng VO
mitad (*de algo*) 半 bàn [+ clasificador] NUM
mochila (*de libros*) 书包 [个]／書包 [個] shūbāo [gè] S
molestar (*a alguien*) 打搅; 麻烦／打攪; 麻煩 dǎjiǎo; máfan V
molesto 生气／生氣 shēngqì VE
momento (*de tiempo; duración*) 时候／時候 shíhou S
moneda de diez céntimos (*coloquial*) (一)毛(钱)／(一)毛(錢) (yì) máo (qián) S
moneda de diez céntimos (*formal*) 角 jiǎo S
moneda de Estados Unidos 美金; 美元 Měijīn; Měiyuán S
mono (*zodiaco chino*) 猴 hóu S
montaña 山 [座] shān [zuò] S
montar (*en bicicleta, a caballo, a horcajadas*) 骑／騎 qí V
montar en (*autobús, tren, etc.*) 坐 zuò V
montar en bicicleta 骑自行车／騎自行車 qí zìxíngchē VO
montar en motocicleta 骑摩托车／騎摩托車 qí mótuōchē VO
mostrar (*algo*) **a alguien** 给……看看／給……看看 gěi ... kànkan FV
motocicleta 摩托车 [辆]／摩托車 [輛] mótuōchē [liàng] S
mucho 多 duō VE
muchos 多 duō VE
mujer 妻子; 老婆; 太太 qīzi; lǎopo; tàitai S
mujer joven 小姐 xiǎojiě S
museo 博物馆／博物館 bówùguǎn S
música 音乐／音樂 yīnyuè S
músico 音乐家／音樂家 yīnyuèjiā S
muy 非常; 挺 fēicháng; tǐng A
muy (*sentido ligero*) 很 hěn A

N

nabo 萝卜／蘿蔔 luóbo S
nacer 生; 出生 shēng; chūshēng V
nacido en 生在 shēng zài FV
nada mal 不错／不錯 búcuò VE

VOCABULARIO ESPAÑOL-CHINO

nadar 游泳 yóuyǒng V
naranja (*color*) 橘红色／橘紅色 júhóngsè S
naturalmente 当然／當然 dāngrán A
navegar en Internet 上网／上網 shàngwǎng VO
necesario 应该／應該 yīnggāi A
necesitar (*tiempo o esfuerzo*) 要; 需要 yào; xūyào VA/V
negociar el precio 讲价／講價 jiǎngjià VO
negocios (*estudios*) 商学／商學 shāngxué S
negro (*color*) 黑色 hēisè S
nervioso 着急／著急 zháojí VE
nevar 下雪 xiàxuě VO
niño 孩子 [个]／孩子 [個] háizi [gè] S
niño pequeño 小孩子 xiǎo háizi S
niños 孩子们／孩子們 háizimen S
nivel (*año*) **escolar** 年级／年級 niánjí S
no 不; 不是 bù; bú shì A
no (*imperativo*) 别; 不要 bié; búyào V/VA
no a menudo 不常 bù cháng A
no hay de qué 别客气; 不用谢／別客氣; 不用謝 bié kèqi; búyòng xiè EI
no es así 不; 不是 bù; bú shì A
no es nada 没事(儿)／沒事(兒) méi shì(r) EI
no es necesario 不用 búyòng A
no está mal 不错／不錯 búcuò VE
no gustar 不喜欢／不喜歡 bù xǐhuan FV
no habitualmente 非常 fēicháng A
no hasta 才 cái A
no hay problema 没关系／沒關係 méi guānxi EI
no importa 没关系／沒關係 méi guānxi EI
no lo sé 不知道 bù zhīdao FV
no pasa nada 没事(儿)／沒事(兒) méi shì(r) EI
no poder 不能; 不会／不能; 不會 bù néng; bú huì V
no poder comer más 吃不下 chī bú xià VR
no poder ver 看不见／看不見 kàn bú jiàn VR
no querer 不要 búyào V/VA
no salir de casa 待在家里／待在家裡 dāi zài jiā li FV
no seas tan educado 别客气／別客氣 bié kèqi EI
no ser necesario 不用; 不必 búyòng; búbì VA
no tener 没有 méiyǒu V
no tener nada que hacer 没事(儿); 闲; 闲着／沒事(兒); 閒; 閒著 méi shì(r); xián; xiánzhe V
noche (*de 6 p.m. hasta medianoche*) 晚上 wǎnshang PT
nombre (*sintaxis*) 名词／名詞 míngcí S
nombre 名字 [个]／名字 [個] míngzi [gè] S
noreste 东北／東北 dōngběi PL
noroeste 西北 xīběi PL
norte (*lado, dirección*) 北边(儿)／北邊(兒) běibian(r) PL
nos 我们／我們 wǒmen PR
¡Nos vemos de nuevo! 再见／再見 zàijiàn EI
nos vemos dentro de un rato 一会儿见／一會兒見 yíhuìr jiàn EI
nosotros mismos 我们自己／我們自己 wǒmen zìjǐ P
nosotros 我们; 咱们／我們; 咱們 wǒmen; zánmen PR
noveno 第九(个)／第九(個) dì-jiǔ (ge) S/NUM

novia 女朋友 nǚ péngyou S
novio 男朋友 nán péngyou S
nublado 多云／多雲 duōyún VE
nuestro(s) 我们的／我們的 wǒmen de PR
Nueva York 纽约／紐約 Niǔyuē PL
nueve 九 jiǔ NUM
número (*de teléfono, etc.*) 号码／號碼 hàomǎ S
número (*de una serie*) 号／號 hào S
número de teléfono 电话号码／電話號碼 diànhuà hàomǎ S
número de teléfono móvil 手机号码／手機號碼 shǒujī hàomǎ S
numeroso 多 duō VE
nunca 从来不; 从来没／從來不; 從來沒 cónglái bù; cónglái méi A
nutrición 营养／營養 yíngyǎng S
noviembre 十一月 Shíyīyuè S

O

o (*al dar opciones*) 还是／還是 háishi C
o (*en afirmaciones*) 或者 huòzhě C
objeto 东西／東西 dōngxi S
obra de teatro 戏剧／戲劇 xìjù S
obrero 工人 gōngrén S
observar 看 kàn V
obsoleto 老 lǎo VE
obtener 拿到 nádào VR
obtener un graduado 毕业／畢業 bìyè VO
ocasionalmente 偶尔／偶爾 ǒu'ěr A
ocasión 机会／機會 jīhuì S
ocasión (*vez*) 次 cì CF
océano Atlántico 大西洋 Dàxīyáng S
Océano Pacífico 太平洋 Tàipíngyáng S
ochenta 八十 bāshí NUM
ocho 八 bā NUM
octavo 第八(个)／第八(個) dì-bā (ge) S/NUM
octubre 十月 Shíyuè S
ocupado 有事; 忙 yǒu shì; máng FV/VE
oeste (*lado, dirección*) 西边(儿)／西邊(兒) xībian(r) PL
ofenderse 介意 jièyì V
oficina 办公室／辦公室 bàngōngshì S
¡Oh! (*comprensión repentina*) 噢 7 I
¡Oh! 哎呀 āiyā I
¡Oh, ya veo que es así! 噢, 原来(是)这样。／噢, 原來(是)這樣。 O, yuánlái (shì) zhèyàng. EI
OK 好; 行 hǎo; xíng VE
oler (*percibir con la nariz*) 闻／聞 wén V
olor 味道 wèidao S
once 十一 shíyī NUM
ópera 歌剧／歌劇 gējù S
opinión 看法 kànfǎ S
oportunidad (*ocasión*) 机会／機會 jīhuì S

VOCABULARIO ESPAÑOL-CHINO

ordinario 一般；平常；普通 yìbān; píngcháng; pǔtōng VE
organizar 安排 ānpái V
orientación 方向 fāngxiàng S
originalmente 原来／原來 yuánlái A
orilla del mar 海边／海邊 hǎibiān S
oscuro 暗 àn VE
otoño 秋天 qiūtiān S
otras personas 别人 biéren P
otro (*uno diferente*) 别的 biéde EP
otros(as) (*el resto, lo que queda*) 其他(的) qítā (de) S
oveja (*zodiaco chino*) 羊 yáng S

P

pabellón de deportes 体育馆／體育館 tǐyùguǎn S
padrastro 继父／繼父 jìfù S
padre adoptivo 养父／養父 yǎngfù S
padre biológico 生父 shēngfù S
padre 父亲；爸爸／父親；爸爸 fùqin; bàba S
padres 父母 fùmǔ S
pagar (*money, the bill*) 付；付钱／付；付錢 fù; fù qián V/VO
pagar en efectivo 付现金／付現金 fù xiànjīn VO
pagar la cuenta 结账；付账／結賬；付賬 jiézhàng; fùzhàng VO
país (*sufijo para nombres de países*) 国／國 guó S/S
país extranjero 外国／外國 wàiguó S
paisaje 风景／風景 fēngjǐng S
pájaro 鸟(儿)[只]／鳥(兒)[隻] niǎo(r) [zhī] S
palabra 单词；字／單詞；字 dāncí; zì S
palabras (*discurso*) 话／話 huà S
palillos [par] 筷子[双]／筷子[雙] kuàizi [shuāng] S
pan [rebanada/barra] 面包 [片／条]／麵包 [片／條] miànbāo [piàn/tiáo] S
pantalones [par] 裤子；长裤 [条]／褲子；長褲 [條] kùzi; chángkù [tiáo] S
pantalones largos [par] 裤子；长裤 [条]／褲子；長褲 [條] kùzi; chángkù [tiáo] S
pantalones cortos [par] 短裤 [条]／短褲 [條] duǎnkù [tiáo] S
pantalones vaqueros [par] 牛仔裤 [条]／牛仔褲 [條] niúzǎikù [tiáo] S
pantuflas [par] 拖鞋 [双]／拖鞋 [雙] tuōxié [shuāng] S
papá 爸爸 bàba S
papel [hoja] 纸 [张]／紙 [張] zhǐ [zhāng] S
papel higiénico 卫生纸／衛生紙 wèishēngzhǐ S
par (*de algo*) (一)双……／(一)雙…… (yì) shuāng ... NUM/CF
parada (*de autobús, tren, etc.*) 站 [个]／站 [個] zhàn [gè] S
parada/estación de autobús 车站／車站 chēzhàn S
parada/estación de metro 地铁站 [个]／地鐵站 [個] dìtiězhàn[gè] S

parece como si, parece que 看来／看來 kànlái FV
parecer 像 xiàng V
parecer (*se ve que*) 好像 hǎoxiàng A
parque público 公园(儿)／公園(兒) gōngyuán(r) S
párrafo 段落 duànluò S
parte inferior 下面 xiàmiàn PL
pasado mañana 后天／後天 hòutiān PT
pasar (*cierta hora*) 过／過 guò V
pasar por (*de camino*) 过／過 guò V
pasarlo bien 玩儿／玩兒 wánr V
pasear en automóvil 去兜风／去兜風 qù dōufēng VO
pasear en barca 划船 huá chuán VO
pasillo 走廊 zǒuláng S
pasta de dientes [tubo] 牙膏 [管] yágāo [guǎn] S
pastel [trozo] 蛋糕 [块]／蛋糕 [塊] dàngāo [kuài] S
pasteles 甜点／甜點 tiándiǎn S
pataca de Macao (*moneda*) 澳门元／澳門元 Àoményuán S
patata 土豆(儿)／土豆(兒) tǔdòu(r) S
patio 院子 yuànzi S
patio delantero 前院(儿)／前院(兒) qiányuàn(r) S
patio trasero 后院／後院 hòuyuàn S
pato (*carne*) 鸭(肉)／鴨(肉) yā(ròu) S
pato asado 烤鸭／烤鴨 kǎoyā S
pedir (*a alguien que haga algo*) 请／請 qǐng V
pedir (*platos de un menú*) 点菜／點菜 diǎn cài VO
pedir por favor (*peticiones educadas*) 请／請 qǐng V
peine 梳子 [把] shūzi [bǎ] S
peinarse el pelo 梳头发／梳頭髮 shū tóufa VO
película (*cine*) 电影 [部]／電影 [部] diànyǐng [bù] S
pelo (*de la cabeza*) 头发／頭髮 tóufa S
pelota 球 [个]／球 [個] qiú [gè] S
pena (*remordimiento*) 遗憾／遺憾 yíhàn V
pensar (*creer*) 觉得／覺得 juéde V
pensar (*dar una opinión*) 认为／認為 rènwéi V
pensar en (*desear, querer*) 想 xiǎng VA
pepino amargo 苦瓜 kǔguā S
pepino 黄瓜 huángguā S
pequeño 小 xiǎo VE
pequeña (*talla de ropa, etc.*) 小号／小號 xiǎohào S
pera 梨 lí S
perder 失去 shīqù V
periódico 报(纸)[份]／報(紙)[份] bào(zhǐ) [fèn] S
permiso (*certificado*) 证／證 zhèng S
permitir 让／讓 ràng CV
pero 可是；但是 kěshì; dànshì C
perrito caliente 热狗 [个]／熱狗 [個] règǒu [gè] S
perro (*zodiaco chino*) 狗 gǒu S
persona 人 [个]／人 [個] rén [gè] S
persona mayor 大人 dàrén S
persona de servicio 服务员／服務員 fúwùyuán S
persona extranjera 外国人／外國人 wàiguórén S
pertenecer a (*un signo zodiacal*) 属／屬 shǔ V
pescado agridulce con apio 西芹糖醋鱼／西芹糖醋魚 xīqíntángcùyú S

VOCABULARIO ESPAÑOL-CHINO

pescado agridulce con forma de ardilla 松鼠鱼／松鼠魚 sōngshǔyú S
pescar 钓鱼／釣魚 diàoyú VO
pez 鱼 [条]／魚 [條] yú [tiáo] S
picante 辣 là VE
picnic 野餐 yěcān S
pimienta verde 青椒 qīngjiāo S
piña 菠萝／菠蘿 bōluó S
pincel (*pincel chino de escritura*) 毛笔／毛筆 máobǐ S
ping-pong 乒乓球 pīngpāngqiú S
pintar 画画儿／畫畫兒 huà huàr VO
pintor 画家／畫家 huàjiā S
pintura 画儿 [张]／畫兒 [張] huàr [zhāng] S
pinyin 拼音 pīnyīn S
pista de deportes 操场／操場 cāochǎng S
pizarra 黑板 hēibǎn S
plan (*idea*) 主意 zhǔyi S
planear (*pensar en hacer algo*) 想 xiǎng VA
planificar, plan 安排 ānpái V/S
planta (*de un edificio*) 层／層 céng CF
planta (*de un edificio*) 楼／樓 lóu CF
plantar 种／種 zhòng V
plata (*color*) 银色／銀色 yínsè S
plato (*de un menú*) 菜 cài S
plato (*utensilio*) 盘子 [个]／盤子 [個] pánzi [gè] S
plato de comida 菜 [盘]／菜 [盤] cài [pán] S
plato de fruta 水果拼盘／水果拼盤 shuǐguǒ pīnpán S
playa 海滩; 沙滩／海灘; 沙灘 hǎitān S
playa de arena 沙滩／沙灘 shātān S
pluma, bolígrafo 笔 [支]／筆 [支] bǐ [zhī] S
pobre (*inferior*) 差 chà VE
poco (一)点(儿)／(一)點(兒) (yì)diǎn(r) S/CF
poco (*cantidad*) 少 shǎo VE
poco complicado 简单／簡單 jiǎndān VE
poder (*saber cómo*) 会／會 huì VA
poder (*ser capaz*) 能 néng VA
poder (*ser posible*) 可以 kěyǐ VA
poder (*tener permiso para*) 可以 kěyǐ VA
póker 扑克牌／撲克牌 pūkèpái S
policía 警察 jǐngchá S
pollo (*carne*) 鸡(肉)／雞(肉) jī(ròu) S
pollo kungpao 宫保鸡丁／宮保雞丁 gōngbǎojīdīng S
pollo, pato, pescado y carne (*normalmente cerdo*) 鸡鸭鱼肉／雞鴨魚肉 jīyāyúròu EI
ponerse (*ropa*) 穿 chuān V
ponerse moreno 晒太阳／曬太陽 shài tàiyáng VO
ponerse ropa 穿衣服 chuān yīfu VO
por, para 为了／為了 wèile CV
por debajo 下面 xiàmiàn PL
por detrás 后面／後面 hòumiàn PL
por ejemplo 比如(说)／比如(說) bǐrú shuō FV
por el día 白天 báitiān S
por ello 所以 suǒyǐ C
por la noche 夜里; 晚上／夜裡; 晚上 yèli; wǎnshang PT
por lo tanto 所以 suǒyǐ A
por mucho tiempo 好久 hǎojiǔ A
por qué 为什么／為甚麼 wèishénme PI
por sí mismo 自己 zìjǐ P
por supuesto 当然／當然 dāngrán A
por uno mismo 自己 zìjǐ P
por último 最后／最後 zuìhòu A
porque 因为／因為 yīnwèi C
poseer 有 yǒu V
posiblemente (*quizás*) 也许; 可能／也許; 可能 yěxǔ; kěnéng A
postre 甜点／甜點 tiándiǎn S
practicar yoga 做瑜伽 zuò yújiā VO
practicar 练习／練習 liànxí V
práctico 方便 fāngbiàn VE
precio 价钱／價錢 jiàqian S
precio de una entrada 票价／票價 piào jià S
preferir 喜欢／喜歡 xǐhuan V
preguntar 问; 问问／問; 問問 wèn; wènwen V
preocupado 着急／著急 zháojí VE
preparar la comida 做饭／做飯 zuò fàn VO
presentación 介绍／介紹 jièshào S
presentar 介绍／介紹 jièshào V
presente (*ahora*) 现在／現在 xiànzài PT
presente (*regalo*) 礼物／禮物 lǐwù S
prestar 借 jiè V
prestar atención a 注意 zhùyì V
pretender 想 xiǎng VA
previamente 以前 yǐqián PT
primavera 春天 chūntiān S
primavera, verano, otoño e invierno 春, 夏, 秋, 冬 chūn xià, qiū, dōng EI
primer/segundo/tercer/cuarto tono 第一／第二／第三／第四声 ‖ 第一／第二／第三／第四聲 dì-yī / dì-èr / dì-sān / dì-sì shēng S
primera planta 一楼／一樓 yī lóu S
primero (*antes*) 先 xiān A
primero (*ordinal*) 第一(个)／第一(個) dìyī (ge) S/NUM
primero... después ... 先……再 xiān ... zài C
privado (*baño, etc.*) 独立的／獨立的 dúlì de AT
probablemente 也许; 可能／也許; 可能 yěxǔ; kěnéng A
probar 尝／嚐 cháng V
problema 问题 [个]／問題 [個] wèntí [gè] S
profesor 老师 [位]／老師 [位] lǎoshī [wèi] S
profesor universitario 教授 [位] jiàoshòu [wèi] S
programa de televisión 电视节目／電視節目 diànshì jiémù S
progresar; progreso 进步／進步 jìnbù V/S
prometer 答应／答應 dāying V
pronóstico 预报／預報 yùbào V/S
pronóstico del tiempo 天气预报／天氣預報 tiānqì

VOCABULARIO ESPAÑOL-CHINO

yùbào S
pronto 早 zǎo VE
pronunciación 发音／發音 fāyīn S
proporcionar ayuda 帮；帮助／幫；幫助 bāng; bāngzhù V
prueba (*escuela*) 考试／考試 kǎoshì S
psicología 心理学／心理學 xīnlǐxué S
público 公共 gōnggòng AT
pudín de mango 芒果布丁 mángguǒbùdīng S
pueblo 农村／農村 nóngcūn S
puerta 门／門 mén S
punto fuerte 强项／強項 qiángxiàng S

Q

qué 什么／甚麼 shénme PI
que (*en comparaciones*) 比 bǐ CV
¿Qué día es hoy? 今天几号？／今天幾號？ Jīntiān jǐ hào? EI
¿Qué pasa? 怎么了／怎麼了 zěnme le
¿Qué tal? 怎么样?／怎麼樣? Zěnmeyàng? EI
quedarse en 住；待在 zhù; dāi zài V/FV
quedarse en casa 待在家里／待在家裡 dāi zài jiā li FR
querer 要；想 yào; xiǎng VA
quién 谁／誰 shéi PI
química 化学／化學 huàxué S
quince minutos 一刻钟／一刻鐘 yí kèzhōng FN
quinto 第五(个)／第五(個) dì-wǔ (ge) S/NUM
quizás 也许；可能／也許；可能 yěxǔ; kěnéng A

R

rábano 萝卜／蘿蔔 luóbo S
radio 收音机／收音機 shōuyīnjī S
rápido; rápidamente 快 kuài VE/A
raramente 很少 hěn shǎo A
raro 不常 bù cháng VE
rata (*zodiaco chino*) 鼠 shǔ S
ratón (*zodiaco chino*) 鼠 shǔ S
razón (*causa*) 原因 yuányīn S
realmente 真；实在；确实／真；實在；確實 zhēn; shízài; quèshí A
recibir 欢迎／歡迎 huānyíng V
recientemente 最近 zuìjìn A
recitar de memoria 背诵／背誦 bèisòng V
recoger a, encontrarse con (*alguien*) 接 jiē V
reconocer 认识／認識 rènshi V
reconocer caracteres chinos 认识字／認識字 rènshizì VO
recordar 记得／記得 jìde V
recto (*relativo a dirección*) 一直 yìzhí A
reformar 装修／裝修 zhuāngxiū V

refresco 饮料／飲料 yǐnliào S
refresco de cola 可乐／可樂 kělè S
regalo 礼物／禮物 lǐwù S
regatear (*para conseguir descuento*) 讲价／講價 jiǎngjià VO
región montañosa 山区／山區 shānqū S
regresar (*ir*) 回去 huíqù VO
regresar (*venir*) 回来／回來 huílái V
regresar a casa 回家 huíjiā V
regularmente 经常；常常／經常；常常 jīngcháng; chángcháng A
Reino Unido 英国／英國 Yīngguó PL
relajarse 放松／放鬆 fàngsōng VR
relativamente 比较／比較 bǐjiào A
reloj 表 [块]／錶 [塊] biǎo [kuài] S
reloj de pulsera 手表 [块]／手錶 [塊] shǒubiǎo [kuài] S
remar en barca 划船 huá chuán VO
renminbi 人民币 [块]／人民幣 [塊] rénmínbì S
renovar 装修／裝修 zhuāngxiū V
reparar 修理 xiūlǐ V
repetir (*lo dicho*) 再说一次／再說一次 zài shuō yí ci FR
repetir de memoria 背诵／背誦 bèisòng V
repollo chino 白菜 báicài S
representación (*teatro*) 戏剧／戲劇 xìjù S
requerir (*tiempo o esfuerzo*) 要；需要 yào; xūyào VA/V
residir (*en*) 住在 zhù zài FV
responder 回答 huídá V
restar 减／減 jiǎn V
restaurante 餐馆(儿); 饭馆(儿); 馆子／餐館(兒); 飯館(兒); 館子 cānguǎn(r); fànguǎn(r); guǎnzi S
reunión familiar 家庭聚会／家庭聚會 jiātíng jùhuì S
reunión 聚会／聚會 jùhuì S
reunirse 聚会／聚會 jùhuì V
reunirse con 接 jiē V
rico (*comida*) 好吃 hǎo chī VE
río Amarillo 黄河 Huáng Hé PL
río Yangtsé 长江／長江 Cháng Jiāng PL
rojo 红色／紅色 hóngsè S
ropa [*prenda*] 衣服 [件] yīfu [jiàn] S
ropa deportiva 运动服 [件]／運動服 [件] yùndòngfú [jiàn] S
rosa 粉红色／粉紅色 fěnhóngsè S
rupia (*moneda de India y Pakistán*) 卢比／盧比 Lúbǐ S
Rusia 俄罗斯／俄羅斯 Éluósī PL
ruso (*idioma*) 俄文; 俄语; 俄罗斯话／俄文; 俄語; 俄羅斯話 Éwén; Éyǔ; Éluósīhuà S
ruso (*persona*) 俄罗斯人／俄羅斯人 Éluósīrén S

S

sábado 星期六 Xīngqīliù PT

VOCABULARIO ESPAÑOL-CHINO

saber (*cómo*) 会／會 huì VA
saber (*tener conocimiento*) 知道 zhīdao V
saber leer y escribir 认识字／認識字 rènshi zì V
sabor 味道 wèidao S
sabroso 好吃 hǎochī VE
sabroso 香 xiāng VE
saciado (*después de comer*) 吃饱了／吃飽了 chībǎole VR
sal 盐／鹽 yán S
salado 咸／鹹 xián VE
salchicha 香肠／香腸 xiāngcháng S
salir 出去 chūqù V
salir de clase 下课／下課 xiàkè VO
salir de la escuela 放学／放學 fàngxué VO
salir de la oficina 下班 xiàbān VO
salir del país 出国／出國 chūguó VO
salir del trabajo 下班 xiàbān VO
salón 客厅／客廳 kètīng S
saltear 炒 chǎo V
sandalias [par] 凉鞋 [双]／涼鞋 [雙] liángxié [shuāng] S
sandía 西瓜 xīguā S
sandwich 三明治 sānmíngzhì S
secretario(a) 秘书／秘書 mìshū S
sediento 渴 kě VE
seguidamente 然后；以后／然後；以後 ránhòu; yǐhòu PT
seguir (*ir detrás*) 跟着／跟著 gēnzhe V
seguir recto 一直走；往前走 yìzhí zǒu; wǎngqián zǒu FV
según 根据／根據 gēnjù CV
segundo (*ordinal*) 第二(个)／第二(個) dì-èr (ge) S/NUM
segundo hijo (*de una familia*) 老二 lǎo èr S
seguramente 会／會 huì A
seguro; seguridad 安全 ānquán VE/S
séis 六 liù NUM
seleccionar 选择／選擇 xuǎnzé V
sello (*postal*) 邮票／郵票 yóupiào S
semáforo 红绿灯／紅綠燈 hónglǜdēng S
semáforo rojo 红灯 [个]／紅燈 [個] hóngdēng [gè] S
semáforo verde 绿灯／綠燈 lǜdēng S
semana 星期 xīngqī S
semestre (*escolar*) 学期／學期 xuéqī S
sembrar 种／種 zhòng V
señor 先生 Xiānsheng S
señorita 小姐 Xiǎojiě S
sentarse a la mesa (para comer) 上桌 shàng zhuō FV
sentarse 坐 zuò V
sentido 意思 yìsi S
sentir (*al arrepentirse*) 遗憾／遺憾 yíhàn VE
sentir (*experimentar*) 感受 gǎnshòu V
separar 区分／區分 qūfēn V
septiembre 九月 Jiǔyuè S
séptimo 第七(个)／第七(個) dì-qī (ge) S/NUM

ser 是 shì VE
ser (*ejercer de*) 当／當 dāng V
ser capaz 能 néng V
ser correcto (*sin error*) 没错／沒錯 méicuò V
ser invitado 做客 zuòkè VO
ser probable 会／會 huì VA
ser similar 像 xiàng V
serpiente (*zodiaco chino*) 蛇 shé S
sesenta 六十 liùshí NUM
setas 香菇 xiānggū S
setenta 七十 qīshí NUM
sexto 第六(个)／第六(個) dì-liù (ge) S/NUM
Shanghai 上海 Shànghǎi PL
sí (*correcto*) 是；是的；对／是；是的；對 shì; shì de; duì EI
si 要是；如果 yàoshi; rúguǒ C
sí (*vale*) 嗯 ǹg I
siempre 一直；总是／一直；總是 yìzhí; zǒngshì A
¡Siéntate donde quieras! 随便坐！／隨便坐！ Suíbiàn zuò! EI
¡Siéntate por favor! 请坐！／請坐！ Qǐng zuò! EI
siesta 午睡 wǔshuì S
siete 七 qī NUM
signo 标志／標誌 biāozhì S
siguiente (*en una serie*) 下(个)／下(個) xià (ge) EP
símbolo 标志／標誌 biāozhì S
similar 一样／一樣 yíyàng VE
simple 简单／簡單 jiǎndān VE
sin 没有 méiyǒu V
sin cocinar 生 shēng VE
sin embargo 可是；但是 kěshì; dànshì C
sin falta 一定 yídìng A
sin interés 没意思 méi yìsi VE
sin perder tiempo 赶紧／趕緊 gǎnjǐn A
sin problema 没关系／沒關係 méi guānxi EI
sitio 地方 [个]／地方 [個] dìfang [gè] S
snacks 小吃；零食 xiǎochī; língshí S
sobre 上边；上面／上邊；上面 shàngbian; shàngmiàn PL
sobre (*encima de*) 在……上(面/头)／在……上(面/頭) zài ... shàng(miàn/tou) C
sobrepasar (*cierta hora*) 过／過 guò V
extremadamente 太……(了) tài ... (le) A
sociología 社会学／社會學 shèhuìxué S
sol 太阳／太陽 tàiyáng S
sol (*radical*) 日 rì S
soldado 军人／軍人 jūnrén S
solicitar (*invitar*) 约／約 yuē V
solo 自己一个人／自己一個人 zìjǐ yí gè rén PR
solo (*antes de un número*) 就 jiù A
solo (*nada más que*) 只是 zhǐ shì A
solo (*solamente*) 就；只 jiù; zhǐ A
solo si ... entonces 只有……才…… zhǐyǒu ... cái C
solo un momento antes 刚才／剛才 gāngcái A
sombrero 帽子 [项]／帽子 [項] màozi [dǐng] S

sombrío	暗	àn	VE	
sonido	声音／聲音	shēngyīn	S	
soñoliento	困／睏	kùn	VE	
sopa	汤／湯	tāng	S	
soso (sabor)	淡	dàn	VE	
souvenir	纪念品[个]／紀念品[個]	jìniànpǐn [gè]	S	
Sr.	先生	xiānsheng	S	
su, suyo (de él)	他的	tā de	PR	
su, suyo (de ella)	她的	tā de	PR	
suave	软／軟	ruǎn	VE	
suave (sabor)	清淡	qīngdàn	VE	
subir (al autobús, al tren, etc.)	上(车, 火车……)／上(車, 火車……)	shàng (chē, huǒchē ...)	VO	
subir (escaleras, etc.)	爬	pá	V	
subir a un barco	上船	shàng chuán	VO	
sucede que	正好	zhènghǎo	A	
suelo	地	dì	S	
suficiente	够／夠	gòu	VE	
sumamente	非常	fēicháng	A	
sumar	加	jiā	V	
sumar (en total)	加(起来)／加(起來)	jiā (qǐlái)	V	
supermercado	超市	chāoshì	S	
suponer (si)	如果	rúguǒ	C	
sur (lado, dirección)	南边(儿)／南邊(兒)	nánbian(r)	PL	
sureste	东南／東南	dōngnán	PL	
suroeste	西南	xīnán	PL	
sus	他们的／他們的	tāmen de	PR	
Suzhou (ciudad del este de China)	苏州／蘇州	Sūzhōu	PL	

T

taberna	酒吧	jiǔbā	S	
taichí	太极拳／太極拳	tàijíquán	S	
tailandés (persona)	泰国人／泰國人	Tàiguórén	S	
Tailandia	泰国／泰國	Tàiguó	PL	
Taipei	台北	Táiběi	PL	
Taiwan	台湾／台灣	Táiwān	PL	
tal como	比如说／比如説	bǐrú shuō	FV	
tal vez	也许／也許	yěxǔ	A	
talla (pequeña, mediana, grande, etc.)	号／號	hào	CF	
tallarines	面条／麵條	miàntiáo	S	
tallarines fritos	炒面／炒麵	chǎomiàn	S	
también (además)	还有; 而且; 再说／還有; 而且; 再説	hái yǒu; érqiě; zài shuō	C	
también (y)	也	yě	A	
tan	这么／這麼	zhème	A	
tapioca de melón	西米露	xīmǐlù	S	
tarde	晚	wǎn	VE	
tarde (parte del día)	下午	xiàwǔ	PT	
tarea (escuela)	功课／功課	gōngkè	S	
tareas domésticas	家务／家務	jiāwù	S	
tareas para la casa	功课; 作业／功課; 作業	gōngkè; zuòyè	S	
tarjeta por año	年卡	niánkǎ	S	
tarjeta de crédito	信用卡[张]／信用卡[張]	xìnyòngkǎ [zhāng]	S	
tarjeta de transporte	公交卡	gōngjiāokǎ	S	
tarjeta postal	明信片[张]／明信片[張]	míngxìnpiàn [zhāng]	S	
tartaleta de crema	蛋挞	dàntà	S	
taxi	出租汽车[辆]／出租汽車[輛]	chūzū qìchē [liàng]	S	
té [taza]	茶[杯]	chá [bēi]	S	
té con leche	奶茶	nǎichá	S	
teatro (lugar)	剧院／劇院	jùyuàn	S	
teatro (obra de)	戏剧／戲劇	xìjù	S	
técnica (habilidad)	技巧	jìqiǎo	S	
técnica de corte (al preparar comida)	刀功	dāo gōng	S	
telefonear	打电话／打電話	dǎ diànhuà	VO	
teléfono	电话[个]／電話[個]	diànhuà [gè]	S	
teléfono móvil	手机[个]／手機[個]	shǒujī [gè]	S	
televisor	电视[台]／電視[台]	diànshì [tái]	S	
tema (de debate)	题目／題目	tímù	S	
temer	怕	pà	V	
temperatura (del clima)	气温／氣溫	qìwēn	S	
temperatura (nivel de frío o calor)	温度／溫度	wēndù	S	
tener (posesivo)	有	yǒu	V	
tener algo que hacer	有事; 忙	yǒu shì; máng	VO/VE	
tener alta temperatura	发烧／發燒	fāshāo	VO	
tener clase	上课／上課	shàngkè	VO	
tener dolor de cabeza	头疼／頭疼	tóuténg	VO	
tener el deseo de	要	yào	V	
tener fiebre	发烧／發燒	fāshāo	VO	
tener ganas (de hacer algo)	想	xiǎng	VA	
tener intención de	会; 要／會; 要	huì; yào	VA	
tener la costumbre	习惯／習慣	xíguàn	V	
tener que	应该／應該	yīnggāi	A	
tener que (deber)	得	děi	VA	
tener tiempo libre (para hacer algo)	有空(儿)／有空(兒)	yǒu kòng(r)	VE	
tener vacaciones	放假	fàngjià	VO	
tener una ocupación temporal	打工	dǎgōng	VO	
tenis	网球／網球	wǎngqiú	S	
tercero	第三(个)／第三(個)	dì-sān (ge)	S/NUM	
terminar las clases (del día)	放学／放學	fàngxué	V	
ternera (carne)	牛(肉)	niú(ròu)	S	
ternera con brócoli	芥兰牛肉／芥蘭牛肉	jièlánniúròu	S	
terreno	土	tǔ	S	
texto (de la lección)	课文／課文	kèwén	S	
texto completo	全文	quánwén	S	
tía (hermana de la madre)	阿姨	āyí	S	
tía (hermana del padre)	姑姑	gūgu	S	
tía (mujer de un hermano de la madre)	舅妈／舅媽	jiùmā	S	
tía (mujer de un hermano mayor del padre)	伯母	bómǔ	S	

VOCABULARIO ESPAÑOL-CHINO

tía (*mujer de un hermano menor del padre*)　婶婶／嬸嬸　shěnshen　S
Tíbet　西藏　Xīzàng　PL
tiempo　天气／天氣　tiānqì　S
tiempo (*del reloj*)　……点(钟)／……點(鐘)　…diǎn(zhōng)　FR
tiempo (*periodo*)　时间／時間　shíjiān　S
tiempo (*punto en el tiempo, duración*)　时候／時候　shíhou　S
tiempo de ocio　闲下来的时间／閒下來的時間　xián xiàlái de shíjiān　FR
tiempo libre　空(儿)／空(兒)　kòng(r)　S
tiempos antiguos　古代　gǔdài　S
tiempos modernos　现代／現代　xiàndài　S
tienda　商店　shāngdiàn　S
tienda de departamentos　百货商店／百貨商店　bǎihuò shāngdiàn　S
tierra (*radical*)　土　tǔ　S
tierras de cultivo　农田／農田　nóngtián　S
tigre (*zodiaco chino*)　虎　hǔ　S
tío (*hermano de la madre*)　舅舅　jiùjiu　S
tío (*hermano mayor del padre*)　伯伯　bóbo　S
tío (*hermano menor del padre*)　叔叔　shūshu　S
tipo　样; 种／樣; 種　yàng; zhǒng　CF
tipos　种类／種類　zhǒnglèi　S
tiras de cerdo con salsa de ajo　鱼香肉丝／魚香肉絲　yúxiāngròusī　S
título (*académico*)　学位／學位　xuéwèi　S
toalla　毛巾 [条]／毛巾 [條]　máojīn [tiáo]　S
tocino de carne frito　炒腊肉／炒臘肉　chǎo làròu　S
todavía (*aún*)　还; 还是／還; 還是　hái; háishi　A
todavía (*sin embargo*)　可是; 但是　kěshì; dànshì　C
todavía más　更　gèng　A
todo　都　dōu　A
todo junto　一共　yígòng　A
todos　每个人; 大家／每個人; 大家　měi ge rén; dàjiā　S
tofu　豆腐　dòufu　S
tofu con carne y verduras　什锦豆腐／什錦豆腐　shíjǐndòufu　S
tofu mapo (*estofado de tofu con carne picada*)　麻婆豆腐　mápódòufu　S
tomar (*llevar*)　带／帶　dài　V
tomar (*sostener en la mano*)　拿　ná　V
tomar (*un autobús, tren, etc.*)　坐; 搭　zuò; dā　V
tomar asiento　坐　zuò　V
tomar clases por créditos　修学分／修學分　xiū xuéfēn　V
tomar con calma　休息　xiūxi　V
tomar el sol　晒太阳／曬太陽　shài tàiyáng　VO
tomar nota　注意　zhùyì　V
tomar un baño　洗澡　xǐzǎo　VO
tomar un descanso　休息　xiūxi　V
tomar un examen　考试／考試　kǎoshì　VO
tomar un taxi　打的　dǎdí　VO
tomar una ducha　洗澡　xǐzǎo　VO

¡Tomaré un poco más!　再来(一)点儿／再來(一)點兒　zài lái(yì)diǎnr　EI
tomate　西红柿／西紅柿　xīhóngshì　S
tono (*en idiomas*)　声调／聲調　shēngdiào　S
torcer (*en dirección de*)　往……拐　wǎng … guǎi　FV
tormenta　雷雨　léiyǔ　S
tostar　烤　kǎo　V
total　全; 全部　quán; quánbù　S
totalidad　全; 全部　quán; quánbù　S
totalmente　一共　yígòng　A
trabajador cualificado　师傅／師傅　shīfu　S
trabajador　工人　gōngrén　S
trabajar; trabajo　工作　gōngzuò　V/S
trabajar a tiempo parcial　打工　dǎgōng　VO
trabajar como　当／當　dāng　V
tradición　传统／傳統　chuántǒng　S
tranquilizarse　放松／放鬆　fàngsōng　VR
transcribir　抄　chāo　V
transformar　变／變　biàn　V
transformar en　转变成／轉變成　zhuǎnbiàn chéng　VR
tratar de adivinar　猜猜看　cāicai kàn　FV
travesía　旅行　lǚxíng　V
trayecto　路程　lùchéng　S
trece　十三　shísān　NUM
treinta　三十　sānshí　NUM
tren　火车／火車　huǒchē　S
tren interurbano　城铁／城鐵　chéngtiě　S
trepar　爬　pá　V
tres　三　sān　NUM
triste　不高兴; 难过／不高興; 難過　bù gāoxìng; nánguò　VE
tronar　打雷　dǎléi　VO
tú (*informal*)　你　nǐ　PR
tú y yo　咱们／咱們　zánmen　PR
tu, vuestro　你的; 你们的／你的; 你們的　nǐ de; nǐmen de　PR
tú mismo　你自己　nǐ zìjǐ　PR
TV　电视 [台]／電視 [台]　diànshì [tái]　S

U

ubicación　地址　dìzhǐ　S
un(a) (*con distintos clasificadores*)　一个／一個　yí ge　NUM
un céntimo　一分(钱)／一分(錢)　yì fēn (qián)　S
un cuarto de hora　一刻钟／一刻鐘　yí kèzhōng　S
un largo camino　远道／遠道　yuǎndào　S
un momento　一会儿／一會兒　yíhuìr　S
un par　两个／兩個　liǎng ge　NUM
¡Un placer conocerlo!　很高兴认识你/您。‖ 很高興認識你/您。　Hěn gāoxìng rènshi nǐ/nín.　EI
un poco　一点儿／一點兒　yìdiǎnr　NUM/CF
un poco (*solo en negaciones*)　有点(儿)／有點(兒)

VOCABULARIO ESPAÑOL-CHINO

yǒudiǎn(r) A
un poco (*una pequeña cantidad*) 稍 shāo A
un rato, un momento 一会儿／一會兒 yíhuìr PT
un vaso de (*algo*) 一杯…… yì bēi ... S/CF
una copa de (*algo*) 一杯…… yì bēi ... S/CF
una cosa 东西[个]／東西[個] dōngxi [gè] S
una vez 一次 yí cì NUM/CF
una vez más 再 zài A
undécimo 第十一(个)／第十一(個) dì-shíyī (ge) NUM
unirse 加入 jiārù V
universidad 大学／大學 dàxué S
uno (*número*) 一 yī NUM
uno mismo 自己 zìjǐ P
usar 用 yòng V
usted (*formal*) 您 nín PR
unidad monetaria (*coloquial*) (一)块(钱)／(一)塊(錢) (yí) kuài (qián) S
unidad monetaria (*formal*) 元 yuán S
útil 有用 yǒuyòng VE
utilizar una tarjeta (de crédito) 刷卡 shuākǎ VO
uva 葡萄 pútao S

V

vale 好 hǎo VE
vaqueros [par] 牛仔裤[条]／牛仔褲[條] niúzǎikù [tiáo] S
variar 变／變 biàn V
varias veces a la semana 一周几次／一週幾次 yì zhōu jǐ cì PT
variedad 样;种／樣;種 yàng; zhǒng CF
variedades 种类／種類 zhǒnglèi S
varios 一些 yìxiē NUM/CF
vaso 杯子[个]／杯子[個] bēizi [gè] S
veces 次 cì CF
vecino 邻居／鄰居 línjū S
vecindad 附近 fùjìn S
vehículo 车[辆]／車[輛] chē [liàng] S
veinte 二十 èrshí NUM
veintiuno 二十一 èrshíyī NUM
veloz; velozmente 快 kuài VE/A
vendedor 店员;服务员;售货员／店員;服務員;售貨員 diànyuán; fúwùyuán; shòuhuòyuán S
vender 卖／賣 mài V
venir 来／來 lái V
venir (*aquí*) 过来／過來 guòlái V
venir de ... 从……来／從……來 cóng ... lái FV
ver (*a alguien*) 见／見 jiàn V
ver (*mirar una película, etc.*) 看 kàn V
ver (*visión*) 看见／看見 kànjiàn V
ver como 算;作为／算;作為 suàn; zuòwéi V
ver una obra de teatro 看戏／看戲 kàn xì VO
ver una película 看电影／看電影 kàn diànyǐng VO

verano 夏天 xiàtiān S
verbo 动词／動詞 dòngcí S
verdaderamente 其实／其實 qíshí A
verdadero 真的 zhēnde VE
verde 绿色／綠色 lǜsè S
verdura (蔬)菜 (shū)cài S
vestido 女装[件]／女裝[件] nǚzhuāng [jiàn] S
vestir(se) 穿;穿衣服 chuān; chuān yīfu V/VO
viajar 旅行 lǚxíng V
viajar en (*tren, autobús, etc.*) 坐;搭 zuò; dā CV
videojuego 电子游戏[个]／電子遊戲[個] diànzǐ yóuxì[gè] S
viejo (*edad*) 大;老 dà; lǎo VE
viejo (*no nuevo*) 旧／舊 jiù VE
viernes 星期五 Xīngqīwǔ PT
vino 酒 jiǔ S
violeta 紫色 zǐsè S
visitar un museo 逛博物馆／逛博物館 guàng bówùguǎn FV
vivienda pública 公寓 gōngyù S
vivir 生活 shēnghuó V
vivir (*en*) 住在 zhù zài FV
voleibol 排球 páiqiú S
volver 回 huí V
volver (*aquí*) 回来／回來 huílái V
volver a casa 回家 huíjiā VO
vosotros 你们／你們 nǐmen PR
vosotros mismos 你们自己／你們自己 nǐmen zìjǐ PR
voz 声音／聲音 shēngyīn S

Y

y 跟;和 gēn; hé C
y 又 yòu A
y X? ... ……呢 ... ne P
ya 已经／已經 yǐjīng A
ya que 因为／因為 yīnwèi C
Yangshuo (*ciudad del sur de China*) 阳朔／陽朔 Yángshuò
yen japonés 日元 Rìyuán S
yo 我 wǒ PR
yoga 瑜伽 yújiā S

Z

zanahoria 胡萝卜／胡蘿蔔 húluóbo S
zapatillas de deporte 运动鞋／運動鞋 yùndòngxié S
zapatos [par] 鞋[双]／鞋[雙] xié [shuāng] S
zapatos de lona [par] 运动鞋[双]／運動鞋[雙] yùndòngxié [shuāng] S
zapatos de piel [par] 皮鞋[双]／皮鞋[雙] píxié [shuāng] S
zapatos de tacón alto [par] 高跟鞋[双]／高跟鞋[雙]

gāogēnxié [shuāng] S
zumo 果汁 guǒzhī S
zumo de fresa 草莓汁 cǎoméi zhī S
zumo de frutas 果汁 guǒzhī S
zumo de naranja 橘子汁 júzi zhī S
zumo de uva 葡萄汁 pútao zhī S

Vocabulario Español-Chino

La siguiente es una lista de algunos de los clasificadores más comunes del chino, junto a los nombres con los que estos se asocian habitualmente. La lista de nombres no es en absoluto exhaustiva, se centra en aquellos que ya has visto hasta el momento y algunos otros de uso común. Fíjate que algunos clasificadores son a su vez nombres y por eso no van seguidos de otros nombres; por ejemplo: kè 课／課, suì 岁／歲, o tiān 天. Te animamos a que añadas más clasificadores y nombres a esta lista a medida que progresa tu chino.

bǎ 把 *(para cosas que se pueden tomar con la mano)*
  dāo 刀 *(cuchillo)*
  mǐ 米 *([un puñado de] arroz)*
  qián 钱／錢 *([un puñado de] dinero)*
  sǎn 伞／傘 *(paraguas)*
  shuāzi 刷子 *(cepillo)*
  shūzi 梳子 *(peine)*
  yàoshi 钥匙／鑰匙 *(llave)*
  yǐzi 椅子 *(silla)*
bān 班 *(para multitudes, vehículos de transporte regular)*
  chē 车／車 *(autobús [turno])*
  fēijī 飞机／飛機 *(avión [vuelo])*
  xuésheng 学生／學生 *([clase de] estudiantes)*
bàn 半 *(mitad [de algo])*
bàng 磅 *(libra)*
  miànbāo 面包／麵包 *(pan)*
bāo 包 *(paquete)*
  táng(guǒ) 糖(果) *(caramelos)*
  (xiāng)yān (香)烟／(香)煙 *(cigarrillos)*
  yáxiàn 牙线／牙線 *(hilo dental)*
bēi 杯 *(taza; vaso)*
  chá 茶 *(té)*
  kāfēi 咖啡 *(café)*
  shuǐ 水 *(agua)*
bèi 倍 *(veces [cantidad])*
běn 本 *(para libros, periódicos, archivos, etc.)*
  shū 书／書 *(libro)*
  xiǎoshuō 小说／小說 *(novela)*
  zázhì 杂志／雜誌 *(revista)*
  zìdiǎn 字典 *(diccionario)*
bǐ 笔／筆 *(un pago)*
  qián 钱／錢 *(dinero)*
biàn 遍 *(veces; ocasiones)*
bù 部 *(para películas, libros, máquinas, etc.)*
  diànyǐng 电影／電影 *(película)*

cè 册 *(volumen [libros])*
  shū 书／書 *(libro)*
céng 层／層 *(planta [en edificios])*
  lóu 楼／樓 *(edificio)*
chǎng 场／場 *(para juegos, representaciones, etc.)*
  diànyǐng 电影／電影 *(película [pase])*
  qiúsài 球赛／球賽 *(juego de pelota)*
chǐ 尺 *(pie [longitud])*
chuàn 串 *(racimo)*
  pútao 葡萄 *(uva)*
  yàoshi 钥匙／鑰匙 *(llaves)*
cì 次 *(veces; ocasiones)*
  kǎoshì 考试／考試 *(examen)*
  lǚxíng 旅行 *(viaje)*
cùn 寸 *(pulgada [longitud])*

dá 打 *(docena)*
  qiānbǐ 铅笔 *(lápices)*
dào 道 *(plato [de comida])*
  cài 菜 *(comida; plato)*
dǐng 顶／頂 *(para sombreros, sillas de mano)*
  màozi 帽子 *(sombrero)*
dòng 栋／棟 *(para casas)*
  fángzi 房子 *(casa)*
  lóu 楼／樓 *(edificio)*
duàn 段 *(sección; parte)*
  huà 话／話 *(observación)*
duì 对／對 *(par [conjuntado])*
  huāpíng 花瓶 *(jarrón)*
dùn 顿／頓 *(para comidas, ocasiones)*
  fàn 饭／飯 *(comida)*
duǒ 朵 *(para flores, nubes, etc.)*
  huār 花儿／花兒 *(flor)*

fēn 分 *(unidad monetaria: "céntimo")*
  qián 钱／錢 *(dinero)*
fèn 份 *(para ejemplares de periódico)*
  bào(zhǐ) 报(纸)／報(紙) *(periódico)*
  gōngzuò 工作 *(trabajo)*
fēng 封 *(para cartas)*
  xìn 信 *(carta)*
fú 幅 *(para ropa, cuadros)*

VOCABULARIO ESPAÑOL-CHINO

huàr 画儿／畫兒 (cuadro)
fù 副 (para conjuntos de cosas, expresión del rostro)
    shǒutào 手套 ([par] guantes)
    yǎnjìng 眼镜／眼鏡 ([par] gafas)
    yào 药／藥 ([dosis de] medicina)

gè 个／個 (clasificador no específico)
    bǐjìběn 笔记本／筆記本 (cuaderno)
    dìfang 地方 (lugar)
    jìniànpǐn 纪念品／紀念品 (recuerdo)
    lǐbài 礼拜／禮拜 (semana)
    qiú 球 (pelota)
    qǐyè 企业／企業 (empresa)
    rén 人 (persona)
    shǒujī 手机／手機 (teléfono móvil)
    wèntí 问题／問題 (cuestión; problema)
    xīngqī 星期 (semana)
    zhōngtóu 钟头／鐘頭 (hora)

gēn 根 (para objetos alargados, finos)
    shéngzi 绳子／繩子 (cuerda)
    (xiāng)yān (香)烟／(香)煙 (cigarrillo)
    yáxiàn 牙线／牙線 (hilo dental)

háng 行 (línea; fila)
    Hànzì 汉字／漢字 (caracteres chinos)
hé 盒 (caja; estuche; paquete)
    huǒchái 火柴 (cerillas)
    qiǎokèlì 巧克力 (chocolate)
    yáxiàn 牙线／牙線 (hilo dental)
hú 壶／壺 (jarra)
    chá 茶 (té)
hù 户／戶 (para familias, casas)
    rénjiā 人家 (casa)
huí 回 (veces; ocasiones)

jiā 家 (para familias, negocios)
    fànguǎnr 饭馆儿／飯館兒 (restaurante)
    shāngdiàn 商店 (tienda)
jià 架 (para aviones, radios)
    fēijī 飞机／飛機 (avión)
jiān 间／間 (para estancias)
    bàngōngshì 办公室／辦公室 (oficina)
    fángjiān 房间／房間 (habitación)
    wūzi 屋子 (dormitorio)
jiàn 件 (para artículos, cosas)
    chènshān 衬衫／襯衫 (camisa)
    jiákè 夹克／夾克 (chaqueta)
    máoyī 毛衣 (suéter)
    shìqing 事情 (asunto)
    T-xù shān T-恤衫 (camiseta)
    wàitào 外套 (abrigo)

xíngli 行李 (equipaje, maletas)
yīfu 衣服 (ropa)
jié 节／節 (para periodos de clase)
    kè 课／課 (sesión de clase)
jīn 斤 (jin [unidad china de medida]; medio kilogramo)
    shuǐguǒ 水果 (fruta)
jù 句 (oración)
    huà 话／話 (observación)
juǎn(r) 卷(儿)／卷(兒) (para rollos, bobinas, carretes)
    wèishēngzhǐ 卫生纸／衛生紙 (papel higiénico)

kē 棵 (para árboles, plantas)
    shù 树／樹 (árbol)
kǒu 口 (para bocados, personas, pozos)
    rén 人 ([número de] personas [de una familia])
kuài 块／塊 (para piezas, porciones)
    (shǒu)biǎo (手)表／(手)錶 (reloj de pulsera)
    bīngkuàir 冰块儿／冰塊兒 (cubito de hielo)
    bù 布 (tela)
    dàngāo 蛋糕 (pastel)
    féizào 肥皂 (jabón)
    ròu 肉 (carne)
    shǒujuàn 手绢／手絹 (pañuelo)
    táng 糖 (caramelo)
kuài 块／塊 (unidad monetaria básica [coloquial])
    qián 钱／錢 (dinero)

lèi 类／類 (tipo; categoría)
    dōngxi 东西／東西 (cosa)
lǐ 里 (li, kilómetro chino)
    lù 路 (camino)
lì 粒 (para cosas granulares)
    yào 药／藥 (medicina [pastilla])
liàng 辆／輛 (para vehículos)
    gōng(gòng) (qì)chē 公(共汽)车／公(共汽)車 (autobús)
    kǎchē 卡车／卡車 (camión)
    mótuōchē 摩托车／摩托車 (motocicleta)
    qìchē 汽车／汽車 (automóvil, coche, carro)
    zìxíngchē 自行车／自行車 (bicicleta)
liè 列 (para vagones [de tren])
    huǒchē 火车／火車 (tren)
luò 摞 (para montones de cosas)
    zhǐ 纸／紙 (papel)
máo 毛 (unida monetaria: diez céntimos)
    qián 钱／錢 (dinero)
mén 门／門 (para materias de estudio)
    kè 课／課 (clase)
mǐ 米 (metro)
miàn 面 (para espejos, banderas)
    jìngzi 镜子／鏡子 (espejo)

VOCABULARIO ESPAÑOL-CHINO

nián 年 *(año)*

pái 排 *(para filas de cosas)*
    zuòwèi 座位 *(asientos)*
pán 盘／盤 *(para bobinas, platos, etc.)*
    qí 棋 *([juego de] ajedrez)*
    shuǐguǒ 水果 *([plato de] fruta)*
pǐ 匹 *(para caballos, mulas, rollos de tela)*
    mǎ 马／馬 *(caballo)*
piān 篇 *(para artículos, capítulos, etc.)*
    wénzhāng 文章 *(artículo; ensayo)*
piàn 片 *(para rebanadas)*
    miànbāo 面包／麵包 *(pan)*
píng 瓶 *(botella)*
    hùfàsù 护发素／護髮素 *(acondicionador de pelo)*
    píjiǔ 啤酒 *(cerveza)*
    xǐfàshuǐ 洗发水／洗髮水 *(champú)*

shǒu 首 *(para poemas, canciones)*
    gē 歌 *(canción)*
    shī 诗／詩 *(poema)*
shù 束 *(para manojos de cosas)*
    huār 花儿／花兒 *(flores)*
shuāng 双／雙 *(un par)*
    kuàizi 筷子 *(palillos)*
    shǒu 手 *(manos)*
    wàzi 袜子／襪子 *(calcetines)*
    xiézi 鞋子 *(zapatos)*
    yǎnjing 眼睛 *(ojos)*
suǒ 所 *(para edificios)*
    gōngyù 公寓 *(apartamento)*
    xuéxiào 学校／學校 *(escuela)*
    yīyuàn 医院／醫院 *(hospital)*

tái 台 *(para representaciones, aparatos, etc.)*
    diànnǎo 电脑／電腦 *(computadora)*
    diànshì 电视／電視 *(televisor)*
    zhàoxiàngjī 照相机／照相機 *(cámara)*
táng 堂 *(periodo de clase)*
    kè 课／課 *(sesión de clase)*
tàng 趟 *(para turnos [de viajes])*
    huǒchē 火车／火車 *(turno de tren)*
tào 套 *(conjunto)*
    gōngyù 公寓 *(apartamento)*
    shū 书／書 *(libros)*
    yīfu 衣服 *(ropa)*
tiān 天 *(día)*
tiáo 条／條 *(para cosas largas y estrechas)*
    duǎnkù 短裤／短褲 *(pantalones cortos)*
    hé 河 *(río)*
    jiē 街 *(calle)*
    kùzi 裤子／褲子 *(pantalones)*
    lóng 龙／龍 *(dragón)*
    lù 路 *(camino)*
    máojīn 毛巾 *(toalla)*
    qúnzi 裙子 *(falda)*
    shé 蛇 *(serpiente)*
    tǎnzi 毯子 *(manta)*
    yú 鱼／魚 *(pez)*
tóu 头／頭 *(para ganado)*
    niú 牛 *(vaca)*
    zhū 猪／豬 *(cerdo)*

wǎn 碗 *(cuenco)*
    fàn 饭／飯 *(arroz)*
wèi 位 *(para personas [forma educada])*
    kèren 客人 *(invitado)*
    lǎoshī 老师／老師 *(profesor)*

xiē 些 *(cantidades pequeñas, indefinidas; algo)*
    dōngxi 东西／東西 *(cosas)*
    rén 人 *(personas)*
    shìqing 事情 *(asuntos)*

yàng 样／樣 *(tipo; clase)*
    dōngxi 东西／東西 *(cosa)*
yuán 元 *(unidad monetaria básica [oficial])*
    qián 钱／錢 *(dinero)*

zhàn 站 *(parada [tren, autobús, etc.])*
zhāng 张／張 *(para cosas planas)*
    chuáng 床 *(cama)*
    dìtú 地图／地圖 *(mapa)*
    huàr 画儿／畫兒 *(cuadro)*
    míngxìnpiàn 明信片 *(postal)*
    piào 票 *(boleto)*
    shūzhuō 书桌／書桌 *(escritorio)*
    xìnyòngkǎ 信用卡 *(tarjeta de crédito)*
    zhǐ 纸／紙 *(papel)*
    zhuōzi 桌子 *(mesa)*
zhī 支 *(para objetos delgados)*
    máobǐ 毛笔／毛筆 *(pincel de escritura)*
    yágāo 牙膏 *(pasta de dientes)*
    yáshuā 牙刷 *(cepillo de dientes)*
zhī 只／隻 *(para animales, uno de los elementos de un par)*
    gǒu 狗 *(perro)*
    jī 鸡／雞 *(gallina)*
    lǎohǔ 老虎 *(tigre)*
    lǎoshǔ 老鼠 *(ratón; rata)*
    māo 猫／貓 *(gato)*
    niǎo 鸟／鳥 *(pájaro)*
    shǒu 手 *(mano)*

VOCABULARIO ESPAÑOL-CHINO

tùzi 兔子 *(conejo)*
xié 鞋 *(zapato)*
yā 鸭／鴨 *(pato)*
yǎnjing 眼睛 *(ojo)*
zhū 猪／豬 *(cerdo)*
zhǒng 种／種 *(clase; tipo)*

dòngwù 动物／動物 *(animal)*
zuò 座 *(para montañas, puentes, etc.)*
  dàshà 大厦／大廈 *(edificio alto)*
  qiáo 桥／橋 *(puente)*
  shān 山 *(montaña)*

索引 Índice alfabético

索引部分包括"供你参考"部分出现的语法术语和概念、文化信息，还收入了一些词语的用法以及文中出现的提示信息。

Este índice alfabético incluye términos y conceptos gramaticales, información cultural que aparecen en los apartados "INFO" y funciones del lenguaje, así como notas ocasionales del texto.

Acción completada, expresar, 242
Acción experimentada, expresar, 242
Acción habitual, expresar, 241
Acción inminente, expresar, 242
Acción prevista, expresar, 242, 265
Acciones
    expresar, 12, 25, 32, 241–242
    expresar ~ en progreso, 221–222, 241
    expresar ~ simultáneas, 272–273, 280
    expresar ~ a largo plazo, 242
    resultado de, 12, 32, 39, 64
Acciones en curso, expresar, 242
Actividades de ocio
    planear, 132–138
    tipos de, 11, 126–127, 130, 135–136
    Ver también Deportes
Actividades, ocio. *Ver* Actividades de ocio
Adverbios
    comunes, 186–187
    de, 32
    repaso de, 205
    aprovechar los, 106–107, 122

"Ahora" y "entonces", expresar, 221–222,
Alimentos
    equilibrio de los, 108
    categorías de, 42
    características de los, 41–44 cultura china y, 86
    vocabulario de cocina y, 110–111
    comida casera y, 82–83, 95
    diferencias regionales de, 37, 86, 102–103
    comprar, 36–37, 52–53, 63 significado simbólico de, 53
    tipos de, 41–44
Alternativas, expresar, 227, 242
Animales domésticos, cuidar, 14
Aprender chino
    dificultad de, 284–286
    facilidad de, 286–290
    extranjeros que, 291
    consejos para continuar, 297–300
Autobús, desplazarse en, 216–221
ba, 56–57, 65, 192, 205
Bebidas, 105
Bicicleta, desplazarse en, 213–216
bìyè, nota de uso, 155

búyào, comparado con *xiǎng*, 265

cái
    uso adverbial, 186
    comparación con *jiù*, 205
Capacidad
    o incapacidad, para expresar, 148
    o habilidad, para expresar, 265
Características físicas de las personas y expectativas sociales, 31
Cargos profesionales, 3–4
Carreras universitarias, tipos de, 159–160
Causa y efecto, expresar, 224–225
cháng, como adverbio, 186
Clasificadores, unir verbo y objeto con, 72, 96
"Comas" en chino, 169, 180
Comida
    pedir equilibradamente, 108 decidir dónde comer, 100–103
    comer en un restaurante chino, 104, 113–114, 119, 121
    finalizar una, 112–114
    ~ casera, 82–83, 95
    pedir platos, 108–111, 119
    pedir bebidas, 104–107
    pagar, 71
    planear, 49–52
    Ver también Alimentos
Comprar alimentos, 36–37, 52–53, 60–62
Condición, expresar una, 225, 242
Contraste, expresar, 226, 242
Coverbos, 54, 56–57, 64–65, 75, 96, 134, 148, 192
Cultura popular, 263
Cumplidos, hacer y rechazar, 19–22
Currículo estándar de escuela secundaria china, 176–177. *Ver también* Escuela
de
    comentar el resultado de una acción con, 32, 39, 64
    diferentes usos de, 25, 32
    modificar nombres con, 46–47, 64
dei, y expresar necesidad, 265
Deletrear caracteres chinos, 9
Denominaciones personales, 3–4
Despedirse, 23, 147–148
Deportes acuáticos, 259
Deportes, 12, 131, 259
Detalles personales, intercambiar, 6–9
Determinación, afirmar, 226
Diccionarios, de chino, 307–312
Dirección y ubicación, expresar, 128,
Direcciones, dar y obtener, 210–213
Discurso narrativo, hacer, 10–15
dou, comparado con *cái*, 186
duì, coverbo, 54, 64–65
Duración, expresiones de, 164–165, 180
Enumerar cosas, 227, 242
"Entonces" y "ahora", expresar, 221–222, 241
Escuela
    campus, 166–169
    dormitorios, 168
    exámenes, 178
    humanidades vs. ciencias, 159
    niveles, 152–153

    horarios, 162–165, 179
    vida estudiantil, 175
    asignaturas y especialidades, 156–161
Especialidades de secundaria, 159
Estaciones, hablar sobre, 246–252
7, 280
Etiqueta
    comer comida casera y, 82–83
    hacer regalos y, 76
    pagar una comida y, 71
    hacer cola y, 224
    visitar la casa de alguien y, 78–83, 95
Excursiones, planear, 252–25
Expectativas sociales, 31
feicháng, comparado con *youdian*, 187
Frecuencia, expresiones de, 164–165, 179
Fruta, tipos de, 38
gei, comparado con otros coverbos, 54, 64, 75, 96
gèng, como adverbio, 186
Grado, expresar, 195
guanxi, y relaciones personales, 2
guo, indicar experiencia pasada con, 221, 241
Habilidad, expresar, 265
Habilidades e intereses, 11–12
Habitación, características de una, 185–186
Hacer cola, 224
Hacer regalos, 76
huì y *huì ... de*, para expresar probabilidad, 264, 265
Idioma "real" vs. idioma de la clase, 190
Imperativo, 294
Intención, expresar, 227, 242
Intensidad, expresar, 195
Invitaciones
    declinar, 77–78
    hacer y aceptar, 70–76
    usar *qing* y *jiào*, 255

jiào, vs. *qing*, 255
jiù, comparado con *cái*, 205
keyi, y expresar permiso, 264
kuài, como adverbio, 187
le
    diferentes usos de, 5–6, 32
    expresar cuando ocurren las acciones con, 221, 241

Lengua, variaciones de la ~ oral, 190
Medios de comunicación, populares, 263
Menú, 119
Metro, desplazarse en, 222–224
Minimizar acciones, 242
Monedas de los países donde se habla chino, 237–238
"Muy", expresar, 195
Naturaleza, apreciación de la, 257, 260

R-47

ÍNDICE ALFABÉTICO

Necesidad, expresar, 265
ne, expresar una acción que ocurre ahora con, 222
néng, para expresar posibilidad o habilidad física, 264, 265
"No importa qué", expresar, 242, 241
Números en "mayúsculas", 236–238
Números, reconocer en "mayúsculas", 236–238
Obligación moral, expresar, 265
Orden de las palabras, 107, 205
Parque *Xiangshan*, 253
Permiso, expresar, 264
Poseer vivienda en China, 197
Posesión, con de, 25, 32
Posibilidad, expresar, 264
Postres, 113
Preguntas personales, responder, 7
Presentación personal, 10–15
Presentaciones
    general, 2–6
    de uno mismo, 10–15
    de otro, 16–19
Probabilidad, expresar, 264
qing, vs. jiào, 255
Radicales, lista de, 308
Razones, dar, 224–225
Recuerdos, describir, 187–193
Relaciones personales, 2
Restaurante, comer en un ~ chino, 104, 108–111, 113–114, 119, 121

Resultado y forma, expresar, 128, 147
Saludos, 2–6
Secuencia de eventos, expresar, 242
Secuencia temporal, expresar, 226–227
Sistema chino de exámenes, 178
Sistema imperial de exámenes, 178, 241
Situaciones contrarias a lo esperado, expresar, 226
"Solo y solo entonces," expresar, 242
Suposición, expresar, 225, 242
tài, comparado con *yòu*, 187
Tiempo
    en China, 252
    hablar sobre el, 246–252
Tipos de oración, 314–315
Transporte
    bicicleta, 213–216
    autobús, 216–221
    tarjetas y recibos, 238–239
    tren urbano, 222–224
    métodos de, 219, 228–230
    metro, 222–224, 240
Tren interurbano, desplazarse en, 222–224
Turismo en China, 260, 277–279
Unir ideas, 224–227, 242
Verbos
    añadir "sabor" a los, 90–91, 96
    "doblar," 90, 96
    complementos, 128, 148–149
    componer, 90, 96
    expresar resultado, 91, 96, 128

    expresar dos acciones simultáneas con, 272–273, 280
    indicar movimiento relativo al hablante, 90–91, 96
    modales, 264–265
    más clasificador más objeto, 72, 96
    de estado, 195
Verbos modales, 264–265, 280
Verduras, tipos de, 45
Viajar, salir al extranjero a, 260, 261–268
Vivienda
    describir una, 185–186, 194–197
    anuncio de alquiler de, 202
Voz pasiva, 293–294
xian, comparado con *zài*, 187
xiang, comparado con *búyào*, 265
yingdang e *yinggai*, expresar obligación moral con, 265
yòng, coverbo, 54, 65
yòu, comparado con *tài*, 187
youdian, comparado con *feicháng*, 187

zài, 187
    diferentes usos de, 134–135, 148
    expresar en progreso con, 221–222, 241
zhèngzài, enfatizar que una acción ocurre en este mismo momento con, 222, 241
zuì, como adverbio, 187

鸣谢 Agradecimientos

插图 Ilustraciones:

Ilustraciones por Nora Guo, salvo que se indique lo contrario.
Ilustraciones de la p.9 por Huifeng Lÿ.
Retrato de Jackie Chan en la p.29 por Huifeng Lÿ.

图片 Fotografía:

Las fotos proceden del material de video de ***Encuentros***, salvo que se indique lo contrario.

p. 38	Tatiana Popova/Shutterstock.com (plátano); Andrjuss/Shutterstock.com (manzana, pera, limón, melocotón, piña); Martin Darley/Shutterstock.com (sandía); marily barbone/Shutterstock.com (melón); Anna Kucherova/Shutterstock.com (cerezas); Georgy Markov/Shutterstock.com (granada); rodho/Shutterstock.com (uva); Argunova/Shutterstock.com (mango); luckypic/Shutterstock.com (kiwi).
p. 43	(*izquierda*) Laitr Keiows/Shutterstock.com; (*derecha*) rodho/Shutterstock.com.
p. 45	HomeStudio/Shutterstock.com (zanahoria); chungking/Shutterstock.com (apio); vblinov/Shutterstock.com (patatas); Cameramannz/Shutterstock.com (pepino amargo); IvanGrozny/Shutterstock.com (pepino); Nils Z/Shutterstock.com (lechuga); Beneda Miroslav/Shutterstock.com (cebollino); SunnyS/Shutterstock.com (col); Yellowj/Shutterstock.com (tomate); Tatiana Popova/Shutterstock.com (bernjena); Anna Kucherova/Shutterstock.com (nabo); Aleksandr Bryliaev/Shutterstock.com (setas); Jiang Hongyan/Shutterstock.com (espárragos); Knartz/Shutterstock.com (cebolla); spinetta/Shutterstock.com (coliflor, brócoli); creativedoxfoto/Shutterstock.com (pimiento verde); Maceofoto/Shutterstock.com (guisantes); optimarc/Shutterstock.com (col china); Lilyana Vynogradova/Shutterstock.com (espinaca).
p. 110	Eric Gustafson.
p. 113	Eric Gustafson.
p. 202	(*izquierda*) DavidXu/Shutterstock.com; (*centro*) yampi/Shutterstock.com; (*derecha*) didon/Shutterstock.com.
p. 247	mybeginner/Shutterstock.com (primavera); Rafal Cichawa/Shutterstock.com (verano); Image Focus/Shutterstock.com (otoño); Wen Mingming/Shutterstock.com (invierno).
p. 253	loong/Shutterstock.com.
p. 266	Charles Taylor/Shutterstock.com (pasaporte); Veniamin Kraskov/Shutterstock.com (visado); Hu Xiao Fang/Shutterstock.com (billete de avión); tavi/Shutterstock.com (maletas); Joel Bilt/Shutterstock.com (monedas); Alfredo Ragazzoni/Shutterstock.com (guías de viaje).

教具材料 Materiales educativos:

p. 29	Adaptado dela entrada de Jackie Chan en www.baidu.com (http://baike.baidu.com/view/3539.htm?fromenter=Jackie+Chan), consultado el 19 de mayo de 2010.
p. 31	Adaptado de www.baidu.com.
p. 61	Cortesía del supermercado mayorista Beijing Chengxiang Wholesale Supermarket, Beijing.
pp. 91–92	Texto de correos electrónicos cortesía de Stephen Tschudi, Hong Yao, Jialin Sun, y Tao-chung Yal.
p. 143	Cortesía de Ning Shu, Instituto Confucio de la Universidad de Hawái.
p. 144	Texto de Mian Cui; diseño de Nora Guo.
p. 176	Adaptado de la página web del Departamento de Educación de Yancheng, provincia de Jiangsu; publicado en www.yce.cn/npic/2009/200992983026482.xls 2009-9-29 y consultado en octubre de 2010.
pp. 235–236	Cortesía de Qikeng Li y Tao-chung Yao.
p. 275	Cortesía de Yuyang Ski (www.yuyangski.com).
p. 276	Cortesía de la agencia de viajes china EasyTour (www.easytour.cn).
pp. 308, 310–311	Reproducido con permiso de John DeFrancis y Zhang Yanyin (eds.), *ABC English-Chinese, Chinese-English Dictionary* (Honolulu: University of Hawai'i Press, 2010), cubierta trasera interior y pp. 1195 y 1196. Copyright © 2010 by University of Hawai'i Press.

中国地名 Nombres de lugares chinos

加 * 的城市为《环球汉语》连续剧拍摄的外景地。
(Ciudades marcadas por* son visitadas por *Encuentros*)

Ānhuī	安徽
Àomén (*Macao*)	澳门
*Běijīng	北京
Chángchūn	长春
Chángshā	长沙
Chéngdū	成都
Chóngqìng	重庆
Dūnhuáng	敦煌
Fújiàn	福建
Fúzhōu	福州
Gānsù	甘肃
Guǎngdōng	广东
Guǎngxī (*Región autónoma de la etnia zhuang de Guangxi*) 广西（广西壮族自治区）	
Guǎngzhōu (*Guangzhou o Cantón*)	广州
Guìlín	桂林
Guìyáng	贵阳
Guìzhōu	贵州
Hā'ěrbīn (*Harbin*)	哈尔滨
Hǎikǒu	海口
Hǎinán	海南
Hángzhōu	杭州
Héběi	河北
Héféi	合肥
Hēilóngjiāng	黑龙江
Hénán	河南
Húběi	湖北
Hūhéhàotè (*Hohhot*)	呼和浩特
Húnán	湖南
Jiāngsū	江苏
Jiāngxī	江西
Jílín	吉林
Jǐnán	济南
Kūnmíng	昆明
Lánzhōu	兰州
Lāsà (*Lhasa*)	拉萨
Liáoníng	辽宁
Nánchāng	南昌
Nánjīng	南京
Nánníng	南宁
Nèiměnggǔ (*Región autónoma de Mongolia Interior*) 内蒙古（内蒙古自治区）	
Níngxià (*Región autónoma de la etnia hui de Ningxia*) 宁夏（宁夏回族自治区）	
Qīnghǎi	青海
Shāndōng	山东
*Shànghǎi	上海
Shānxī	山西
Shǎnxī (*Shaanxi*)	陕西
Shěnyáng	沈阳
Shēnzhèn	深圳
Shíjiāzhuāng	石家庄
Sìchuān	四川
*Sūzhōu	苏州
Táiběi (*Taipei*)	台北
Táiwān	台湾
Tàiyuán	太原
Tiānjīn	天津
Wǔhàn	武汉
Wūlǔmùqí (*Urumqi*)	乌鲁木齐
Xī'ān	西安
Xiānggǎng (*Hong Kong*)	香港
Xīníng	西宁
Xīnjiāng (*Región autónoma Uigur de Xinjiang*) 新疆（新疆维吾尔自治区）	
Xīzàng (*Región autónoma del Tíbet*) 西藏（西藏自治区）	
*Yángshuò	阳朔
Yínchuān	银川
Yúnnán	云南
Zhèjiāng	浙江
Zhèngzhōu	郑州

出版策划：王君校　韩　晖
统筹协调：付　眉　韩　颖　彭　博
责任编辑：杨　晗
封面设计：周伟伟
排　　版：北京颂煜文化传播有限公司
印刷监制：汪　洋

图书在版编目 (CIP) 数据

环球汉语.2.学生用书：汉西对照/任友梅，孟德儒编著.—北京：华语教学出版社，2021.8
ISBN 978-7-5138-2140-7

Ⅰ.①环… Ⅱ.①任… ②孟… Ⅲ.①汉语－对外汉语教学－教材 Ⅳ.① H195.4

中国版本图书馆 CIP 数据核字 (2021) 第 112874 号

环球汉语2　学生用书
（汉西对照）

任友梅　孟德儒　编著

Miguel Sala Montoro　翻译

*

©华语教学出版社有限责任公司，耶鲁大学
华语教学出版社有限责任公司出版
（中国北京百万庄大街 24 号　邮政编码 100037）
电话：(86) 10-68320585 68997826
传真：(86) 10-68997826 68326333
网址：www.sinolingua.com.cn
电子信箱：hyjx@sinolingua.com.cn
唐山玺诚印务有限公司印刷
2022 年（16 开）第 1 版
2022 年第 1 版第 1 次印刷
（汉西）
ISBN 978-7-5138-2140-7
018600